한국의 성장과정과 미국

저자 소개

한국아메리카학회 편

임성호
경희대학교 정치외교학과 교수
미국 M.I.T. 정치학 박사

이유정
연세대학교 근대한국학연구소 교수
하와이주립대 미국학 박사

염철현
고려사이버대학교 인재개발학부 교수
고려대학교 졸업, 동 대학원에서 교육행정 및
(미국)교육법 박사

이수영
덕성여자대학교 영어영문학과 교수
텍사스주립대학 미국학 박사

현영찬
현무역사신학연구소 대표
성균관대학교(법학)와 햇불트리니티신대원(M.Div.)을
거쳐 백석대대학원(역사신학) 박사

채진원
경희대학교 공공거버넌스연구소 교수
경희대학교 정치학 박사

송경재
상지대학교 사회적경제학과 교수
경희대학교 정치학 박사

서정건
경희대학교 정치외교학과 교수
미국 텍사스대(오스틴) 정치학 박사

김춘희
코스모폴리탄 문화연구소 소장
연극/문화예술 평론가
프랑스 Paris-Sorbonne University 비교문학 박사

송낙원
건국대학교 영상영화학과 교수
한국영화아카데미와 미국 American Film Institute에서
영화 연출을 전공

김수연
한국외국어대학교 영미문학·문화학과 교수
텍사스 A&M 대학 영문학 박사

서강학술총서
143

한국의 성장과정과 미국

한국아메리카학회 편

임성호·이유정·염철현·이수영·현영찬·채진원·
송경재·서정건·김춘희·송낙원·김수연 지음

서강대학교출판부

서강학술총서 143

한국의 성장과정과 미국

초판 1쇄 발행 | 2023년 11월 10일

지 은 이 | 한국아메리카학회 편
　　　　　 임성호·이유정·염철현·이수영·현영찬·채진원·
　　　　　 송경재·서정건·김춘희·송낙원·김수연
발 행 인 | 심종혁
편 집 인 | 하상응
발 행 처 | 서강대학교출판부
등록 번호 | 제2002-000170호

주 소 | 서울특별시 마포구 백범로 35(신수동)
전 화 | (02) 705-8212
팩 스 | (02) 705-8612

ⓒ 한국아메리카학회 편, 2023 Printed in Korea
ISBN 978-89-7273-390-4 94300
ISBN 978-89-7273-139-9 (세트)

값 34,000원

책머리에

한국아메리카학회가 2022년에 이 책을 기획하고 이듬해인 2023년에 출간하게 된 것은 1882년 조·미 수호통상조약 체결 140주년, 즉 한미관계 140주년을 기념하기 위해서입니다. 이 책을 통해, 지난 140년을 되돌아보며 한국의 성장과정상 미국이 어떠한 영향을 끼쳤고 어떠한 의미로 다가왔는지 여러 측면을 연구한 결과를 일반 독자에게 널리 공유하고자 합니다.

출간 과정을 밝히자면, 한국아메리카학회는 우선 공모를 통해 10명의 연구자를 선정해 "한국의 성장과정상 미국의 영향"이라는 대주제 아래 각자 선호하는 소주제를 잡아 연구를 진행하도록 하였습니다. 연구 소주제의 다양성을 기하고 연구서 전체적으로 학제적 성격이 강해질 수 있도록 연구자의 세부 전공이 너무 몰리지 않도록 신경을 썼습니다. 학회 집행부는 행정 차원의 안내와 지원을 맡았고, 각 연구자에게 학문적 성격을 표방하되 일반 독자의 가독성이 높은 글을 써달라고 부탁하였습니다. 연구자들의 연구 방법은 하나로 통일되기보다는 각자 선택하도록 한바, 전반적으로 양적 접근보다는 질적 접근이 주를 이루었습니다. 연구자들은 2022년 한국아메리카학회 연례학술대회(10월 14~15일)에서 한미수교 140주년을 기념하는 3개의 특별패널을 진행해 중간발표를 하였습니다. 그 발표문들을 그 후 수정 보완하여 총 10개의 장으로 구성된 이 책을 발간하기에 이른 것입니다.

이 책을 펴내는 사단법인 한국아메리카학회는 주로 인문·사회 분야의 교수 및 전문 학자를 회원으로 하며, 1965년 창설된 이래 미국의 다양한 측면에 관한 연구, 교육, 이해를 학제적으로 추구해왔습니다. 전체 회원 수가 700명을 넘는 전국 규모의 학술단체입니다. 매년 전문가 포럼 시리즈, 학생 워크숍, 연례학술대회, 국제학술대회, 특별학술대회 등을 개최해 미국을 연구하는 학자와 학생에게 활발한 학제적 논의의 장을 제공하고 있습니다. 또한 한국연구재단 등재지인 〈미국학논집〉을 연 3회 발간해 미국학 분야의 학술적 교류에 기여하고 있습니다. 아울러, 뉴스레터(연 4회 발행)와 홈페이지 자료를 통해 회원은 물론 일반인 비회원에게도 문호를 개방하고 있습니다.

이러한 활발한 학술 활동에도 불구하고 한국아메리카학회의 연구서 출간은 오랜만의 일입니다. 이 책의 발간을 계기로 앞으로도 매년 다양한 미국 관련 주제의 연구서가 뒤를 이을 것을 기대해 봅니다. 열악한 조건에서도 옥고를 작성하신 필진 분들과 이 책을 서강학술총서로 기꺼이 받아주신 서강대학교출판부에 감사드립니다. 아울러, 한국아메리카학회의 장대홍 행정간사가 실무 차원에서 참으로 큰 수고를 해주셨음에 감사의 마음을 전합니다.

2023년 10월
한국아메리카학회 회장 **임성호**

목 차

서문:
한국의 발전과정에서 미국 모델의 전략적 활용

서문:
한국의 발전과정에서 미국 모델의 전략적 활용

임성호(경희대학교)

한국의 현대사에서 미국은 결정적으로 중요한 위치를 차지한다. 어떤 나라도 외국의 영향으로부터 완전히 차단될 수는 없지만, 특히 19세기 이래의 한국은 중국, 일본과 아울러 미국 등 구미 제국(諸國)의 심대한 영향을 받아왔다. 물론 그 영향력의 경중이나 명암을 일차원적으로 비교하기는 힘들다. 그렇긴 하나, 한국이 일제강점기를 벗어나 우여곡절의 격변 속에 오늘의 대한민국으로 성장한 역사 궤적에서 미국은 가장 핵심적인 외국으로 두드러져 보인다. 미국의 영향은 식민지 해방, 정부 수립, 전쟁 극복, 안보 강화, 경제 성장 등 한국의 생존에 관련된 것에 국한되지 않는다. 인권, 민주주의, 자유주의, 공화주의, 시장경제, 지방자치, 권력분산 등 헌법의 기본적 사상과 원리부터 각종 사회

풍습과 문화 가치관, 더 나아가 교육과 과학 기술까지 거의 전 영역에 걸쳐 미국이 한국에 남긴 흔적은 크고 깊다.

물론 미국이 끼친 영향이 일방적이거나 단순하지는 않다. 미국의 문물이 한국에 그대로 이식된 것들도 있지만, 한국 국민은 한국만의 독특한 맥락에서 특정한 이익이나 이상을 추구하는 행위주체인 만큼 미국의 영향을 한국적 틀과 체로 걸러 선택적으로 수용한 면이 크다. 특정한 목적을 위해 미국의 것을 이용한 경우들도 많다. 예를 들어, 여러 종파의 미국 기독교 교리는 한국의 전통적 문화와 일부 충돌하고 일부 조화를 이루며 '한국화'되어 한국인의 일상생활에 큰 영향을 끼쳤다. 미국의 교육 체계도 한국 교육의 현대적 발전과정에서 큰 의미를 지니나 한국의 역사 맥락에 따라 변용되어 부분적으로 도입되었다. 미국의 헌정 원리, 정치 전통과 제도도 한국의 독특한 프리즘을 통해 굴절되고 심지어 왜곡된 상태로 한국 현대사에서 중심적인 자리를 잡았다. 그 밖에 정치, 경제, 사회, 문화 등 거의 모든 측면에서 한국적인 요소들이 작용하는 가운데 '미국 모델'이 부분적이고 변형된 모습으로 영향력을 행사했다. 한국인들이 '미국 모델'을 전략적으로 활용했다고 말해도 과언이 아닌 경우도 많았다.

이 점을 보여주는 대표적인 사례 중 하나로, 정부 출범기 이승만 초대 대통령의 '미국 모델' 활용을 예시할 수 있다. 1948년 당시 이승만 대통령은 수많은 내외부 요인을 신경 쓰며 엄청난 압박 속에서 국가 건설이라는 임무를 수행해야 했다. 전제군주정과 군국주의 식민 통치의 경험만 있는 척박한 곳에 공화정 형태의 정부를 처음으로 세우고 공산주의자들의 도발에도 불구하고 국민 통합을 기하기란 대단히 힘든 일이었다. 무엇보다 어려운 과업은 국민에게 새로운 국가체제를 이해시키고 그들이 구성원으로서의 정체성과 시민으로서의 책임감을 느끼도록 이끄는 일이었을 것이다. 일제강점기의 우민화 정책으로 교육 수준이 크게 떨어지고 열등감에 빠진 국민이었지만,[1] 그들 모두를 보편 민주주의의 이상으로 포용하며 주권의 원천으로 삼아 국정을 운영해야 했다. 이를 위해서는 그들의 이해를 구하고 그들의 인식을 특정 방향으로 이끌며 그들의 지지를 얻어야 했다.

이 목적을 위해 미국 모델은 매우 유용했다. 한국에서 자생했거나 동양에 뿌리를 둔 사상이나 실례(實例)로는 민주 공화정 형태의 국가를 이끌 국민에게 자유의 개념과 민주주의 원칙에 관한 적절한 의식과 가치관을 심어주기 힘들었을 것이다. 또한, 2차세계대전으로 유럽 국가들이 몰락한 가운데 미국은 전승국이면서 공산 진영과 맞설 수 있는 자유 진영의 유일한 초강국이어서, 다방면의 발전을 이뤄야 하는 신생국이 부럽게 바라볼 수밖에 없었다. 더욱이, 미국은 일제를 패퇴시켜 우리나라가 식민지 상태를 벗어날 수 있게 도와주었고 3년 가까이 군정을 실시하였다. 그러한 미국에 대해 당시 한국인들은 거의 경외 수준의

---

[1] 미군정청 조사에서 해방 직후 한국인의 문맹률은 무려 78%에 달한 것으로 나왔다. 임성호, 「전환기 정치과정상 강한 정당이 필수인가: 제헌국회 사례」, 『사회과학연구』 29(1), 2021, p. 25; 『한국일보』 2016년 6월 7일.

긍정적 인식을 견지했다. 이승만 대통령이 당대 민주공화국의 선진 사례이자 문명 발전의 대명사로 자타가 공인하던 미국을 부각하며 모범으로 삼아 국가 건설의 방향을 잡은 것은 자연스러운 일이었다.

일반론 차원에서 말하자면, 국가체제가 형성되고 진화하는 과정에서 수많은 내외부 요인이 작용한다. 국가 내부 구성원인 다양한 사람들과 집단들이 여러 공적 목표와 사적 이익을 놓고 협력하거나 경쟁하는 가운데 외부로부터 각종 안보, 정치, 경제, 문화 차원의 영향과 압력이 들어오게 마련이다.[2] 특히 국가체제가 새로 출범하거나 근본적 전환을 하는 취약한 시기일수록 외부의 영향과 압력은 강력할 수밖에 없다. 그러나 아무리 취약한 국가체제 형성기 또는 전환기라 해도 내부 구성원들은 외부에 수동적으로 이끌리지만은 않는다. 때로는 외부의 영향이나 압력, 혹은 존재 자체를 전략적으로 활용해 소기의 목적을 달성하는 수단으로 삼기도 한다. 그 목적이란 국가체제의 튼튼하고 안정된 구축일 수도 있고 특정 구성원(들)의 집단적 혹은 개인적 이익일 수도 있고 때로는 양자 모두일 수도 있다. 취약한 시기의 정치지도자는 소위 '외국 모델'을 잘 이용해 국가 건설(state-building)과 권력 공고화를 동시에 추구하며 체제를 궤도에 안착시킬 수 있는 것이다.

국가의 초기 정립과 건설에서 특히 힘든 난제는 국민에게 새로운

---

2 Easton, David. *The Political System.* Alfred A. Knopf Publishing, 1953; Schmitt, Carl. *The Concept of the Political.* translated by George D. Schwab. University of Chicago Press, 1996.

민주 공화정 체제를 이해시키고 그들이 국가 구성원으로서의 정체성과 시민으로서의 책임감을 느끼도록 하는 것이다. 그러한 작업은 한편으로 민주, 공화, 자유, 주권 등 그동안 익숙하지 않았던 과정중심적 개념들을 국민에게 체화시키는 것이어야 한다. 또한, 다른 한편으로 독립, 자주, 부강, 문명, 성장 등 신생국의 성과중심적 발전 과제들도 포함해야 한다. 문제는 이 양 측면을 논리적으로 묶기가 쉽지 않고 양자가 충돌할 가능성이 크다는 것이었다. 발전 개념은 애당초 워낙 다의적이고 복잡해 명확하게 규정하기가 힘들다.[3] 특히 대한민국의 경우, 그런 발전 개념이 일제강점기에 너무 획일적 하향 방식에 의한 권위주의적 성장과 동일시되었고 해방 이후에도 그대로 이어졌다. 기존 문헌을 인용하자면, "근대 관료제와 경찰력을 토대로 국가(식민지 정부)가 사회에 대한 침투 및 추출 능력을 극대화하는 것이 일제 식민통치의 핵심 발전 지향점이었다 [······] 식민지 사회로 깊이 침투하여 확실히 통제·장악한 후 일본 본국의 제국주의적 팽창을 위해 인적·물적 자원을 최대한 추출하는 것이 일제 식민정부의 일관된 발전 목표였다. 이러한 결과지향적 발전을 도모하기 위해 식민통치기구는 비대한 조직을 세우고 막강한 권한을 행사해야 했다. 단순히 크고 강할 뿐만 아니라 식민정부는 강압적으로 목표를 추구할 수 있도록 전체주의적 성격까지

---

3   Eckstein, Harry. "The Idea of Political Development", *Regarding Politics: Essays on Political Theory, Stability, and Change*. University of California Press, 1992.

갖게 되었다."⁴ 이러한 발전 개념은 대한민국이 채택한 민주 공화정의 기본 원칙과 충돌될 수밖에 없었다.

새로 출범한 대한민국이 지향할 가치, 원리, 방향 등이 명확한 모습을 드러내지 못하고 심지어 상호 충돌까지 벌어지는 상황에서 여러 의견이 난무하게 되었다. 해방 직후 사회가 전환기적 혼란을 겪는 속에서 특히 사상, 이념 차원에서 각종 주장이 우후죽순처럼 등장하며 큰 갈등과 대립이 펼쳐졌음은 주지하는 바이다. 이런 혼란기에 도움이 될 수 있는 것이 외국 모델이다. 선진 외국 모델의 수입과 활용은 국민을 설득하는 데 매우 유리하다. 신생국 국민은 아직 충분한 경험을 쌓지 못했고 국내의 여러 정파가 상반된 주장으로 국민의 공감대 형성을 힘들게 한다. 이런 상황에서 신생국 국민은 이미 입증된 외국의 성공 사례에 끌리고 호응하는 경향을 보인다. 어린이가 위인전을 읽고 청년이 유명인의 성공담에 관심을 두듯이 불확실한 미래를 걱정하는 신생국 국민은 소위 선진국을 모범으로 해서 전철을 밟고자 하는 동기를 갖게 된다. 국가 건설의 방향을 잡는 데 외국 사례의 활용이 좋은 전략일 수 있는 것이다.

2차세계대전 이후의 시기에 신생국이 서구 선진국을 모방하는 것이 국가 건설의 최고 전략이라는 인식은 서구 정치학자들 사이에서 대

---

4 재인용. 임성호. 「한국 통치이념으로서의 '발전' 개념과 의회민주주의」, 민준기 편저. 『21세기 한국의 정치』. 파주: 법문사, 2001, p. 380. 강조 밑줄 추가; 김 운태. 『일본제국주의의 한국통치』. 서울: 박영사, 1998.

세웠다. 예를 들어 알몬드 등 일군의 정치발전론자들은 후발 국가의 근대화란 미국 모델을 닮아가는 '체제 전환'이라고 이해하였다.[5] 덧붙여, 정치학자 파이(Lucian Pye)는 2차세계대전 이후 각국의 고유성을 초월하는 보편적 문명 발전에 대한 믿음이 전 세계에 퍼졌고, 그러한 선진 문명의 대명사가 미국이었다는 점을 지적한다.[6] 즉, 전후 국가사회주의 이념을 따르는 권위주의 체제들(독일, 이태리, 일본 등)이 몰락하고 계급 사회주의 이념을 내세운 전체주의 체제들(소련, 중공 등)이 냉전 구도의 반대편 축을 이루게 된 새로운 국제 상황에서 자유진영에서는 합리주의적, 인본주의적, 민주주의적 원칙을 존중하고 과학기술, 산업화로 문명 발전을 추구하는 보편적 세계주의 문화가 널리 퍼졌다는 것이다. 그리고 미국이 바로 그러한 보편적 세계주의 가치관과 문명 발전의 상징이었다는 것이다. 이런 인식이 신생 독립국들 사이에 팽배한 가운데 미국 모델에서 국가 건설의 실마리를 찾는 것은 지극히 당연한 일이었다.

특히 1940년대 후반 한국에는 미국 모델을 절대시하게 하는 조건들이 갖춰져 있었다. 일제를 패망시킨 나라가 미국이었고, 38선 이남에서 3년 가까이 군정을 실시한 나라가 미국이었고, 이북 공산체제의 후원자인 소련과 국제적 패권을 놓고 경쟁을 벌이며 반공 전선의 선두에

5　O'Brien, Donal Cruise. "Modernization, Order and the Erosion of a Democratic Ideal", ed. David Lehmann. *Development Theory: Four Critical Studies*. Frank Cass, 1979, p. 51.

6　Pye, Lucian W. "Democracy, Modernization, and Nation Building", ed. J. Roland Pennock. *Self-Government in Modernizing Nations*. Prentice-Hall, 1964, p. 15.

섰던 나라가 미국이었다. 또한, 1941년 슘페터가 대중사회에 맞게 단순화한 자유주의적 민주주의 이론은 미국을 모델로 해서 만들어진 것이다. 더욱이, 당시 빈궁한 처지의 한국인들에게 군사 및 경제 원조를 제공한 미국은 구원자로서의 이미지를 가진 우방으로 긍정적 인식을 넘어 거의 경외의 대상이었다. 이런 역사적 조건들에 더해 이승만 대통령이 해방 이전 시기 미국에서 오랜 세월 동안 망명 생활을 하면서 미국에 대해 잘 숙지하고 친근감을 느끼게 되었다는 점도 작용했을 것이다.

물론 외국 모델을 그대로 복사해 도입하기는 현실상 불가능하다. 우선, 어떤 국가도 매우 복잡하고 때론 모순되는 면들을 지니기 마련이므로 신생국 지도자로서는 외국 모델을 전략적으로 사용해 필요한 부분만을 선택적으로 부각할 수밖에 없다. 특히 미국은 상반된 면들을 지닌 크고 복잡한 국가이다. 또한, 아무리 취약한 국가체제 형성기 또는 전환기의 국가라 해도 내부 구성원이나 정치지도자는 각자 추구하는 가치관과 이익이 있으므로 외부의 것을 무조건 수동적으로 따르지만은 않을 것이다. 때로는 외부의 영향이나 압력, 혹은 존재 자체를 계산적, 전략적으로 활용해 소기의 목적을 달성하는 데 유용한 수단으로 삼기도 할 것이다. 그 소기의 목적이란 국가체제의 튼튼하고 안정된 구축일 수도 있고 특정 구성원(들)의 집단적 혹은 개인적 이익일 수도 있고 양자 모두일 수도 있다. 취약한 시기의 정치지도자는 소위 '외국 모델'을 잘 이용해 국가 건설과 권력 공고화를 동시에 추구하며 체제를 궤도에 안착시킬 수 있는 것이다. 1948년 출범 당시의 대한민국도 국가

건설 과업을 위해 미국 모델에 크게 의존하였겠으나 미국의 여러 성격을 맥락에 맞게 전략적으로 활용하는 운용의 묘를 기했을 것이라고 짐작할 수 있다.

1948년 시점에 미국 모델을 그대로 수용하기에는 미국이 너무 복잡하고 상반된 측면들을 지녔다. 하나의 성격으로 규정될 만큼 단순한 국가가 아니었다. 정치학자 헌팅턴은 미국 체제의 권력분산적, 지방우위적, 목가적, 자유방임적 성격을 강조하며 20세기 신생국의 당면 과제인 권력 집중화, 사회구조 분화, 기능 전문화, 국민적 정치참여, 질서와 안정, 경제성장에 적절한 모범이 아니라고 역설했다.[7] 하지만 그는 미국 모델을 너무 단순하게 생각했다. 즉, 과거 19세기까지의 모습만 강조하며 20세기 접어들어 새롭게 미국의 중요한 측면을 차지하게 된 발전주의적 성격을 경시했다. 1940년대 후반 당시 미국에는 크게 봐서 두 개의 상반된 성격이 공존하며 미국 체제의 양가적인 모습을 구성했다. 하나는 초기 미국 식민지 주민들이 그 전통을 따르고자 했던 과거 영국 왕조의 이름을 따서 정치학자 헌팅턴이 '튜더'(Tudor) 체제라고 불렀던 목가적, 분산적, 방임적 민주주의의 성격이었다.[8] 19세기 말까지

---

7   Huntington, Samuel P. *Political Order in Changing Societies.* Yale University Press, 1968, pp. 409~413.

8   Huntington, Samuel P. *Political Order in Changing Societies.* Yale University Press, 1968; Skowronek, Stephen. *Building a New American State: The Expansion of National Administrative Capacities, 1877~1920.* Cambridge University Press, 1982; Bright, Charles C. "The State in the United States during the Nineteenth Century", eds. Charles Bright and Susan Harding. *Statemaking and Social Movements: Essays in History and Theory.* The University of Michigan Press,

는 이 성격이 미국을 규정하고 대표하였다. 다른 하나는 19세기 말에서 20세기 초에 걸쳐 미국의 곳곳을 변혁시킨 혁신주의 운동(Progressive Movement)에 그 뿌리를 둔 적극적 발전주의의 성격이었다.[9] 이것은 20세기 초 혁신주의 운동이 성과를 보기 시작하면서 미국의 중요한 성격으로 자리 잡았다. 물론 후자가 등장하면서 전자가 사라진 것은 아니고, 양자가 공존하며 20세기 미국 국가체제의 혼합적, 양면적 성격을 이뤘다. 방대한 미국의 어떤 측면을 어떤 맥락에서 보는가에 따라 '튜더' 풍의 조용한 목가적 민주주의 전통이 크게 두드러져 보일 수도, 아니면 '혁신주의' 갈래의 적극적, 혁신적 발전주의 성격이 더 명확하게 드러나 보일 수도 있었다.

먼저 전자에 대해 부연해보자. 17~18세기 미국의 초기 식민지 주민들은 영국 체제를 피해 새 대륙으로 건너온 청교도들로서 당대 영국의 스튜어트 왕조를 배격하고 앞선 튜더 왕조(1485년~1604년)의 유산을 답습하고자 했다. 스튜어트 왕조 시대와 달리 튜더 왕조 시대는 왕과 의회 간의 권력 균형과 조화, 권력의 분산화, 지방 세력의 상대적 우

1984.

9 Hofstadter, Richard. *The Age of Reform: From Bryan to F.D.R.* Vintage Books, 1955; Wiebe, Robert H. *The Search for Order, 1877~1920.* Hill and Wang, 1967; Skowronek, Stephen. *Building a New American State: The Expansion of National Administrative Capacities, 1877~1920.* Cambridge University Press, 1982; Bright, Charles C. "The State in the United States during the Nineteenth Century", eds. Charles Bright and Susan Harding. *Statemaking and Social Movements: Essays in History and Theory.* The University of Michigan Press, 1984.

위, 중앙 정부 권력의 제한, 지방 공동체 중심의 목가적 민주주의 생활 등을 특징으로 하였다.[10] 이러한 튜더 전통을 이어받은 만큼 미국은 식민지 시대는 물론 합중국이 된 후 19세기까지의 시기 동안 지방 공동체 중심으로 움직였고 중앙 정부는 미약한 존재에 불과했다. 중앙 권력의 공백은 지방별로 기능하는 법원들과 정당 조직들이 메웠고 분산적인 국가체제 운영방식이 정립되었다.[11] 집중적 국가 권력의 부재, 수직적 국가 권위의 미약함, 정부 구조의 미분화 등으로 인해 초기 미국은 "허구의 상상 국가(fictive state)"에 불과했다는 평을 들을 정도였다.[12] 참정권을 재산과 상관없이 백인 남성 계층에게 보편적으로 확산시킨 잭슨 민주주의의 기치 아래 연방정부의 집중적 힘과 권위는 더욱 타격을 받고 지방 토호 겸 정당 보스들이 미국 체제의 주역으로 자리잡을 수 있었다. 정당들도 전국적으로 통합된 세력으로 성장하지 못하고 지방 수준에서만 조직을 가동하며 힘을 발휘할 수 있었다. 이런 '튜더' 체제에서 권력이 분산된 지방중심적, 목가적 민주주의가 꽃필 수 있었으

---

10   Huntington, Samuel P. *Political Order in Changing Societies*. Yale University Press, 1968.

11   Skowronek, Stephen. *Building a New American State: The Expansion of National Administrative Capacities, 1877~1920*. Cambridge University Press, 1982, p. 23, 41, 287; Bright, Charles C. "The State in the United States during the Nineteenth Century", eds. *Charles Bright and Susan Harding. Statemaking and Social Movements: Essays in History and Theory.* The University of Michigan Press, 1984, pp. 139~140.

12   Skowronek, Stephen. *Building a New American State: The Expansion of National Administrative Capacities, 1877~1920*. Cambridge University Press, 1982, p. 7.

나, 그 이면에서 전국 차원의 사회적 활력은 생성되지 못하였고 법을 지킬 권위의 붕괴로 법치와 질서가 무너진 채 온갖 부정부패가 난무하는 어두운 면도 존재하였다.

'튜더' 체제가 그럭저럭 미국을 지탱해왔지만 19세기 후반 산업혁명이 급속도로 진행되어 대규모 전국화가 이뤄짐에 따라 분산적, 목가적 체제로는 충분한 사회적 활력을 내지 못해 국가를 유지하기 힘들게 되었다. 19세기 후반의 변화는 매우 근본적이었다. 산업화, 기계화, 전국화, 도시화, 대규모화 등 여러 갈래의 근본적 변화는 이전에 겪어보지 못했던 각종 위기 증후군을 낳았다. 특히 경제 불평등, 도시 소요, 농촌 소외, 노동 분규, 민족집단 간 갈등, 정치 불신 등의 문제가 심각해서 기존 체제에 대한 불만과 반성이 극에 달했다. 이런 속에서 다각도의 변혁을 외친 혁신주의 운동(Progressive Movement)이 미국 전역에 걸쳐 반향을 내게 되었고, 이것이 계기가 되어 미국이 20세기 접어들어 현대 국가로 탈바꿈하게 된 것이다.

혁신주의 운동은 체계성, 통합성을 갖춰 정치권력을 추구하는 정당과 달리 민간 차원의 느슨한 형태의 운동으로서 사회 개혁과 발전을 목표로 지향했다. 19세기 말과 20세기 초의 위기 상황에 대해 반성과 각성의 목소리를 높인 전문가 지식인 그룹의 법률가, 교사, 교수, 과학자, 기술자, 회계사, 언론인, 작가, 사회복지사 등 수많은 개혁가가 주체를 구성했다.[13] 그들은 통일된 구체적 목표나 의제에 대한 동의 없이

---

13 Skowronek, Stephen. *Building a New American State: The Expansion of National*

각자의 방식으로 다양한 주제에 관한 개혁을 주장했지만, 그들이 두루 공유한 가치관에는 폭넓은 공통분모가 있었다. 즉, 그들은 합리주의, 과학주의, 실용주의, 도덕주의를 기본 사상적 기조로 추구하며 당시 미국의 낡은 풍습과 시대착오적 규범에 대한 비판의 도를 높였다.[14] 특히, 그들은 미국이 새로운 시대에 살아남고 문명 발전을 이루기 위해서는 더 이상 활기 없는 소극적, 목가적 체제에 머물러서는 곤란하고 대중의 집합적 지지를 원동력 삼아 적극적, 성과지향적, 발전주의적 체제로 거듭나야 한다는 신념으로 합리적 관리, 효과적 통치, 글로벌 리더십, 대중적 참여를 강조했다.

미국의 초기 성격을 규정한 '튜더' 체제는 그 고매한 취지와 민주주의 정착이라는 실제적 공헌에도 불구하고 결국 19세기 후반 현실에서 지방 정당 보스들의 전횡, 대기업 독점, 정경유착의 심각한 문제를 낳았다. 이것이 혁신주의의 분위기 속에서 새로운 제2의 건국 운동을 촉발한 것이다. 혁신주의자들은 전국 차원의 통합, 정부 주도의 법치와 사회적 안정, 정부의 적극적 역할을 위한 비정파적 전문 관료의 강화, 효율적이고 전문적인 국정 운영, 대통령의 적극적 리더십[15] 등을 지향

Administrative Capacities, 1877~1920. Cambridge University Press, 1982, p. 42.

14 Wiebe, Robert H. *The Search for Order, 1877-1920.* Hill and Wang, 1967; Hofstadter, Richard. *The Age of Reform: From Bryan to F.D.R.* Vintage Books, 1955.

15 물론 혁신주의자들이 지향했던 것은 대통령의 무분별한 독주가 아니고, 의회-대통령 간의 조화로운 균형이었다. Skowronek, Stephen. *Building a New American State: The Expansion of National Administrative Capacities, 1877~1920.* Cambridge University Press, 1982, p. 175.

하고 실제로 그러한 방향에서 큰 성과를 냈다.

이러한 성과로 인해 20세기 초반 미국은 19세기에 비해 크게 달라졌다. 독과점, 부익부 빈익빈, 구매력 하락, 공황 등 일련의 자본주의 폐해를 막기 위해 반독점법이 도입되고, 기업 규제가 제도화되고, 중앙은행 격인 연방준비제도이사회가 설립되었다. 사회적 여건의 제고와 계층 간 갈등의 해소를 위해 노동 작업장 향상, 아동 노동 금지, 사회 인프라 건설, 교육 지원 등이 추진되었다. 사회의 투명화, 부정부패 방지, 국민의 정치참여 확대를 위해 실적제 관료 충원, 상원 직선, 비밀투표, 정당 예비선거, 주민 발의, 여성 참정권 등이 입법화되었다. 이러한 혁신주의 운동의 실제적 성과 덕에 미국은 20세기 초에 새로 건설되고 ("the reconstruction of the American state") 문명 발전을 주도하는 질적으로 다른 국가("a qualitatively different kind of state")가 되었다고 말할 수 있게 되었다.[16]

대한민국이 열악한 조건에서 출범하던 당시 미국은 이러한 혁신주의적 발전과 뒤이은 뉴딜 프로그램의 성공으로 이미 세계 최강국의 반열에 올라 있었다. 전술했듯이 신생국이 발전 모델로 삼고 흉내 내기에 가장 적절한 국가였다. 그러나 미국은 균질한 성격의 단일체가 아니고

---

16   Skowronek, Stephen. *Building a New American State: The Expansion of National Administrative Capacities, 1877~1920.* Cambridge University Press, 1982, p. 4. 20세기 초 혁신주의적 성과가 든든한 기반을 마련해주었기에 미국은 1930년대 뉴딜 프로그램을 적극적으로 추진하며 대공황을 벗어나 세계 강국으로 발돋움할 수 있었다. 그런 의미에서 현대 미국 체제로의 전환은 뉴딜에 앞선 혁신주의 개혁으로부터 시작되었다고 말할 수 있다.

민주주의적 '튜더' 체제와 발전주의적 '혁신' 체제가 공존하는 혼합체였다. 우리나라를 비롯한 외국의 지도자와 국민으로서는 미국의 다양한 측면을 자기네의 편리에 따라 전략적으로 선택해 모범으로 지향할 수 있었다. 민주 공화정을 정당화하고자 하면 '튜더' 체제의 성격을 강조하고, 정부 구조를 세우고 정부 권위를 공고화하고 전국화를 시도하고 중앙의 리더십을 발휘하고자 할 때는 혁신주의 성격을 강조할 수 있었다.

1948년 대한민국 출범 당시 국민의 교육 수준이 워낙 낮아 이승만 대통령은 국민을 원동력으로 삼아 국가 건설을 추구하기 위해서는 치밀하게 국민교육까지 함께 수행해야 했다. 한편으로, 민주 공화정을 궤도에 올리고 한국 국민에게 민주주의 원리와 가치를 심어주어야 했고, 다른 한편, 국민 통합을 이루고 사회 안정과 경제 번영을 도모하고 질서 있는 문명국으로 발전시키는 책임감을 국민에게 강조해야 했다. 그의 대통령 취임사를 보면 민주주의 가치와 관련해서는 민의 수렴을 강조했고, 발전 목표와 관련해서는 정부조직, 국가건설, 남북통일, 법치주의 등을 강조했다.[17] 전술한 두 얼굴의 미국 모델은 이 두 과제를 위해 매우 유익했다. '튜더' 체제적 성격은 전자를 위해 최적이었고 혁신적 발전주의 성격은 후자를 위해 최적이었다. 이승만은 이에 따라 각종 대중 연설에서 미국 모델을 전략적, 선택적으로 활용했다. 한편으로, 미국의 분산적, 목가적 민주주의의 뿌리와 전통을 강조하기도 하고, 다

---

17   임성호, 「한국 통치이념으로서의 '발전' 개념과 의회민주주의」, 민준기 편저. 『21세기 한국의 정치』, 파주: 법문사, 2001, pp. 381~383.

른 한편으로, 미국의 강한 정부, 체계적 국정 방식, 효과적 리더십을 통한 발전과 혁신을 강조하기도 했다. 이 점을 이승만 대통령의 국민 담화문이나 대중 연설을 통해 확인할 수 있다.[18] 당시 시대상 대통령의 대중 연설문은 최고위직 정치지도자가 국민에게 교육적 메시지를 전달할 수 있는 도구 중 가장 중요한 것이었고, 당시 일반 대중은 별다른 흥밋거리가 없는 상황에서 대통령 연설에 큰 관심을 기울였다. 따라서 이승만 대통령도 국민교육을 위해 대중 연설을 중시했고, 그 과정에서 미국 모델을 활용한 것이다.

이상 예시한 사례를 통해, 한국의 성장과정상 미국의 영향과 의미를 파악하기 위해서는 미국과 한국 중 한쪽만 쳐다보지 말고 양쪽을 연계시켜 종합적으로 살펴봐야 한다는 점을 확인할 수 있다. 미국에 관해 이해를 도모하고 아울러 한국에 관한 이해도 병행해야만 미국의 특정 측면이 한국에서 어떠한 의미를 띠었고 어떻게 변용되어 어떠한 영향을 끼쳤는지 제대로 알 수 있을 것이다. 2022년에 한국아메리카학회가 이처럼 쉽지 않은 과제에 착수해 이 책을 기획하게 된 것은 1882년 조·미 수호통상조약 체결 140주년, 즉 한미관계 140주년을 기념하기 위해서다. 단행본 출간을 통해, 지난 140년을 되돌아보며 한국의 성장과정상 미국이 어떠한 영향을 끼쳤고 어떠한 의미로 다가왔는지 여

---

18 임성호. 「한국 국민교육을 위한 미국 모델의 전략적 활용: 과거와 미래」, 사단법인 한미우호협회 한미동맹 70주년 기념 세미나(5월 25일), 2023. 참조할 것. 행정안전부 대통령기록관 홈페이지(pa.go.kr/index.jsp)에서 대통령 연설기록을 검색해 살펴봄(pa.go.kr/research/contents/speech/index.jsp).

러 측면을 연구한 결과를 일반 독자에게 널리 공유하고자 한다.

이 연구서는 그동안의 역사에만 시선을 고정하지 않는다. 더 나아가, 급변하는 오늘날을 쳐다보고 또 미래를 내다보며 새로운 시대상황에 적합한 한미관계의 패러다임을 정립하는 데 유용한 시사점을 찾는 쪽으로도 시선을 넓게 돌린다. 주지하듯이, 오늘날 한미관계는 여러 위협요인과 도전요인에 직면해 있고 그러한 상황은 앞으로 더 계속될 가능성이 농후해 보인다. 140년의 역사를 되돌아보며 여러 논점과 시사점을 다룸으로써 앞으로 한국과 미국이 더욱 바람직한 관계 속에서 적절한 영향력을 주고받기 위한 지혜를 찾는 데 도움을 얻을 수 있을 것으로 기대된다.

예를 들어, 이승만의 초기 국민교육에 대한 회고적 조망은 21세기 오늘의 맥락에서도 적실성을 띨 수 있을 것으로 기대된다. 요즘은 국민교육이라는 표현이 하향식 권위주의적 뉘앙스를 띤다는 이유로 기피되고 시민교육이라는 표현이 더 선호되고 있지만, 어떤 표현을 쓰든 간에 국민에게 공적 의식을 키우고 시민적 덕성을 함양할 기회를 제공하는 일은 중요하다. 근래 양극적 대결과 국정 교착이 심해지며 체제 불신감과 민주주의 위기론이 확산하고 있는 만큼 시민교육의 중요성이 더 커졌다. 현재 시점에 우리나라는 1948년처럼 열악한 상황은 아니나 지구화 조류에 따라 각국이 보편적으로 수렴화하는 시대를 맞아 각종 외국 사례를 적절히 시민교육에 활용할 수 있을 것이다. 오늘날 미국에서는 우리나라와 비슷하게 민주주의 체제가 위기를 겪으며 극복의 실마리를 시민교육에서 모색하는 진지한 논의가 진행되고 있다. 특히, 기존 자유주의적 민주주의 전통과 혁신주의적 발전 개념에 공동체주의적 가치와 공감의 덕성을 접목하는 방향이 제시되고 있다. 우리나라를 위한 비교학적 시사점을 얻을 수 있는 대목이다.

국민교육 혹은 시민교육이 옛날에만 필요했던 것은 아니다. 오늘날에도 여전히 필요하고, 그 필요성이 더 커졌을지도 모른다. 한편으로 사회적 파편화가 심해지고 다른 한편으로 이념적 양극화가 극에 달하며 과도한 정치 대결과 국정 교착이 오늘의 시대적 특성을 규정하게 되었고, 이에 따라 국민은 극심한 체제 불신감에 빠지고 심각한 민주주의 위기론이 퍼지고 있기 때문이다. 이런 상황이므로 국민의 공적 의식과 시민적 덕성을 되짚어보고 되살리는 노력을 해야 할 필요성이 더 커졌다고 볼 수 있다. 과거 1940년대 후반에는 한국 국민의 전반적 교육 수준이 낮아 민주공화정 체제로서의 국가 발전을 기하는 데 요구되는 가치관과 인식을 갖도록 하는 국민교육이 필요했다. 오늘날에는 대한민국 국민 개개인의 학력이 세계적으로 높은 수준에 달하였으나 아이러니하게 그들의 시민성은 상당한 한계를 노출하며 국가 공동체를 향한 공적 의식과 덕성을 함양해야 할 필요성이 높아졌다.

현재 시점의 우리나라를 보면, 1948년처럼 내부의 힘만으로 홀로 서기를 하지 못할 정도로 열악한 상황은 아니다. 그러나 북한처럼 문호를 걸어 잠그고 편협한 폐쇄성에 사로잡힐 필요는 없다. 지구화 조류에 따라 각국이 보편적으로 수렴화하는 시대를 맞아 각종 외국 사례에서 많은 것을 배울 수 있을 것이다. 시민교육도 전술했듯이 오늘날 그 필요성이 더 커졌는데 외국 사례를 적절히 활용할 수 있을 것이다. 수많은 외국 중에서도 미국은 우리나라와 비슷하게 민주주의 체제가 위기를 겪고 있어 극복의 실마리를 시민교육에서 모색하는 진지한 논의가 여러 갈래로 진행되고 있는 나라이다. 특히, 기존 자유주의적 민주주의 전통과 혁신주의적 발전 개념에 공동체주의적 가치와 공감의 덕성을 접목하는 방향이 제시되고 있다.[19] 슘페터가 1930~40년대 서구 대중사회에 맞게 최소의 절차적 측면에 초점 맞춰 정리한 선거 중심의 자유주의적 민주주의 모델만으로는 21세기 탈대중사회에 좋은 효능감을 내지 못한다는 점에 대한 반성으로 공동체주의적 성격이 가미된 민주주의를 실천하는 쪽으로 시민교육이 강조되고 있다. 이러한 맥락에서 참여민주주의, 숙의민주주의, 결사체 민주주의, 초국적 민주주의, 성찰적 민주주의 등이 미국 국민에게 공적 의식과 시민적 덕성을 심어줄 민주주의 모델들로 조명을 받고 있다.[20] 오늘날 우리나라를 위해서도 활

---

19 임성호. 「탈경계 시대의 민주주의 패러다임: 자유주의, 공동체주의를 넘어 성찰적 민주주의로」, 『신아세아』 20(3), 2013; March, James G., and Olsen, Johan P. "Popular Sovereignty and the Search for Appropriate Institutions", *Journal of Public Policy* 6(4), 1986; Sunstein, Cass. "Preferences and Politics", ed. Markate Daly. *Communitarianism: A New Public Ethics.* Belmont, CA: Wadsworth Publishing, 1994.

20 Barber, Benjamin. "Strong Democracy", ed. Markate Daly. *Communitarianism: A New Public Ethics.* Belmont, CA: Wadsworth Publishing, 1994; Cohen, Joshua. "Deliberation and Democratic Legitimacy", eds. in Alan Hamlin and Philip Pettit. *The Good Polity: Normative Analysis of the State.* Oxford: Basil Blackwell, 1989; Goodin, Robert E. *Reflective Democracy.* Oxford: Oxford

용할 여지가 큰 비교학적 시사점을 얻을 수 있는 대목이다.

물론 오늘날 한국 국민이 느끼는 미국 모델의 매력과 적실성은 1948년 공화정 출범기에 비해 훨씬 떨어져 있다. 근본적으로 변한 시대를 맞아 과거와 똑같이 미국 모델을 활용할 수는 없는 일이다. 그러나 21세기의 힘든 국가과제들을 풀어나가기 위해서 전통적인 미국 모델에서 필요한 부분을 살리고 새로운 요소를 가미해 조화롭게 활용하는 전략은 미국은 물론 비슷한 상황의 한국을 비롯한 여타 국가들에 있어서 여전히 유효하다. 지구화 시대에 각국이 보편적으로 수렴하는 상황에서 미국 모델의 새로운 활용법은 한국적 맥락에서도 충분한 적실성을 지닐 것이다. 즉, 미국의 전통인 자유주의적 민주주의 가치와 합리주의적 혁신주의 사고에 새로운 시대 상황에 맞는 공동체 정신과 공감의 미를 잘 접목해 한국 시민교육을 위해 활용한다면 향후 민주주의 위기론을 극복하고 국정 거버넌스를 도모하는 데 도움이 될 것이다.

국가 건설은 한 번으로 끝나는 것이 아니다. 스코로넥은 "국가 건설이란 기본적으로 기존 국가 권력의 조직을 재구성하고 국가–사회 간 관계를 변경하는 작업"이라고 정의 내리며 오랜 기간 여러 차례를 거

University Press, 2003; Held, David. "Democracy: From City-states to a Cosmopolitan Order?", ed. David Held. *Prospects for Democracy*. Stanford University Press, 1993; Hirst, Paul. "Associational Democracy", ed. David Held. *Prospects for Democracy*. Stanford University Press, 1993; Mansbridge, Jane. "Unitary Democracy", ed. Markate Daly. *Communitarianism: A New Public Ethics*. Belmont, CA: Wadsworth Publishing, 1994; Miller, David. "Deliberative Democracy and the Limits of Democratization", ed. David Held. *Prospects for Democracy*. Stanford University Press, 1993.

치는 것으로 이해했다.[21] 그는 미국에서 현대적 의미의 국가 건설이 완성된 것은 혁신주의 운동의 결과로써 20세기 초의 일이라고 보았다.[22] 브라이트도 "현대 미국의 국가 건설은 기존의 정치적 민주주의와 사적 경제를 더 높은 수준으로 제고하려는 활력을 발휘함으로써 가능했다"[23]라고 말하며, 미합중국의 탄생 뒤 오랜 세월이 지난 20세기 초까지 국가 건설이 이어졌음을 지적했다. 그러므로 오늘날 21세기의 새로운 맥락에서 각종 위기 증후군이 우려를 자아내는 속에서 "새로운 건국" 논의가 진행되고 있음은 놀라운 일이 아니다.

미국이 20세기 초 현대 국가로 탄탄하게 정립될 수 있었던 것은 위기 상황에 대한 국민적 반성과 각성이 있었기에 가능했다. 오늘날 미국이 새로운 성격으로 거듭 태어나려면 과거처럼 국민의 의식 전환이 있어야 한다. 그러한 이유로 시민교육에 대한 논의가 재점화된 것이다. 오늘날 우리나라도 미국과 비슷한 상황에 있다. 기존 자유주의적 민주주의 가치관에 공동체주의적 의식을 혼합해 시민의 공적 덕성을 키우는 방

21 Skowronek, Stephen. *Building a New American State: The Expansion of National Administrative Capacities, 1877~1920.* Cambridge University Press, 1982, p. ix.

22 Skowronek, Stephen. *Building a New American State: The Expansion of National Administrative Capacities, 1877-1920.* Cambridge University Press, 1982, p. 44, 45.

23 Bright, Charles C. "The State in the United States during the Nineteenth Century", eds. *Charles Bright and Susan Harding. Statemaking and Social Movements: Essays in History and Theory.* The University of Michigan Press, 1984, p. 287.

향으로 시민교육이 나아가며 "제2의 건국"을 시도해야 할 시점이다.

　이상과 같이 서문에서 정리한 문제의식에 따라 한국아메리카학회는 공모를 통해 10명의 연구자를 선임해 "한국의 성장과정상 미국의 영향"이라는 대주제 속에서 각자 선호하는 소주제를 잡아 연구를 진행하도록 하였다. 연구 소주제의 다양성을 기하고 연구서 전체적으로 학제적 성격이 강해질 수 있도록 연구자의 세부 전공이 너무 몰리지 않도록 신경을 썼다. 연구자들은 2022년 연례학술대회(10월 14~15일)에서 한미수교 140주년을 기념하는 3개의 특별패널을 진행해 중간발표를 하였다. 그 발표문들을 그 후 수정 보완하여 총 10개의 장으로 구성된 연구서(한국아메리카학회 편)를 발간하기에 이른 것이다. 각 장의 내용을 요약하면 다음과 같다.

　1장("한국의 발전 과정상 미국 물질문화(material culture)의 의미와 영향: 식민지 시기(1910~1940)를 중심으로")에서 이유정은 경제, 사회, 생활문화 측면에서 실질적으로 미국제품이 식민지 조선에서 수입, 유통, 소비되고 있던 상황을 최대한 재구성하여 식민지 조선에서 물질문화(material culture)를 통한 미국문화 확산과 미국에 대한 인식이 어떻게 성립되고 있었는가를 살펴본다. 특히, 근대 시기 인쇄 매체의 발간과 보급의 활성화로 수십 종의 신문과 잡지가 다양한 영역에서 발간되었던 것에 주목하여, 1910년에서 1940년까지 식민지 시기에 발행되었던 대표 신문 매체인 『매일신보』, 『경성일보』, 『동아일보』, 『조선일보』를 활용하여 미국제품과 관련된 담론과 현상을 분석한다. 더불어 당시 미국제품의 판매와 소비양상을 살펴보기 위한 또 다른 수단으로 식민지 시기 경성을 중심으로 형성되어 있던 근대 상점의 종류, 분포와 현황을 살펴봄으로써 당시 미국제품의 판매, 소비 양상을 재구성해본다. 연구 결과, 식민지 시기 조선의 미국에 대한 인식은 개화 초기(1890~1910)와 비교했을 때 지식층에서 대중으로 확대되어 그 대상에 대한 뚜렷한 인식이 존재했던 것을 알 수 있다. 다만 '황금국,' '기회의 땅'과 같은 이상적 가치가 중심에 있었을 뿐, 미국에 대한 실체적 정보가 공유되기 시작했던 것은 1921년 1차대전 이후 미국이 전 세계적으로 주목받기 시작하면서부터라고 볼 수 있다. 무엇보다도 1924년은 식민지 조선에서 미국제 상품의 판매와 소비에서 주요한 변곡점이 되는데, 바로 미일관계의 변화에 따라 수입품과 국산품이라는 상반되는 가치가 근대성과 식민성이라는 또 다른 이중적 가치와 교차되면서 '미국제'라는 기호와 물질성에 새로운 상징성이 부과되면서 그 의미가 복합적이고 중층적으로 나타나고 있는 것을 알 수 있다. 식민지의 근대적 신가정과 근대적 소비 공간 안에서 미국이라는 문화적 표상은 '황금' '가정' '민족' '애국' '국산' '신식' '과학' '기계'와 같은 담론들과 결합되면서 근대성과 식민성 사이의 여러 틈새들 속에서 양가적이기보다는 다중적인 의미로, 기표의 모호성을 간직한 채 존재하고 있었다고 할 수 있다.

2장("한국의 성장 과정상 미국 교육의 영향과 시사점")에서 염철현은 조선과 미국의 수교 배경을 살피면서 고종의 근대교육제도 수용과 실행, 미국 선교사의 근대식 학교 설립, 조선의 학교개혁, 일제강점기의 학교 탄압, 미군정기의 교육 및 6·25 이후 교육원조 프로젝트 등 우리 나라가 성장하는 과정에서 미국과 관련된 우리나라 교육사를 연대기적 으로 간략하게 설명한 뒤 시사점을 도출한다. 한국이 괄목할만한 경제 성장을 이뤄 내고 척박한 토양에서 민주주의의 꽃을 피우는 과정에서 미국 교육은 우리에게 어떤 의미로 다가오고 어떤 시사점을 주었을까? 첫째, 구한말 미국 선교사들의 교육활동은 억눌려 있던 조선 민중들의 지적 호기심을 분출시켰다. 1882년 조선과 미국 간 수교 이후 우리나 라에 들어온 미국 선교사들이 근대식 학교를 수립하고 기독교 원리를 토대로 만민평등사상을 교육방식으로 채택한 것은, 신분계급사회에서 배제되고 억눌렸던 일반민중의 교육에 대한 욕구를 분출시키는 계기가 되었다. 둘째, 광복 후 미군정 요원들이 제안하고 실행에 옮겨진 교육 원조 프로젝트는 오늘의 한국을 성장시킨 탁월한 전략이었으며 엄청난 문화자본의 밑거름이 되었다. 미군정 요원들은 심각한 남한의 인적, 물 적 자원의 부족을 해결하는 데 필요한 핵심 요인을 인재양성으로 보았 고 본토의 연방정부를 설득하여 교육원조 프로젝트를 시작하였다. 군 정 요원들의 하소연에 가까운 절박함이 본토의 관계자들의 마음을 움 직였다. 구조적이고 체계적인 교육원조 프로젝트는 1960년대 중반까지 이어졌고 이 과정에서 미국의 교육기관에서 공부하고 귀국한 많은 인 재들이 경제, 과학기술, 교육, 문화 등의 분야에서 한국의 성장과 발전 에 밑거름 역할을 하였다. 셋째, 미국 교육은 우리 교육이 추구해야 할 가치를 민주교육을 통한 민주주의 실현으로 정립하게 하였다. 학교교육을 통해 민주주의의 가치에 대해 교육을 받은 국민은 한국이 적화(赤化)되는 것을 막는 이념적 방패 역할을 하였으며, 자유 시장경제에도 쉽게 적응할 수 있었다.

3장("한미관계와 미국 개신교의 영향")에서 이수영은 19세기 후반 한국에 진출한 미국 개신교 선교사들의 선교활동이 단기간에 큰 성공을 거두는 과정을 탐구한다. 즉, 미국 중심의 개신교 선교사들이 한국에서 어떻게 그러한 성공을 거둘 수 있었으며 이후 한국 사회에 개신교 선교를 매개로 하여 전달된 미국적 요소들이 한국에 어떠한 사회, 문화적 의미들로 전달되었는지를 살펴본다. 이것은 단순히 종교적 영향력의 차원을 넘어 한미관계를 이해하는 데 있어 매우 중요한 작업이다. 해방 이후 분단과 함께 한국기독교는 우익진영을 대표하게 되는데, 이는 한국전쟁 이후 초기 미국 개신교 선교의 중심지였던 서북지역 출신 장로교회 기독교인들이 공산주의 정권의 탄압을 피하여 월남하였고 이들이 미국 선교사들과의 관계를 바탕으로 정치적으로 영향력을 미치게 되었기 때문이다. 미국 개신교의 선교가 특별히 '미국'이라는 국가의 문명이 전수되는 것과 동일시하며 '미국'이라는 국가를 이상화시킨 데에는 미국을 통하여 개화를 이루고자 하는 개화파 지식인들이 미국과의 교류의 통로였던 미국 개신교를 매개로 삼았다는 점 또한 큰 역할을 하였다. 즉, 이들은 미국 선교사들에 의하여 전파되는 기독교를 근대 문명과 동일시하였고 이들이 가져온 복음주의 기독교에 바탕을 둔 미국 중산층 계층의 가치를 발전된 이상적인 사회의 모델로 삼는 인식이 형성되었다. 이렇게 미국적 가치를 받아들이고 지지하는 매개 역할로서의 개신교는 해방과 분단 과정에서 미군정을 거쳐 이승만, 박정희 정권까지 이어지게 된 것이다. 물론 20세기 후반부터 미국에 대한 한국의 인식이 다양화되면서 개신교 교회가 주로 보여주는 친미적 보수주의적 모습은 주류를 형성하지 못하게 되었으나 개신교적 가치를 매개로 하여 미국과의 관계를 이해하려는 모습은 아직 남아 있다고 할 수 있다.

4장("한국 자유민주주의 정치이념의 도입과정과 미국의 영향")에서 현영찬은 정부수립 이후 현재까지 한국에 정착되어 시행되고 있는 자유민주주의의 정치이념과 관련해서 그 도입과정과 역사적 배경을 미국의 역할과 영향을 중심으로 고찰한다. 물론 140년에 이르는 한미관계의 역사 전체에 걸쳐서 자유민주주의 정치이념의 크고 작은 흔적을 살펴볼 수 있지만, 이 글은 1945년 해방 직후 소위 해방정국이라 불리는 3년 동안의 미군정 기간에 초점을 두고 자유민주주의의 국내 정착 과정의 역사와 미국의 영향을 살펴본다. 특히, 자유민주주의의 의미가 무엇인지, 자유민주주의가 한국에 이식되었다고 봐야할지 아니면 수용되었다고 봐야할지, 미국 선교사들의 역할은 어느 정도였는지, 미군정의 역할은 구체적으로 어떠했는지, 자유민주주의의 도입과 관련해 미군정의 역할은 어떠한 명암을 지녔는지 등을 다룬다.

5장("한국의 성장과정상 미국 지방자치·주민자치 구현이 주는 거버넌스적 의미")에서 채진원은 한국의 성장과정상 중앙집권적 국가모델과 대조되는 세로축에서의 권력분립의 상징이 된 미국의 권력구조인 지방자치·주민자치의 구현 사례를 살펴보고, 이것이 한국의 새로운 권력구조에 주는 거버넌스적 의미에 대해 살펴본다. 이 목적을 달성하기 위해 첫째, 21세기 전환기적 시대상황에 부합하는 새로운 통치양식인 거버넌스 규범과 충돌하는 중앙집권적 개발독재국가모델의 한계에 대해 살펴본다. 특히, 그레고리 핸더슨이 언급한 '소용돌이의 정치'에 대한 시사점을 통해 중앙집권적 개발독재국가모델의 한계를 살펴본다. 둘째, 한국의 국가발전사에서 볼 때, 미국 연방공화국의 핵심제도인 지방자치와 주민자치의 구현 사례를 살펴보고, 이것의 거버넌스적 의미를 살펴본다. 셋째, 한국의 역사적 성장과정에서 미국식 지방자치와 주민자치에 영향을 받은 사례에 대해 살펴본다. 이 글은 실험적 문제의식에서 시작한 만큼, 많은 한계가 있을 수밖에 없다. 본론에서 다루는 연구범위가 시공간적으로 너무 넓기 때문에 주요 내용이 추상적이며 충분한 근거가 부족한 점은 근본적인 약점이다. 특히, 미국의 영향을 받은 한국 지방자치·주민자치의 맹아들은 매우 초보적인 수준의 접근이다. 이러한 한계에도 불구하고, 이 글이 한국에게 강력한 영향을 주고 있는 미국 지방자치·주민자치의 거버넌스적 의미를 다루면서 이것에 근거하여 산업화와 민주화에 성공한 한국이 공화화를 위해 나아가야 할 권력구조의 개선 방향에 대해 다뤘다는 것은 실험적 의의라 할 수 있다.

6장("한국의 디지털 민주주의와 미국의 영향: 기술의 수용과 변화")에서 송경재는 디지털 기반 온라인 정치과정의 일상화를 가능하게 한 ICT가 한국과 미국의 정치에서 어떤 연관성을 가지고 발전하는지를 분석한다. 그동안 한국 학계에서는 디지털 민주주의 정치과정이 한국만의 특수한 현상임을 강조했다. 이른바 '특수성 가설'이다. 하지만 디지털 기술의 정치적 실험은 미국에서부터 시작되었으며, 그것이 한국적인 맥락에서 발전·확산하고 있다고 보는 것이 더 정확한 말이다. 다수의 정치실험을 분석해볼 때 "기술적 기반은 미국, 활용과 적용은 한국"이라는 공식으로 상호작용하는 '공진화(co-evolution) 가설'이 도출된다. 이 글에서는 미국과 한국의 디지털 민주주의의 진화과정을 기술과 사회 간의 상호작용, 그리고 주변국들과의 감염 효과와 공진화적인 관점에서 분석하며 '공진화 가설'을 확인한다. 경험적 자료를 볼 때, 미국과 한국에서 2000년대 이후 디지털 민주주의가 발전하면서 정당, 웹 캠페인, 시민운동, 전자 정부 등 많은 영역에서 민주주의의 디지털 전환(digital transformation)이 일어나고 있다. 그런 측면에서 기술적 기반은 미국, 활용과 적용은 한국이라는 공진화 과정은 디지털 민주주의 영역에서 뚜렷하게 나타나고 있다. 이처럼 미국의 인터넷 개발이 태평양을 건너 한국의 민주화에 일정한 이바지를 할 수 있는 도구가 되었다는 점은 한국과 미국의 정치적인 인연과 함께 중요한 시사점을 제공한다고 하겠다.

7장("미국 대통령의 전시(戰時) 리더십이 한국에 미친 영향: 트루먼(Truman) 대통령과 한국 전쟁 사례를 중심으로")에서 서정건은 트루먼 대통령과 한국 전쟁을 미국 국내 정치 맥락 하에 전시(戰時) 리더십의 시각으로 조명한다. 먼저 미국 대통령 제도에 관한 다양한 연구들을 배경 삼아 소개한 후, 프랭클린 루스벨트를 승계한 미주리 상원 의원 출신 트루먼이 보여준 의회-대통령 관계와 대통령-정당 관계를 한국 전쟁을 배경으로 집중 분석한다. 한국의 성장 이전에 국가 건설 단계에서부터 지대한 영향을 미친 미국에 대해 미국 대통령 리더십을 통해 파악해 보는 작업이다. 주지하듯이, 트루먼은 당대에 인기를 얻고 퇴임한 대통령이라 보기는 어렵다. 하지만 잘 알려진 대로 트루먼 대통령은 투사(fighter)와 리더(leader) 두 가지 차원에서 이후 세대의 시민들과 전문가들에 의해 퇴임 당시보다 훨씬 더 나아진 평가를 받게 된다. 공산주의 침략에 맞서기 위해 한국 전쟁에 참전하면서 정치적 논란을 피하기 위해 결정한 의회 우회 시도, 그리고 백악관 집무실 책상 위에 모든 책임은 대통령이 진다는 문구를 두어 늘 상기했던 태도 등은 실용적이면서 결과를 중시하는 지도자로서의 위상을 높인 바 있다. 오늘날 더 바람직한 한미 관계를 정립하고자 하는 시점에 트루먼 사례는 귀중한 역사적 교훈을 제공한다.

8장("'아메리칸 리얼리즘'과 한국 근대 소설의 방향성")에서 김춘희는 일제 식민지 통치하에서 한국의 한 작가(김남천)가 서구 영어권 작가들보다 반 세기 이상 앞서 어떻게 지구 반대편의 미국 출신 작가 헨리 제임스의 문학과 사상을 자신의 소설 속에 등장시킬 수 있었는가 문제제기를 하고 몇 가지 근거에서 답을 찾는다. 첫째, 두 작가는 상이한 역사적 상황에 처해 있었음에도 동일한 '부재의식'(不在意識)을 지닌다는 데서 연결고리를 찾을 수 있다. 둘째, 김남천은 타자의 억압에 대항하는 방식으로 헨리 제임스의 세계 사상(코스모폴리타니즘)을 선택하였다. 셋째, 김남천의 주인공의 최초 열망은 문학 창작이 아니라 '세계 사상'을 기반으로 한 문학에 대한 학문적 연구라는 사실이다. 넷째, 김남천은 학문적 연구의 좌절을 문학적 창작으로 전환하였다. 다섯째, 김남천은 '아메리칸 리얼리즘' 작가들처럼 '사실'에 기반한 문학을 추구하였다. 이처럼 이 글은 헨리 제임스의 코스모폴리타니즘과 김남천의 수용 방식을 살펴보면서 이것이 어떻게 한국 근대 문학 정신의 핵심을 들여다볼 수 있는 사례가 될 수 있는지, 그리고 이 작업이 '아메리칸 리얼리즘'과 한국 근대 소설의 방향성'을 규명하는데 어떻게 활용될 수 있는지에 대해서 논한다. 결과적으로 한 작품의 '실험적' 특성이 근대 문학 속 미국적 상상력과 코스모폴리타니즘이란 주제로 확장될 수 있는 하나의 좋은 예시가 될 수 있다는 결론에 이르게 된다.

9장("한국영화의 성장 과정상 미국의 의미와 영향: 미군정기를 중심으로")에서 송낙원은 1945년 해방과 미군정의 시작은 조선영화에서 한국영화로 넘어가는 분수령이었음을 주목한다. 이 시기 한국영화는 미국과 미국영화에 큰 영향을 받았고 상업영화 산업으로서 발전의 기초를 닦게 되었다. 미군정부터 한국정부 수립, 한국전쟁 시기를 거쳐 1950년대 말까지 한국영화의 정체성 형성과 산업화의 역량 축적에는 미군정기 영화정책과 막대한 미국 할리우드 영화 상영, 미군정청의 일본 적산 재산 불하, 미국에 의한 원조경제체제가 큰 영향을 끼쳤다. 이 장은 특히 미군정기를 중심으로 미국과 미국영화가 어떻게 한국영화의 성장에 영향력을 행사했는가에 대한 이해를 도모한다. 미군정청은 미국 영화와 팝 음악 같은 대중문화를 통해 미국적 가치를 확산시켰다. 그렇지만 당시 한국 사회가 미국 할리우드 영화가 그려내는 이데올로기 가치를 지향하지는 못했다는 데에 그 균열의 지점이 있었다. 문화라는 영역이 미군정의 정책으로 단기간 바뀌지는 않는다는 것이고 보다 긴 시간이 필요하다는 점이다. 한국에서 일제 강점기 일본 문화의 영향은 36년간 길고 지속적이며 폭력적으로 시행되었다. 그래서 한국 문화가 일제 식민지 문화를 벗어나는 데에는 또 다른 36년이 필요했을 것이다.

10장("1950년대 한국 멜로드라마의 미국화와 코즈모폴리턴 스타일")에서 김수연은 한국전쟁 후 1950년대 중반부터 1961년 군사정권이 들어서 경직된 개발주의에 한국 사회가 침잠되기 전 약 5년의 시기는 한국영화 제작 편수가 기하급수적으로 증가한 국산 영화의 부흥기였다는 점을 주목한다. 당시 제작된 영화 중 절대다수를 차지한 장르가 멜로드라마, 특히 여성의 욕망과 희생을 다룬 영화였다. 이러한 영화는 스타일 면에서 당대 관객을 사로잡던 고전 할리우드 시네마를 모방하되, 내용 면에서는 미국화에 물든 한국 여성을 다양한 방식으로 처단하며 분열과 모순의 독특한 미학을 창조했다. 이 장은 50년대 중후반 한국 멜로드라마의 이 같은 경향을 '코즈모폴리턴 스타일'이라고 총칭하며, 미국적 자유에 대한 한국 사회의 양가적 태도를 양장을 입고 댄스를 즐기지만 동시에 민족적 순결도 지켜야 했던 여성 인물을 통해 드러내고 부각시킨 영화들을 살펴본다. 50년대 한국영화에 관한 기존 연구가 서구의 흉내 내기나 고전 할리우드 시네마의 도용이란 부정적 틀에 머물고 있다면, 이 장은 〈비 오는 날의 오후 세 시〉(1959) 등 당대 멜로드라마의 이국적 스타일이 단순한 모방을 넘어 한국 사회의 맥락에서 할리우드 플롯을 현지화한 창조적 각색임을 주장한다.

참고 문헌

김운태. 『일본제국주의의 한국통치』. 서울: 박영사, 1998.

임성호. 「전환기 정치과정상 강한 정당이 필수인가: 제헌국회 사례」, 『사회과학연구』 29(1), 2021, pp. 8~42.

임성호. 「탈경계 시대의 민주주의 패러다임: 자유주의, 공동체주의를 넘어 성찰적 민주주의로」, 『신아세아』 20(3), 2013, pp. 36~64.

임성호. 「한국 국민교육을 위한 미국 모델의 전략적 활용: 과거와 미래」, 사단법인 한미우호협회 한미동맹 70주년 기념 세미나(5월 25일), 2023.

임성호. 「한국 통치이념으로서의 '발전' 개념과 의회민주주의」, 민준기 편저. 『21세기 한국의 정치』. 파주: 법문사, 2001.

Barber, Benjamin. "Strong Democracy", ed. Markate Daly. *Communitarianism: A New Public Ethics. Belmont*, CA: Wadsworth Publishing, 1994.

Bright, Charles C. "The State in the United States during the Nineteenth Century", eds. Charles Bright and Susan Harding. *Statemaking and Social Movements: Essays in History and Theory*. The University of Michigan Press, 1984.

Cohen, Joshua. "Deliberation and Democratic Legitimacy", eds. in Alan Hamlin and Philip Pettit. *The Good Polity: Normative Analysis of the State*. Oxford: Basil Blackwell, 1989.

Easton, David. *The Political System*. Alfred A. Knopf Publishing, 1953.

Eckstein, Harry. "The Idea of Political Development", *Regarding Politics: Essays on Political Theory, Stability, and Change*. University of California Press, 1992.

Goodin, Robert E. *Reflective Democracy*. Oxford: Oxford University Press, 2003.

Held, David. "Democracy: From City-states to a Cosmopolitan Order?", ed.

David Held. *Prospects for Democracy.* Stanford University Press, 1993.

Hirst, Paul. "Associational Democracy", ed. David Held. *Prospects for Democracy.* Stanford University Press, 1993.

Hofstadter, Richard. *The Age of Reform: From Bryan to F.D.R.* Vintage Books, 1955.

Huntington, Samuel P. *Political Order in Changing Societies.* Yale University Press, 1968.

Mansbridge, Jane. "Unitary Democracy", ed. Markate Daly. *Communitarianism: A New Public Ethics.* Belmont, CA: Wadsworth Publishing, 1994.

March, James G., and Olsen, Johan P. "Popular Sovereignty and the Search for Appropriate Institutions", *Journal of Public Policy* 6(4), 1986, pp. 341-370.

Miller, David. "Deliberative Democracy and the Limits of Democratization", ed. David Held. *Prospects for Democracy.* Stanford University Press, 1993.

O'Brien, Donal Cruise. "Modernization, Order and the Erosion of a Democratic Ideal", ed. David Lehmann. *Development Theory: Four Critical Studies.* Frank Cass, 1979.

Pye, Lucian W. "Democracy, Modernization, and Nation Building", ed. J. Roland Pennock. *Self-Government in Modernizing Nations.* Prentice-Hall, 1964.

Schmitt, Carl. *The Concept of the Political.* translated by George D. Schwab. University of Chicago Press, 1996.

Skowronek, Stephen. *Building a New American State: The Expansion of National Administrative Capacities, 1877-1920.* Cambridge University Press, 1982.

Sunstein, Cass. "Preferences and Politics", ed. Markate Daly. *Communitarianism: A New Public Ethics.* Belmont, CA: Wadsworth Publishing, 1994.

Wiebe, Robert H. *The Search for Order, 1877-1920.* Hill and Wang, 1967.

1장

한국의 발전 과정상
미국 물질문화(material culture)의 의미와
영향: 식민지 시기(1910~1940)를 중심으로

1장

한국의 발전 과정상 미국 물질문화(material culture)의 의미와 영향: 식민지 시기(1910~1940)를 중심으로*

이유정(연세대학교)

1. 들어가며

이 글에서는 경제, 사회, 생활문화 측면에서 실질적으로 미국제품이 식민지 조선에서 수입, 유통, 소비되고 있던 상황을 최대한 재구성하여 식민지 조선에서 물질문화(material culture)를 통한 미국문화 확산과 미국에 대한 인식이 어떻게 성립되고 있었는지를 구체적인 자료를 통해 살펴보고자 한다. 식민지 시기의 서구문물은 일본을 통해 지속적

* 이 글은 「물질문화(Material Culture)를 통해 살펴 본 식민지 조선의 미국 (1910~1940)」, 『미국사연구』 제56집에 실린 논문을 수정, 보완한 글임을 밝혀 둔다.

으로 유입되었다는 것이 일반적인 시각이다. 또 통상적으로 당시 서구 물품이라고 하는 것은 일상생활 속에서 누구나 사용하던 생활용품이 아니라 즉 지식인이나 학생층, 중·상류층의 일부 소비자들에게만 제한적으로 사용되는 고급품, 사치품이었을 것이라고 해석한다. 이 연구는 그러한 일반적인 서술을 실증적으로 검증해보고자 하는 의도에서 시작되었다. 일반적으로 미국 물질문화의 확산은 한국전쟁 이후 광범위한 규모의 미군 부대를 매개로 하는 경제활동 및 생활에 필요한 전반의 물질문화가 도입되면서 이루어졌고, 또한 국내 대중미디어의 확산, 즉 각종 신문, 영상, 잡지 등 다양한 매체라는 또 다른 경로를 통해 국내에서 빠르고 폭넓게 전달되었다. 다만, 전후시기 폭발적인 미국문화 확산에 대한 연구와 비교했을 때, 식민지 시기 미국문화 확산에 대한 구체적인 연구는 드물다. 그 이유 중에는 식민지 시기 다수의 서구 문학작품이 일본어의 중역을 통해 식민지 조선에 들어왔던 것처럼, 서구 물질문화의 확산, 즉 서구제품의 수입도 일본이라는 중간 매개체를 통하여 유입되었다는 인식이 강하고, 따라서 '일본을 경유한' 서구화, 미국화라는 측면에 더 연구의 방점이 찍혀 있었던 까닭도 있을 것이다. 또는 미국화라는 현상을 언급하기에는 그 정도가 미미하기에 그 자체를 미국화로 볼 수 없다고 보기 때문일 수도 있다.

마찬가지로, 식민지 시기 우리가 의미 있게 다룰 수 있는 미국화 현상이라는 것이 존재했다고 하더라도 과연 미국 물품, 물질문화의 확산에 주목하여 미국화를 논의하는 것은 어떤 의미를 갖는가에 대한

의문이 있을 수 있다. 일찍이 로나 웨더릴(Lorna Weatherill)은 "어떠한 상품(goods)의 의미를 찾는 방법은 일상생활에서 타인에게 자신을 표현하는 방식에 대한 분석을 통해서 이루어진다"고 말한 바 있다.[1] 데이비드 밀러(David Miller)도 이와 유사하게, "대중 소비품으로 문화현상을 파악할 수 있는 것은 그것이 단지 우리가 활동하는 환경으로서 존재하기 때문이 아니라, 우리의 정체성, 우리의 사회적 관계, 우리의 일상생활과 같이 산업사회에서 우리 자신을 창조하는 대상화 과정의 필수 불가결한 부분이기 때문이다"고 말한다.[2] 일부 연구자들은 물질문화연구를 순전히 물질, 기술, 기능에 대한 연구로 간주하며 물질 본질주의(material essentialism)라는 제한된 범위에서 접근하는 경우도 있지만, 이것은 물질성(materiality)과 물질적 표현의 관계에 대한 측면을 간과하게 만들 수 있다. 즉, 물질성은 물질적 본질주의만으로는 탐구될 수 있는 성격의 것이 아니라, 사물과 사람과의 관계, 또 사물에 따라붙는 상징적 가치와 같은 비물질적인 가치 판단에 대한 탐구가 물질문화연구의 본질이라고 볼 수 있다.[3]

식민지 시기 물질문화를 통해 미국화 현상을 살펴본다는 것은, 물질적 대상에 부과되는 비물질적 가치에 대한 연구에 기반하여, 근대성

---

1   Weatherill, Lorna. "Consumer Behavior and Social Status in England, 1660~1750", *Continuity and Change* 1(2), 1986, pp. 204~205.

2   Miller, David. *Material Culture and Mass Consumption*. New York: Basil Blackwell, 1987, pp. 39, 95.

3   Miller, David. ed. *Materiality*. Durham: Duke University Press, 2005.

과 식민성이 복잡하게 교차하던 식민지 조선에서 미국이란 추상적인 대상의 상징적 가치가 어떠한 구체성과 물질성으로 표출되고 있었는가를 드러내는 의미가 있다. 이러한 사물의 물질성은 제도 안팎에서 정치 및 사회, 경제적 힘의 표현을 위한 매개체를 제공하는 것이다. 이러한 상징적 측면은 사물의 사용 이면에 있는 이데올로기를 드러내는 효과적인 수단이 된다. 즉 물질문화연구는 식민지 조선에서 미국이라는 상징적 의미가 어떠한 방식으로 작동하고 있었는지 보다 면밀하게 들여다볼 수 있는 수단이 된다. 궁극적으로 20세기 중반 이후 대미인식이 양가적으로 나타났다면, 그와 비교하여 식민지 시기에는 미국이라는 기표가 이와 어떻게 유사하고 혹은 상이한 방식으로 형성되었는지 파악할 수 있을 것이다. 이러한 미국 물질문화의 확산 혹은 비확산의 측면을 살펴보기 위하여 이번 장에서는 근대 시기 인쇄 매체의 발간과 보급의 활성화로 다양한 영역에서 수십 종의 신문과 잡지가 발행되었던 것에 주목, 그중에서 1910년에서 1940년 사이 대표적인 신문 매체 『매일신보』, 『경성일보』, 『동아일보』, 『조선일보』를 활용하여 미국제품과 관련된 담론과 현상을 분석한다. 더불어 당시 미국제품의 판매와 소비 양상을 살펴보기 위한 또 다른 수단으로 식민지 시기 경성을 중심으로 형성되어 있던 근대 상점의 종류, 분포와 현황을 살펴봄으로써 당시 미국제품의 판매, 소비 양상을 재구성해보고자 한다.[4]

---

4 1910년에서 1940년까지의 기간을 특정한 이유는 한일합병 이후 식민지시기를 특정하여 그 특징을 살펴보고자 함이다. 1945년이 아니라 1940년까지로

2. 양적 데이터로 살펴본 식민지 조선
미국 관련 신문 기사

식민지 조선의 미국을 이해하고자 할 때, 정치 외교적 대상으로서의 미국, 사회 문화적인 차원에서의 대중적 개념으로서의 미국, 혹은 학문적 지식 체계 속으로 편입되고 있던 미국 담론 등 여러 방식으로 접근할 수 있다. 다만 여기서는 이것을 세분화하지 않고, 전체 하나의 상으로 미국이라는 대상이 어느 정도의 규모로 식민지 조선에서 구체화 되고 있었는지를 살펴보기 위해 '미국'을 키워드로 하는 기사의 양적 데이터를 분석하였다. 아래의 [그림 1]은 미국 관련 전체 기사 수와 특정 분야의 기사 항목 수를 중심으로, 1910년 강제병합 이후부터 해방 전까지의 시기를 식민지 시기 이전과 이후와 비교한 통계이다. 1896년에서 1910년까지는 『독립신문』(1896~1899), 『황성신문』(1898~1910), 『대한매일신보』(1904~1910)의 기사 수를 각각 표기하였고, 1910년~1945

....

한정한 것은 『동아일보』, 『조선일보』 등 식민지 조선의 주요 매체가 모두 강제 폐간된 1940년을 기점으로 하였기 때문이다. 1910년대는 『매일신보』, 『경성일보』와 같은 일제총독부의 관료신문을 중심으로, 1920~30년대는 식민지 조선의 민간 소비문화를 가장 잘 살펴볼 수 있는 주요 민간신문 『동아일보』, 『조선일보』를 주요 분석 대상으로 선택하였다. 1910년 이전의 시기는 다음 논문 참조. 이유정, 「1890년대 미국인의 조선에서의 '집(Home)' 만들기」, 『미국사연구』 51, pp. 177~218; 이유정, 「물질문화를 통해 살펴본 개화기 조선의 미국-근대 신문 광고면에 나타난 미국 제품을 중심으로(1890~1910)」, 『미국학논집』 52(3), 2020, pp. 91~116; 이유정 「시전(市廛)에서 상점(商店)으로-광고를 통해 본 근대 초기 상점의 변화 양상(1890~1910)」, 『한국문화연구』 39, 2020, pp. 93~130.

년 사이의 기간은 『매일신보』(1910~1945), 『동아일보』(1920~1940), 『조선일보』(1920~1940), 마지막으로 1940년 일제에 의해 강제 폐간되었다가 1945년 다시 속간되기 시작한 『동아일보』와 『조선일보』를 중심으로 1945년~1960년까지의 기간을 비교했다. 해당 매체들의 시기별 미국 관련 전체 기사 건수를 비교하면 1896년에서 1960년까지 반세기 동안 그 수가 점차 증가하고 있는 것을 알 수 있다. 강제합병 1910년 이전과 비교했을 때, 미국[米國, 美國], 아미리가[亞美利加]로 지칭되며 조선의 인식 속으로 들어오고 있던 낯선 국가는 식민지 시기(1910~1945) 동안 조선 사람들의 인식에 점차 명확한 그리고 중요한 타자로 인식되기 시작했다고 볼 수 있으며, 미국 관련 정치, 경제, 사회, 생활문화 전반에 걸쳐 다양한 소식들이 점차 확대되어 전해지고 있었던 것을 알 수 있다.[5] 다만 다른 매체들의 증가 곡선과는 다르게 『매일신보』의 경우 1921년을 기준으로 미국 관련 기사 건수가 감소하고 있는 것을 볼 수 있는데, 이것은 『매일신보』가 식민지 시기 동안 발행된 조선총독부의 기관지였던 특성상 민족 신문으로 불리던 『동아일보』, 『조선일보』와 미일관계를 다루는 시각의 차이와 더불어 신문의 논지도 달랐다는 점에서 발생한 차이로 보인다.[6]

---

5   미국을 지칭하는 용어가 '미국(美國)'이라는 기표로 자리 잡는 역사적 과정을 다룬 논문은 다음 논문 참조. 김영훈, 「미국(美/米國), 그리고 다시 한 번 아메리카(America): 한국에서의 미국 연구, 다국가주의적 접근 방식의 필요성과 그 기원에 대한 탐사」, 『비교한국학』 24, 2016, pp. 333~353.

6   매일신보(每日申報)의 전신은 『대한매일신보』이며, 1910년 한일합방 이후 『경성일보』가 『대한매일신보』를 인수하여 제호에서 '대한'을 뺀 『매일신보』로 발행을

1910년대의 경우 비교할 수 있는 조선의 민간신문이 없는 관계로 『매일신보』만으로 파악했을 때, 미국 관련 기사 건수는 1910년 109건을 시작으로 완만하게 증가하는 곡선을 그리며 1919년 724건으로 증가하는 것으로 나타난다. 주목할 만한 것은 1913~14년 사이의 기사 건수가 급증했던 것은 1913년의 세입법(Underwood Tariff) 통과와 함께 미국의 관세 인하로 인한 무역 활동의 증가, 1914년 세계 1차 대전의 발발과 우드로우 윌슨(Woodrow Wilson) 대통령의 중립주의 선언과 관련한 세계정세 등으로 인한 기사 건수가 증가했던 탓으로 보인다. 마찬가지로 1920년, 1921년의 경우도 전년대비 급증한 기사 건수를 보이고 있는데, 이것은 세계정세 속에서 미국이 주요한 세력으로 부상함과 동시에 米國事情(미국사정), 米國近事(미국근사), 米國人의 極東觀(미국인의 극동관), 歐米時事(구미시사)와 같은 다수의 연재 기사가 시작되면서 기사 건수가 증가했기 때문이다. 그러나 앞서 말한 바와 같이, 전체적으로 보았을 때 『매일신보』에서 미국관련 기사는 식민지 시기 1940년으로 갈수록 점차 감소 추세에 있다는 특징이 있다.

이와는 대조적으로, 1920년 종합 일간 신문으로 창간되는 『동아일보』와 『조선일보』의 경우 중간 중간 일제의 무기정간 처분으로 인하여 정간된 기간이 있다는 점을 고려하더라도 전체적으로 미국 관련 기사

시작했으며, 1920년 『동아일보』, 『조선일보』가 창간되기 전까지는 1910년대 유일하게 발행되던 한국어(국한문혼용) 신문이었으며, 또 다시 『조선일보』, 『동아일보』가 강제 폐간된 1940년 이후에는 1945년까지 발행되던 유일한 한국어 신문이었다.

건수를 나타내는 그래프에서 1920~40년 기간 동안 완만하게 상승 곡선을 그리며 두 신문 모두 유사한 곡선의 형태를 나타내고 있는 것을 볼 수 있다. 『동아일보』 기준으로 보면 연평균 미국 관련하여 1200여 건 기사가 지속적으로 실리고 있으며, 특히 기사 건수가 급격하게 상승하는 시기가 있는데, 『매일신보』와 마찬가지로 1921년에 2599건, 그리고 1934년을 정점으로 하는 1933~1935년 사이 기간에도 3000여 건으로 다수의 기사가 게재된 점에 주목할 수 있다. 1921년의 기사 건수의 급증은 세계 1차 대전 종식 이후 미국이 세계정세에서 주요국으로 부상하고 있던 상황을 반영하고 있는 것으로 보인다. 1921년 한 해 동안 『동아일보』에는 米國政治主義의 變遷(미국정치주의의 변천),[7] 文化史上 米國獨立戰爭(문화사상 미국독립전쟁),[8] 米國의 德育, 宗教의 德育(미국의 덕육, 종교의 덕육),[9] 米國의 對日中外交政策(미국의 대일중외교정책),[10] 國際聯盟과 米國(국제연맹과 미국),[11] 米國의 對英外交政策(미국의 대영외교정책),[12] 米國今後의 內外政策(미국금후의 내외정책),[13] 米國의 對歐洲外交政策(미국의 대구주외교정책),[14] 米國社會組織의 基礎(미국사회조직

---

7   「米國政治主義의 變遷」, 『조선일보』. 1921년 11월 1일. 1면.

8   「文化史上 米國獨立戰爭(一)」, 『동아일보』. 1921년 4월 11일. 1면.

9   「米國의 德育(七五), 宗教의 德育」, 『조선일보』. 1921년 3월 26일. 1면.

10   「米國의 對日中外交政策」, 『동아일보』. 1921년 6월 18일. 1면.

11   「國際聯盟과 米國(二)」, 『조선일보』. 1921년 5월 28일. 1면.

12   「米國의 對英外交政策」, 『동아일보』. 1921년 4월 10일. 1면.

13   「米國今後의 內外政策(一)」, 『동아일보』. 1921년 3월 19일. 1면.

14   「米國의 對歐洲外交政策(一)」, 『동아일보』. 1921년 4월 21일. 1면.

의 기초),[15] 歷史上으로 觀察한 米國의 人道主義(역사상으로 관찰한 미국의 인도주의),[16] 米國의 金力膨脹과 東洋(미국의 금력팽창과 동양),[17] 日英米海軍比較 四年後가 되고보면 米國이世界第(일영미해군비교 사년후가 되고 보면 미국이 세계제일)[18]과 같은 다수의 미국 정치, 외교, 경제, 군사, 사회, 문화, 사상 분야 관련 기사들이 2599건 실린 것을 알 수 있고, 『조선일보』의 경우도 기사 수가 1529건에 이른다. 1차 세계 대전 종식 후에 미국이 세계적 주요 국가로 부상하면서 각 매체들에서 주요하게 미국 관련 기사 다루기 시작했던 것을 알 수 있다.

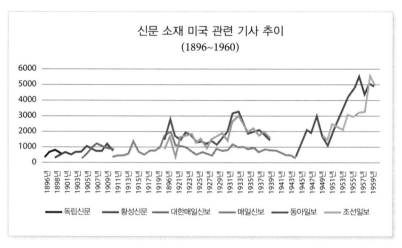

[그림 1] 신문소재 미국관련 기사 추이(1896~1960)

---

15 「米國社會組織의基礎」, 『조선일보』, 1921년 6월 1일, 1면.

16 「歷史上으로觀察한米國의人道主義 (八)」, 『조선일보』, 1921년 7월 30일, 4면.

17 「米國의金力膨脹과東洋 (上)」, 『조선일보』, 1921년 7월 31일, 3면.

18 「日英米海軍比較 四年後가되고보면米國이世界第一」, 『조선일보』, 1921년 3월 20일, 3면.

당시 미국에 대한 인식을 특정 기사를 기사를 통해 좀 더 자세히 살펴보면, "(미국이) 황금국이라는 별명을 얻은지 오래이며 세상 일반인이 모두 이를 알고 있다는 것은 인정하지 않을 수 없는 사실"로 언급하는 언급하는 것으로 보아, 1921년 당시 대다수의 대중이 '기회의 땅', '황금국'으로 미국을 인식하고 있었던 것을 알 수 있다.[19] 그러나 또 다른 기사에서는, "미국에서 정치와 경제 내지 종교를 학[學]한 동양제국의 청년은 아무 생각도 업시 공연히 미국을 고상하게만 알고 그 임내(흉내)만 내면 문화가 전진하리라고 생각하는 것은 삼십 년 전이나 지금이나 일양이 아인가? 역사나 배경이나 알지도 못하고[......] 공연히 동요하는 것이다"고 비판하는 것으로 보아 당시 미국으로 유학을 떠나는 조선인 학생을 포함하여 많은 대다수가 미국에 대해서 정확히 알지 못하고 미국의 '황금국'과 같은 별명의 이상적 가치에만 매료되어왔다는 뜻으로도 읽을 수 있다.[20] 즉, 1921년은 대다수의 경우 이상적 가치로서만 추구하는 관념적인 미국만이 존재하는 것의 문제점을 지적하며, 새

---

19 「米國의金力膨脹과東洋 (上)」, 『조선일보』, 1921년 7월 31일. 3면. 태평양의 한물노 천연적경계를 삼어 세계외의 별세계인 관기 잇는 북아미리가합중국으로 말하면[......] 동서각국에 업는 황금국이라는 별명을 향수한지가 이미 오랜 것은 세상일반인이 모다 숙지하는 것이며 공인치 안을수업는 사실이다[......]세계의 금력이라고는 모다 미국으로만 권입하는 것과 흡사함은 세계경제사에 공절한 변칙적색채이다. 그리고보니[......] 세계각국의 보유금총고에서 미국의 독보유가[......] 세계 금력의 반부분을 지나게 점령하엿다[......] 그러면 한갓 구주경제문제에만 그칠 뿐이랴. 소위대시장이라는 동양방면에 미치는 영향이 다시 크다할 것이다.

20 「米國의德育(七五), 宗敎의德育」, 『조선일보』, 1921년 3월 26일. 1면; 「世界와運動 (二十五) 黃金의나라 米國運動界」, 『동아일보』, 1928년 4월 30일. 2면.

롭게 부상하는 세계적 강대국으로서의 '미국'의 실체를 알고자 하는 욕구가 조선 사회에서 일어나고 있었다는 것을 알 수 있다. 특히 상업, 경제면에서 미국 무역이 극동아시아로 확대되는 상황에 대한 기사들이 다수 실리는데, 위의 기사에서와 마찬가지로 다음 인용 기사에서도 세계 경제대국으로 부상한 미국 시장이 아시아 태평양 지역으로 미칠 영향에 대해 주목하며 그에 따른 세계경제 상황의 변화와 미국의 극동정책에 대하여 주목하고 있었음을 알 수 있다.

> 미국극동무역정책에 관한 기사에서는 극동에 대한 미국의 상업적 공세는 명확히 실현될지니 차는(이것은) 세계의 태평양항로 이동에 대한 대자극이 될지라. 미국은 태평양무역의 기초를 축하야 구주급 남미에서 실한 손실을 보충할 계획이더라.[21]

[그림 2]와 [그림 3]은 1920~1940년까지 『동아일보』·『조선일보』의 미국 관련 기사를 살펴 본 것으로, 물질문화와 관련된 보다 상세한 분석을 위해 해당 신문에서 가장 많은 기사 비율을 차지하는 정치·외교 분야를 제외하고 경제, 사회, 생활문화, 스포츠 관련 기사의 추이를 살펴본 것이다. 경제, 생활문화에 관한 미국 관련 기사가 1920년대 중반 넘어서면서 더 상승하고 있는 것에서 알 수 있듯이, 경제활동, 무역, 수입, 수출, 문화 등의 분야에서 미국 관련 기사의 증가 추세가 보다 명확히 나타난다. 마찬가지로, [그림 4]는 1920~40년 『동아일보』 미

---

21 「米國極東貿易策」, 『동아일보』, 1921년 4월 2일, 3면.

국 관련 기사 중에서, 특히 미국의 주요 연관어 빈도수를 비교한 그래 프이다. 『매일신보』를 중심으로 살펴본 1910년대 미국 관련 기사에서도 1920~30년대와 비교하면 소수이기는 하지만 연평균 400여 건의 기사 중에서 미국 관련 주요 연관어로 '수출', '수입', '석유' '자동차', '상품', '제 품'과 같은 단어가 나타나는 것을 알 수 있다.[22] 또한 1920~1940년 사 이에는 문학, 소설, 희곡, 시와 같은 미국의 문학이 본격적으로 소개되 기 시작했다는 사실을 알 수 있다. 조선 근대문학이 1920년대를 중심 으로 정착하기 시작하면서 조선의 문학 개념의 정립되던 시기에, 영문 학 등 미국문학의 유입도 함께 이루어지고 있음을 확인할 수 있다. 또, [그림 4]에서 야구, 축구, 운동계, 스포츠 관련 기사가 미국 연관어로 등장하고 있는 것을 볼 수 있는데, [그림 2], [그림 3]에서도 1920년대 중반 이후부터 1930년대로 넘어가면서 스포츠 관련 기사 증가하고 있 는 현상과 일치한다. 마찬가지로 미국영화 관련기사를 포함하는 생활 문화기사도 꾸준히 지속적으로 등장하고 있는 것을 볼 수 있다. 이처 럼 미국 관련 연관어가 1910년대 비교하였을 때 1920~30년대 그 양과 종류 모든 면에서 증가하고 있는 것은, 20년을 기점으로 미국 관련 기

---

22 「歐米時事: 米國輸出制限不許」, 『매일신보』. 1919년 2월 9일; 「조선製煙界 위기, 미국수출 왕성과 영향」, 『매일신보』. 1917년 3월 8일; 「수출 絹物 호 황」, 『매일신보』. 1917년 12월 14일. 그리고 수출입과 관련된 기사, 씽거재봉 침기계 주식회사와 관련된 기사 「재봉침을 많이 팔려고」, 『매일신보』. 1912년 12월 21일. 3면; 「煉炭機械到着」, 『매일신보』. 1919년 12월 29일. 2면; 「전보와 우편: 秋田의 石油海, 별안간에 석유가 쏟아져, 그 근처는 석유바다라고」, 『매 일신보』. 1914년 5월 29일. 3면.

사의 폭이 확장되고 미국이라는 대상이 구체적인 사건과 사물로 인식되고 있었다는 것을 말해준다.

특히 주목할 것은 수·출입 관련 연관어의 빈도수가 가장 많이 나타나는 점이다. 이것은 미국이 일본, 식민지 조선의 경제활동에 주요 대상이 되고 있다는 것과 더불어 미국의 수·출입 활동이 전 세계적으로 확장되고 있던 현상으로 이해할 수 있다. 예를 들어, 미국 연관어로 '수출'(2264), '輸出'(1147), '수입'(2355), '輸入'(1217), '상품'(1216), '商品'(514), '제품'(520), '製品'(198)'과 같은 용어가 높은 빈도로 나타나고 있는 것으로 미루어 볼 때 미국의 물질문화가 조선에 유입되고 있던 상황을 확인할 수 있다. 또한 1910년대에 이어서 20~30년대에도 '석유', '기계'와 같은 연관어가 지속적으로 나타나고, 무엇보다도 또 다른 연관어 '자동차'의 경우는 매우 빈번하게 사용된 것으로 보아 자동차의 판매가 예전보다 확대되고 있었음을 짐작하게 해준다. 여러 물품 중에서도 특히 미국 연관어로 미국제 시계가 등장하는데, '씽거(Singer) 재봉틀', '월쌈(Waltham) 시계'처럼 특정한 제품 브랜드를 중심으로 하는 미국제 기호 상품들이 대중적으로 인지도를 갖고 있었음을 알 수 있다. 다음 장에서는 식민지 조선 경성의 상점의 종류 및 판매 품목 등을 일부 정리해보고, 신문 광고를 통해서 소개되는 미국제품 광고를 정리하여 당시 미국제품이 식민지 조선에서 쓰이고 있 상황을 전반적으로 살펴보고자 한다.

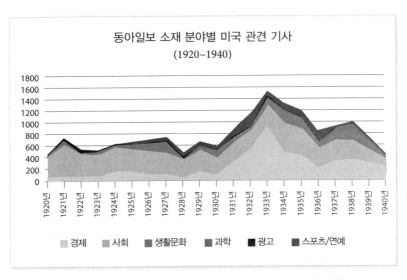

[그림 2] 식민지 시기 『동아일보』 소재 경제, 사회, 생활문화,
기타 분야 미국 관련 기사(1920~1940)

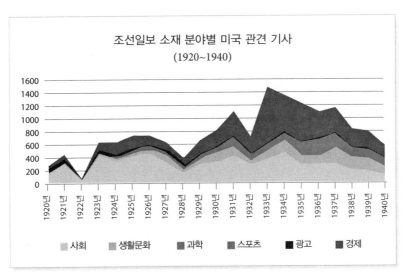

[그림 3] 식민지 시기 『조선일보』 소재 경제, 사회, 생활문화,
기타 분야 미국 관련 기사(1920~1940)

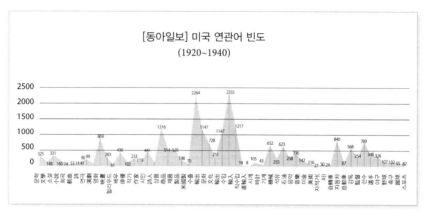

[그림 4] 식민지 시기 『동아일보』 미국 연관어 빈도수(1920~1940)[23]

3. 『동아일보』·『조선일보』外 근대 신문 소재 미국제품 판매 광고의 현황(1920~1940)

식민지 조선에서 판매 소비되던 미국제품의 현황을 살펴보기 위한 일환으로 1920~40년대 『동아일보』·『조선일보』 광고에 나타난 '미국제' 관련 상품 목록을 정리해보면, 모든 상점이 신문이나 잡지를 통해 광고된 것은 아니겠지만, 대부분의 광고에 등장하는 상점의 위치가 경성 종로로 나타나는 것이 하나의 특징이다. 반면에 『경성일보』의 경우는 일

---

23 이 그래프는 1920년에서 1940년까지의 『동아일보』 기사에서 미국과의 연관어 분포 양상을 보다 정확하게 살펴보고자 각각 한글/한자로 검색하여 추출한 데이터이다. 살펴본 연관어는 다음과 같다. 문학文學, 소설小說, 희곡戲曲, 시詩, 연극演劇, 영화映畵, 헐리우드, 배우俳優, 작가作家, 시인詩人, 감독監督, 상품商品, 제품製品, 미국제米國製, 수출輸出, 수입輸入, 직수입直輸入, 시계時計, 기계機械, 석유石油, 음악音樂, 미술美術, 자전거自轉車, 자동차自働車, 선수, 야구, 축구, 스포츠, 경기景氣.

본인 상점이 형성되어 있던 경성 본정(本町, 지금의 충무로)에 소재한 상점의 광고가 많으며, 『매일신보』에도 그 비율이 비슷하게 나타난다. 일본인 혹은 조선인을 대상으로 발간된 일본어신문 『경성일보』와 국한문 혼용으로 발간된 조선총독부 기관지 『매일신보』의 경우, 주로 조선인을 대상으로 했던 민족신문 『동아일보』·『조선일보』 광고와는 차이를 보인다. 즉, 『동아일보』, 『조선일보』의 경우는 특히 종로를 중심으로 하는 조선인 상점의 광고가 대다수를 차지하고 있는 데 반해 『경성일보』는 본정을 중심으로 하는 일본인 상점의 광고가 더 많은 분포를 차지하고 있다. 미국제품 광고면 분석에서 이를 주목하는 이유는 바로 『경성일보』·『매일신보』의 경우 '미국제'를 전면으로 드러내는 상품이 『동아일보』·『조선일보』의 경우에서큼 등장하지 않는다는 사실이다.

[그림 5] 『동아일보』·『조선일보』의 "미국제"임을 드러내는 광고
(각주 24 참고)

[그림 5]에서 확인할 수 있듯이, 특히 『동아일보』, 『조선일보』에 다수 나타나고 있는 미국제품 광고의 특징은 "미국 최신식", "미국 최신

유행", "세계 第一의", "미국제 新도착", "신발명, 신발견", "미국上上品", "미국의학박사 제조", "미국의 유명한 공학박사 제조" 등과 같은 용어로 수식이 되고 있다. 예를 들어, 조선인 상점 중심으로 미국 상품을 광고할 때 "미국제 불변색", "세계제일의 미국 오뿌지카ㅡㄹ 회사제 금장안경", "미국제 멕스코 자전거 신도착", "미국 최신식 양화전문상", "어을빈 박사 미국상상품 보재약", "미국의 유명한 공학박사 해루만씨의 신발명한 순금대용의 레도 합성금으로 만든 반지"와 같이 1920년대 『동아일보』·『조선일보』 대다수의 미국제품 광고에서는 이처럼 '미국제'임을 밝히고 있는 광고가 다수 출현하는 것이 특징인데, 당시 조선의 소비자들 사이에서 미국제품을 근대적, 과학적 기호와 함께 '믿을 수 있는', '권위 있는', '최고', '세계 제일', '최신 유행을 이끄는' 상품이라는 사회 심리적 가치관이 형성되어 있었다는 것을 알 수 있다.[24]

경성 상점에서 판매되고 있던 미국제 상품을 품목별로 분류하면 1) 의류 및 문화품종으로 양화(구두), 모자, 양복, 시계, 귀금속, 장신구, 화장품, 2) 주거 및 기기용품(기계류)으로 시계, 재봉틀, 자전거, 유성기, 제면기, 정미기계, 이발기계 3) 식음료품/의약품종으로 분유, 우유, 강장제, 약품으로 크게 나눠볼 수 있다. 이러한 품목은 1920년대 초에

---

24 「米國製 不變色」, 『동아일보』, 1920년 5월 9일. 4면; 「世界第一의米國오뿌지카ㅡㄹ會社製金張眼鏡과度數玉이今에新着하여삽기廉價提供하옵나나다」, 『조선일보』, 1921년 5월 3일. 3면; 「美國製멕쓰코自轉車新荷着」, 『동아일보』, 1920년 5월 28일. 4면; 「米國最新式流行洋靴專門商」, 『조선일보』, 1920년 12월 24일. 4면; 「美國上上品補材藥」, 『동아일보』, 1921년 10월 20일. 4면; 「新發明 레도合成金」, 『동아일보』, 1922년 12월 17일. 5면.

등장해서 식민지 시기동안 지속되었던 근대적 생활양식의 도입을 주창했던 생활개선 담론과도 밀접한 관련이 있는 것으로 보인다. 즉, 색복착용, 단발, 시간엄수, 식사개선, 허례폐지, 의복개량, 부엌개량 등 서구식 핵가족 중심의 '스위트 홈'의 신가정을 지향하는 문화운동의 과정 속에서 미국제 상품이 두드러지게 나타나고 있었다고 추정할 수 있다.[25] 광고에 등장하는 제품이 당시 유통되던 전체 미국 상품을 대표한다고 할 수는 없지만, 식민지 조선에서 주로 사용되던 미국제품의 특성을 이러한 '스위트 홈' 신가정의 담론과 연결해서 생각해볼 수 있다. 즉 '과학적 모성'이라는 이름으로 요구된 근대 신가정 여성의 역할과 스위트 홈에 대한 환상이 미국제 상품 수요 증가와 관련이 있어 보인다.

예를 들어, [그림 6]의 『조선일보』 문화주택 관련 기사 사진과 화신백화점 경품 광고는 소위 문화주택이란 근대적 가정 공간의 모습을 상징적으로 보여준다. 기사에서 "이 집은 이 동니에서는 '배우집'이라고 유명한 지삼인자매의 '스위트 홈'이다[......]제일 큰 언니 지최순녀사가 [......]수양버들가지와 동배꼬츨 정성스럽게 꼿병에 꼬자놋는다. 청초하게 아침단장을 한 지경순양은 조그마한 뜰에 피여난 난초와 여러개 화분에 꼿씨를 새로 심고 물을 주고 흙을 파서 곱게 붓도드고잇다"로 묘

---

25 최윤정. 「스위트 홈'에 대한 환상과 근대 아동문학에 나타난 '모성'연구」, 『한국 아동문학연구』 23, 2012, pp. 225~255; 고지헌. 「유행개념으로 바라본 식민지 조선의 근대성」, 『대동문화연구』 71, 2010, pp. 365~396; 소현숙 「근대에의 열망과 일상생활의 식민화—일제시기 생활개선운동과 젠더정치를 중심으로」, 『일상사로 보는 한국 근현대사, 한국과 독일 일상사의 새로운 만남』. 서울: 책과함께, 2006, pp. 199~272.

사하고 묘사하고 있는데, 아래 사진은 식민지 시기 문화주택의 한 장
면을 보여준다.[26] 마찬가지로, [그림 6]과 같이 당시 다수의 백화점 경품
광고에서도 당시 다수의 백화점 경품광고에서도 식민지 조선의 중·상
류층 가정 물질문화의 한 단면을 살펴볼 수 있다.[27] 예를 들어, 서양식
옷장, 탁상시계, 손목시계, 반상기, 유모차, 양복, 카페트 등과 더불어
자동차, 라디오, 최신 수입 실내 장식품과 피아노, 유성기가 비치된 거
실에서 차를 마실 수 있는 문화주택에 대한 일반인들의 욕망을 단적으
로 보여준다.[28]

[그림 6] '스위트 홈'을 상징하는 문화주택 가정주부의 봄 및
화신백화점 경품 광고의 예

더 나아가, 식민지 시기 미국식 물질문화의 대상이 단순히 미국에

---

26 「봄은오궁꼴돌아들어 三人姉妹의뜰안으로 영창너머로晉色을차저」, 『조선일
   보』, 1939년 4월 5일. 4면.

27 「景品附 全朝鮮 和信連鎖店聯合 歲暮大賣出」, 『조선일보』, 1937년 12월 1일.
   3면.

28 이경아, 「경성동부 문화주택지 개발의 성격과 의미」, 『서울학연구』 37, 2009,
   pp. 47~82.

서 생산된, 미국에서 직수입된 미국제 상품만을 의미하기보다 포디즘, 테일러리즘으로 상징되는 미국식 대량생산 제조과정으로 생산되기 시작했던 일본식 화양제품 또한 (분별되는 지점이 분명히 존재하지만) 미국제 상품의 유사품으로서 소비되고 있었다는 점도 중요하다. 당시 『동아일보』・『조선일보』에는 미국제품, 서양제품이 다수의 일본제품과 혼재되어 광고되고 있는데, 20세기 초반 일본의 근대 산업시설 발달과 기술력 확보로 서구 제품과 유사한 형태의 다양한 일본 제품이 조선 시장에 다수 유입되었고, 이러한 일본제품의 특징은 화양절충[和洋折衷]된 제품으로서 영어식 제품 표기와 디자인으로 서양풍의 제품과 유사한 디자인이었다. 사실상 당시 화양제품과 미국제품이 큰 변별력 없이 소비되고 있었을 확률도 있다.[29] [그림 7], [그림 8]에서 보듯이 1920년만 하더라도 『경성일보』에는 미국제품 및 서양제품을 수입하여 판매하는 일본 상점들 혹은 직수입상의 광고가 나타난다. 물론 1930년대에도 대표적인 미국 식료품 브랜드 게일 보든 연유(Gail Borden's Condensed Milk, 조선에서 수리표 우유로 알려짐)를 직수입하여 판매하는 상점이 존재하지만, 1930년대에 이르면 일본식 화양제품의 판매가 급속도로 확장하면서 일본 삼영제과주식회사(森永ドライミルク)의 모리나가 연유(Morinaga's Condensed Milk)가 미국제품을 대체하는 상품으로 광고 면

---

29 Seizo, Uchida. 「"양풍(洋風)"에서 "화양병존(和洋幷存)" 그리고 "화양절충(和洋折衷)"으로 전개과정 —일본 근대 초기 상류층 주택양식의 성립과정에 나타난 국가적 주택양식의 탄생에 관한 고찰」, 『동아시아문화연구』 53, 2013, pp. 9~36.

에 다수 등장하고 있는 것을 볼 수 있다.[30] 다음 장에서 다시 논의되겠지만, 『동아일보』·『조선일보』에는 "일본아기에는 일본에서 만드는 삼영의 밀크가 제일 안전"이라는 문구와 함께 일본 '국산' 화양제품의 광고가 눈에 띄게 증가한다.[31]

요약하면 '미국제'임을 선전하는 광고는 『동아일보』·『조선일보』와 같은 조선인 독자를 대상으로 하는 신문에서 더 눈에 띄게 나타나는 점, 또한 주로 경성 종로에 소재한 조선인 상점의 광고에서 유독 나타나는 점, 그리고 이러한 미국제품의 소개는 '최고, 최신, 유행, 세계 제일, 최고품'과 같은 수식어를 동반하고 있다는 점이 특징으로 나타나며, 특히 미국제품의 직수입상은 1910년부터 지속적으로 존재하고 있으나, 1930년대에 이르면 서양제품과 유사한 품목들이 일본 화양제품으로 다양하게 출시되고 있었던 것을 알 수 있다. 다음 장에서는 바로 식민지 조선에서 미국제품과 화양제품이라는 서로 다른 국적을 가진 물질문화의 혼재가 미일관계의 변화에 따른 정치, 경제적 층위에서의 무역전쟁, 수입금지, 수출금지 조치 등과 어떠한 연관성을 갖고 있었는지에 대해서 살펴본다.

---

30 「健康發育의 秘鍵」, 『조선일보』. 1938년 8월 17일. 7면; 「消化의 一番ょぃ 世界最優良粉乳 森永 ドラィミルク」, 『조선일보』. 1938년 8월 17일. 7면; 「森永 ミルク」, 『동아일보』. 1938년 11월 24일. 3면.

31 「森永 ミルク」, 『동아일보』. 1927년 7월 23일. 3면.

[그림 7] 미국 폼페이안(Pompeian) 수입 화장품 및
네슬레 우유(Milk Food) 광고[32]

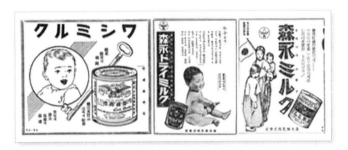

[그림 8] 미국제품 Gail Borden의 Eagle Brand 우유(수리표 우유)[33]와
일본제품 삼영제과주식회사의 모리나가(Morinaga) 드라이밀크 광고[34]

4. 직수입 미국제품의 의미

한국에서 식민지 시기는 식민과 근대의 경험이 중첩된 까닭에 식
민성과 근대성의 복합적인 층위를 규명하는 문제가 늘 논란의 중심이

---

32 『경성일보』. 1924년 2월 27일. 8면.

33 『조선일보』. 1938년 8월 17일. 7면.

34 『동아일보』. 1938년 11월 24일. 3면.

된다. 이 장에서는 바로 식민성과 근대성이라는 이중의 관계에서 식민

지 시기 '미국'이란 기호가 차지하고 있던 상징성에 대해서 보다 더 고

찰해보고자 한다. 앞서 잠깐 언급되었던 것처럼 『동아일보』·『조선일

보』에 실린 조선인 상점은 '미국서 직수입', '직수입상'이라는 문구로 광

고를 게재하기도 하는데, 이 직수입을 위한 판로를 개척하는 것은 국

내 조선 상인들에게는 조선의 상권을 살리고 더 많은 이익을 창출하기

위한 하나의 방법이었다. 무엇보다 하루가 다르게 성장하는 무역 시장

에서 직수입이라는 광고 문구는 일본을 경유하여 들어오는 제품이 아

니라 직수입을 통하여 시간적 차이 없이 최신의 유행 상품, 신식 상품

을 국내에 들여온 것이라는 상징적인 가치가 있었다. 1910년대 『매일신

보』 약품 광고 등에서 "직수입건재국",[35] "동양의용품상회 구미약품직수

입"[36]과 같이 직수입상이 일찍부터 존재해왔지만, 1920~30년대 『동아

일보』·『조선일보』에서의 직수입상 광고와는 차이점이 있다. 예를 들어

"금주단연무역사 일용잡화직수입 평양구시가에 유일한 기관",[37] "신의

주양복상조합 주식회사로 변경 직수입으로 수요자 이익 기도"[38]와 같은

기사에서 볼 수 있듯이, 1920~30년대 조선 상점이 '직수입'을 하고 있

35 「直輸入乾材局」, 『매일신보』, 1911년 8월 20일, 3면.

36 「東洋醫用品商會 歐米藥品直輸入」, 『매일신보』, 1931년 5월 11일, 2면.

37 「禁酒斷煙貿易社 日用雜貨直輸入 平壤舊市街에 唯一한 機關」, 『동아일보』, 1932년 7월 12일, 3면.

38 「新義州洋服商組合 株式會社로 變更 直輸入으로 需要者利益企圖」, 『조선일보』, 1935년 1월 15일, 5면.

다는 것은 흔하지 않은 방식이었으며 직수입 판로를 확보하는 것이 조선 상점들에게는 어려운 상황이었던 것으로 보인다. 따라서 조선인 상점에서 '직수입'의 의미는 보다 가치판단이 부여된 상징적 의미를 갖는 경우가 많은데, 예를 들어 아래 인용된 기사는 조선 상업계에 직수입, 직수출과 같은 무역이 존재하지 않는 것을 개탄하고 있는 글이다.

천하인간에 무엇보다도 제일 '딱한 것'은 극빈한 우리 민족의 생활이다. 기자는 수년래로 해외에 재하야 각지 대부에 유력하면서 각국인의 무역하는 실지상황을 관찰도하고 조사도하야보앗노라. 망국의 민으로 천애에 유리하는 유태인과 병국의 족으로 만인이 인정하는 중국인도 세계각지에 거대한 회사를 설하고 거액의 금전을 옹하야 엄연히 피구미부국의 대상거고로 더부러 병견공진하거늘 슮흐다. 우리의 상업계는 엇지 이와갓치 적막소조한가 보라. 조선삼천리강산내에 해외무역하는 기선일척을 소유하는 자 외무하다[......]내 물건은 내손으로 직접수요지까지 수출하야 써 외인의 게대한 이를 여치 아니할 것이며 또한 수입품이 비록 미소할지라도 외인이 오인각자의 문내까지 운수하야주는 것을 고대할 것이 아니라 시계는 서서에, 면화는 인도에, 양모는 호주에, 주단은 중국에, 석유는 미국에서 직수입하야 사용하면 자기의 물건은 귀가로 판매하고 타의 물화는 헐가로 매할지라. 이럼으로 국제직수출입의 상업자가 다하면 개인이나 전체가 아울너 부유하게 되며 자국에 수입할 물화가 소하며 외국에 수출할 산물이 무하면 갑국의 물화를 을국에 무역하며 병국의 산물을 정국에 교역함도 가할것이니 뎌 유태인을 보라. 그의 소유로 자랑할 것이

아모것도업스되 오즉 확금은 잇나니 이는 피등이 국제무역을 선
히 행하는 연유라.[39]

즉, 당시 수입품, 미국제품을 판매하는 조선상점의 경우 대다수의
경우 일본무역상을 통한 소매업으로 존재하고 있었음을 알 수 있으며,
이에 대한 자각으로 조선인이 중심이 된 직수입, 직수출을 위한 판로
가 필요함을 역설하고 있는 것을 알 수 있다. 이러한 연유로 일부 상인
들을 중심으로 일본인 중매상의 손을 거쳐 소매로 거래하는 것에 그치
지 않고 직접 해외와의 직수입 판로를 찾고자 하는 움직임이 1920년대
말이면 등장하기 시작하는 것을 알 수 있다.

대포항에 조선인 주단포목의 원산지인 대판이나 동경 혹은 조
선 내의 생산지에서 자금관계로 즉접수입을 못하고 부산이나 대
구등의 중매상의 손을 거쳐 소량수입을 하는 관계상 고가로 수
입하야 일반고객에게도 고가로 팔게 됨으로 자연 고객은 외국인
대상인 즉접수입자에게 쏠니고 보니 조선인 주단포목상은 자연
부진할 뿐임으로 이에 늣긴바잇는 포항의 유지인 김두하 정용수
김용주 강주석 신주택, 박철수 이하 구씨의 발기로 포상상사주식
회사를 조직하기로되어 발기인회를 열고[......]그 회사가 창립된
후에는 포항시내 주단포목소매상은 물론 일반소비자측에도 다소
간 헐한 물건이 손에 들어올수 잇스므로 일반은 만흔 기대를 하
고잇다한다.[40]

---

39 「海外貿易(해외무역)을 勸(권)하노라」, 『동아일보』, 1921년 3월 22일. 1면.
40 「직수입을 목표로 포항상사 발기 直輸入을目標로 浦項商事를發起」, 『조선일

이러한 자각은 1920년대 후반 시작된 것으로 보이며, 그때부터 아래 인용 기사에서 알 수 있듯이 미국 유학생들의 모임에서도 이와 같은 자각을 통해 미국으로부터의 직수입으로 조선 상인들의 이익을 추구하고자 하는 논의들이 확산되고 있었던 것을 알 수 있다.

미국과 조선간의 무역문제에 관하야 미국에 재류하는 조선인 학생회에서 토의발표한바가 잇다[......]조선의 물산이 거긔 나아감이 업고 그 고장의 물화가 조선인의 손으로 직접거래되는바 업스니 유학하는 제씨가 이것을 개탄하고 또 조사연구함은 당연한 일이다[......]조선에 지금 시계를 만히 가지고 그중에 도치레ㅅ군은 팔목시계 회중시계에 거푸차지 아니하면 고개가 아니 올러가는듯한 천부자유도 잇지마는 서사제 미국제 일본제로 어느 것이나 거의 모다 일본인의 손을 거쳐 들어오고 제법 스스로 직수입하는 대시계상도 업는 모양이니 빈궁이 딱도하거니와 치레조하하는 분수로는 그만큼 영리하지는 못한 인민이라고 자조하고 싶흔 대도 잇다. 지금 조선인은 이미 뒤느진판이라고 하겟지마는 오히려 새로운 기업으로 자본을 집중하고 사정을 조사하야 대미직접 무역쯤 경영하여봄도 조흘 것이다. 일척의 상선도 소유하지 못한 조선인으로서는 그것도 압히 까맛타하겟지만 적어도 직수입과 직수출을 하여볼수는 잇슬 것이다.[41]

위에서 언급되었던 조선인 상점에서 판매되고 있던 미국 시계와 기

보』. 1935년 12월 25일. 5면.

41 「對米貿易策」, 『동아일보』. 1927년 8월 7일. 1면.

타 제품들의 경우 직수입을 하는 대상인이 없이 일본인 중간 상인을 통하는 소매상인들로 이루어진 열악한 상권을 형성하고 있었던 것을 알 수 있다. 이런 환경에서 종로 상점에는 직수입을 통하여 그 상품판매의 판로를 개척해보고자 하는 움직임이 나타났다. 그중에는 구미모자를 직수입하여 판매하는 경우도 있었고[42] 이발기기를 판매하는 직수상회들도 존재했다. 특히 1935년에는 「朝鮮人商工業의 現狀과 그 再建工作의 具體的 方法(조선인 상공업의 현상과 그 재건공작의 구체적 방법)」이라는 연재기사를 통해 여러 상공업 인사들과 진행한 지면 설문을 소개하고 있다. 그중에서 여러 설문자의 답변에는 "상품의 사입을 어떠케하면 잘할 수 잇슬까하는 문제에[……] 공동사입을 함으로써 첫재는 사업상의 제난관과 막대한 경비를 절약하고 둘재는 사입처에 대하야 상당한 위력으로 임할수 잇으며 셋재로 중간업자의 개재를 배제하고 직접사입을 할수잇습니다. 다량사입과 직접사입에 의하여 원가를 저하하고 중간이익을 배제하며 사입경비를 최저한도로 축소케하는 것이 합리적 사입의 원칙"이라고 밝히고 있는데, 이처럼 조선인 상권에 있어 중간 상인을 두지 않고 직수입 혹은 직수출의 판로를 뚫는 것은 상권을 발전시키기 위한 가장 기본적인 사항 중에 하나로 논의되고 있었다.[43]

이처럼 미국에서 직수입한 제품은 식민지에서의 경제활동의 제한,

---

42 「구미모자 직수입도산매」, 『동아일보』, 1924년 12월 26일, 3면.

43 「朝鮮人商工業의 現狀과 그 再建工作의 具體的 方法」, 『동아일보』, 1935년 1월 30일, 4면.

생산, 제조, 유통의 과정에서 주체적인 위치를 확보하기 힘든 상황에 대한 저항의 의미로, 혹은 조선 시장의 근대성을 확보하기 위한 과정으로 일본이라는 중간 매개상을 배제해야 한다는 절박함의 상징이기도 했다. 직수입한 미국제품은 사실상 조선산, '국산'을 생산할 수 없었던 조선의 시장경제에서 일정정도는 국산품과 동일한 의미이기도 했던 것이다. 예를 들어, 1925년『동아일보』기사에 '장백치마분' 가루치약 광고에는 "만물이 갱생하는 이때에 우리도 남과 가치사라봅시다. 남과 갖시 살라면 자작자합이 제일 급무이요 자작자합하려면 국산장려가 필요합니다. 조선민족이시여 이 장백치마분도 국산품의 일분자인 것을 잇지말아주시오"라는 문구와 함께 미국뉴욕 태평양상회 경성출장소의 광고가 실려있다.[44] 이 장백치마분은 식민지 조선 일본제품인 '라이온 치마'가 대다수의 조선 치약시장을 선점하고 있었을 때, 미국 뉴욕에 소재한 태평양상회가 경성 공평동에 출장소를 내고 그 곳에서 직수입 판로를 통하여 미국산 치마분을 팔고 있었던 것으로 보인다.

이처럼 미국제품을 직수입하여 식민지 조선에서 판매하고 미국제품을 사용하는 것이 민족부흥을 의미하고 '국산'을 사용하는 것과 같은 것이라고 역설하는 광고를 많이 게재한 곳 중의 하나가 유한양행이었다. 유한양행은 식민지시기 미국과의 직수입을 통해 여러 미국제품들을 조선에 들여와 광고를 하게 되는데, 이 광고 문구를 보면 식민지 조선에서는 바로 이러한 '미국제 직수입'이 바로 애국적 행동으로 연결

---

44 「長白齒磨粉」, 『동아일보』. 1925년 3월 24일. 1면.

되고 있었다. 유한양행이 직수입을 통해 들여온 상품은 '화장품, 양칠(페인트, 바니쉬), 양과자(캔디, 추잉껌), 위생품, 약품' 등으로,[45] 유한양행의 광고에는 예를 들어 "미국 염료 상품이 왔습니다",[46] "최신 미국 츄잉껌 신하착"[47]과 같이 미국 상품을 들여와 조선에서 판매하는 것을 식민지 조선의 무역을 증진시키기 위한 애국적 활동의 일환으로 표현하고 있다. "조선에 대한 유한양행의 상업"[48]이라는 유한양행의 광고문을보면 "자금 (지금으로부터) 삼년 전에 본 양행은 우리 사회에 최선의 봉사를 진다하여보려는 확실한 결심을 가지고 개업하여온 것이외다. 그 후에 불절의 노력을 계속하여 우리 조선 영준을 호합하여 당금에는 외국품무역에 대하여 내외국인을 무론하고 수모에게도 손색없는 조직을 축성하엿사오며[......]"라고 언급한다. 또한 '네오톤'처럼 미국에서 제조된 세계적 강장제[49]를 식민지 조선의 생활향상을 위해 직수입하여 들여오고 있다고 광고하는데, 이것의 사실 여부를 떠나, 이러한 미국제품의 직수입이 조선 민족의 애국심에 호소하는 것을 의미했던 사회적 분위기에 주목할 필요가 있다.

그러나 또 하나 간과해서는 안 되는 점은, 식민지 조선의 소비문화 공간이라고 하는 것은 미국제품과 일본제품 이원적 경계의 긴장 관계

---

45 「米國製造品一手販賣本店」, 『조선일보』, 1927년 12일 23일. 1면.

46 「미국렴료상품이왔습니다!」, 『조선일보』, 1928년 3월 18일. 1면.

47 「米國最新츄잉껌到着」, 『조선일보』, 1928년 4월 11일. 1면.

48 「朝鮮에對한柳韓洋行의商業」, 『동아일보』, 1930년 10월 5일. 7면.

49 「米國에서製造된世界的强壯劑인点」, 『조선일보』, 1937년 6월 10일. 3면.

속에서 진행되고 있다는 것이다. 위에서 살펴본 것처럼 식민지기에 조선 사회에서는 미국제품뿐만 아니라, 일본 상공업의 발전으로 일본 회사에서 제조되는 다수의 구미식 물품이 소비되고 있었다. 화장품, 약품, 위생용품, 식료품 등 다수의 일본제품은 영어식 표기를 통해 소위 '외제' 행세를 하며 서구 제품과 유사한 형식으로 출시되고 있었다. 그러다가 시간이 갈수록 가격대비 품질이 우수한 일본 상품이 늘어나면서 여러 무역 및 관세 정책에 변화가 있었는데, 예를 들어, 미국 정부는 미국에 수입되는 소위 일본의 덤핑상품의 양이 격증하면서 관세 인상을 단행한다.

> 금본위정지각국으로부터 미국에 수입되는 소위위체 덤핑상품의 양은 근래 더욱 격증하는 경향이 잇슴으로 정부는 지금이야말로 재차 관세인상의 단행을 도할지 또는 국제적방책에 의하야 외국화폐시세의 안정을 도할 목적하에 어떠한 수단을 강구할지 이도중일을 선택할 필요에 박하얏슴으로 후버대통령은 우선 세계경제회의개회 촉진의 방법을 고려하고 잇다. 그리하야 우 회의의 결과 소기도 효과를 엇지못하는 경우는 비로소 관세개정으로 하랴고 한다.[50]

또한 미국에서는 주변 해외 시장 내에서 일본제품이 급증하며 미국제품이 일본제품과 경쟁하게 되자, 미국 국내시장에서는 일본제품의 수입을 금지하는 조항을 요청하기에 이른다.

---

50 「미국수입격증으로 경제회의촉진고려」, 『동아일보』. 1933년 1월 27일. 1면.

뉴욕타임스지의 전하는 바에 의하면 미국의 제조업자간에 국내급해외시장에 대한 일본제품의 경쟁을 억압할 구체적계획이 근근완성되엇다한다. 이 계획은 각국과 호혜통상조약의 체결급 산업부흥법 중 수입품에 관한 조항의 적용을 수단으로 한 것이다. 즉 국내시장만을 관심하야 제조업자는 일본품을 구축할 목적으로 산업부흥법의 수입금지조항을 실시할 것을 정부에 요청하고 타방해외시장에 대하야 당업자는 호혜조약으로 무역상의 이권을 획득할려는 것이다. 벌서 미국제조업자는 일본제연필, 맞지, 면제부물기타각종의 관할수입금지를 정부에 청원한 사실도 잇다. 다시 미국제조업자의 구제를 철저하기위하야 다수의 잡화를 방금조사중이다.[51]

실제로 1924년은 식민지 조선에서 미일 관계의 변화에 따른 화양 제품, 미국제품의 판매·소비에 변화가 나타나는 분기점이었다. 1924년 미국의 배일 이민법(Immigration Act of 1924)이 제정되면서 경성 본정의 일본인 상점을 중심으로 미국제품 판매금지, 불매운동이 나타나는데, 아래의 기사에서는 경성의 화류계, 신발가게나 시계점에서도 미국제품을 배척했다는 기사를 확인할 수 있다.

배일법(排日法) 통과 이후 방인(일본인)의 미국에 대한 감정이 점차 고조되어, 내지(일본)에서는 각지에서 자살하는 자가 나오기도 하고 보이콧을 하는 등 소란스러운데, 이미 조선에서도 일부 화류계 여성 사이에서는 절대로 미국제품을 사용하지 않기로

---

51 「米國의製造業者 日本品壓迫劃策」, 『동아일보』, 1934년 1월 11일, 1면.

의견을 모아 이를 실시하려는 움직임이 있어서, 며칠 전 미국 출신의 모 교회 선교사가 혼마치(本町) 모 신발가게에서 신발을 사려고 하자 미국인임을 알고는 신발을 팔지 않았고, 모 교사는 시계방에 시계 수리를 부탁하러 갔는데 미국인 손님은 사절한다며 거절당한 사실이 있다. 이러한 기운은 단순히 일본인뿐만 아니라 조선인 사이에서도 대단히 공명(공감)하여 각종 계급(각계각층)으로 확산하려는 경향이 있다.[52]

위의 기사는 조선총독부 일본어 기관지였던 『경성일보』의 기사인데, 물론 "조선인 사이에서도 대단히 공명하여 각계각층으로" 미국제품 불매운동이 확산하고 있다는 내용은 확인이 필요하지만, 아래 『동아일보』 기사에서도 알 수 있듯이, 일본 각지에서는 미제 불매운동이 광범위하게 일어나고 있었음을 알 수 있다.

배미열(排米熱)은 축일고조되야 일본각지에 대미국민대회가 개최됨과 공히 미국물품 불매동맹의 의가 성대히 창도케 되엿는데 대판 시내 모 귀금속점에서 미국품의 매출을 문한즉 반미열의 연상하는 경향이 극단으로 시계의 매출에 반영되야 작금은 태히 서서제품이 대신되는 경향이 농후하야 미국제품을 취급하는 대상점에서는 장래의 계획에 대하야 부심강구하는 중이더라.[53]

분명한 것은 1924년을 기점으로 이러한 미제 불매운동과 더불어

----

52 「京城の花柳界で米國製品を排斥, 靴屋や時計店も反抗」, 『경성일보』, 1924년 6월 7일. 2면.

53 「米製品의大打擊 米貨排斥의 影響」, 『동아일보』, 1924년 6월 11일. 1면.

(일본)국산품 장려운동이 다방면으로 활발하게 이루어지고 있는 것이다. 총독부 기관지 『매일신보』와 『경성일보』뿐만 아니라, 식민지 조선의 근대 매체 『동아일보』·『조선일보』에서도 일본제품의 국산품 장려운동이 활발하게 전개되고 있는 것을 확인할 수 있다. 예를 들어 미국제 씽거(Singer) 재봉틀 일색이던 재봉틀 광고에서, 『동아일보』1937년 9월 9일 광고에는 일본제 파인즈(PINES) 미싱 광고가 등장하는데 "지금은 고가인 외국품을 살 필요가 없는 것을 아실 것입니다. 다음에 국산품이라도 고질품은 외국품을 능가합니다. 파인미싱이야말로 최신기계의 설비와 정선한 재료, 우수한 기술자에 의하여 제작된 고급품입니다"라고 서술하고 있다.[54]

[그림 9] 일본 회사 제품 "파인미싱" 동아일보 광고 및
『경성일보』 국산애용 광고

실제로 『경성일보』에는 1924년을 시작으로 하여 일본 '국산'임을 내세워 광고하는 제품이 다수 등장하고 있는데, 1925년의 『조선일보』 기사에도 보면 "수입 증가로 고통되는 차제정부는 국산장려에 관하야 연

---

54 「파인미싱」, 『동아일보』. 1937년 9월 9일.

구를 한 결과 국산품박람회를 개최하야 수입품에 손색이 업는 국산품을 널리 모아 국민 일반에게 보야 국산품 사용을 장려코자 목하 대장성, 농림성, 상공성에서 협의 중"이라는 기사가 실려 있다.[55] 이것으로 보아, 일본과 조선에 수입품이 범람하고 있던 현실을 알 수 있고, 경성 본정 일본인 상가를 중심으로 많은 수입품들이 조선에도 들어와 있던 것을 짐작할 수 있다.[56] 그러나 일본 정부로부터 국산을 장려하기 위한 노력이 1920년대 중반부터 본격적으로 시작되고, 1925년 국산장려박람회, 구마모토 국산공진회 등을 시작으로 신문 광고에는 국산 석유, 국산 타이어 등 국산 제품의 광고가 심심치 않게 등장하고 있는 것을 확인할 수 있다.[57] 특히 1930년이 되면 많은 국산을 장려하며, 국산품 애용에 대한 사설과 국산품 애용 선전과 대강연회등이 이루어진다. 1930년 국산애용위원회 우량국산품 선정 소위원회는 우량국산품으로 몇 종류를 선정하여 각지로부터 들어오는 수입품과의 대비 전람회를 개최하였는데 그 대상 물건을 보면 다음과 같다.

55 「國産品博覽會」, 『조선일보』. 1925년 7월 18일. 1면.

56 1925년 중국에서도 국산품 장려 훈령이 내려져 일제 성내 통행인들을 일일이 검사하여 외국제품을 몰수했다는 기록이 있는 것으로 보아, 1, 2차 세계대전 사이 1920년대~30년대 국산품 장려는 비단 일본뿐 아니라 중국 등 전 세계적인 현상이었다는 것을 알 수 있다. 「동삼성의 국산장려 외국제품은 일절 몰수」, 『조선일보』. 1925년 7월 8일. 1면.

57 「國産石油」, 『경성일보』. 1926년 9월 2일. 15면; 「DUNLOP 국산타이어」, 『경성일보』. 1926년 9월 2일. 15면.

1) 모직물, 모 메리야스를 포함하는 방직품

2) 금속품으로 철, 펜, 아루미제품, 포크, 스푼 등

3) 기계기구로 회중시계, 전기시계, 현미경, 쌍안경, 망원경, 사진기, 활동사진영사기, 측량기계, 계산기, 선풍기, 체온계, 자동자전군, 제도기계 등

4) 화학제품: 화장품, 석감, 인조향료, 치마염료, 도료, 인쇄용 잉크

5) 음식물로 유제품

6) 잡제품으로 연필, 만년필, 사무용기구, 하모니카, 운동기구, 펠트모자[58]

즉, 앞서 언급되었던 식민지 조선에서 유통, 소비되고 있던 여러 미국제품들 중 상당수가 일본제품으로 생산되기에 이른다. 그리고 미국과 일본 정부 간 무역 전쟁의 과정에서 일본의 국산애용 장려가 전개되며, 『경성일보』를 포함한 신문에는 국산애용 전 지면 광고가 자주 등장하게 된다. 심지어 1933년에 이르면 영화도 일본 문화 또는 동양문화의 발전을 조장하는 것을 더욱 보호하고, '불순한 외국문화'를 배경으로 하는 영화는 배제하여, 일본 국산의 영화를 장려하고 외국영화의 수입을 제한해야 한다는 내용의 기사가 나타난다.[59] 1920년대 후반으로 넘어가면 소수 있던 미국상품의 광고조차도 사라지고 '국산'을 키워드

---

58 「日本(일본)의 優良國産品」, 『조선일보』, 1930년 7월 5일, 1면.

59 「國産中心主義」, 『조선일보』, 1933년 10월 21일, 3면.

로 하는 광고가 다수 등장하고 있는 것을 확인할 수 있다. 이러한 여파로 『조선일보』·『동아일보』에도 일본 국산품의 등장이 빈번해지는 것을 눈에 띄게 볼 수 있으며, 미국제 광고의 상품이 거의 자취를 감추고 있는 것을 확인할 수 있다.

요약하면, 식민지 경성은 실제로 미국제품과 일본제품의 세계 정치 외교 및 경제관계 안에서 그 각축전이 물질문화로서 드러나고 있었던 곳이라고도 할 수 있다. 이러한 여파로 『조선일보』, 『동아일보』에도 일본 국산품의 등장이 빈번해지는 것을 눈에 띄게 볼 수 있으며, 미국제라는 기표를 드러내는 상품의 광고는 거의 자취를 감추게 된다. 1924년을 시작으로 1930년대 미일 간의 무역 전쟁이 가시적으로 드러나게 되면서 각국에서 미국제품 혹은 일본제품 불매운동, 수입 제한조치 등이 식민지 경성의 물질문화에도 영향을 미치고 있었음을 알 수 있다.

5. 나가며

이번 장에서는 식민지시기를 중심으로 미국제 상품이 조선에서 소비, 유통되고 있던 상황을 보다 구체적인 사료를 통하여 확인해보았다. 식민지 시기 조선의 미국에 대한 인식은 개화 초기(1890~1910)와 비교했을 때 지식층에서 대중으로 확대되어, 미국이라는 대상에 대한 뚜렷한 인식이 존재했던 것을 알 수 있다. 다만 '황금국,' '기회의 땅'과 같은 이상적 가치가 중심에 있었을 뿐, 미국에 대한 실체적 정보가 공유되기 시작했던 것은 1921년 1차 대전 이후 미국이 전 세계적으로 주목받기 시작하면서부터라고 볼 수 있다. 무엇보다도 1924년은 식민지 조선에서 미국제 상품의 판매와 소비에서 주요한 변곡점이 되는데, 바로 미일 관계의 변화에 따라 수입품과 국산품이라는 상반되는 가치가 근대성과 식민성이라는 또 다른 이중적 가치와 교차되면서 '미국제'라는 기호와 물질에 새로운 상징성이 부과되면서 그 의미가 복합적이고 중층적으로 나타나고 있는 것을 알 수 있다. 식민지의 근대적 신가정과 근대적 소비 공간 안에서 미국이라는 문화적 표상은 '황금' '가정' '민족' '애국' '국산' '신식' '과학' '기계'와 같은 담론들과 결합되면서 근대성과 식민성 사이의 여러 틈새들 속에서 양가적이기보다는 다중적인 의미로, 기표의 모호성을 간직한 채 존재하고 있었다고 할 수 있다.

참고 문헌

『대한매일신보』. 1904~1910.

『독립신문』. 1896~1899.

『동아일보』. 1920~1940.

『매일신보』. 1910~1945.

『조선일보』. 1920~1940.

『황성신문』. 1898~1910.

고지헌. 「유행개념으로 바라본 식민지 조선의 근대성」, 『대동문화연구』 71, 2010, pp. 365~396.

김영훈. 「미국(美/ 米國), 그리고 다시 한 번 아메리카(America) - 한국에서의 미국 연구, 다국가주의적 접근 방식의 필요성과 그 기원에 대한 탐사」, 『비교한국학』 24, 2016, pp. 333~353.

소현숙. 「근대에의 열망과 일상생활의 식민화-일제시기 생활개선운동과 젠더정치를 중심으로」, 『일상사로 보는 한국 근현대사, 한국과 독일 일상사의 새로운 만남』. 서울: 책과 함께, 2006.

이경아. 「경성동부 문화주택지 개발의 성격과 의미」, 『서울학연구』 37, 2009, pp. 47~82.

이유정. 「1890년대 미국인의 조선에서의 '집(Home)' 만들기」, 『미국사연구』 51, 2020, pp. 177~218.

이유정. 「물질문화를 통해 살펴본 개화기 조선의 미국-근대 신문 광고면에 나타난 미국 제품을 중심으로(1890~1910)」, 『미국학논집』 52(3), 2020, pp. 91~116.

이유정. 「시전(市廛)에서 상점(商店)으로-광고를 통해 본 근대 초기 상점의 변화 양상(1890~1910)」, 『한국문화연구』 39, 2020, pp. 93~130.

최윤정. 「'스위트 홈'에 대한 환상과 근대 아동문학에 나타난 '모성'연구」, 『한국아동문학연구』 23, 2012, pp. 225~255.

Miller, David. ed. *Materiality.* Durham: Duke University Press, 2005.

Miller, David. *Material Culture and Mass Consumption.* New York: Basil Blackwell, 1987.

Seizo, Uchida. 「"양풍(洋風)"에서 "화양병존(和洋并存)" 그리고 "화양절충(和 洋折衷)"으로 전개과정 ―일본 근대 초기 상류층 주택양식의 성립 과정에 나타난 국가적 주택양식의 탄생에 관한 고찰」, 『동아시아문 화연구』 53, 2013, pp. 9~36.

Weatherill, Lorna. "Consumer behavior and social status in England, 1660~ 1750", *Continuity and Change* 1(2), 1986, pp. 191~216.

2장
한국의 성장 과정상
미국 교육의 영향과 시사점

한국의 성장 과정상
미국 교육의 영향과 시사점

염철현(고려사이버대학교)

1. 시작하며

1882년 5월 22일, 조선과 미국은 '조·미수호통상조약'을 체결했다. 조선이 서양 국가와 맺은 최초의 통상조약이다. 조선이 19세기 말 서세동점(西勢東漸)의 격변기에 서양 국가 중 최초로 미국을 수교대상국으로 선택한 배경에는 국내외적으로 여러 변수를 고려한 전략적 결정이었다. 수교 이후 조선과 미국은 동상이몽(同床異夢)을 하였다. 조선은 미국이 외세와 열강의 위협으로부터 조선을 보호해 줄 것이라는 희망과 기대를 가졌고, 미국은 태평양을 무대로 영토 확장 및 통상 이익을 확보하기 위한 교두보로서 조선을 선택하였다. 미국은 조선을 전략적으로 이용하고 이권을 챙기는 야욕을 드러내면서 조선과 조선인의 분노의 대상이 되었지만, 수교에 따라 이루어진 민간 차원에서의 교류와 원조는 우리나라가 근대화, 산업화, 민주화를 이룩하는 데 중요한 시금석이 되었다. 특히 미국 선교사로부터 비롯된 우리나라에서의 근대식 교육과 학교 설립은 미군정기와 이후 교육원조 프로젝트로 이어져 오늘날 대한민국을 건설하는 데 중요한 동력이 되었음을 부인할 수 없을 것이다.

우리나라가 세계 10대 무역국으로 도약하고 원조를 받던 수혜국(受惠國)에서 공여국(供與國)이 될 정도로 눈부신 경제 발전을 이루었지만 한반도의 지정학적인 특수성은 변함이 없다. 21세기에도 우리나라는 지정학적으로 19세기 말 중국, 일본, 러시아 그리고 미국을 비롯한 서구 열강의 틈새에 낀 형국이다. 한·미 수교 140주년을 기념하여 미국의 교육이 한국의 성장 과정에서 끼쳤던 영향을 분석하고 그 시사점을 찾고자 하는 것은, 한국이 일제 식민통치, 광복과 남북 분단, 전쟁 등 숱한 누란(累卵)의 위기를 극복하고 오늘날의 성장과 번영을 견인한 근본적인 요인은 무엇인가를 되짚어보는 의미를 지닌다 하겠다. 이를 위해 19세기 말 조선과 미국의 수교 배경을 살피면서 고종의 근대교육 제도 수용과 실행, 미국 선교사의 근대식 학교 설립, 조선의 학교개혁, 일제강점기의 학교 탄압, 미군정기의 교육 그리고 6·25 전쟁 이후 교육원조 프로젝트 등 우리나라가 성장하는 과정에서 미국과 관련된 우리나라 교육사를 연대기적으로 간략하게 설명한 뒤 그 시사점을 도출할 것이다.

2. 미국 교육의 영향

1) 조선과 미국, 적대적 조우(遭遇)에서 공식 외교 관계로 발전

조선과 미국이 처음부터 우호적인 관계로 시작한 것은 아니었다. 미국은 남북전쟁(1861~1865) 이후 본격적으로 해외시장을 개척하기 시작하는데 조선도 미국의 통상대상국 중 하나였다. 1866년 미국 상선 제너럴 셔먼(General Sherman)호가 대동강을 거슬러와 조선에 통상을 요구해왔다. 그때에 조선은 나라의 문을 굳게 닫아걸고 쇄국(鎖國)을 단행하고 있었다. 통상요구를 거절당한 미국 상선이 행패를 부리자 관민들은 이를 응징하여 배를 소각하고 선원들을 처형시켰다. 이 사건은 1871년 '신미양요(辛未洋擾)'의 원인을 제공하였다. 미국은 제너럴 셔먼호 사건의 책임과 통상 교섭을 명분으로 조선의 강화도와 김포 사이의 강화해협을 거슬러 올라왔고 조선 측의 거부를 무시하고 무력으로 탐침을 시도하면서 양측의 교전이 일어났다. 조선과 미국의 '조·미전쟁(朝美戰爭)'이었다. 조선은 미국의 끈질긴 통상요구에도 완강한 쇄국정책을 고수했고 아무런 확답을 듣지 못한 미국도 철수했다.

조선은 쇄국을 하는 만큼 내부의 힘을 길러 국제사회의 역동적인 변화에 철저히 준비했어야함에도 그러지 못했다. 오히려 우물 안의 개구리마냥 위정척사(衛正斥邪)의 논리를 강화했다. 위정척사는 '올바른 것(正)을 지키고 나쁜 것(邪)을 물리친다'라는 뜻이다. 올바른 것은 성리학에 기반한 조선의 전통이고 나쁜 것은 서학(西學)을 비롯한 서양 문화인 셈이다. 조선은 전통적으로 사대외교의 대상인 청(淸)과 호시탐탐 한반도의 병탄을 노리며 국력을 키우는 일본 사이에 끼어 좌충우돌하면서 제대로 된 개혁을 이행하지 못했다. 조선은 유럽 정세의 변동으로 러시아가 남하(南下) 정책을 추진하면서 조선을 자국의 영향 아래 두려는 청의 주선으로 미국과 수교 관계를 체결하게 되었다. 청은 미국을 한반도의 정세에 개입시켜 러시아의 남하를 차단시킬 수 있다고 판단했다.

국가의 이익과 정세의 유불리를 따져 합종연횡(合從連橫)을 하는 냉혹한 국제관계 속에서 우리나라와 미국은 과거 불편했던 역사를 뒤로하고 새로운 관계의 물꼬를 텄다. 1882년 5월 22일, 조선과 미국은 '조·미수호통상조약'을 체결하면서 공식적인 외교관계를 시작하게 되었다. 이 조약은 조선이 서양과 맺은 최초의 국제조약이라는 의미가 있지만, 오랜 쇄국으로 은둔의 나라(The Hermit Nation)로 비춰졌던 조선이 굳게 닫아걸었던 나라의 빗장을 풀고 문호를 국제사회에 개방했다는 상징성이 컸다. 조선은 미국과의 조약 체결 이후 영국, 독일, 이탈리아, 러시아, 프랑스, 오스트리아, 벨기에, 덴마크 등 유럽 국가들과도 연달아 조약을 체결하였다.

미국은 1883년 5월 초대 공사로 푸트(Lucius H. Foote)를 임명하였으며, 조선도 같은 해 7월 미국과의 친선을 도모하고자 '보빙사(報聘使)'를 파견하였다. 보빙사절단에는 정사 민영익을 비롯하여 부사 홍영식, 종사관 서광범, 수행원 유길준, 변수, 고영철, 무관 현흥택, 최경석 등 국제정세와 근대적 문물에 일찍 눈을 뜬 인사들이 대거 발탁되었다.[1] 흥미로운 점은 사절단 중 부사 홍영식이 이끄는 1진은 방미 일정을 마치고 먼저 귀국한 반면, 민영익, 서광범, 변수는 아서(Chester A. Arthur) 대통령의 제안으로 미 해군 함정과 경비 일체를 지원받아 무려 6개월 동안 유럽의 이탈리아, 영국, 프랑스와 중동의 이집트를 경유하여 아시아의 인도, 스리랑카, 싱가포르를 주유(周遊)하고 돌아왔다.

정사 민영익은 명성황후의 친정 조카로 세계 주유 이후 조선에서 개혁의 역할을 할 수 있는 정치적 배경을 가진 실세였음에도 불구하고 적극적으로 견문을 넓히고 수용하기 보다는 여행 내내 조선에서 가져온 성리학 책들을 붙잡고 읽으면서 소일하는가 하면 얼른 귀국시켜 달라 호소했다.[2] 어디 민영익뿐이었겠는가. 성리학적 세계관에 빠진 조선의 지식인이 보여준 반(反)서구적인 행동은 불을 보듯 뻔했다. 민영익은 홍영식이 주최한 우정국 개국 잔치에서 개혁의 적으로 몰려 난자당했다.

왜, 조선은 서양 제국 중 미국을 최초의 조약국으로 선택했을까? '조·미수호통상조약' 제1조에서 명시한 '거중조정(居中調整, good offices)'이라는 조문 때문이었다. 조약에서 명시한 '거중조정'은 "만일 다른 나라가 어떤 불공평하고 멸시하는 사건을 일으켰을 때 일단 통지하면 반드시 서로 도와주며 중간에서 잘 조정해 줌으로써 두터운 우의를 보여

---

1 김동진, 『헐버트의 꿈 조선은 피워나리』, 파주: 참 좋은 친구, 2019, pp. 40~41.

2 박종인, 「그러나 조선 사절 민영익은 피라미드에 오르지 않았다」, 『조선일보』, 2022년 11월 23일.

준다"라는 의미이다.[3] 청과 일본은 물론 주변 열강의 이권 확보를 위한 야욕과 겁박에 시달려온 고종은 조약에서 명시한 거중조정에 큰 기대를 걸었다. 고종은 상당한 시간이 지난 뒤에야 조약에서 언급한 거중조정이 단순히 허울 좋은 외교적 수사(修辭)에 불과하다는 것을 알았다. 고종은 조선을 둘러싼 열강의 각축전 속에 미국의 힘을 빌려 국권을 유지, 회복하려는 대미(對美) 의존 관념에 사로잡혀 있었다.[4]

2) 근대교육제도의 수용과 미국인 교사의 파송 요청

조선 정부의 서양 근대식 교육제도 도입을 위한 노력은 '조·미수호통상조약' 이후 활발하게 전개되었다. 미국과 유럽의 신문물을 둘러보고 귀국한 보빙사 일행 중 홍영식은 고종을 알현하며 "신 등이 그곳에 도착한 이래 말이 통하지 않고 문자가 달라 눈과 귀로 보고 들어 파악할 수는 있어도 도무지 이해할 수 없는 부분도 있었습니다. 그러나 기기(機器)의 제조, 배, 차, 우편, 전보 등 어느 나라를 막론하고 급선무가 아닐 수 없습니다. 특히 우리 조선이 가장 중요시해야 할 것은 교육에 관한 것으로 만약 미국의 교육제도를 본받아 학교를 세워 인재를 양성해 백방으로 대응한다면 아마도 어려움이 없을 것입니다"라고 보고했다. 마침 미국 공사 푸트도 고종에게 "조선이 서양의 사정에 대해 알지 못하기 때문에 고위관료의 젊은 자제들이 영어, 지리과학 그리고 다른

---

3   김원모. 『한미 외교관계 100년사』. 서울: 철학과 현실사, 2002, p. 184.
4   김원모. 『한미 외교관계 100년사』. 서울: 철학과 현실사, 2002, p. 189.

서양 문화의 기본적인 요소들을 배울만한 학교를 설립"하도록 권고하였다.

고종은 서양식 학교의 필요성을 역설하며 신교육기관의 설립을 건의하는 보빙사와 미국 공사의 건의를 수락하였다. 1886년 9월 23일, 조선은 미래 국가의 동량을 양성할 목적으로 최초의 서양 근대식 학교 육영공원(育英公院)을 설립하였다. '영재를 기르는 학교'라는 뜻을 가진 육영공원은 조선과 미국이 협력하여 건립한 최초의 개화 사업이라는 역사적 의미를 가진다.

1884년 7월 고종은 윤치호로 하여금 미국 공사 푸트에게 미국인 교사 3명의 추천을 요청하였다. 미국인 영어교사의 초빙은 비단 외교전략적 목적 외에도 미국의 발달된 교육제도에 대한 고종의 관심이 있었기에 가능했다.[5] 조선 정부에서 미국인 교사를 위한 처우 수준은 어느 정도였을까? 조선 정부와 미국 영사관 측에서는 상호 협의를 통해 미국인 교사의 고용계약 기간은 2년, 교사 사택과 동반 배우자의 여비 부담 그리고 월 125달러의 급여를 지급하는 것으로 합의하였다.[6]

미국은 한국에 파견할 교사는 신앙심이 깊은 인물이어야 한다는 신념에서 유니언 신학교 학생 3명을 선발했다. 1886년 7월 길모어(George A. Gilmore), 벙커(Delzell A. Bunker), 헐버트(Homer B. Hulbert)

---

5   최보영. 「育英公院의 설립과 운영실태 再考察」, 『한국독립운동사연구』 42, 2012, pp. 287~315.

6   안기성. 『대한의 교육역사』. 서울: 학지사, 2016, pp. 183~184.

등 미국인 교사 3명이 서울에 도착했다. 미국인 교사들이 조선 땅을 밟게 된 것은 특별한 의미를 부여할 수 있다. 그들이 오기 전에도 조선 조정에서는 외교와 세관업무 등에서 독일인 묄렌도르프(Paul G. von Möllendorff), 미국인 데니(Owen N. Denny)와 메릴(Henry F. Merrill) 등을 고용했지만, 모두 청의 영향력 하에 고용되었다. 그들은 일을 하면서도 청의 눈치를 보지 않을 수 없었다. 조선이 미국과 수교 이후 공식 외교 절차를 통해 미국인 교사 3명을 초빙한 것은 조선이 자주적으로 고용한 사실상의 첫 서양인이라는 점에서 역사적 의미가 남달랐다.[7]

육영공원은 우리나라 최초의 근대식 국립학교였지만, 신분계급사회 조선의 한계를 벗어나지 못했다. 양반 가문 출신의 젊은 자제들에게만 입학을 허용한 특권층의 학교라는 아쉬움을 남긴다. 30명의 청년을 선발하여 근대식 교육을 실시했는데, 영어, 산수, 지리, 정치, 식물, 동물학, 천문학, 의학, 농학, 역사 등을 강의하는 종합고등교육기관의 성격을 띠었다.[8] 육영공원의 위상은 학생들의 면면이나 학교의 설립 취지로 볼 때 현재의 대학에 가까웠고, 영어 이름도 'Royal College'라고 지었다. 고종은 육영공원에 큰 기대를 걸었으며 교육방식을 미국식으로 주문하고 교재, 학용품, 식사 등 모든 학비를 조정에서 지급했다.[9] 육영공원의 학급은 좌원(左院)과 우원(右院)으로 나누었다. 좌원은 나이

---

7 김동진. 『헐버트의 꿈 조선은 피워나리』. 파주: 참 좋은 친구, 2019, p. 45.
8 김원모. 『한미 외교관계 100년사』. 서울: 철학과 현실사, 2002, p. 209.
9 김동진. 『헐버트의 꿈 조선은 피워나리』. 파주: 참 좋은 친구, 2019, p. 45.

가 젊은 문무관리로 채우고 우원은 일반 선비 가운데 뛰어난 자로 채웠다. 좌원의 학생은 집에서 통학하고, 우원의 학생은 기숙사에서 생활했다. 집에서 통학하는 좌원의 학생들은 장독교(帳獨轎)를 타고 하인을 앞세우고 담뱃대를 들고 다녔다. 졸업생은 특별과 과거를 통해 등용하였다.[10]

육영공원의 교육방식은 미국식을 그대로 본떴다. 수업 연한은 2년의 예비과정(preparatory course)을 수료한 뒤 원하는 학생에 한해 4년의 본 과정을 수학하게 했다. 학사일정은 가을 학기와 봄 학기로 나누고 여름방학과 겨울방학을 두었다. 수업은 오전 9시부터 오후 4시까지 하고 주 6일제(토요일은 오전 수업)를 정착시켰다. 교과목은 초기에는 영어 읽기, 쓰기, 철자법에 집중했으며 학생들의 영어 실력이 향상되면서 영어 문법, 지리, 수학 등을 가르쳤다. 교재는 교사들이 미국 현지에서 준비해왔다.[11] 고종은 육영공원 설립을 허가한 후 교육에 필요한 모든 것을 미국인 교사 3인에게 의탁하였다. 조선은 급변하는 국내외 정세에 부응하고자 근대식 학교를 설립하여 인재양성의 의욕이 높았지만 실질적인 준비는 턱없이 부족하였다.

고종이 '조·미수호통상조약'을 체결한 이후 서양의 문물과 문명을 견학하고 온 보빙사의 건의와 미국 공사의 권고에 따라 의욕적으로 시작한 육영공원은 창설 8년만인 1894년 2월 폐교하게 되었다. 폐교의 직

---

10 이만기. 『조선교육사 Ⅱ』. 서울: 거름, 1991, p. 36.
11 김동진. 『헐버트의 꿈 조선은 피워나리』. 파주: 참 좋은 친구, 2019, pp. 43~45.

접적인 원인은 조선 정부가 미국인 교사 3명에게 계약에서 명시한 월급 조차 지불하지 못할 지경의 재정적 어려움에 처했다는 점이었다. 고위 관료 자제의 교육을 담당한 국립교육기관을 설치, 운영하는 조선에 대한 청의 간섭도 학원 폐교의 원인으로 작용하였다. 주권국가로서 학교 조차 자주적으로 운영할 수 없는 조선의 한계를 절감하는 한 장면이 아닐 수 없다. 육영공원은 폐교 이후 관립영어학교(官立英語學校)와 한성외국어학교(漢城外國語學校)로 그 맥을 이었다.

3) 미국인 기독교 선교사들의 학교 설립과 근대교육의 시작

조선은 성리학을 국시(國是)로 천명하고 성리학적 질서 안에서 500여 년을 유지해 온 왕조국가다. 조선은 성리학의 근간을 무너뜨리는 외국의 문물과 사상에 대해서는 극도로 배척, 탄압하였다. 조선은 중국 대륙에서 명(明)이 무너지고 청(淸)이 들어선 이후 스스로 소중화(小中華)를 자임하며 유가 사상으로 정신무장한 채 세계정세가 격랑을 치고 약육강식(弱肉强食)의 힘의 논리가 지배할 때에도 나라의 빗장을 굳게 잠갔다. 조선이 18세기 이래 중국을 통해 전파된 기독교(천주교)의 전파를 금지하고 신도들을 철저히 박해한 이유다.

그러나 조선이 미국, 유럽 국가들과 수교조약을 체결한 뒤 항구를 개방하고 외국과 인적, 물적 교류가 이루어지게 되면서 자연스럽게 외국문물이 조선에 들어오게 되었다. 외국문물 중에는 조선이 극도로 민감하게 생각하는 기독교(개신교)도 있었다. 조선은 국가 간 조약의 원칙을 지키면서 국시의 근간을 흔들지 않을 절충안을 내놓았다. 기독교 선교사들의 입국을 허용하면서 종교 전파와 전도를 금지하는 대신 교육과 의료사업 활동을 허용하였다.

조선에서 천주교 박해 역사를 학습한 기독교 선교사들 역시 조선이 민감하게 생각하는 영역을 존중했다. 기독교 선교사들은 직접적인 전도 활동을 하는 대신에 조선 정부에서 요구하는 교육과 의료 활동을 통한 인도주의적 사업을 하는 것으로 포교 전략을 수립하였다. 선교사들은 기독교 신앙을 직접 설교하거나 종교 의식을 거행하기보다 교육과 의료 사업으로 우회하는 간접적인 방식으로 선교를 했다.[12] 이 간접적인 선교방식은 효력을 발휘했다. 선교사들이 대중을 대상으로 하는 교육 사업은 신분계급사회 조선에서 크게 환영받았을 뿐 아니라 우리나라 근대교육의 산파역을 담당하였다.

미주지역에서 조선에 파송된 기독교 선교사들은 교파를 초월하여 마치 경쟁이라도 하듯 미션(기독교계)학교를 세우고 교육 사업에 매진했다. 전국 곳곳에 기독교 선교사들이 세운 학교가 즐비했다. 1885년 8월 미국 감리교 소속 선교사 아펜젤러(Henry G. Appenzeller) 목사가 배재학당(培材學堂)을 설립하였고, 1886년 5월에는 미국 감리교 소속 선교사 스크랜튼(Mary F. Scranton) 여사가 이화학당(梨花學堂)을 설립했다. 학교명으로서 배재학당과 이화학당은 고종이 하사한 이름이다. 이들 학교들은 육영공원의 운영과는 다르게 신분의 높고 낮음에 구별 없

---

12   손인수, 『한국개화교육연구』. 서울: 일지사, 1985, pp. 68~69.

이 양반이나 천민의 구분을 두지 않고 누구든지 입학할 수 있었다는 점에서 우리나라 교육의 대중화뿐 아니라 근대화 운동의 역군을 배출하는 데 크게 기여하였다.[13] 특히 남존여비(男尊女卑) 사상이 깊이 배어 있는 조선에서 교육은 남성의 전유물이라는 관념과 의식에서 벗어나 여성 전용 교육기관으로서 이화학당의 창설은 매우 혁신적인 교육제도였다. 스크랜튼이 남녀평등관에 입각하여 최초로 근대 여학교를 설립한 것은 조선에서 여성 해방의 큰 발걸음을 내디딘 사건이었다.[14] 기독교 선교사들이 주도한 근대식 교육기관은 기독교 원리를 토대로 만민평등사상에 기초하여 운영하였으며 이는 조선의 일반 백성에게 큰 호응을 받았다.

미주 기독교 교파 중에서도 장로교와 감리교는 적극적으로 학교를 세우고 대중교육에 앞장섰다. 1910년 2월 기준으로 설립된 미션학교를 교파별로 살펴보면, 장로파가 501개교, 감리파가 158개교, 성공회가 4개교, 안식교가 2개교, 교파미상이 84개교, 합동 1개교, 천주교가 46개교로 모두 796개교(미인가 포함)로 집계되었다. 지역별로는 평안남도가 261개교, 황해도가 183개교, 평안북도가 121개교로 나타났다. 학교는 주로 선교부 산하 지방교회에 분산되어 있었는데 한국인 교회당이 설치되어 있는 곳마다 초등학교가 병립되어 있었다. 학교시설은 독립건물 형태도 있지만 예배당을 교사(校舍)로 겸용하였다. 한국인 교인들은

---

13 김원모. 『한미 외교관계 100년사』. 서울: 철학과 현실사, 2002, p. 210.

14 손인수. 『한국개화교육연구』. 서울: 일지사, 1985, p. 141.

자력으로 대다수의 학교를 운영하였다.[15]

기독교 선교사들이 교파를 초월하여 특정 국가에 이렇게 많은 교육기관을 설립한 것은 세계사적으로는 매우 이례적인 현상으로 생각한다. 선교사들의 교육 활동에 영향을 받은 한국인 교인들이 자력으로 학교를 운영하였다는 사실은 의미심장한 일이 아닐 수 없다. 이는 신분 계급사회에서 주를 이루던 엘리트 중심의 교육이 대중교육으로 교육의 대상과 방식이 바뀌었음을 말해준다.

1893년 재한(在韓) 장로교연합공의회에서 채택한 선교정책, 즉 미션학교가 본질적인 사명으로 삼는 전도 활동을 지원하는 교육 사업에 대한 원칙을 살펴보는 것은 우리나라에서 선교사들이 어떻게 조선의 정치, 사회, 문화, 관습, 정서 등을 파악하고 이를 교육, 의료, 전도 활동에 적용하려고 노력했는가에 대해 알 수 있다. 공의회에서 채택한 선교정책의 전문 열 가지를 옮겨본다.[16]

첫째, 전도의 목표를 상류층보다 근로계급에 두는 것이 낫다.

둘째, 모성(母性)은 후대의 양육에 중요한 영향력을 주는 관계상 부녀자의 전도와 청소년의 교육을 특수 목적으로 한다.

셋째, 군 소재지에 초등학교를 설치함으로써 기독교 교육에 성과가 많을 것으로 기대되므로 선교부 소관학교에 재학한 남학생을 교사로

---

15   손인수, 『한국개화교육연구』, 서울: 일지사, 1985, pp. 78~79.

16   손인수, 『한국개화교육연구』, 서울: 일지사, 1985, pp. 74~75에서 재인용.

양성하여 각 지방으로 파송한다.

넷째, 교육받은 교역자를 배출하는 희망도 우리 교육기관에 실현될 것이니 이 점에 항상 관심을 두어야 한다.

다섯째, 조속한 시일 내에 정확한 말로 성경을 번역하여 세상에 내어 놓는 것이 중요하다.

여섯째, 모든 문서사업에는 한자의 구속을 벗어나고 순 한글을 사용함이 우리의 목표가 되어야 한다.

일곱째, 진취적인 교회는 자립하는 교회가 되어야 한다. 우리 교인 중에 의존생활자들의 수를 감소시킴을 목표로 하고, 자립하는 교회와 헌금한 교인수를 증가시킨다.

여덟째, 한국인 대중을 그리스도에게로 인도하는 일은 한인(韓人) 자신들이 하여야 한다. 그러므로 우리 자신들이 대중에게 전도하는 것보다 적은 수의 전도사를 철저하게 훈련시킨다.

아홉째, 선교사 의사들의 사업이 좋은 성과를 얻으려면 환자를 개별적인 병실이나 환자의 집에 오래 두고 시료하면서 전도도 하려니와 의사가 본보기가 되어 환자가 마음속에 깊은 감격을 느낄 수 있는 기회를 가지게 할 것이다. 외래환자 진료소 사업은 비교적 성과가 적다.

열 번째, 지방에서 와서 장기간 입원하였다가 퇴원한 환자들을 그들의 주소로 심방하여 사후상황을 계속하여 돌보아야 한다. 그들이 병원에서 받은 온정적 대우는 전도사가 접촉할 수 있는 기틀이 될 수 있기 때문이다.

위에서 열거한 열 가지의 선교정책을 종합하면 선교사들은 조선에서 효과적인 전도 활동을 위해 조선의 현지 상황에 적합한 정책들을 발굴하여 시행하였음을 알 수 있다. 보다 구체적으로 선교 정책을 분석하면 선교 지역에서 사용하는 현지 언어로 전도 활동을 하고, 아버지의 부성애 보다 어머니의 모성애가 가족 전도에 더 유리하다는 점을 고려하여 어머니를 먼저 전도하고, 외국 선교사들이 전도 활동을 하는 것보다 자국민들이 전도 활동을 하는 것이 더 효과적이라는 점, 환자의 치료 과정에서 맺어진 온정적 인간관계를 활용하면 전도에 효과적이라는 것 등으로 정리할 수 있을 것이다. 군소재지마다 초등학교를 설치한다는 선교 정책은 지역교육의 형평성과 교육의 기회균등이라는 측면에서 볼 때 오늘날의 교육철학과 교육정책에도 눈여겨 볼 대목이다.

기독교 선교사들은 우리나라에 현대식 학교를 처음으로 세웠을 뿐 아니라 더 나아가 서양문화의 도입, 문맹퇴치 운동, 국민계몽운동에 이르기까지 우리나라의 교육발전과 의식개혁에 지대한 기여를 하였고, 일본의 식민통치 아래에서 우리나라가 독립운동을 하는 데 직접 혹은 간접으로 도움을 주었다. 특히 기독교계 학교는 기독교 사상에 근거한 교육이념을 수립하고 교육방식을 채택하였다.

교육방식은 크게 다섯 가지로 요약할 수 있다. 첫째, 성경을 주요 교과로 하고, 교육이념을 봉사활동에 두었다. 배재학당은 "욕위대자 당위인역(欲爲大者 當爲人役)", 즉 "크고자 하거든 남을 섬겨라(Whoever would be great among you must be your servant.)"는 교훈을 삼았을 정도로 봉사를 교육의 핵심목표로 했다. 둘째, 될 수 있는 한 우리나라의 풍속과 예법을 존중하고 한국 사회에 맞는 사람을 기르려고 했다. 셋째, 민족주의를 의도적으로 고취함으로써 독립정신을 길러 주었다. 넷째, 여성교육을 중시함으로써 일부일처제의 정착에 노력했다. 다섯째, 사회적으로 소외된 계층, 민중을 대상으로 넓은 의미의 사회교육에 힘썼다. 기독교 학교는 새롭고 숭고한 교육이념으로 우리나라 교육발전은 물론 근대화에 선도적인 활동을 했다.[17]

우리나라에서 근대병원의 개원도 기독교 선교사에 의해 이루어졌다. 근대병원의 도입과 관련하여 미국인 선교사이자 의사이며 외교관으로 활동한 알렌(Horace N. Allen)의 역할을 언급하지 않을 수 없다. 알렌은 선교를 목적으로 조선에 입국하였지만 궁극적으로 우리나라에 근대의학을 전파한 선구자로 이름을 올렸으며, 외교관으로서 미국의 국익을 위하여 반청(反淸), 반일(反日) 성향의 외교 활동을 전개했던 인물이었다. 알렌이 조선에 깊게 뿌리 내린 동양의학의 거센 반대와 저항을 물리치고 서양식 의료기관을 설치할 수 있었던 것은 그가 조선 정부의 강력한 신임이 있었기에 가능했다. 알렌은 1884년 갑신정변으로 민영익이 중상을 입고 사경을 헤매고 있을 때 서양의술로 치료하고 완쾌시켜 조정의 신임을 얻었다. 민영익은 고종이 가장 신임하는 대신이자 시해된 명성황후의 일족으로 고종이 미국에 파견한 보빙사절단의 단장이 아니겠는가. 알렌은 조정의 공고한 신임을 바탕으로 국립병원설치를

17 김정환. 『교육철학』. 서울: 박영사, 1992, pp. 280~283.

건의하여 고종의 승인을 받아냈다. 조선은 1885년 의약과 일반 서민의 치료 및 질병관리를 담당하던 혜민서(惠民署)를 광혜원(廣惠院)으로 이름을 바꿔 국립병원으로 개원하였다. 광혜원은 세브란스 의학전문학교의 전신(前身)으로 우리나라 최초의 근대식 병원이었다. 이 병원에서는 의료뿐 아니라 의학실습교육을 실시하였다.[18]

한국인의 교육열이 세계적으로 높은 것으로 익히 알려져 있지만 성리학에 기초한 신분계급사회에서 대중이 억눌리고 배척당한 교육 욕구를 분출시킨 것은 이때부터가 아닌가 싶다. 주로 미국인 기독교 선교사들이 세운 미션학교에서 신문화, 신교육을 주도하면서 조선의 조정과 지도자들은 적잖은 자극을 받게 되고 비로소 조선에서도 국가주도의 교육개혁을 추진하게 되었다.

4) 조선의 교육개혁과 근대식 학교의 설립

19세기 말 외세와 열강의 위협 속에 조선은 신학문과 신문화의 필요성과 중요성을 절감한다. 개화파 인사들의 요구와 기독교 선교사의 근대식 학교설립에 따른 자극 등 복합적인 요인이 작용했다. 만시지탄(晚時之歎)이지만 1894년 조선은 갑오경장을 기점으로 미래 국가의 동량이 될 인재를 양성하기 위해 학교체제를 정비하여 신학제를 제정하게 된다. 조선이 지향하는 교육개혁의 방향은 고종이 교육개혁을 담당할 부처로 학무아문(學務衙門)을 설치하면서 고시한 내용에 나타난다.

---

[18]　손인수, 『한국개화교육연구』, 서울: 일지사, 1985, pp. 69~70.

"[……] 모든 제도가 다 함께 새로워야 하지만 영재의 교육은 무엇보다 시급한 일이다. 그러므로 나라에서 소학교와 사범학교를 세워 먼저 서울에서 행하려 하니, 위로 공경대부의 아들로부터 아래로 서민의 자제에 이르기까지 다 이 학교에 들어와 배워 아침에 외고 저녁에 익히라. [……] 앞으로 대학교와 전문학교도 차례로 세우려 한다."[19]

고종의 고시에서 눈에 띄는 것은 교육대상을 고위관리의 아들과 서민 자제라고 천명하면서 엘리트 중심의 교육에서 대중교육으로 그 대상과 범위를 확대하였다는 점과 대학교와 전문학교를 세워 초등, 중등, 고등교육의 대계(大系)를 완성하겠다는 포부를 밝힌 것이다. 고종의 고시는 1886년 설립된 육영공원의 교육대상을 고위관리 자제와 양반 사대부로 제한했던 것에 비하면 혁신적인 변화로 볼 수 있지만, 여성 교육에 대한 언급이 없는 것은 당시 고종과 조선이 안고 있는 의식의 한계일 것이다.

1895년 1월 고종은 우리나라 최초의 헌법에 해당하는 홍범(洪範) 14조를 선포하고 외국에 유학생을 파견하여 외국의 신문화, 신학문, 신기술 습득을 강조하였다. 연이어 1895년 2월 고종은 전 국민에게 교육조서(敎育詔書)를 발표했다. 교육조서는 교육입국조서라고도 하는데 교육에 의한 입국(立國)의 의지를 천명한 것으로, 근대식 학제를 성립시킬 수 있는 기점을 마련하였다는 데 의의를 가진다. 이 조서에서는 ① 교육은 국가보존의 근본이며, ② 신교육은 과학적 지식과 신학문과 실

19　손인수, 『한국개화교육연구』, 서울: 일지사, 1985, pp. 81~82.

용을 추구하는 데 있고, ③ 교육의 3대 강령으로서 덕육·체육·지육이 있음을 들고, ④ 교육입국의 정신을 들어 학교를 많이 설립하고 인재를 길러내는 것이 곧 국가중흥과 국가보전에 직결되는 사실임을 밝히고 있다. 특히 이 조서는 학제의 정신적 기반을 실학사상에 두고 있는데, 이는 정약용(丁若鏞)의 실학사상에 입각한 교육을 통해서 당시 사회를 개혁하려고 했던 고종의 뜻이 깊게 반영된 것으로 볼 수 있다.[20]

조선은 교육을 통한 국가 중흥의 이상, 즉 교육입국(敎育立國)의 정신에 따라 학교관제와 규칙을 제정하여 근대적 교육제도를 수립하게 되었다. 새로 제정된 학교관제에 따르면 먼저 교사 양성을 목적으로 하는 한성사범학교관제(1895년)를 시작으로 외국어학교관제, 성균관관제, 소학교령, 의학교관제, 중학교관제, 상공학교관제, 농상공학교관제 등 일련의 교육개혁을 단행하였다. 조선이 우리나라 최초의 근대식 학교관제로서 사범학교관제를 공포한 것은 소학교에 훈련받은 교사가 절대적으로 부족하였기 때문이다. 사범학교의 편제는 본과와 속성과를 두었는데 수업연한은 본과 2년, 속성과는 6개월이었다.[21] 조선이 모든 국민을 대상으로 보편적 교육을 실시하려는 마당에 교육의 기간요원으로서 교사가 부족하다는 사실은 교육개혁이 갑작스럽게 진행되었다는 것을 증명한다.

세계사적으로 사범학교 설치 역사를 살펴보면 조선의 교사양성

---

20 「교육조서(敎育詔書)」, 『한국민족문화대백과사전』에서 재인용.
21 안기성. 『대한의 교육역사』. 서울: 학지사, 2016, p. 122.

제도 도입이 얼마나 지체되었는가를 알 수 있다. 가장 먼저 프랑스가 1684년 교원양성소를 설립하고 1794년에는 사범학교설치법을 제정하게 된다. 종교개혁의 전통이 강한 독일에서는 1753년 프로테스탄트(기독교 개신교) 지역에 국립 사범학교를 설치하였다. 영국은 상대적으로 지체되었는데 1836년에 이르러서야 유치원협회에 의하여 교원양성이 시작되었다. 미국은 1823년 뉴욕에 주립사범학교를 세우면서 점차 여러 주로 확산되었다.[22] 그러나 뒤늦게라도 시도된 조선의 자주적인 교육개혁은 꽃을 피우지 못했다. 1910년 8월 29일, 일제의 조선강제병합으로 식민통치가 시작되면서 물거품이 되고 말았다.

5) 일제강점기 교육 정책

구한말 고종이 시도한 조선의 자주적인 일련의 교육개혁은 일제의 국권찬탈로 뿌리를 내리지 못했다. 일본의 식민 통치기 교육정책은 '조선교육령(朝鮮敎育令)'에 의거하여 시행되었으며, 일본인과 한국인을 분리한 다음 관·공립학교와 사립학교의 교육을 분리, 교육하였다. 일제는 총 4차례에 걸쳐 조선교육령을 제·개정하였는데, 제1차는 한·일병합 직후인 1911년에, 제2차는 3·1운동 이후 1922년에, 제3차는 중·일전쟁 직후인 1938년에 그리고 제4차는 태평양전쟁 중인 1943년에 반포되었다. 일제가 정치적으로 큰 변화가 있을 때마다 조선교육령을 개정

22 안기성. 『한국 근대교육법제연구』. 서울: 고려대학교 민족문화연구소, 1984, pp. 152~153.

하였다는 사실은 식민지 교육을 정치에 종속시키는 교육정책을 추진했다는 의미다. 식민 통치를 받는 조선인은 일제의 분리 차별 교육에 무기력할 수밖에 없었다.

19세기 말 이후 우리나라가 신학문과 신문화를 수용하는 데 마중물 역할을 했던 기독교계의 미션학교는 사립학교 중에서 큰 비중을 차지했다. 1911년 기준으로 인가받은 사립 1,467개교 중 미션학교는 566개교로 전체 37%를 차지했다.[23] 외국인 선교사가 운영하는 미션학교는 '충량한 신민(臣民)의 육성'을 목적으로 하는 일제의 식민지 교육 이념과 갈등을 겪어야 했다. 일제는 1915년 '개정사립학교규칙'에 따라 미션학교의 성경교육과 예배와 같은 종교 활동 일체를 금지하고 일본인 교사 채용을 요구했다. 1922년에는 '제2차 조선교육령'을 제정하여 일본과 한국의 학교교육을 하나의 제도 안에 통합할 목적으로 일본이 요구하는 기준에 충족하는 사립학교만을 인가해주었다. 일제의 의도는 미인가 사립학교를 '각종학교'로 규정하고 졸업생의 상급학교 진학 자격을 인정하지 않음으로써 자동 소멸되게 하려는 것이었다. 미션학교는 일제가 금지하는 예배와 성경교육 등의 종교 활동을 하는 대신 각종학교로 남아 불이익을 당할 기로에 놓이게 되었다. 1930년대에 이르러 미션학교는 일제가 학생들을 강제로 동원하여 신사참배를 강요하면서 폐

---

23   허지연, 「제국 속의 제국: 일제강점기 한국의 고등음악교육과 미국의 해외선교」, 이화여자대학교 대학원 박사학위논문, 2017, p. 49.

교하였다.[24] 미션학교의 정체성과 직결되는 일제의 신사참배 강요가 학교의 존폐를 좌우하는 중대한 사안이었다는 방증이었다.

6) 미군정기와 한국 교육의 기본방향 정립

일본이 1945년 8월 14일 항복문서에 서명한지 하루 뒤인 8월 15일 우리나라는 35년의 일본 식민통치의 종지부를 찍고 광복을 맞이했다. 일본은 35년 동안의 식민통치기에 한민족의 정체성을 말살하고 우리 국민에게 저급(低級)의 교육을 받게 했다. 일본은 학교에서 한글사용을 금지시키고 창씨개명을 강제하는 등 황국신민화(皇國臣民化)와 내선일체(內鮮一體)를 위한 동화정책을 추진하는 데 교육을 이용하였다. 일제는 교육으로 한국인의 일본인화 교육을 추진하고 간이 형식의 직업교육을 추진하는 데 주력하였고 종교계 및 민족계가 설립, 운영하는 사학에 대한 집요하고 악랄한 탄압으로 민족말살정책을 일삼았다. 또한 일본 식민제국주의는 중·일전쟁, 제2차 세계대전 등 전시 총동원 체제 속에서 우리 국민에게 고등교육의 기회를 최대한 억제하고 직업교육에 치중하면서 민족의식의 발로를 배제시키려 했다.[25]

1945년 8·15 광복과 함께 우리나라 교육제도에도 커다란 변화를 맞이하게 되었다. 우리나라는 광복을 맞이하였지만 유엔이 승인한 합

---

24 최영근, 「일제강점기 미국 남장로회 교육선교에 관한 연구」, 『대학과 선교』 50, 2021, pp. 93~129.

25 김영철 외, 『미래사회에 대비한 학제 개편 방안』, 서울: 한국교육개발원, 2006, p. 42.

법적인 정부가 수립되기까지 과도기 통치체제로서 2년 11개월의 미군 정기(1945년 9월~1948년 8월)를 거치게 되었다. 또 다른 외세의 지배를 받게 된 한국 사회와 교육계는 미국의 이해에 따라 재편되었다. 군정기는 3년 미만의 기간이었지만 그것이 미친 영향은 오늘날까지 지속적인 영향을 미치고 있다. 미군정은 산하에 학무국을 설치하여 신생 독립국 한국(남한)의 교육을 담당하게 했다.

학무국은 교육의 새로운 방향과 체제를 갖추기 위해 1945년 9월 저명한 사회지도층 인사 10명으로 구성된 자문기구로서 '조선교육위원회(The Korean Committee on Education)'를 설치하였다. 10명의 위원에는 초등교육에 김성달, 중등교육에 현상윤, 전문교육에 유억겸, 고등교육에 김성수, 교육전반에 백낙준, 여자교육에 김활란, 일반교육에 최규동, 의학교육에 윤일선, 농업교육에 조백현, 학계대표에 정인보였다. 11월에는 교육계와 학계 지도자 100여 명으로 구성된 '조선교육심의회(The Korean Committee on Educational Planning)'를 설치하여 교육 전반에 대한 추진 계획을 수립하도록 하였다.

미군정 초기 한국에서 추진된 교육정책은 일제 식민 치하의 전체주의적이고 군국주의적인 교육체제를 민주적인 교육체제로 전환시키는 일에 역점을 두었다. 미군정이 수립한 교육방침은 크게 세 가지, 즉 '일제잔재의 불식', '평화와 질서의 유지', '생활의 실제에 적합한 지식기능의 연마'로 요약할 수 있다. 이 교육방침에 근거하여 '조선교육심의회'는 우리 교육이 지향해야 할 2대 원칙의 교육이념을 수립하였다. 첫째,

민주주의 가치에 토대를 둔 민주교육의 실현에 두었다. 민주주의는 제2차 세계대전이 전체주의에 대한 민주주의의 승리로 해석되는 상황에서 공산진영을 제외한 모든 국가의 기본 이념을 형성하는 것이었다는 점에서 이론의 여지가 없었다. 둘째, 교육이념으로서 홍익인간(弘益人間)의 추구를 설정하였다. 심의회에서는 교육이념으로서 홍익인간을 채택하는 것을 놓고 위원 간에 논쟁을 벌였다. 홍익인간이란 출처가 명확하지 않고 신화에 바탕으로 둔 비과학적인 이념이라는 이유에서였다.[26] 결국 '널리 모든 인간을 이롭게 한다'라는 홍익인간의 개념은 한국 역사의 오랜 전통 속에서 현대 민주주의 정신과 가장 잘 부합될 수 있는 것으로 해석, 채택되었다.

조선교육심의회가 광복 이후 정국의 혼란 속에서도 우리나라 교육이 나아갈 방향을 민주주의와 홍익인간으로 설정한 것은 높이 평가받아야 할 것이다. 홍익인간이 단군 이래 계승되어 우리나라 건국사상과 교육이념에 깊이 뿌리 내린 사상이라면 민주주의는 고대 그리스에서 발원되어 미국에서 꽃을 피운 정치체제라고 할 때 이제 갓 독립한 한국에서 동양과 서양 사상의 합류가 일어난 것은 시사하는 바가 크다.

실제, 교육의 근간이 되는 교육법(1963년 제정) 제1조는 "교육은 홍익인간의 이념 아래 모든 국민으로 하여금 인격을 완성하고 자주적 생활능력과 공민으로서의 자질을 구유하게 하여 민주국가 발전에 봉사하

---

26 김영철 외. 『미래사회에 대비한 학제 개편 방안』. 서울: 한국교육개발원, 2006, p. 42.

며 인류공영의 이념실현에 기여하게 함을 목적으로 한다"라고 명문화하였다. 1941년 11월 대한민국 임시정부가 발표한 건국강령(建國綱領)에서도 홍익인간 이념의 계승을 천명한 바 있다. 우리나라 헌법 전문에서도 '대한민국 임시정부의 법통'을 계승하고 있다는 점에서 홍익인간 이념을 간접적으로 명시하고 있다고 보아야 할 것이다.

미군정기에 결정된 국가정책 중 현재까지 가장 지대한 영향을 미친 교육제도는 6-3-3-4 기간학제일 것이다. 학제(學制)는 곧 학교제도(school system)로서 국가의 교육목표를 실현하려는 제도적 장치이다. 학교제도는 교육제도 중에서도 골격이 되는 제도다. 민주주의 가치에 토대를 둔 민주교육의 실현이 교육이념이라면 일제 식민치하의 복선형 학제에서 단선형 학제로 변천하는 것은 자연스러운 현상이다. 이 학제는 미국 학제의 모방이라는 지적도 있었지만, 만민평등사상에 기초하여 신분이나 계층의 차별 없이 균등하게 교육받을 수 있는 민주적인 제도로서 인정받았다. 6-3-3-4제의 단선형 학제는 몇 차례의 과도기적인 형태를 거친 후 오늘날의 우리나라 학교제도로 정착하였다.[27]

미군정기에 우리나라 교육정책의 초석을 닦은 인물 중 오천석을 빼놓을 수 없을 것이다. 미국 대학에서 학사, 석사, 박사 학위를 받은 오천석은 1945년부터 1948년까지 미군정청 문교부 차장 및 부장을 역임하면서 우리나라 교육을 민주주의의 초석 위에 올려놓는데 주도적

27　김영철 외. 『미래사회에 대비한 학제 개편 방안』. 서울: 한국교육개발원, 2006, pp. 42~50.

인 역할을 하였다. 미군정 교육부문 담당자는 육군대위 락카어드(E. L. Lockard)였는데 그는 우리나라 사정에 대해 밝지 않았을 뿐 아니라 그의 교육경험은 입대하기 전에 일리노이주 시카고 소재 시립초급대학에서 영어교수를 역임한 것이 전부였다. 락카어드는 적재적소의 인재가 절대적으로 부족한 상태에서 미국 전문가 오천석의 도움을 받았다. 오천석은 미군정에 교육계와 학계 인사를 추천하였으며 그의 추천을 받은 인사들이 광복 후 우리나라 교육제도를 만들어나갔다. 오천석이 추진한 교육정책은 광복 이후 우리나라의 현실과 문화에 맞지 않는 미국식 교육제도의 모방으로 여러 문제점을 드러냈다는 비판을 받기도 했다.[28]

미군정기에 특기할 교육제도는 교육자치제도의 태동이다. 미군정 장관 딘(William F. Dean) 소장은 내무행정에 예속되어 왔던 교육행정을 독립시켜 교육의 특수성을 보장하고 교육의 정치적 중립성을 보장하려는 발상을 하였다. 1948년 8월 12일, 군정법령 제217호 '교육구의 설치법령'과 제218호 '공립학교 재정경리법령'을 공포하였으나 8월 18일 대한민국 정부수립으로 시행에 옮겨지지 못했다. 그러나 정부 수립 후 교육법 기초과정에 중요한 자료가 되었으며 교육자치제도의 발전에도 토대가 되었다.[29]

이상의 논의를 종합하면 광복 후에 이루어진 3년간의 미군정기는

28   조건. 「美軍政期 吳天錫의 교육정책 수립과 역사교육」, 『역사와 교육』 21, 2015, pp. 95~128.
29   김종철. 「한국의 교육제도와 교육행정에 미친 미국문화의 영향」, 『아세아연구』 26, 1967, pp. 93~106.

제2차 세계대전의 승전국이면서 세계 패권국으로 주도권(hegemony)을 잡은 미국이 신생 독립국 한국에 민주주의를 이식하는 시기였다. 제2차 세계대전은 전체주의 국가와 민주주의 국가 간의 싸움이었고 그 싸움에서 민주주의 국가가 승리하면서 민주주의는 세계의 보편적인 통치 이념이 되었다는 점에서 자연스러운 현상으로 볼 수도 있을 것이다. 더구나 한반도가 분단되면서 소련 공산주의 통치를 받는 북한을 의식하면 더욱 그러했을 것이다. 문제는 민주주의를 받아들이는 한국의 형편이 매우 어려웠다. 한국은 인적, 물적 자원이 절대적으로 부족하고 절대 다수의 국민이 빈곤상태에서 허덕이는 상황에서 미군이 이식한 민주주의를 뿌리내리는데 시행착오를 겪을 수밖에 없었다. 국민들은 눈앞에 펼쳐진 기아, 빈곤, 실업, 질병 등 현실적인 문제를 해결하는 것이 급선무였다. 설상가상(雪上加霜)으로 한국민은 광복 후 좌우갈등과 사회혼란, 동족상잔의 6·25 전쟁, 4·19 혁명. 5·18 민주화운동, 6·29 민주항쟁, 국제통화기금(IMF)의 구제금융, 군부독재 등 정치적, 사회적, 경제적 격변과 난관에 직면했다.

한국과 한국민은 숱한 격난(激難)에도 불구하고 민주주의의 꽃을 피우고 산업화에 성공하여 경제성장을 이루면서 세계에서 유래를 찾아보기 어려운 국가로 우뚝 서게 되었다. 한민족의 역사는 도전(挑戰)과 응전(應戰)의 축소판으로 불릴 만하다. 세계가 부러워하는 한민족의 저력과 성취는 어디에서 비롯되었을까.

7) 미국의 교육원조 프로젝트와 한국의 성장 토대 구축

미군정 요원들은 한국이 독립국가 지위를 유지하는 데 필요한 전문 인력 양성을 위해 한국인의 미국 유학과 연수의 필요성을 지속적으로 주장했다. 그들은 전문 인력 양성 방안으로 한국인들을 미국의 고등교육기관에 유학시켜 미래 한국 교육의 핵심 교원으로 길러내야 한다고 주장했다. 한국인을 위한 미국 유학프로젝트다. 그들은 탁상공론에 그치지 않고 발로 뛰었다. 그들은 미국 유학프로젝트에 필요한 예산을 확보하기 위해 미국으로 건너가 연방정부와 협의하여 대규모 원조 방안이 담겨져 있는 '한국 특별교부금법'을 만들어내기도 했다.

하지만 야심찬 미국 유학프로젝트는 실행에 옮겨지지 못했다. 미국 고등교육기관 관계자들이 제안한 장학금의 범위가 제한적이었고 여비와 생활비를 제공할 수 없다는 뜻을 보내왔기 때문이었다. 미국 본토의 연방정부 관계자들은 한국에 대한 부정적인 인식이 컸고 미래 전망도 높이 평가하지 않았기 때문이었다. 대신 미군정에서는 록펠러재단의 지원을 받아 한국의 일부 인사들을 미국 연수생으로 파견하는 것으로 만족해야 했다. 군정에서는 서울대학교 의과대학장 윤일선 교수, 서울대 농과대학 이춘녕 교수, 미군정 보건후생국 간호과장 홍옥순 등을 미국 의료기관에 보내 연수시켰다.[30]

미국 연방정부와 의회도 미군정의 줄기찬 요구를 계속 무시할 수

---

30 윤종문, 「1947년 미군정 문교부 고문들의 미국유학 청원 활동과 결과」, 『한국근현대사 연구』 96, 2021.

는 없었다. 1947년 4월 한국에서 교육재건 방안을 조사한 '한국교육공보 조사사절단'은 연방정부에 엄격한 기준으로 선정한 소수의 한국인 학생들을 미국에 유학시킬 것을 권고했다. 연방정부도 한국인 35명을 선정하여 미국 고등교육기관에 입학시키기로 결론을 내렸다. 미국 정부는 점령 지역 구제자금 가운데 일부를 학생 여비로 지불하고, 한국정부가 소유한 외화에서 16만 달러를 학비와 생활비 등에 사용하기로 했다. 이때 선정된 인사들은 학업을 마치고 귀국하여 우리나라 교육 및 경제발전에 중추적 역할을 했다.[31] 미래 한국을 이끌어갈 인재양성을 위한 미군정 요원들의 적극적인 노력이 미국 정부의 지속적인 한국교육원조의 밑거름이 되었다. 한국의 성장과 재건 과정에서 그들의 기여는 높이 평가받아야 할 것이다.

미군정의 한국인 미국 유학프로젝트는 광복 후 일본 유학 편중에서 미국 유학 편중 현상을 낳았다. 현실적으로 일본 유학과 비교할 때 미국 유학은 거리와 비용, 언어 문제 때문에 훨씬 어려운 일이었다. 그러나 1950~60년대 미국의 지속적인 교육원조 사업은 제도적, 문화적으로 탈(脫)일본화와 미국화를 촉진시켰으며 시간이 흐르면서 미국에서 유학하고 귀국한 인사들이 한국사회의 지식인층과 학계의 중심 세력으로 자리잡게 되었다.[32]

대한민국학술원이 발족한 1954년만 해도 62명의 회원 중 39명이 일본제국대학(도쿄, 교토, 도호쿠, 규슈, 홋카이도, 경성, 다이호쿠, 오사카,

---

31   윤종문, 「해방이후 '국비 미국유학생'의 탄생」, 『사학연구』 141, 2021.
32   김성은, 「1950~60년대 미국의 교육원조와 미국 유학 선호」, 『사회와 역사』 122, 2019.

나고야) 출신이었고, 분과회장의 80%를 제국대학 출신이 차지할 정도였다.[33] 미국의 고등교육원조정책 가운데 '서울대학교-미네소타 프로젝트(1954~1967년)'와 '풀브라이트 프로그램'은 한국의 대학에서 미국의 학문과 미국식 교육이 자리를 잡는 데 기여했다. 1967년 미네소타 프로젝트가 종료된 후 서울대학교 전임강사 이상 교수 666명 중에서 미국 유학 경험자는 342명(51%), 다른 국가 유학이 72명(11%), 유학 미경험자가 252명(38%)으로 나타났다.[34] 불과 몇 십 년 사이에 해외 유학파가 국내파를 압도했고, 무엇보다 미국 유학생이 과반을 넘는 것으로 나타났다. 미국 교육원조사업의 효과를 짐작케 한다.

미국의 교육원조는 다방면에서 진행되었다. 미국은 1956년부터 1962년까지 6년에 걸쳐 '피바디(Peabody) 사범대학 프로젝트'를 수행했는데, 이 프로젝트를 통해 초·중등교원양성, 교원교육, 교육대학개편, 교육과정개발, 교과서편찬, 영어교육, 유아교육, 사서교육, 유학생 파견 프로그램 분야에 대한 기술원조는 물론 학교건축과 기자재 같은 시설원조 등 교육활동의 소프트웨어 및 하드웨어에 이르기까지 전방위적인 교육원조 활동을 전개하였다.

이 프로젝트의 건축계획에 따라 전국의 8개 사범학교와 사범대학에 교실과 실험실, 과학관, 도서관을 건축하게 되었다. 유학생 파견 프로그램으로 총 82명의 교장, 교사, 장학사 등이 미국 피바디 사범대학

---

33 정종현, 『제국대학의 조센징』, 파주: 휴머니스트, 2019, pp. 256~259.

34 정범모, 「교육교환에 의한 미국문화의 영향」, 『아세아연구』 26, 1967, p. 115.

에서 1년간 연수경험을 하였다. 이들은 연수 후 교수, 교육부장관, 연구원 등으로 한국교육의 발전에 중요한 역할을 담당하였다.[35] 우리나라 교육의 문제점 혹은 병폐를 지적하는 식자층에서는 피바디 출신이 우리 교육을 '피바다'로 만들었다는 자조 섞인 농담을 하기도 한다.

광복 이후 한국 교육의 부흥과 재건에 참여한 기관은 미국 연방 정부를 포함 미네소타대, 피바디대와 같은 고등교육기관만이 아니었다. 6·25 전쟁 이후 미국의 영향을 받으면서 한국 교육 원조에 참여한 대표적인 국제기구, 정부 및 공공기관, 민간기관을 나열하면 유엔민사처(CAC), 유엔한국재건단(UNKRA), 대한민사원조단(AFAK), 국제개발처(AID), 미국국제협조처(ICA), 주한미국경제원조처(USOM), 한미재단(AKF), 미국원조물자발송협회(CARE), 미국평화봉사단(Peace Corps), 아세아재단, 록펠러재단, 포드재단, East-West 센터 외에도 수많은 종교단체, 자선단체, 재단 등 민간단체들이 직간접으로 도움을 주었다.[36]

다시 미국 유학 이야기로 돌아가자. 1970년대 미국 유학 선호 현상은 우리나라 경제가 일정한 궤도에 오르고 국민의 소득수준이 향상되면서 더욱 두드러졌다. 우리나라는 1970년대 중반까지 재정 부족과 해외여행 억제 정책에 따라 소극적인 유학 정책을 전개했지만, 1977년에 국비유학생 제도를 마련하고, 1979년 해외유학에 관한 규정을 제정하

---

35   김지연. 「전후 미국의 한국 교육원조, 1956~1962: 피바디프로젝트 사례 분석」, 서울대학교 대학원 석사학위 논문, 2012, pp. 90~91.

36   김종철. 「한국의 교육제도와 교육행정에 미친 미국문화의 영향」, 『아세아연구』 26, 1967, p. 95.

면서 해외 유학은 활기를 띠기 시작하였다. 국비유학생은 1977년부터 1996년까지 총 1,508명, 1997년 이후에는 매년 35명~50명 정도가 선발되어 2002년까지 총 1,752명이 선발되었다. 지역별로는 미국이 1,404명으로 절대 다수를 차지한다.

미국의 고등교육기관 유학생은 2010년 7만 5천여 명, 2015년 6만 8천여 명, 2019년 5만 4천여 명으로 감소 추세로 돌아서고 있다. 미국 유학생의 감소는 미국 행정부의 일관성 없는 이민정책, 학생비자발급에 대한 까다로운 심사, 미국인 우선 고용정책 시행으로 졸업 후 미국 내에서 취업하기가 쉽지 않은 것, 대학의 비싼 등록금, 미국 학위 소지자가 한국에서 취업난을 겪고 있는 현실 등 다양한 요인이 복합적으로 작용하는 것으로 나타났다.

미국 편중의 유학은 2016년부터 변화가 시작되었다. 미국보다 중국에 유학을 더 많이 갔다. 중국(28.9%), 미국(26.6%), 호주(7.6%), 일본(7.1%), 캐나다(5.6%), 독일(3.0%), 뉴질랜드(2.3%) 순으로 나타났다. 미국 편중의 유학에서 중국에 가장 많은 유학생이 간다는 것은 문화의 다양성 수용이라는 측면에서 바람직한 현상으로 볼 수 있을 것이다. 그러나 한국 교육, 특히 고등교육에 관한 한 미국 교육의 영향은 당분간 지속될 것으로 전망한다. 한국 사회엘리트층의 친미화(親美化)라든가 미국 학문에의 종속 등에 대한 비판적 성찰도 귀담아 들어야 할 부분이다.[37]

---

37 허은, 「1950년대 미국의 대한 교육교환 계획과 한국사회 엘리트의 친미화」, 『한국민족운동사연구』 44, 2005, pp. 229~263.

8) 한국 교육과 미국 교육사상의 영향

우리나라 교육은 구한말 고종의 교육개혁이 일제의 국권침탈로 물건너간 뒤 일제의 식민지교육으로 정체성을 상실하고 방향을 잃고 말았다. 식민통치기에 일제는 한국인의 정체성을 철저히 유린, 말살하면서 일본에 종속된 군국주의 신민으로 만들려는 목적으로 저급의 차별적 교육을 실시했다. 제2차 세계대전에서 일본의 패망으로 우리 민족은 광복을 맞이했지만 3년간의 미군정기를 거치면서 우리 교육계에는 미국 교육사상이 이식되기도 했다.

미군정기와 1950, 60년대는 미국교육사절단이 교육 전반에 걸쳐 자문 역할을 수행했는데, 이들은 대부분 미국 교육계에서 진보주의 이론으로 무장한 인사들이었다. 진보주의는 듀이(J. Dewey)의 경험주의 교육철학으로부터 영향을 받았다. 학교교육에서 진보주의 교육의 목적은 지식 위주의 교과중심 교육과정을 탈피하고 미래생활에의 준비와 건전한 시민 양성에 두었으며, 교사중심의 획일적인 수업방법에서 벗어나 아동의 개성을 중시하는 수업으로 전환하고자 했다.[38] 진보주의 교육사상은 학교에서 지성주의와 실용적 태도에 입각한 과학적 교육방법을 정착시키면서 교육의 사회적 성격을 촉진시켰다.

사실 우리나라 교육이 확고한 교육이론과 교육방식을 정비하기 전에는 외국의 새로운 사상이면 모두 자유주의와 민주주의를 실현할 수

---

[38] 안기성 외, 『외래교육사상의 한국적 수용』, 한국연구재단, 1998.

있는 이론으로 받아들이는 경향이 농후했다. 이러한 현상은 일제의 압제에 대한 반작용으로 확산되었을 것으로 보인다.[39] 혹자들은 우리나라 교육사에서 해방 후부터 1960년대까지 외국의 교육사상, 특히 미국의 교육사상이 무분별하게 수용한 것으로 규정하고 있다. 그러나 우리나라 교육이 체계를 잡기까지 외래 교육사상과 이론을 차용한 흔적이 강하지만, 특정 국가의 교육사상을 일방적 또는 맹목적으로 수용하지는 않았다.[40] 미국 의존도가 심한 와중에도 유럽 대륙의 철학에 바탕을 둔 실존주의나 인간주의 사상 등 새로운 교육사상들이 소개되기도 했다. 우리나라 교육이 해방 이후 미국적인 교육 사상, 이론, 제도의 영향을 크게 받은 것은 사실이지만 우리 교육의 정체성까지 잃어버린 것은 아니다. 미국과 유럽 등 선진국 교육 일변도의 수동적인 모방에서 벗어나 교육의 주체적인 자기 정립 또는 철학적인 체계화 작업을 병행하는 노력을 지속하고 있다.

3. 종합 및 시사점

한국은 2009년에 개발도상국의 경제발전을 돕기 위해 OECD 내에 설치한 개발원조위원회(DAC)의 24번째 회원국이 됐다. 국제사회

---

39 안기성 외. 『외래교육사상의 한국적 수용』. 한국연구재단, 1998, pp. 17~18.

40 최정희. 「서구 교육과정 이론의 수용과 배제의 역사: 제1차 및 제2차 국가교육과정의 재평가」, 『한국교육사학』 39(2), 2017.

에서 원조를 받던 나라가 공여국이 된 나라는 우리나라가 유일하다. 세계 10대 무역국이면서 경제선진국에 해당하는 OECD(경제협력개발기구) 회원국으로 국제사회에서의 위상도 한껏 올라갔다. 2021년 기준 명목 국내 총생산(GDP)은 세계 9위로 캐나다, 호주, 스페인보다 높다. 우리나라 시장은 글로벌 시장의 리트머스로서 세계 최첨단 전자제품이 출시 경쟁을 벌일 정도의 세계 최상위 정보강국이다. 극동의 '은둔의 나라'요 세계 최빈국(最貧國)으로 외국의 원조로 연명해야 했던 대한민국이 일제강점기와 6·25 전쟁을 거치며 폐허가 된 땅에서 근대화, 산업화, 민주화의 세 마리 토끼를 잡은 원동력은 무엇일까.

그 원동력의 기저에는 '교육'이 있었다고 해도 이의를 제기할 사람은 많지 않을 것이다. '병인양요'(1866년) 때 강화도를 침략한 프랑스 병사는 "아무리 가난한 집이라도 집 안에 책이 있다. 극동의 나라들에서는 글을 읽을 줄 모르는 사람이 거의 없으며 또 글을 읽지 못하면 주위 사람들로부터 멸시를 받는다. 만일 문맹자들에 대한 신랄한 비판을 프랑스에 적용시킨다면 프랑스에는 멸시받아야 할 사람들이 부지기수일 것이다"라고 기록하였다.[41] 한국인의 교육에 대한 과잉 열기는 '교육열(educational fever)'이라는 신조어를 만들 정도가 되었다. 미국의 오바마(Barack Obama) 대통령은 한국 교육의 우수성을 부러워하기도 했다. 과잉 교육열에서 빚어진 사교육문제는 심각한 사회문제로 등

---

41 Zuber, Henri, and Martin 저, 유소연 역. 『프랑스 군인 쥐베르가 기록한 병인양요』. 파주: 살림, 2020, p. 65.

장하였다.

부존자원의 절대 부족으로 원자재의 대부분을 외국에서 수입해야 하는 우리나라는 교육을 통해 국가에서 필요로 하는 고급인력을 양성하여 그들로 하여금 고부가가치를 창출하도록 하는 전략을 채택하였다. 미국의 교육원조 프로젝트를 활용하여 선진적인 학문과 기술을 배우기 위해 미국의 고등교육기관에 유학생을 보내는 전략도 주효했다. 구한말 서세동점의 격변기에 조선이 외국의 신학문과 신지식을 수용하고 인재를 배양하기 위해 근대식 학교를 설립하면서 내걸었던 교육입국(敎育立國)의 기치와 다를 바 없다.

조선이 어떤 나라이던가. 동아시아에서 유가(儒家) 사상을 숭상하고 유가의 덕목을 가장 모범적으로 실행에 옮긴 국가다. 유가 사상 외에는 사문난적(斯文亂賊), 즉 유교의 도리를 어지럽히는 역적으로 낙인이 찍혔다. 예를 들어, 서울의 4대문은 단순한 건축 조형물이 아니다. 유가에서 주장하는 핵심 덕목을 담고 있다. 서울의 동대문은 인(仁)을 일으키는 흥인지문(興仁之門), 서대문은 의(義)를 돈독히 하는 돈의문(敦義門), 남대문은 예(禮)를 숭상하는 숭례문(崇禮門), 북대문은 지(智)를 넓히는 홍지문(弘智門) 그리고 동서남북 중앙에는 신(信)을 널리 알리는 보신각(普信閣)이 위치한다. 서울의 4대문은 곧 유교 철학의 핵심인 오상(五常)에 해당하는 인의예지신(仁義禮智信)을 상징한다.[42]

인공지능(AI)이 인간이 하는 일을 대신하고 우주여행을 하는 오늘

42　염철현. 『현대인의 인문학』. 서울: 고려대학교 출판문화원, 2021, pp. 51~52.

날 서울 한복판에서도 유가의 흔적을 심심치 않게 볼 수 있다. 타임머신을 타고 600여 년 전 조선 한양에 살고 있는 듯하다. 서울 종로구 명륜동 성균관대학교[43] 교정 안에 위치한 명륜당(明倫堂)에는 공자(孔子)와 성현들을 모신 사당이 있다. 매년 공자와 성현을 기리는 석전대제(釋奠大祭)를 드린다. 서울 종로에 위치한 동묘(東廟)는 중국 후한 시대 촉(蜀)의 장수로 활약하며 충(忠)과 의(義)의 상징이 된 관우(關羽)를 모시고 있다. 한국인이 유가 사상과 가치를 추종하면서 인간관계와 처세의 원리로 삼고 있는 것에 대해 유학의 본산지 중국조차 놀랄 정도라고 한다.

그런 조선에서 외국의 문물과 문명을 수용하겠다고 문호를 개방한 것 자체가 기적에 가깝다. 조선이 서양 제국 중 최초로 수교대상국으로 삼은 국가는 미국이었다. 조선은 당시만 해도 제국주의의 야욕을 밖으로 들어내지 않은 미국만이 일본, 청, 러시아 사이에서 사면초가에 빠진 조선을 구할 수 있을 것이라는 확고한 믿음을 가졌다. 수교 덕분에 민간 차원에서 미국의 기독교 선교사들이 조선에 입국할 수 있었다. 미국과의 조약은 국가 간의 협력보다 민간 차원에서 빛을 발휘했고 훗날 한국의 성장과 재건의 토대가 되었다.

천주교로 국난을 경험한 바 있는 조선으로서는 선교사들이 기독교 전도를 하는 것에 대해서는 금지령을 내리는 대신 교육과 의료 활동을 하도록 독려했다. 기독교 선교사들이 세운 미션학교는 기독교의 원리

---

43 성균관대 교가(校歌) 후렴은 "배움만이 보배 아닌 성균관대학, 인의예지 그 자랑인 우리 대학교"로 유학의 핵심덕목인 인의예지를 강조한다.

와 만민평등사상에 입각하여 운영되면서 문맹(文盲)이었던 일반 백성들의 환영을 받았다. 선교사들은 조선에서 교육과 의료 활동을 통한 간접적인 선교 활동을 하면서 전도와 봉사라는 일석이조의 효과를 거둘 수 있다. 미션학교에서 계몽교육을 받고 민족의식에 눈을 뜬 조선의 민중들은 일본 식민통치기 독립운동에도 직접 혹은 간접으로 활동했다.

광복 후 3년에 걸친 미군정기는 일제 잔재를 거둬내고 민주주의를 이식하는 시기였다. 신생 독립국 한국은 민주주의를 이식하기에는 척박한 땅이었지만 시행착오와 우여곡절을 거치면서 꽃을 피우게 되었다. 광복 후 수립한 교육이념도 민주교육을 통해 민주주의의 가치를 실현하는 것이었다. 국민의 의식 수준도 낮고 당장 생계를 걱정해야 하는 국민들에게 민주주의는 낯선 용어였고 신분계급사회에 익숙한 국민에겐 복잡한 개념이었으리라.

무엇보다 미군정기에 시작된 교육원조 프로젝트는 20여 년 간 지속되면서 국가 발전에 필요한 엘리트를 양성할 수 있었고 그들이 한국의 성장에 견인차 역할을 담당했다. 오늘날 한국사회는 엘리트 지식인들의 친미화(親美化)와 학문의 종속화를 우려할 정도로 미국 교육이 대세를 이루고 있다. 미국 교육이 추구하는 이상과 교육방식은 한국이 선진국 클럽에 가입하는 데 중차대한 추진 동력이 되었지만, 무엇보다 민주주의의 가치를 학교 현장에 이식시킨 것은 가장 성공적인 전략이었다고 생각한다.

한국이 한강의 기적으로 불릴 정도의 괄목할 만한 경제성장을 이뤄 내고 척박한 토양에서 민주주의의 꽃을 피우는 과정에서 미국 교육은 우리에게 어떤 의미로 다가오고 어떤 시사점을 주었을까. 첫째, 구한말 미국 선교사들의 교육활동은 억눌려 있던 조선 민중들의 지적 호기심을 분출시켰다. 1882년 조선과 미국 간 수교 이후 우리나라에 들어온 미국 선교사들이 근대식 학교를 수립하고 기독교 원리를 토대로 만민평등사상을 교육방식으로 채택한 것은, 신분계급사회에서 배제되고 억눌렸던 민중의 교육에 대한 욕구를 분출시키는 계기가 되었다. 활화산의 용암처럼 분출된 교육욕구야말로 오늘날 세계적으로 드물게

의 각 분야에

를 하였다.

셋째, 미국 교육은 우리 교육이 추구해야 할 가치를 민주교육을 통한 민주주의 실현으로 정립하게 하였다. 학교교육을 통해 민주주의의 가치에 대해 교육을 받은 국민은 한국이 공산화되는 것을 막는 이념적 방패 역할을 하였으며, 자유 시장경제에도 쉽게 적응할 수 있었다. 궁극적으로 미국의 교육원조 프로젝트는 한국인의 잠재성과 가능성을 극대화시킨 성공적인 한국재건전략이었다.

지난 500년의 인류역사를 견인한 인과관계를 분석한 연구에 따르면, 국가의 부[富]와 국력의 척도는 8가지 요인으로 집약될 수 있다. 여덟 가지의 요인에는 교육, 경쟁력, 혁신 및 기술, 경제 생산량, 세계 무역 점유율, 군사력, 금융 중심지로서의 영향력 그리고 기축통화 지위 등을 포함한다. 첫 번째 요인은 '교육'이다. 교육 수준이 상승하면 혁신과 기술 발전을 이끌고 교역량, 군사력, 생산량의 증가로 이어지며 세계 금융 중심지로서의 영향력이 증대된 후 시차를 두고 기축통화국의 지위를 얻게 된다.[44] '교육'이 나머지 일곱 가지의 요인에 중요한 영향을 끼친다는 것을 확인할 수 있다.

광복 직후 우리나라의 비(非)문해율(과거 '문맹률'의 개념)은 78%에 달했지만, 1955년에는 22.3%, 1966년에는 8.9%로 감소했다. 2008년에 비문해율은 1.7%로 선진국 수준에 도달했다. 2015년 미네소타 프로젝트로 우리나라에 선진 의술을 전파했던 미국 미네소타대학병원이 서울

44　레이 달리오, 송이루·조용빈 역, 『변화하는 세계질서』, 서울: 한빛비즈, 2022, pp. 55~56에서 재인용.

아산병원에서 생체 간이식을 배우고 싶다며 협력을 요청할 정도가 되었다. 한국인의 폭발적인 교육욕구와 시의적절한 미국 교육원조 프로젝트의 실행이 상승작용을 하여 만들어낸 값진 열매가 아닐 수 없다. 한국이 산업화와 민주화를 성공적으로 달성하고 현재의 국제적 위상을 갖추기까지 미국 교육의 기여를 높이 평가하는 이유다.

부언하자면 구한말 고종의 교육입국의 기치가 미국의 교육원조 프로젝트로 꿈을 이루었다고 말하면 지나친 역설일까 싶다. 미국이 '조·미수호통상조약'의 신의를 저버리고 일본과 가쓰라─태프트 밀약을 맺고 한국과 한국인을 일본 군국주의의 식민지가 되는데 협력했던 역사적 사실을 상기하면서 미국이 일본을 패망시키고 한국을 재건하려고 노력했던 것을 보면 역사의 아이러니가 아닐 수 없다. 140여 년 전 조선과 미국이 체결한 '조·미수호통상조약'은 6·25 전쟁 후 1953년 10월 체결된 '한·미상호방위조약'으로 이어졌고, '한·미상호방위조약' 제2조[45]는 '조·미수호통상조약' 제1조 '거중조정'과 큰 틀에서 동일한 내용으로 볼 수 있다. 오늘날 한반도는 지정학적으로 고종이 미국과 조약을 체결하고 교육조서를 발표할 당시 상황과 비슷하다. 다른 점이 있다면 한국이 국제사회에서 경제적, 문화적 영향력을 발휘하여 우리의 전

---

45 "당사국 중 어느 1국의 정치적 독립 또는 안전이 외부로부터의 무력 공격에 의하여 위협을 받고 있다고 어느 당사국이든지 인정할 때에는 언제든지 당사국은 서로 협의한다. 당사국은 단독으로나 공동으로 자조(自助)와 상호원조에 의하여 무력 공격을 저지하기 위한 적절한 수단을 지속 강화시킬 것이며 본 조약을 이행하고 그 목적을 추진할 적절한 조치를 협의와 합의하에 취할 것이다."

략적 가치를 극대화할 수 있는 힘이 생겼다는 점이다. 미국 교육의 기여는 오늘날 한국의 성장과 발전을 논할 때에 빼놓을 수 없는 핵심요인이 아닐 수 없다.

참고 문헌

김동진. 『헐버트의 꿈 조선은 피워나리』. 파주: 참좋은 친구, 2019.

김성은. 「1950~60년대 미국의 교육원조와 미국 유학 선호」, 『사회와 역사』 122, 2019, pp. 191~222.

김영철 외. 『미래사회에 대비한 학제 개편 방안』. 서울: 한국교육개발원, 2006.

김원모. 『한미 외교관계 100년사』. 서울: 철학과 현실사, 2002.

김정환. 『교육철학』. 서울: 박영사, 1992.

김종철. 「한국의 교육제도와 교육행정에 미친 미국문화의 영향」, 『아세아연구』 26, 1967, pp. 91~106.

김지연. 「전후 미국의 한국 교육원조, 1956~1962: 피바디프로젝트 사례 분석」, 서울대학교 대학원 석사학위논문, 2012.

박은목. 「제2차 대전 이후 한국교육의 역사적 의미: 한국의 1945년에서 1959년」, 『한국교육사학』 4, 1982.

박종인. 「그러나 조선 사절 민영익은 피라미드에 오르지 않았다」, 『조선일보』, 2022년 11월 23일.

손인수. 『한국개화교육연구』. 서울: 일지사, 1985.

송준식. 「미군정기의 한국교육: 교육이념과 정책을 중심으로」, 『진주실업전문대학논문집』 8, 1986.

안기성 외. 『외래교육사상의 한국적 수용』. 한국연구재단, 1998.

안기성. 『대한의 교육역사』. 서울: 학지사, 2016.

안기성. 『한국근대교육법제연구』. 서울: 고려대학교 민족문화연구소, 1984.

염철현. 『현대인의 인문학』. 서울: 고려대학교 출판문화원, 2021.

윤종문. 「1947년 미군정 문교부 고문들의 미국유학 청원 활동과 결과」, 『한국 근현대사 연구』 96, 2021, pp. 201~230.

윤종문. 「해방이후 '국비 미국유학생'의 탄생」, 『사학연구』 141, 2021, pp. 247~290.

이만기. 『조선교육사 II』. 서울: 거름, 1991.

정범모. 「교육교환에 의한 미국문화의 영향」, 『아세아연구』 26, 1967, pp. 107~119.

정종현. 『제국대학의 조센징』. 파주: 휴머니스트, 2019.

조건. 「美軍政期 吳天錫의 교육정책 수립과 역사교육」, 『역사와 교육』 21, 2015, pp. 95~128.

최보영. 「育英公院의 설립과 운영실태 再考察」, 『한국독립운동사연구』 42, 2012, pp. 287~319.

최영근. 「일제강점기 미국 남장로회 교육선교에 관한 연구」, 『대학과 선교』 50, 2021, pp. 93~129.

최정희. 「서구 교육과정 이론의 수용과 배제의 역사: 제1차 및 제2차 국가교육과정의 재평가」, 『한국교육사학』 39(2), 2017, pp. 129~151.

허은. 「1950년대 미국의 대한 교육교환 계획과 한국사회 엘리트의 친미화」, 『한국민족운동사연구』 44, 2005, pp. 229~266.

허지연. 「"제국 속의 제국": 일제강점기 한국의 고등음악교육과 미국의 해외선교」, 이화여자대학교 대학원 박사학위논문, 2017.

Zuber, Henri, and Martin 저, 유소연 역. 『프랑스 군인 쥐베르가 기록한 병인양요』. 파주: 살림, 2020, p. 65.

3장

한미관계와 미국 개신교의 영향

한미관계와 미국 개신교의 영향

이수영(덕성여자대학교)

1. 서론

한국 역사에서 불교나 유교의 전파와 그 특징들을 이야기할 때 한국에 이를 전한 중국과의 관계를 떠나서 생각하기 어려운 것처럼 하나의 종교를 받아들인다는 것은 단순히 신앙적 교리를 받아들이는 것 이상의 의미를 가진다. 이러한 의미에서 2022년 기준 신도 수 측면에서 가장 높은 비율을 차지하고 있다고 알려진 한국의 개신교는[1] 그 수용과 성장에 가장 영향을 많이 준 미국과의 관계와 떨어져 생각할 수가 없다.

---

[1] 2022년 한국리서치에서 조사한 결과에 의하면 개신교가 전체인구의 20%로 가장 높은 비율을 차지하고 있으며 그 뒤를 이어 불교가 17%, 천주교가 11%를 차지하고 있다.

특히 개신교가 한미관계에 있어서 더 큰 중요성을 가지는 이유는 공식적인 한미관계는 1882년 체결한 조·미 수호통상조약으로 시작되었지만 1905년 을사조약으로 한국의 외교권이 일제에 의해 박탈당하여 공식적인 한미관계가 단절되었고, 이로 인해 양국 간의 실질적인 교류는 1884년부터 한국에 들어오기 시작했던 미국의 개신교 선교사들 중심으로 이루어질 수밖에 없었기 때문이다. 즉, 미국 개신교 선교사들이 한미관계의 틀을 형성하는 시기에 가장 핵심적인 역할을 담당했다고 할 수 있다.

따라서 초기 미국 중심의 개신교 선교가 한국에서 어떻게 성공을 거둘 수 있었으며 오늘날까지 한국에서 가장 많은 신도 수를 가진 종교로 성장할 수 있었던 요인은 무엇이며 초기 미국 주도의 개신교 선교를 통해 전달된 미국적 요소들이 한국에 어떻게 수용되었는지를 살펴보는 것은 단순히 특정 종교의 수용 차원을 넘어 초기에 형성된 한미관계의 틀을 이해하는 데 있어서 매우 중요한 작업이라 여겨진다. 이에 이번 장에서는 미국의 절대적인 영향을 받은 초기 한국 개신교의 성장 요인과 그 과정에서 일어난 미국의 영향, 그리고 한국적 수용의 모습을 살펴봄으로 초기 미국 개신교 선교가 미국에 대한 인식과 한국의 가치 및 문화에 끼친 영향을 분석해보려고 한다.

2. 기독교 수용과 한국

한국에서의 기독교 전파는 개신교보다 천주교가 훨씬 더 먼저 이루어졌다는 것은 널리 알려진 사실이다. 천주교 교회 수도단 중 하나인 예수회선교회(Society of Jesus)의 주도로 이루어진 동양선교는 중국을 거쳐 일본까지 이르렀고, 임진왜란 당시 조선에 온 장수 중 독실한 카톨릭 신자였던 고니시 유키나가의 요청으로 1593년에 스페인 출신 쎄스페데스(Gregorio de Cespedes) 신부가 조선 땅에까지 처음으로 들어오게 되었다. 하지만, 셰스페데스 신부는 일본군의 종군 사제였기 때문에 조선에서는 포교 활동을 거의 하지 않았다고 알려져 있어 조선에서의 본격적인 천주교의 수용은 이보다 훨씬 뒤에 청나라를 통하여 이루어졌다. 특히 병자호란 이후에 청나라게 머물던 소현세자를 비롯한 조선인들이 천주교 선교사들을 만날 기회가 잦아지게 되었고, 1784년에 이르러 강원도 평창 양반 출신의 이승훈이 조선인으로는 최초로 영세를 받게 되는데 한국 천주교 교회사에서는 이승훈의 영세사건을 한국 천주교의 본격적인 시작으로 여기고 있다. 그리고 정확히 100년 이후인 1884년 최초의 개신교 선교사 중 하나인 알렌(Horace N. Allen)이 한국에 입국하게 된다.

천주교는 처음에는 서학이라 여기는 서양 학문의 일부로 받아들여졌다. 임진왜란, 병자호란 등의 큰 전쟁을 겪으며 국가 개혁의 필요성을 주장한 진보적인 학자들은 청나라를 통해 접한 실용적인 서양 학문에 큰 관심을 가지게 되었고, 학문으로서의 관심이 천주교 신앙의 수용으로까지 이어지게 된 것이다. 이후 점차적으로 주로 진보적 학자들 사이에서 천주교도들의 수가 늘어나고 그 영향력이 커져가자 보수

세력이 이를 경계하기 시작했다. 특히 유교적 가치가 뿌리 깊었던 조선에서 왕보다 교황에게 복종하라는 무군의 교리를 가르치고 계급과 문벌을 초월한 평등과 사랑을 강조할 뿐 아니라, 조상제사를 금지하는 등 기존의 성리학적 가치에 반하는 교리를 추구하자 조선 후기 일어난 위정 척사 사상에[2] 입각하여 천주교에 대한 본격적인 박해가 이루어졌다. 하지만 조선 후기 천주교에 대한 박해는 단지 새로운 가치 체계가 충돌하는 종교적 차이 때문만은 아니었다. 1801년에 있었던 대규모 천주교 박해 중 하나인 신유박해의 경우는 정조 때 중용된 친서학적인 남인 시파를 제거하기 위하여 반대파들이 천주교에 대한 종교적 박해를 지시한 경우라 할 수 있으며, 1866년에서 1873년 사이에 일어난 병인박해[3]는 대원군으로 대표되는 수구 세력이 개화의 압박 속에서 민중의 불안과 사회 혼란의 원인을 천주교에 돌려 반서구

---

2 조선 후기에 서구에서 새로운 문물이 들어오고 개항에 대한 압박이 늘어나자 이를 배척하고 유교적 전통을 지킬 것을 주장하는 사회적 운동의 정신을 의미한다. 특히, 조선 후기에 개항 여부를 놓고 척사파와 개화파가 나뉘어 있는 상황에서 척사파들은 서학을 대표하는 천주교에 대한 혹독한 박해를 하였다.

3 무려 8년의 기간 동안 순교한 교인 수만 적게는 8천 명에서 많게는 2만 명까지 추정할 정도로 규모가 컸던 대규모 박해였다. 이 기간에는 영국, 프랑스, 독일, 미국 등 서구 국가들이 끊임없이 나타나 조선에게 통상을 요구하며 군사적 위협을 하는 일이 잦았는데, 통상을 요구하며 평양을 찾은 미국 상선이 평양 군민들에 의해 불에 탄 제너럴 셔먼호 사건(1866)과 이에 대한 책임을 묻는 동시에 통상 교섭을 목적으로 로저스(J. Rodgers) 제독이 강화도를 점령한 신미양요(1871), 프랑스 신부를 처형한 것에 대한 보복으로 출동한 프랑스군이 결국 강화도를 약탈했던 병인양요(1866), 1868년 독일 오페르트(E. Oppert)가 대원군 부친인 남연군 묘소를 도굴한 사건 등이 모두 병인박해 시기에 일어난 일들이었다. 한국기독교사연구회, 『한국기독교의 역사 I』, 기독교문사, 1989, p. 115.

적 정서를 이용하여 자신들의 권력을 유지하고자 일어난 사건이라는 점 등은 당시 조선의 정치적 상황이 천주교 박해와 연관성이 있음을 보여준다.

19세기 후반에 미국 선교사를 통해 한국에 들어온 개신교도 서양에서 들어온 기독교 중 하나로 제사를 금지하고 왕보다 하느님을 더 위에 두고 만민을 평등하게 보는 등 유교적 가치관과 배치되는 교리를 가르친다는 점에서 천주교와 크게 다르지 않았다. 또한 일반 대중 사이의 반서구적 태도 역시 미국 선교사들이 입국하던 시기에도 여전히 널리 퍼져 있었는데 당시 미국 선교사부 대표인 헌틀리 (M. Huntley)가 조선인들이 서구인들과 기독교에 대하여 가지고 있는 부정적 인식에 대하여 다음과 같이 보고한 것은 이를 잘 보여주고 있다.

> [한국인들은] 유럽과 미국은 문명과는 거리가 매우 멀다고 여기며, 서구인들을 동물과 다름 없다고 생각한다. 또한 서구인들의 언어는 인간의 언어라기 보다는 새가 지저귀는 소리 같아 알아듣기 어렵고, 기독교라 불리는 그들의 종교는 상스러움과, 거짓, 미신으로 가득차 있어 종교로서 관심을 가질만한 가치가 없다고 여긴다.[4]

이러한 반서구, 반기독교적 정서로 인하여 비록 실패하였지만 조미

---

4   Huntley, Marth. Caring, *Growing, Changing: A History of the Protestant Mission in Korea*. New York: Friendship Press, 1984, p. 12.

수호통상조약을 체결할 당시 조선 측에서는 기독교 포교 금지를 명문화하려는 시도를 하기도 하였다. 하지만 천주교가 척사파와 개화파의 첨예한 대립 가운데 서학에 반대하는 척사파 세력이 장악한 조선 왕실에 의해 혹독한 박해를 받았던 것과는 달리 19세기 후반에 시작된 미국 개신교 선교사들의 활동은 조선 왕실에 의한 별다른 제재 없이 비교적 자유롭게 이루어졌을 뿐 아니라 더 나아가 왕실과 지배층의 적극적 지원에 힘입어 사회 특권층으로서의 지위를 누리기까지 하였다. 그 결과 [그림 1]과 같이 선교 초기 한국의 개신교는 단기간에 유래가 없는 큰 성공을 거두었고, 이는 한국보다 일찍부터 개신교 선교가 시작된 중국, 일본, 몽고, 태국 등의 나라와 비교를 해 봐도 매우 놀라운 일이었다. 즉, 천주교와 달랐던 초기 개신교 선교의 성공적 행보는 1876년 강화도 조약 이후 수구파 세력의 약화와 일본, 러시아, 중국 등을 견제하며 이루어야 하는 근대화 과제와 같은 복잡한 정치적 환경 하에서 개신교 전파의 핵심국이었던 미국이라는 나라가 조선 안에서 담당했던 의미와 역할과 밀접하게 연관되어 있다고 하겠다.

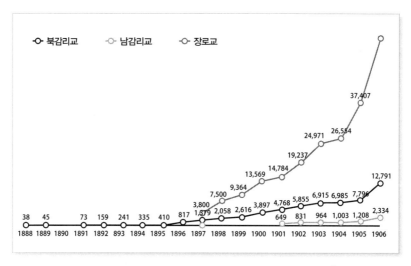

[그림 1] 1893~1906 장로교와 감리교 교세 증가 추이[5]

3. 개신교 선교사와 조선 왕실

미국 선교사들이 오기 전에 다른 유럽 국가들이 한국에 개신교 선교사를 보내려는 시도를 하지 않은 것은 아니다. 1832년 아시아 선교에 뜻이 있었던 네덜란드 선교부 출신의 독일 선교사 귀즐라프(Karl Gutzlaff)가 영국 상선 로드 암허스트(Lord Amherst)호의 통역인으로 한국 황해도에 들어왔다. 이 당시 영국 상선은 개항을 요구하는 서신을 왕실에 보내놓고 답을 기다리고 있었으며 결국 답이 돌아오지는 않았지만, 그 동안 귀즐라프는 서해안, 백령도, 충남 등에서 20일간 개신교

5   한국기독교사연구회, 『한국기독교의 역사 I』, 기독교문사, 1989, p. 254.

를 전할 수 있었다. 이후 중국에 머물던 스코틀랜드 선교사 토마스(R. J. Thomas) 목사가 중국에서 만난 한국 천주교 신자들에게 깊은 인상을 받아 1865년 귀즐라프가 다녀갔던 황해도 지역으로 들어와 2달 정도 머물며 한문성경을 나누어주며 선교활동을 하였다. 선교의 가능성을 본 토마스는 그 다음 해인 1866년 미국 상선인 제너럴 셔먼(General Sherman)호의 통역관으로 다시 평양으로 들어오지만 제너럴 셔먼호가 조선군에 의하여 공격당하면서 순교하였다.[6] 이후 한국의 개신교 선교는 미국과의 통상이 시작된 후부터 미국 주도로 이루어지게 되었고 동시에 한국이 서구 국가 중 미국과 가장 밀접한 관계를 가지게 되는 계기가 되었다고 할 수 있다.

미국에 의한 한국 개신교 선교가 시작된 19세기 말 조선은 외세에 의한 근대화의 압박, 임오군란(1882)와 갑신정변(1884)으로 대표되는 수구와 개화 사이의 정쟁, 중국, 러시아, 일본 사이에서 외교적 어려움을 겪고 있던 혼란의 시기였다. 그리고 미국 개신교 선교사들은 이러한 혼란 속에서 유일하게 의지할 수 있는 존재로 여겨지며 조선의 지배층의 지지를 얻었는데, 이로 인해 얻게 된 사회 특권층으로서의 위치는 그들이 천주교 선교사들과는 다르게 유리한 입장에서 선교 활동을 할 수 있게 해 주었다.

우선 미국 개신교 선교사들은 기독교를 사학(邪學)으로 여기며

6 　Kang, Wi Jo. *Christ and Caesar in Modern Korea*. Buffalo: SUNY Press, 1997, p. 11.

천주교 박해의 중심에 있었던 수구파에게 신임을 얻을 수 있는 천운에 가까운 기회를 얻으며 탄압에서 벗어날 수 있었다. 갑신정변 당시 개화파의 적이었던 수구파 대표이자 고종의 조카인 민영익이 정변 당시 큰 부상을 당하게 되고 의사였던 알렌 선교사가 우연한 기회에 민영익을 치료하여 목숨을 구하게 되면서 그의 신뢰와 지원을 얻게 되었던 것이다. 당시 부상이 심했던 민영익은 독일인 외교 고문 묄렌도르프(Paul G. von Moellenfdorf)의 집에 피해 있었는데 마침 한국으로 들어온 유일한 서양 의사였던 알렌이 민영익의 수술을 맡아 극적으로 성공시켰다. 보빙단의 일원으로 미국에 갔던 민영익은 이미 서구 기술의 우수성에 대해서는 알고 있었으며, 그는 이러한 발달된 서구의 기술은 도입하되 봉건체제는 그대로 두는 청나라식 개혁을 지지하는 중심 인물이었다. 알렌의 치료를 통해 서구 기술에 대한 신뢰가 더욱 더 강해진 민영익은 알렌이 고종으로부터 서양식 병원 설립에 대한 허가를 받는 것을 적극적으로 도와주었다. 그 이후 왕실과 미국 선교사들 사이에 매우 친밀한 관계가 형성되었고, 이러한 그들의 돈독한 관계는 일본에 의한 침략이 본격화되면서 더욱더 강해졌다. 특히 아래의 기록을 보면 명성황후가 일본에 의하여 시해되는 을미사변(1895) 이후 고종황제는 미국 선교사들에게 정서적으로 의지했다는 것을 알 수 있다.

애비슨은 민비 시해 이후 줄곧 고종의 요청으로 그 신변 주위를 왕래하면서 식사를 검색하여 함독의 유무를 살펴 왔으며, 언더우드 역시 고종이 친히 불러 그 주변에 가서 매일 벗이 되어, 그 고독과 공포를 이겨내게 해 주고 있었다. 이것이 이 불행한 통치권자가 가졌던 유일한 방패였다.[7]

왕실의 지지를 받으며 알렌이 고종의 허가를 받아 설립한 왕립 병원인 제중원을 중심으로 의료 선교를 시작한 미국의 개신교 선교사들은 서구 문물에는 관심이 있으나 종교로서의 기독교에서는 여전히 호의를 가지고 있지 않던 왕실과의 관계를 유지하기 위하여 처음에는 선교 활동을 표면적으로 드러내지 않는 전략을 썼다. 하지만 이는 꼭 왕실과의 관계를 위해서 뿐만은 아니었다. 당시 미국인 중심으로 서구식 왕립 병원이 설립되는 것을 견제하는 다른 외세들이 조선 왕실에게 미국을 배척하라고 압력을 가할 빌미를 제공할 여지가 있었기 때문이었고, 이는 천주교 박해를 통하여 배운 교훈 중 하나였다. 결과적으로 왕실과의 친분을 통하여 획득된 미국인들의 특별한 지위는 일반 대중들에게도 의지가 되었는데, 한국 내에서 특권층으로서의 지위를 누렸던 미국 선교사들에게 실질적으로 도움을 받게 된 일반 대중들은 미국을 지배층의 부당한 횡포뿐 아니라 중국, 일본 등의 외세적 침략에도 자신들을 보호해 줄 수 있는 강한 힘으로 인식하게 되었다. 한 예로, 1894년 5월 평양 감사 민병석에 의하여 장로교 신자 한석진과 감리교 신자

---

[7]   Bird, Isabella L. *Korea and Her Neighbours: A Narrative of Travel, With an Account of the Recent Vicissitude and the Present Position of the Country*. London: John Murray, Vol. 1, 1898, p. 279; 서정민. 『제중원과 초기 한국 기독교』. 서울: 연세대학교 출판부, 2003, p. 17 재인용.

김창식이 체포되는 사건이 일어나는데 이 사건 이면에는 외세 종교에 대한 반감인 반기독교적 정서뿐 아니라 선교사들의 돈을 갈취하려는 부패 관리들의 음모 또한 있었다. 하지만, 외국인으로서 한국의 통제를 받지 않는 치외법권의 혜택을 누리던 미국 선교사들은 미국 총영사의 도움으로 이들을 석방시키는 데 성공하였다. 미국 선교사들의 이러한 힘 있는 모습으로 인하여 자신들의 재산과 생명을 보호받기 위한 실질적인 이유로 개신교로 개종하려는 사람들이 늘어나게 되었다. 이러한 미국 선교사의 '구원자' 이미지가 선교에 영향을 주었다는 것은 신도수가 가장 크게 증가하는 시기가 청일 전쟁으로 가장 고통을 받았던 1894년과 1896년 사이였다는 사실을 보아도 알 수 있다. 즉, 힘은 있되 다른 외세들과 다르게 정치적 지배에는 관심이 없었던 미국 선교사들의 존재는 미국이라는 나라에 대한 이상적 이미지와 권력을 가진 양대인(洋大人)으로 미국인을 보는 인식 형성에 큰 영향을 주었다.

4. 개신교와 조선의 개화파

알렌, 언더우드(H. G. Underwood), 메리 스크랜튼(M. Scranton)과 같은 초기 미국 선교사들은 한 편으로는 고종 왕실과의 친분을 바탕으로 특권층으로서의 지위를 가지고 활동을 전개하였지만, 이와 더불어 국가적 위기를 극복하기 위하여 유교 중심의 조선을 개혁하고 서구의 발전된 문명을 적극적으로 배우고자 하는 개화파 지식인들의 지지도 함께 받았다. 서구 문명에 관심이 많았던 당시 개화파 지식인들은 미국의 개신교를 선진적 문화와 가치의 대표로 여기며 한국 내에서 유일하게 서구적 문명의 직접적 전달자의 역할을 하는 미국 선교사들에게 매우 호의적인 태도를 보였다. 이는 천주교도 초기에는 진보적 학자들에 의해서는 종교로서보다 서학이라는 새로운 서양 학문으로 접근되었던 것과 유사하다고 할 수 있다.

조선은 1873년 대원군이 정계에서 밀려나면서 그를 중심으로 했던 구봉건적 질서가 쇠락하고 결국 1876년 강화도 조약을 시작으로 굳게 닫혀 있었던 '은둔의 나라' 조선의 문호가 개방되었다. 외세의 압력으로 인한 강제 개화의 과정을 겪은 조선은 빠른 시일 내에 선진 문명을 받아들여 국가적 위기를 극복해야 한다는 것에 동의하면서도, 그 방법적인 면에서 서로 다른 의견을 가진 세력들 간의 정치적 갈등이 끊임없이 일어났다. 그리고 그 과정에서 청이나 일본이 아닌 서구의 발달된 문명을 바탕으로 사회개혁을 이루어야 한다는 개화파들이 서구 국가 중 미국을 그 모델로 삼았다. 이들은 '미국' 중심의 개혁은 조선에 대한 지배권에 관심이 가졌던 중국, 일본, 러시아를 견제하면서 근대화를 이룰 수 있는 유일한 방법으로 여겼고 당시 미국과의 직접적인 접촉의 대표적 그룹이었던 미국 개신교 선교사들은 개화파 지식인들에게 미국의 가치와 문화를 도입할 수 있는 유일한 통로가 되어 주었던 것이다.

개화파 지식인들이 미국 개신교 선교사들과 관계를 맺기 시작한 것은 조선이 개항한 이후 선진 문명을 견학하고 배우기 위하여 미국과 일본을 방문하면서 이루어졌다. 그중 대표적인 인물 중 하나로 이수정을 꼽을 수 있는데, 그는 최초의 미국 개신교 선교사 중 하나로 알려져 있는 북장로교회의 언더우드가 일본에서부터 가지고 들어왔던 한글 성경을 번역한 사람일 뿐 아니라 미국 선교부에서 한국에 선교사를 직접 파견하는 결정을 내리는 데 가장 큰 역할을 하였다. 전남 출신이었던 이수정은 당시 김홍집, 어윤중, 민영익 등 초기 온건 개혁파와 가까운 사이였던 양반 학자로, 임오군란 당시 민비를 구출한 공으로 1882년 9월 박영효이 이끄는 신사유람단의 비공식 수행원으로 일본으로 건너갔다. 개화된 일본의 선진 문물을 시찰하기 위한 목적으로 일본으로 건너간 이수정은 특히 농업에 관심이 많아 당시 일본의 유명한 농학자였던 츠다센(津田仙)을 찾아가게 되고 기독교인이었던 츠다센을 통해 기독교를 접하였다. 츠다센으로부터 받은 한문 성경을 열심히 탐독하던 이수정은 기독교로 개종하게 되고, 1883년 4월 일본에 체류하던 녹스(G. W. Knox) 목사에게 세례를 받는다. 이후 자신의 신앙고백을 한시로 적어 발표하거나 성경공부를 열어 일본의 조선 유학생들을 대상으로 적극적으로 선교 활동을 펼치던 이수정은 미국 성서공회 출신 루미스(H. Loomis) 선교사의 권유로 한문으로 이루어진 성경을 한글로 번역하는 작업을 수행하였던 것이다.[8]

한국의 미국 개신교 선교사(史)에 있어서 이수정이 이룬 가장 큰

8   이만열. 『한국 기독교 수용사 연구』. 서울: 두레시대, 1998, p. 97.

공은 츠다덴을 중심으로 일본 교회가 한국에 선교사를 파견하려는 움직임을 보이자 이를 강하게 반대하고 미국에서 한국으로 직접 선교사를 파견해 줄 것을 강력하게 주장한 것이다. 이수정의 이러한 주장은 오랜 역사를 가진 강한 반일감정 때문이기도 했지만 서구의 선진 문명을 일본을 거치지 않고 직접 수용하고자 하는 한국 사회의 개혁 의지가 더 강하게 작용하였다. 이수정은 일본의 선진적 문화는 서구로부터 배워온 것이기 때문에 이는 간접적 수용에 불과하다고 여겼던 것이다. 이수정은 녹스 목사에게 한국에도 미국 선교사를 직접 파견해 줄 것을 강력하게 요청하였을 뿐 아니라, 한국 선교를 요청하는 글을 미국 선교 잡지에 직접 게재하는 등 미국에서 한국 선교에 대한 관심을 높이는 데 큰 기여를 하였다. 물론 1882년 조미수호통상조약이 체결되고 그 이듬해 미국에 한국의 사절단이 파견되어 조선의 상황이 미국에 알려지면서 미국 선교회 내에서 이미 한국 선교에 대한 관심이 생겨나고 있어 이수정의 요청이 없이도 선교사가 파견되었을 가능성은 높았다. 하지만, 이수정이 일본을 거치지 않고 직접 선교사를 파견해 줄 것을 요청한 것은 일본과의 친분이 없는 미국 선교사가 바로 조선으로 들어오게 함으로 미국 선교사들에 대한 조선인들의 반일감정으로부터도 자유로울 수 있게 하는 데 크게 기여하였다.

실제 이수정의 순수한 종교적 열정과 더불어 그가 평민 출신이 아닌 한국의 지배층 인사와의 인맥을 가진 양반이었다는 점이 미국 선교부에서 조선으로 직접 선교사를 파견하는 것을 긍정적으로 검토하게 만드는 데 결정적인 역할을 하였는데, 실제 녹스가 본국에 보낸 보고서를 보면 "이 신사는 한국에 선교회가 개설되어야 한다고 간절히 소원했다. 그는 자신의 힘이 미치는 한 모든 수단을 다해서 선교회를 보호하고 지원해 줄 것을 약속했다. 그의 친구들이 정권을 한 번 더 잡고 있으므로 그의 영향력은 상당할 것이다."[9]라고 하며 이수정이란 인물이 가진 신분적 이점에 대하여 설명하고 있다. 이수정의 영향을 받은 루미스, 녹스 등의 재일 미국 선교사들의 요청으로 결국 미북장로회에서 한국 선교사로 언더우드 목사를 임명하였고 한국에 들어오기 앞서 일본에 머물며 한국어와 한국 문화에 대하여 익힌 후 이미 의료 선교사로 선정되어 있던 중국 선교사 알렌(H. N. Allen)과 함께 1884년 한국에 들어오게 된 것이다.

미국의 개신교 선교사들이 한국에 들어와 자유롭게 활동할 수 있도록 영향력을 미친 또 한 명의 개화파 지식인으로 김옥균을 꼽을 수 있는데, 김옥균이 친선교사적 태도를 보이며 이들의 선교 활동을 적극적으로 지지한 것도 미국 개신교 선교의 성공에 큰 역할을 하였다. 김옥균은 조미수호통상조약 이후 견미사절단의 일원으로 미국을 방문하였고, 당시 샌프란시스코에서 견미사절단을 만난 가우처(J. F. Goucher) 박사는 그로 인해 조선 선교에 큰 관심을 가지게 되었다. 이 만남을 인연으로 가우처 박사는 당시 일본감리교 선교회 책임자였던 매클레이(R. S. Maclay)에게 선교지로서의 한국을 조사하기 위한 한국 방문을

9   Knox, G. W. *Affair in Corea*. Foreign Missionary, 1883, p. 17.

요청하였고, 이미 일본에서 매클레이 부부와 친분관계를 맺었던 김옥균은 한국에서 그들을 맞이하였다. 이수정과 같이 중국이나 일본이 아닌 미국을 통해 선진문화를 도입하려는 개화의지를 가지고 있었던 김옥균은 매클레이에게 한국에서 교육과 의료를 통한 선교활동을 할 수 있도록 지원하겠다고 약속하였고, 교섭통상사무처 고위직에 있었던 김옥균은 매클레이의 서신을 고종황제에게 전달하고 미 북감리교회의 병원과 학교 사업 개시에 대한 고종의 윤허를 얻어내는 데 큰 역할을 하였다. 1884년 7월 김옥균의 협조로 한국에서의 선교가 허가된 맥클레이는 자신이 소속되어 있는 미감리교회를 통해 1884년 윌리엄 스크랜튼(W. B. Scranton)과 아펜젤러(H. G. Appenzeller) 선교사를 파견하였다.

이수정과 마찬가지로 김옥균이 미국 선교사의 입국을 적극적으로 도운 것은 종교적인 이유에서만은 아니었다. 특히 여러 정치적 혼란 속에서 자신의 정치적 입지를 강화하기 위하여 미국의 도움이 필요하였기 때문인데, 김옥균의 이러한 정치적 목적은 그가 미국 선교사들의 진출은 적극적으로 도왔지만 정작 일본의 한국 유학생들이 기독교로 개종하는 것은 못마땅하게 여기거나 기독교가 발전된 사회적 가치라는 점은 인정하면서도 끝까지 개종하지는 않았다는 사실 등을 통해서도 알 수 있다. 즉 그에게 미국 개신교는 한국 사회를 개화하려는 수단이며 개신교 선교를 도운 것은 이를 통해 권력을 잡으려는 정치적 동기가 더 컸던 것이다.

이 외에도 갑신정변을 이끌었던 개화파 지식인들이 미국 개신교 선교사들과 밀접한 관계를 유지하는데, 박영효는 스크랜튼에게 한국어를 가르쳐주고 대신 영어를 배웠으며 언더우드도 서광범에게 한국어를 배우며 친분을 쌓아갔다. 특히 개신교와 문명개화를 동일시 하는 관점은 미국 유학생 출신 개화파 학자 서재필에 의하여 발행된 독립신문을 통해 가장 직접적으로 언급되었는데, 몇 가지 예를 들면 "지금 세계 각국에 문명개화한 나라들은 다 구교나 야소교를 믿는 나라인즉... 크리스도교가 문명개화하는 데는 긴요한 것"[10]이라고 하거나, "크리스도교를 착실히 하는 나라들은 지금 세계에 제일 강하고 제일 부요하고 제일 문명하고 제일 개화가 되어 하나님의 큰 복음을 입고 살더라"[11]라고 하는 등, 기독교로의 개종이 문명개화 과정의 필수적인 조건이라는 취지의 기사를 썼다.[12] 개화를 통한 부국을 이루기 위해서 가장 중요한 것은 기독교적 가치의 수용이라고 보는 것은 한국의 개신교 선교사들의 출신국인 미국을 "제일 부요하고 제일 문명하고 제일 개화된" 국가로 여기고 그들에게 호의적인 태도를 보이는 것으로 이어졌던 것이다.[13] 이렇듯 역사상 가장 큰 국가적 위기에서 벗어나고자 하는 방법에 대해서는 각 진영에서 첨예한 입장 차이를 보였지만 미국의 개신교 선교사들은 정치적으로 제국주의와도 거리를 두고 의료, 교육 등의 사회개혁 중심의 선교 전략을 채택함으로 같은 기독교라도 천주교와는 다른 행

---

10 『독립신문』. 1897년 12월 23일.
11 『독립신문』. 1897년 1월 26일.
12 윤정란. 『한국전쟁과 기독교』. 서울: 한울, 2015, p. 39.
13 이만열. 『한국 기독교 수용사 연구』. 서울: 두레시대, 1998, p. 127.

보를 걸을 수 있었다.

5. 미국식 문명화와 한국의 개신교

한국의 초기 개신교 수용과 성장은 조선 후기 정치적 혼란 속에서 안정적인 지위를 누리며 자유로운 활동이 가능했던 미국 선교사의 주도로 이루어지면서 한국 입장에서는 개신교의 수용이 단지 새로운 종교를 받아들이는 차원을 넘어 미국적 가치의 수용으로까지 이어지게 되었다. 또한 더 나아가 당시 다른 서구 국가들과의 접촉이 거의 없었던 상황에서 미국 선교사들에 의하여 한국에 전달되는 미국 문화는 "서구 문명을 소개하는 유일한 통로"[14]로 여겨지기도 할 만큼 영향력이 컸다. 이러한 미국 주도의 개신교 선교는 당시 한국에 들어온 선교사의 출신국별 수를 비교해 보아도 쉽게 짐작할 수 있는데, 1884년에서 1910년 사이에 내한한 미국 선교사의 수는 대략 387명이었는데, 이는 전체 내한 개신교 선교사의 77.6%에 해당하는 숫자로 수적으로 미국선교사의 비중이 압도적으로 높았다는 것을 알 수 있다(《표 1》). 특히, 미국에서 직접 한국으로 들어와 일정 기간 체류하며 생활했던 내한 미국 선교사들은 짧게는 3년, 길게는 30년 이상 한국에 체류하면서 여러 가지 면에서 영향을 주었다. 실제로 직접 미국을 방문할 수 있는 기회가 거의 없었던 일반 대중들은 미국에 대한 정보를 중국이나 일본의 문헌을 번

---

14 백락준. 『한국개신교회사』. 연세대학교 출판부, 1973, p. 406.

역한 신문기사나 책 등을 통하여 한정적으로 접했던 상황에서 직접 보고 듣는 미국 선교사들의 생활방식과 가치관은 미국 전체에 대한 모습으로 받아들여질 수 밖에 없었다.

〈표 1〉 내한 선교사 수 (1884~1910)

파송교단	선교사수	비율	파송교단	선교사수	비율
미국북장로교	165	33.1%	호주장로교	27	5.4%
미국남장로교	62	12.4%	캐나다장로교	15	3.0%
미국북감리교	114	22.9%	영국성공회	16	3.2%
미국남감리교	46	9.2%	기타	54	10.8%

미국 출신 내한 선교사의 수적 우세 이외에 그들의 개신교 전파가 미국적 가치의 전달과 연관이 있을 수 있었던 또 하나의 이유는 미국이라는 국가에게 있어서 개신교가 가지는 의미가 남다르기 때문이기도 하다. 미국은 건국 초기부터 종교적 영향력을 많이 받았고 국교가 따로 없음에도 자신들의 역사를 현대판 출애굽 역사로 표현한다거나 '명백한 운명'(manifest destiny)과 같이 기독교적 문명을 전파해야 하는 것을 국가적 운명이라고 여기는 등, 기독교적 가치를 국가 정체성과 연결시켰다. 사회학자 벨라(Robert Bellah)는 미국의 개신교처럼 특정 종교가 한 국가의 구성원을 통합시키는 공통적 가치와 실천사항을 제시하는 역할을 하는 경우를 '시민종교'(civil religion)이라고 하였는데, 이러한 의미에서 미국의 시민종교적 특징을 가지는 미국 개신교의 수용은 미국적 가치가 수용과 관련이 높다고 할 수 있다.

우선 미국 선교사들에 의해 전달된 미국적 가치로 미국의 예외주의적 소명의식을 꼽을 수 있다. 조미수호통상조약으로 조선이 개방되자 미국이 한국 선교에 관심을 가지고 선교사를 직접 파견하게 된 데에는 당시 미국 내에서 일고 있던 해외선교에 대한 관심과 기독교 바탕의 문명화를 국가적 사명으로 여기는 미국인들의 예외주의적 정체성이 영향을 미쳤다. 19세기 초 미국에서는 찰스 피니(Charles Finny)가 중심이 되어 일어난 제2차 대각성운동(The Second Great Awakening)의 영향으로 복음주의 신앙을 중심으로 하는 주류 교단들 사이에서 해외 선교가 활발해졌다. 한때 경제적 침체와 남북전쟁 등의 국내적 어려움 때문에 해외 선교 활동이 축소되기도 하였으나 1880년 무렵부터 해외선교에 대한 관심이 다시 급상승하게 되는데, 그 결과 1890년 기준 해외에 파송되어 활동하던 미국 선교사의 수가 938명이었던 것이 20세기 초에는 약 5,000명까지 증가하였고 1920년대 말에는 그 수가 12,000명에 이르렀다.[15]

특히 한국에 선교사를 파견하는 19세기 말은 남북 전쟁 이후 급속한 산업화가 진행되고 대륙 전체의 서부개척이 마무리 되어 더 이상 개척지가 남아 있지 않은 상태에서 미국이 뒤늦게나마 해외 팽창에 눈을 돌리게 되는 시기이다. 따라서 미국의 해외 선교의 이면에는 한국과 같은 태평양 건너의 극동지방을 새로이 개척해야 하는 '서부'로 여기

---

15 류대영. 『초기 한국 선교사 연구 1884~1910』. 한국기독교역사연구소, 2001, pp. 36~37.

는 백인 중심의 예외주의가 숨어 있었다는 점은 무시할 수 없는 사실이며 기독교를 세계 곳곳에 비추어야 하는 것이 자신들의 사명이라고 믿었던 미국 기독교인들의 선민사상은 국제사회에서 아무런 힘이 없었던 조선 후기 사회에까지 근대 문명과 복음이 전해지도록 했던 원동력이 되었던 것이다.

미국 지성사 연구자인 허치슨(W. R. Hutchinson)은 당시 선교사들의 특징을 설명하며, 그들은 "바다 건너 있는 세계라는 광야에 하나의 동산이 될 참 교회를 세우기 위해" 나섰고 자신들이 선택받고 보내심을 받은 "그리스도의 특별한 전달자들"이라고 믿었다고 설명하고 있는데,[16] 아래의 언더우드 부인이 당시 선교사를 소개하는 글에도 이러한 관점이 잘 드러나고 있다.

> 그는 앵글로 색슨이라 불리는 민족에 속한 자로, 그들의 조상들은 200년 전에 영국, 네덜란드, 스코틀랜드를 떠나 종교의 자유를 찾아 대서양을 건너 새로운 땅에 온 자들이었으며, 그들은 이들과 같은 종교적 열정으로 그 종교를 노예와 같은 사람들에게 전하기 위해 이 넓은 대양을 건너왔다.[17]

이러한 미국식 예외주의에 바탕을 둔 해외선교의 열정은 조선을 향한 일본과 서구의 부당한 처사에 대해 한편으로 분노하고 비판하면

16　Hutchinson, William R. *Errand into the World.* Chicago: University of Chicago Press, 1993.

17　Underwood, Lillias H. *With Tommy Tompkins in Korea.* New York: Fleming H. Revell Company, 1905, p. 11.

서도 조선을 가르쳐서 계몽시켜야 할 대상으로 바라보는 우월주의적 사고를 동시에 드러내기도 한다. 예를 들어 언더우드 부인이 한국에 머무르며 경험한 한국 여성의 삶에 대한 묘사를 "그들은 문명화가 거의 이루어지지 않았기 때문에 상당히 계몽을 해야 하는 것으로 여겨진다"[18]라고 언급한 것은 기독교적 가치의 전파를 단순히 새로운 종교를 받아들이는 개종의 의미를 넘어 "문명화"로 바라보는 제국주의적 시각을 그대로 드러내고 있다고 볼 수 있다. 같은 의미로 미국 선교사들이 한국을 바라보는 이러한 관점은 샤머니즘과 같은 한국의 토착 종교를 타파해야 하는 미신적 신앙으로 여기고 합리적 문명에 바탕을 둔 기독교를 통해 이러한 불합리한 미신으로부터 벗어나야 한다고 여겼던 것에도 드러난다. 사실 토착종교를 바라보는 이러한 이분법적이고 배타적 사고는 오늘날까지도 한국사회에 영향을 주며 이어져 내려오고 있다.

그들이 선교를 '문명화'로 바라보며 자신들을 비문명적 한국인과는 다른 사람으로 여기는 관점은 그들의 한국에서의 생활을 통해서도 드러난다. 이들은 조선에 체류하면서도 이들은 일반 조선인들의 거주지역에서 멀리 떨어져 따로 마련되었던 선교구역 내에서 미국의 중산층의 삶을 그대로 유지하였다. 주로 개항지의 외국인 거주지역 안에 그들의 거주지를 만들어 현지인들과 분리된 공간에서 생활하면서 가구에서 식자재까지 모두 미국에서 직접 수입하여 생활함으로 축소된 미국(a

---

18 Underwood, Lillias H. *With Tommy Tompkins in Korea*. New York: Fleming H. Revell Company, 1905, p. 32.

miniature America)을 만들기 위하여 노력하였다. 이렇게 일반 대중들과 분리되어 거주하는 선교사들의 모습을 브라운은 "마치 사막 속의 오아 시스"[19]와 같았다고 묘사하기도 하였는데, 그들이 이렇게 분리되어 생 활하게 된 가장 큰 이유는 한국을 자신들과 다른 비문명국이라고 여겼 기 때문이다. 선교사들은 한국 제물포항에 도착하였을 때 그들의 관점 에서는 한국은 비위생적이고 원시적인 모습을 지닌 곳이라 여겼고 그 들이 거주하는 외국인 지역인 경우는 한국인들의 출입을 철저히 제한 하고 일반 거주지라 할지라도 일반 대중들의 주거지와는 거리를 두어 쉽게 접근하지 못하게 하였다.

그들은 주로 좋은 위치에 있던 양반 가옥을 구입하여 이를 유럽형 으로 개조하여 사용하였고 이 집의 모든 물품을 현지로부터 수입하였 다. 한국인들은 선교사들을 통해서 재봉틀, 석유 난로, 발전기, 오르 간 등 한국인들에게 생소했던 근대 기기들과 훈제된 육류, 버터 등 새 로운 식자재를 접하게 되었는데 언더우드 부인의 다음과 같은 기록에 서 언급한 바와 같이 선교사들은 이렇게 현지문화를 받아들이지 않고 자신들의 방법으로 바꾸는 것을 "서구식 계몽"라고 여겼다.

선교사들의 주거지는 과거 부유해던 양반들 소유의 가옥이었 고, 그들의 지위가 몰락하자 선교사들은 싼 값에 아름다운 정원 을 가진 집을 살 수 있었다. 그 집들은 단층으로 이루어져 있었

---

19 Brown, Authur J. *The Mastery of the Far East*. New York: Charles Scribner's Sons, 1919, p. 41.

으며 선교사들은 약간의 수리를 하였다. 여기에도 서구식 계몽 (western enlightenment)이 필요해 보였다.[20]

이러한 인식은 당연히 개신교 선교사들을 통해 서구문화를 접하는 일반대중들에게도 전해졌고, 이들이 사용했던 여러 가지 물건들은 조선 현지인들로 하여금 서구적 가치뿐 아니라 상품에 대한 동경과 그에 대한 소비 욕구를 불러일으키기에 충분하였다. 실제 그들의 생활은 미국 상품에 대한 대중들의 소비 욕구를 일으켜 당시 조선에서 활동하던 미국 상인들의 이익으로 이어지게 해 주는 간접적인 효과를 가져오기도 했다.[21] 또한 선교사들의 구별된 부유한 생활은 일반인들에게 미국은 부유한 나라라는 이미지를 심어주면서 한편으로 대중들에게 부에 대한 욕망이 생겨나게 하였다. 이러한 이유로 미국 선교사들은 그 이전에 일반대중들이 혐오감을 드러냈던 서양인들과는 다르게 동경의 대상이 될 수 있었던 것이다. 이러한 미국 개신교 선교사의 모습들은 그들이 가지고 있었던 순수한 종교적 열정은 차치하고 개신교 전파를 한국의 서구화, 문명화와 크게 다르지 않게 생각했다는 것을 보여준다.

---

20 Underwood, Lillias H. *With Tommy Tompkins in Korea*. New York: Fleming H. Revell Company, 1905, p. 35.

21 Brown, Authur J. *The Mastery of the Far East*. New York: Charles Scribner's Sons, 1919, p. 471. 당시 미국 선교사들은 미국 상인들의 상업활동에도 적극적으로 개입하였는데 한국왕실과 친밀한 관계를 가지고 있었던 알렌의 경우는 미국 상사의 중개의 역할을 담당하였고, 운상금광 채굴권, 경인철도 부설권, 서울의 전차전기 시설권, 하와이 노동자 모집권 획득, 목재 반출권 교섭에도 큰 역할을 하게 된다.

6. 미국의 자본주의적 가치와 한국 개신교

미국 선교사들의 이러한 예외주의적 선민의식은 미국 내에서도 백인 중심주의적 관점을 대표하는데, 실제로 미국 선교사들은 인종적으로 모두 백인이었던 점 또한 우연은 아니었다. 또한 지역적으로도 미국 선교사 대부분은 오대호 부근의 중서부 지역의 신흥공업 도시의 중산층 출신으로, 고등학교 이상의 고등교육을 받은 교사, 간호사, 의사 등의 전문직 출신들이 많았는데, 당시 장로교 해외 선교부 총무였던 브라운(Authur J. Brown)은 조선에 파견된 미국 선교사들을 "교육받고 세련된 사람", 아내들은 "교양있고 안목있는 여성"이라 묘사하기도 하였다. 이는 대체적으로 낮은 계층 출신이었던 유럽에서 온 천주교 선교사들과도 대조되는 특징이었다. 실제로 가난한 하층민 출신의 젊은이들은 해외 선교사가 되기 쉽지 않았는데, 이는 해외로 파견되기 위해서는 대학 교육을 받은 전문적 지식이 있어야 한다는 인식이 암묵적으로 있었고,[22] 결과적으로 주로 신학이나 의학, 교육 쪽의 전문적인 교육을 받았거나 혹은 교육계에서 뛰어난 경력을 가진 사람이 선교사로 추천을 받기가 쉬웠다. 게다가 당시 대학교육 자체가 중산층 이상의 사람들에게 주어진 기회였다는 점을 고려하면 내한 미국 선교사 중에 남북전쟁 이후 새롭게 성장한 신흥 중산층 가정 출신의 젊은이들이 많을

---

[22] 류대영, 『초기 한국 선교사 연구 1884~1910』, 한국기독교역사연구소, 2001, p. 46.

수 밖에 없었던 것이다.

선교사들의 대부분이 도시 출신의 중산층 백인 젊은이였던 또 다른 요인으로 꼽을 수 있는 것은 당시 미국에서 일어났던 SVM(Student Voluntary Movement)라 불리는 복음주의 부흥운동의 성공이었다. SVM은 19세기 복음주의 부흥운동을 이끌었던 피어선 박사(A. T Peirson)과 무디(D. L. Moody)가 대학생들의 해외 선교를 위하여 만든 단체로 종말론을 바탕으로 하는 전세계 복음화에 대한 메시지가 주를 이루었고, 많은 대학생들이 현장에서 해외 선교를 결심하였다. 한국에 온 선교사들 경우를 보아도 1906년에서 1909년 사이에 한국에 들어온 미국 선교사들 135명 중 81명이 SVM집회 출신들이었다(《표 2》). 예를 들어, 1891년 네쉬빌(Nashville)에서 있었던 12차 SVM 집회에서 당시 밸터빌트(Vanderbilt) 대학에서 공부하던 윤치호 박사와 안식년으로 미국에 잠시 체류하던 언더우드가 한국 선교를 요청하는 연설을 하는데 이를 듣고 현장에서 4명의 젊은이가 추후 남장로교회에서 파견한 최초의 내한 선교사가 되었다.[23]

---

23 류대영. 『초기 한국 선교사 연구 1884~1910』. 한국기독교역사연구소, 2001, pp. 49~52.

〈표 2〉 1906~1909 사이 입국한 SVM 출신 미국 선교사[24]

년도	총 선교사수	SVM을 통해 결심한 선교사
1906	14	8
1907	43	23
1908	48	29
1909	30	21
합계	135	81

　　이러한 배경을 가진 미국 선교사들은 한국 개신교 교회가 신학적 논의에 앞서 봉건적 가치와 사회 질서의 병폐를 바꾸려는 사회 개혁적 성격을 가지는 데 기여하였다. 그 가운데에서도 산업화로 발달한 신흥 공업 도시의 백인 중산층 출신 선교사의 영향을 받은 한국의 개신교는 이들의 신앙적 열정 뿐 아니라 자본주의적 가치관의 영향을 받았다. 당시 내한 미국 선교사들의 신학적 배경이 되는 복음주의적 관점에서는 개인의 세속적 직업과 기독교적 소명을 분리하지 않았는데, 다시 말해 자신의 일에 최선을 다하는 것이 종교적 의무를 다 하는 것이며, 이로 인해 만들어진 부는 신앙적 열심의 보상이라고 여겼던 것이다. 이는 복음적 기독교와 자본주의적 윤리가 조화를 이룬 경우로 특히 산업화 시대 미국 도시의 중산층들의 신앙적 가치를 반영하고 있었다. 특히 이들이 가진 자본주의적 가치 중 한국과 가장 큰 차이를 보였던 것이 노동관이었는데, 당시 한국은 육체노동과 같은 일의 가치를 인정하지 않고 노동은 신분이나 지위가 낮고 천한 사람들이 하는 것이라 여겼다. 유

24 　류대영. 『초기 한국 선교사 연구 1884~1910』. 한국기독교역사연구소, 2001, p. 52.

교에 바탕을 두고 있는 노동천시에 대한 전통은 개신교 선교사들이 가장 먼저 타파해야 하는 사회적 병폐로 여겨졌고, 금연, 금주, 도박 금지 등 한국 개신교에서 나타나는 엄격한 도덕 원칙 등도 사람들이 일하지 않고 재물을 낭비하는 것을 개혁하고자 초기 개신교 지도자들이 만들어낸 원칙이다. 한국의 개신교 교회는 이러한 한국의 노동관의 잘못됨을 깨닫게 하고 자신의 일에 최선을 다하고 이를 통하여 사회에 기여하는 것이 기독교적 가치를 추구하는 것이며, 이로 인하여 따라오는 경제적 부는 하나님으로부터 받는 축복이라는 미국 개신교의 자본주의적 가치관을 받아들였다. 정직하게 돈을 벌어 부자가 되는 것을 축복으로 보는 개신교의 자본주의적 가치는 조선 후기 상공업으로 부를 축적했던 신흥 계층들에게 특히 매력적이었는데, 이는 개신교의 성장세가 가장 두드러졌던 지역이 당시 상공업 출신 신흥 부자들이 많았던 서북지역이었다는 점을 통해서도 보여진다.

미국을 통해 수용된 개신교가 평안도와 황해도 북부를 포함한 서북지역에서 특히 성장할 수 있었던 요인은 이 지역이 역사적으로 가지는 특수성과 연관성이 깊다. 이 지역은 단군과 기자의 땅으로 한민족의 발상지로서의 지역적 자부심이 높은 곳이었지만 조선 사회에서는 한양에서 떨어져 있는 문화적 낙후 지역으로 여겨지며 이 지역 출신은 과거에 급제해도 거의 고위 관직에 오르지 못하는 등 차별을 받았다.[25] 이러한 정치적 차별 뿐 아니라 남부지역에 비해 지리적으로 농업에 적

---

25   김상태, 「평안도 기독교 세력과 친미엘리트의 형성」, 『역사비평』 45, 1998, p. 178.

합하지 않은 환경으로 인해 이 지역 사람들은 일찍부터 상업에 관심이 높았다. 특히 지리적으로 중국과 가까웠던 이 지역 사람들은 18세기 중엽에 이르면 청나라와의 무역을 통하여 상당한 자산을 축적하였고, 이를 토대로 하여 조선 후기 새로운 계층으로 성장하였다. 다른 지역에 비하여 기득권층을 중심으로 하는 신분 질서의 구분이 뚜렷하지 않았던 서북지역에서는 개인의 능력으로 부를 축적한 신흥 상공인 계층을 중심으로 하는 새로운 사회 질서가 형성되기 시작하였다. 하지만 새로운 상공인 출신들은 자신들의 힘으로 이뤄낸 경제적 부에도 불구하고 기존의 봉건적 사회 질서 속에서 기득권으로의 편입이 쉽지 않아 불만을 느끼던 차에 자본주의적 가치를 지닌 미국의 개신교는 매우 매력적이었던 것이다. 즉, 평안도를 비롯한 서북지역은 개신교 선교 역사에서 가장 성공한 선교지역으로 주목받게 되었고 그 중심에는 19세기 산업구조의 변화를 주도한 신흥 상공인층에게 개신교적 가치가 적극적으로 수용되었던 요인이 작용했다고 할 수 있다.

개신교 선교가 이 지역에서 큰 성과를 거둔 것은 선교 초기 다른 지역과의 신도수를 비교해 봐도 현저하게 알 수 있는데 1898년 한국 장로교의 전체 교인 7,500명 가운데 평안, 황해 등의 서북지방의 교인 수는 5,950명으로 한국 개신교 신자의 79.3%를 차지하였고, 이후 40년이 지난 1938년에도 약 75%가 여전히 서북지역 신도였을 정도로 큰 비중을 차지하였다.[26] 또한 1910년 5월 기준 서북지역의 기독교 학교는 모

---

26 기독교의 서북지역 주도 양상은 전국적으로 비교해 보아도 두드러졌다. 1932

두 511개교였는데, 이는 한국 전체 기독교계 학교의 78%를 해당하는 수였고 비 기독교계를 포함한 전국 사립학교 총수를 기준으로 하여도 23%나 차지하였다.[27] 종파적으로는 1892년부터 시행된 선교지 분할 협정의 결과 평안도와 황해도 이북이 미국 북장로회[28] 관할이었기 때문에 장로교 중심의 기독교 영향을 받았다. 사실 미국 선교사들도 이 지역의 이러한 특수성과 상인들을 대상으로 하는 선교의 가능성을 발견하고 다른 지역보다 더 적극적으로 선교 사업을 펼쳤던 면도 있다. 특히, 신분적으로 높지 않지만 상공업으로 부를 축적한 신흥 계층들은 실제로 선교사들에게 부당한 세금 징수를 막아 달라고 부탁하거나. 지도층과의 친분으로 영향력을 행사했던 미국 선교사들은 그들의 경제 활동에 실질적으로 도움을 주면서 교세 확장을 해 갔다.[29] 1907년 평양대부흥운동이 일어났던 평양은 '동양의 예루살렘'이라 불리며 기독

년 전체 장로교, 감리교인 약 26만 명 중 평안도 교인이 10만 명으로 38.5%를 차지하였는데 당시 경상도 15.4%, 전라도 11.3%, 서울·경기 9.2%에 비하여 매우 높은 비율이었다. 김상태. 「평안도 기독교 세력과 친미엘리트의 형성」. 『역사비평』 45, 1998, p. 176. 또한 당시 평안도인이 전체 인구의 13.8%(경상도 21.3%, 전라도 18.1%, 서울·경기 10.2%)였다는 점을 감안하면 더욱 더 높은 비율이었음을 알 수 있다. 한국기독교사연구회. 『한국기독교의 역사 I』. 기독교문사, 1989, p. 258.

27 윤정란. 『한국전쟁과 기독교』. 서울: 한울, 2015, p. 30.
28 함경도는 캐나다장로회의 선교지역이 되었다. 대체로 평안도, 황해도, 충북, 경북은 미국 북장로회, 전라도 미국 남장로회, 함경도와 간도는 캐나다 장로회, 경남은 호주 장로회, 경기도 남부와 충남은 미국 북감리회, 경기도 북부와 강원도 미국 남감리회가 선교 사업을 독점하였다. 김상태. 「평안도 기독교 세력과 친미엘리트의 형성」. 『역사비평』 45, 1998, p. 179.
29 윤정란. 『한국전쟁과 기독교』. 서울: 한울, 2015, p. 37.

교가 크게 부흥하였는데, 이는 서북지역의 특수성과 실질적으로 삶에 이익이 되는 선교사들의 정치적 힘이 큰 역할을 했다고 할 수 있다.

아울러 이 지역의 중요성은 해방 후에 이들이 남한 개신교의 특징을 형성하는데 가장 큰 영향을 주었다는 점에서 더 부각될 수 있다. 서북 지역 중에서도 평양이 속해 있는 평안도는 복음주의적 보수적 미국 개신교의 영향을 가장 많이 받은 반면 황해도는 북부의 일부 지역을 제외하고는 평안도에 비하여 좀 더 다양한 교리를 받아들이게 되는데 이는 이 지역에서 추후 등장하는 자유주의적 기독교나, 해방 후에는 사회주의적 사상도 받아들이는 배경이 되었다. 이러한 차이는 해방 후 분단과 함께 이 지역에 사회주의 정권이 들어서자 강한 반공의식을 가지고 있었던 평안도 지역의 개신교 신자들의 많은 수가 월남을 결정하였던 반면 황해도 기독교인들은 그렇지 않았다는 것을 보아도 알 수 있다. 결과적으로 영락교회 한경직 목사와 같이 해방 후 남한 개신교 교회의 핵심적인 역할을 담당했던 종교 지도자들 중에는 평안도와 황해도 일부 지역 출신이 많이 있었으며, 현재까지도 한국의 주류 개신교가 이 지역의 복음주의적 근본주의 교리를 바탕으로 하고 있다는 점에서 이 지역의 특징은 매우 중요하다고 할 수 있다. 따라서 초기 내한 미국 선교사에 의하여 수용된 미국 자본주의적 가치는 한국의 노동관, 직업관 등에 변화를 주었고 산업의 발달과 함께 성장한 새로운 계층에게 도덕적 명분을 제공하며 경제적인 발전에 기여한 측면이 있다고 하겠다.

7. 결론: 친미·반공 보수주의 개신교와 미국

미국과의 밀접한 관계를 바탕으로 성장한 한국의 개신교는 독립, 분단과 함께 찾아온 냉전 하에서 극단적 반공 친미를 지지하는 보수주의를 대표하게 된 것으로 연결된다. 해방 이후 한반도는 분단과 함께 한국기독교는 우익진영을 대표하게 되는데, 이는 한국전쟁 이후 초기 미국 개신교 선교의 중심지였던 서북지역 출신 장로교회 기독교인들이 공산주의 정권의 탄압을 피하여 월남하였고 이들이 미국 선교사들과의 관계를 바탕으로 정치적으로 영향력을 미치게 되었기 때문이다.

자본주의 시장경제를 토대로 축적한 자본으로 일제 강점기 시절 민족운동을 이끌었던 평안도 지역의 기독교인들에게는 해방 후 평안도 지역에 미군이 아닌 소련군이 들어와 공산주의 정권이 들어선 것은 엄청난 사건이었다 공산주의 정권 하에서 그 지역의 정치세력의 중심을 차지하고 있던 기독교인들은 점차적으로 정치에서 배재되자 '신의주 반공 의거'(1945.11)나 '평양 장대현 교회 사건'(1946.3)과 같은 반공 투쟁을 하거나 평안북도 신의주 윤하영과 한경직의 사회민주당, 김화식, 이유택, 김관주의 기독교 자유당 등 독자적으로 기독교 정당을 만들어 공산주의 정권에 대항하였다. 하지만, 공산주의자들은 평안도의 가장 영향력 있던 인물 중 하나인 조만식을 체포하는 등 기독교 세력에 대한 탄압을 강화하였다. 이에 평안도 지역의 한경직 윤하영을 비롯한 기독교인들이 이를 피해 월남을 선택하였고 월남행을 선택한 서북기역 기독교인들은 남한에 와서 한국의 기독교를 주도해 나갔는데 이 중 한경직은 베다니 전도교회(영락교회)를 설립하면서 월남한 기독교인들의 구심점이 되었고, 장로회 신학대학교, 숭실대학교 등을 중심으로 한국 기독교를 주도해나갔다. 서북 지역 중에서도 특히 평안도 지역의 기독교인들이 대규모로 월남을 하게 된 요인으로는 이 지역이 토착 자본의 중심지였기 때문에 공산주의 정권의 탄압이 좀 더 심했던 것과 비교적 근본주의적 보수주의 신앙노선이 강했기 때문으로 여겨진다.[30]

월남한 기독교인들은 미국 선교사들의 영향을 받은 사람들로 미군정 입장에서는 미국에 대하여 가장 친밀감을 가진 사람들로 여겨졌을 뿐 아니라 공산정권을 피하여 자신의 고향을 버리고 월남해 왔다는 사실로 이들의 반공 성향이 입증되었다고 보고 특별대우를 하였다.[31] 또한 강력한 반공주의적 입장으로 서북청년단과 같은 조직을 통해 남한의 좌익세력과 싸우며 이승만 우익 정권의 지지세력으로의 역할을 담당하며 남한의 단독 정부 수립을 주도하였다. 이들은 일제 강점기 말기 기독교에 대한 탄압을 강화되자 이를 피해 고국으로 떠났던 선교사들이 한국 전쟁 이후 다시 입국하자 이들과 긴밀하게 교류하였고, 특히

---

30 김상태. 「평안도 기독교 세력과 친미엘리트의 형성」, 『역사비평』 45, 1998, p. 196.
31 실제 미군정청의 한국인 고위 관료 중 평안도 출신의 인사가 압도적으로 많았으며 장관급에 해당하는 19개 부서의 부·처장 중 8명이 평안도 출신이었다. 이뿐 아니라 미군정에 의하여 이루어진 한국군, 서울대학교, 신문사, 신문사, 자문 요원 중 대부분이 평안도 출신의 기독교인들이었다.

한국 전쟁 이후 한국으로 들어오는 세계 구호 물자의 중개 역할을 담당했던 미국 개신교 교회 단체들과의 관계를 통해 구호물자 중개를 주관하면서 그 세를 키워나갈 수 있었다. 이후 이승만 정권이 독재적 모습을 보이자 반독재 민주화 운동을 지지하며 독자적인 정치 노선을 걷기도 하지만, 이 가운데서도 미국 중심의 반공적 특징을 보이는 한국 기독교의 양적인 팽창을 이끈다. 결론적으로 해방 직후 남한에서 서북지역 출신 종교 지도자를 중심으로 친미, 반공 보수주의 개신교 교회가 성장하는 것은 분단과 냉전을 겪으며 탄생한 남한의 대한민국이 건립되는 과정 속에서 한국의 개신교 교회가 여전히 미국이라는 국가와의 관계 속에서 그의 정체성이 형성된다는 것을 보여준다고 할 수 있으며, 이를 통해 한국에서 미국 개신교 선교가 시작된 시기부터 지금까지 한국 개신교 교회와 한미관계와는 밀접하게 연관되어 있음을 알 수 있다.

역사적으로 미국에서 기독교라는 종교는 미국이라는 국가 정체성과 매우 밀접하게 연관되어 있는 특징을 가지고 있다. 영국인들이 신대륙에 도착하면서부터 미국이라는 국가가 탄생하고 발전하는 과정을 하나님의 섭리와 연관되어 생각하고 그들의 정체성을 이러한 신의 사명을 담당하는 선택된 사람들이라는 의미에서 찾는다. 이러한 과정에서 기독교적 가치와 사명이 미국인으로서의 국가 정체성을 이루는 체제 이념의 바탕이 되어 왔다. 특히 19세기를 거치면서 미국의 기독교는 자유민주주의라는 국가 이념적 이상과 자본주의 시장경제와 결부되어 미국의 국가 정체성과 분리될 수 없는 시민 종교(civil religion)로서의 특징을 가지게 된 것이다. 따라서 한국에서의 미국 개신교 수용은 단지 기독교라는 종교적인 가치의 수용에 그치는 것이 아니라 미국식 자유 민주주의 이념과 자본주의적 가치의 수용과 밀접하게 연관될 수밖에 없으며 이는 한국의 정치, 경제, 사회, 문화적 상황에 맞물려 친미적 보수주의적 특징을 가진 한국적 개신교의 모습을 가지게 되었다.

미국 개신교의 선교를 '미국'이라는 국가 문명이 전수되는 것과 동일시 하며 그 과정에서 '미국'이라는 국가가 이상화된 데에는 구한말 중국, 일본, 러시아 등의 위협을 피해 미국을 통하여 개화를 이루고자 했던 개화파 지식인들이 미국 개신교를 매개로 삼고 이들이 가져온 복음주의 기독교에 바탕을 둔 미국 중산층 계층의 가치를 발전된 이상적인 사회의 모델로 삼았던 것이 큰 역할을 하였다.

물론 20세기 후반부터 미국에 대한 한국인들의 인식이 다원화되면서 개신교 교회가 주로 보여주는 친미 보수주의적 모습은 주류를 형성하지 못하게 되었으나 미국의 개신교적 가치를 미국문화를 이해하는 중요한 통로로 이해하려는 모습은 아직 남아 있다고 할 수 있다. 따라서 한국의 성장 과정에서 미국 개신교의 수용과 그 영향을 살펴보는 것은 근대화 초기나 한국전쟁 직후뿐 아니라, 더 나아가 미국을 포함하여 전 세계에 한국적 가치와 문화가 영향을 미치게 된 지금의 시점에서 미국 중심의 개신교적 가치들이 어떻게 시대적 상황에 따라 변용되

어 왔는지 그 과정을 추적해 보는 것은 한미관계를 이해하는 데 있어

서 의미 있는 작업이라 할 수 있겠다.

참고 문헌

김상태. 「평안도 기독교 세력과 친미엘리트의 형성」, 『역사비평』 45, 1998, pp. 171~207.

김인수. 『한국교회의 역사』. 서울: 한국장로교출판사, 1998.

류대영. 『초기 한국 선교사 연구 1884~1910』. 한국기독교역사연구소, 2001.

백락준. 『한국개신교회사』. 연세대학교 출판부, 1973.

서정민. 『제중원과 초기 한국 기독교』. 서울: 연세대학교 출판부, 2003.

윤정란. 『한국전쟁과 기독교』. 서울: 한울, 2015.

이만열. 『한국 기독교 수용사 연구』. 서울: 두레시대, 1998.

한국기독교사연구회. 『한국기독교의 역사 I』. 기독교문사, 1989.

Bird, Isabella L. Korea and Her Neighbours: A Narrative of Travel, *With an Account of the Recent Vicissitude and the Present Position of the Country.* London: John Murray, Vol. 1, 1898.

Brown, Authur J. *The Mastery of the Far East.* New York: Charles Scribner's Sons, 1919.

Griffs, William. *America in the East: A Glance at Our History, Prospect, Problems, and Duties in the Pacific Ocean.* New York: A.S. Barnes and Company, 1899.

Huntley, Marth. Caring, *Growing, Changing: A History of the Protestant Mission in Korea.* New York: Friendship Press, 1984.

Hutchinson, William R. *Errand into the World.* Chicago: University of Chicago Press, 1993.

Kang, Wi Jo. *Christ and Caesar in Modern Korea.* Buffalo: SUNY Press, 1997.

Knox, G. W. *Affair in Corea.* Foreign Missionary, 1883.

Underwood, Lillias H. *Fifteen Years Among The Top-Knots.* Americdan Track Society, 1904.

Underwood, Lillias H. *Underwood of Korea*. Fleming H. Revell Co., 1918.

Underwood, Lillias H. *With Tommy Tompkins in Korea*. New York: Fleming H. Revell Company, 1905.

4장

한국 자유민주주의 정치이념의
도입과정과 미국의 영향

4장

한국 자유민주주의 정치이념의
도입과정과 미국의 영향

현영찬(현무역사신학연구소)

1. 글머리에

미국과의 관계는 시원[始原]부터 그 역사를 거슬러 살펴볼 필요가 있다. 왜냐하면 한미관계는 과거의 역사에서만 아니라 오늘의 현실에서도 우리나라가 당면한 국제관계에서 최우선적으로 작용하는 상황변수가 되기 때문이다. 1882년 이후 한미관계 140년의 역사에서는 여러 가지 부면에서 서로 영향을 주고받은 사실이 존재하지만, 본고에서는 현재 한국에 정착되어 시행되고 있는 자유민주주의 정치이념에 관해서 그 도입과정과 역사적 배경을 살펴보면서 미국의 영향을 중점적으로 고찰해보고자 한다.

1882년 한미수호통상조약이 체결된 이후 오늘에 이르기까지 140년에 이르는 한미관계의 역사 가운데 자유민주주의 정치이념 도입과정의 고찰에 앞서 그 정치 이데올로기의 본질을 살펴본 후, 1945년 해방 직후 소위 해방정국이라 불리는 3년 동안의 미군정 기간에 초점을 두고 자유민주주의의 국내 정착 과정의 역사와 미국의 영향을 살펴보기로 한다.

2. 자유민주주의 사상의 본질과 국내 유입과정

종교개혁 이후 서구에서 발전한 자유민주주의 이념이 언제 어떠한 경로로 한국에 들어오게 되었는가 하는 문제는 크게 이식론[移植論]과 수용론[受容論]으로 나뉘어 주장되고 있다.[1] 이에 앞서 자유민주주의의 개념적 본질과 이데올로기로서의 지향점을 먼저 살펴본다.

1) 자유민주주의의 의의[意義]

자유민주주의는 자유주의와 민주주의가 결합된 정치원리이다. 자유주의라 함은 국가권력의 간섭을 배제하고 개인의 자유와 자율을 옹호하고 존중할 것을 요구하는 사상적 입장을 말한다. 이러한 의미의 자유주의는 근대 신흥 시민계급이 주장한 이데올로기로서 개인의 자유를 이상으로 하고, 자유경쟁에 입각한 자율적 행동 원리를 그 수단

---

1   김정인. 「한국 민주주의 기원의 재구성」, 한국민주주의연구소 편. 『한국 민주주의 백년의 혁명』. 서울: 한울아카데미, 2019, pp. 20~51.

으로 하는 정치철학이요 정치원리라고 할 수 있다.[2]

이에 대하여 민주주의라 함은 국민의 의한 지배 또는 국가권력이 국민에게 귀속되는 것을 내용적 특징으로 하는 정치원리를 말한다. 자유민주주의가 인민민주주의나 사회민주주의[3] 등과 구별되는 개념임에는 틀림이 없지만, 구체적으로 자유민주주의의 내용과 특징이 어떤 것인가는 논란의 대상이 되어왔다. 일반적으로 독일과 우리나라의 헌법재판소 판례는 자유민주주의의 내용적 요소로서 인간의 존엄과 인격의 존중을 기본으로 하는 천부적 인권의 보장, 국민주권의 원리, 법치주의, 권력분립, 의회(대의)제도, 민주적 선거제도, 복수정당제도, 사유재산제와 시장경제를 골간으로 하는 자유시장경제 체제 및 사법권의 독립을 들고 있다.[4]

이러한 자유민주주의의 개념 정의에서 자유주의 요소와 민주주의 요소를 분리하자면, 천부적 인권의 보장과 권력분립, 그리고 사유재산제와 자유시장경제 체제의 보장 등은 자유주의적 요소에 해당하고 국

---

2 권영성. 『헌법학원론』. 서울: 법문사, 2005, p. 139; 허영. 『헌법이론과 헌법』. 서울: 박영사, 2009, pp. 213~215; 박찬표. 『한국의 국가형성과 민주주의』. 서울: 후마니타스, 2007, p. 8.

3 A. Hammann은 그의 *Kommentar,* 2. Aufl., s. 190.에서 인민민주의와는 달리 사회민주주의는 자유민주주의를 그 전제로 하는 정치이념이라고 정의한다. 권영성. 『헌법학원론』. 서울: 법문사, 2005, p. 140에서 재인용.

4 법학적 용어에 대한 그 개념의 정의[定義]에 관하여는 논란이 있을 경우 통상 학설보다는 판례를 중시함이 학계의 관행이다. 헌재 1990. 4. 2. [89 헌가 113], 헌판집 2권, 49[64]면; 독일연방헌법법원, BVerfGE 2, 1[12]; BVerfGE 12, 1[12], 45[51]. 권영성. 『헌법학원론』. 서울: 법문사, 2005, p. 139에서 재인용.

민주권의 원리, 법치주의, 의회제도, 복수정당제도, 민주적 선거제도 등은 민주주의적 요소로 분류할 수 있다.[5]

일반적으로 자유민주주의(Liberal Democracy)는 개인의 권리와 자유의 중요성을 강조한다. 모든 사람은 사회적 존재이기에 공적[公的: public] 삶에 자유롭게 참여하기로 되어 있다. 하지만 자유민주주의의 일차적인 관심은 사적[私的: private]인 사안들에 대한 불필요한 간섭이나 억압으로부터 사람들을 보호하는 것이다. 따라서 자유주의자들에게 민주주의는 프라이버시(privacy)와 자유로운 행동에 대한 개인의 권리와 관심을 보호하는 한, 바람직한 이데올로기라 할 수 있다. 민주주의는 기본적으로 정부를 인민(People)의 필요와 이해관계에 따르게 함으로써, 자의적[恣意的, arbitrary]이고 전제적인 정부를 방지함으로써 개인의 권리와 자유를 보호하고자 한다. 만일 '인민에 의한 지배'가 개인의 자유와 권리를 위협하기 시작한다면 자유주의자들은 그것에 재갈을 물려야 한다고 요구할 것이다.[6]

요컨대 '자유'민주주의에서 민주주의는 주로 개인의 권리, 즉 외부의 간섭에서 벗어나 자신이 최선이라고 생각하는 대로 자유롭게 행동할 수 있는 개인의 권리를 우선적으로 보호한다는 관점에서 규정된다.[7]

---

5   권영성. 『헌법학원론』. 서울: 법문사, 2005, p. 140.

6   Ball, Terence, Dagger, Richard, and O'Neil, Daniel I. *Political Ideologies and the Democratic Ideal*. New York: Tayler & Francis, 2016, p. 173.

7   Ball, Terence, Dagger, Richard, and O'Neil, Daniel I. *Political Ideologies and the Democratic Ideal*. New York: Tayler & Francis, 2016, p. 173.

비유컨대, 민주주의가 하나의 그릇, 혹은 '제도적 시스템'(Hardware)이라면 자유주의는 그 속에 담겨져야 할 '내재적 가치와 사상'(Software)이라고 표현할 수 있다. 다시 말하자면, 자유주의 가치라 할 수 있는 자유와 평등, 그리고 이러한 '천부적 인권'이라는 인간의 근원적 가치를 안전하고 견고하게 담아내어 그것을 항구적으로 보존해나가는 하나의 유기적인 '틀'(Frame)이 민주주의라면, 그 프레임 속에서 안정적으로 보호되고 있는 사상, 혹은 가치로서의 '내용물'(Contents)이 곧 자유주의라고 비유할 수 있을 것이다.

2) 이상적[理想的] 이데올로기로서의 자유민주주의

16세기 종교개혁 이후 17세기와 18세기의 자유주의 정치혁명을 치열하게 이끌어왔던 자유주의 사상이 공공연하게 민주주의적 방향으로 나아가게 된 것은 1800년대 이후의 일이었다. 그 시점에서 영국의 벤덤(Jeremy Bentham, 1748~1832) 등 공리주의자들이 민주주의가 모든 시민에게 그의 이익을 보호할 기회를 부여한다고 주장하기 시작했다.[8] 만일 정부의 일이 최대다수의 최대행복을 증진하는 것이라면 최대행복을 결정할 유일한 방법은 모든 시민에게 자신을 위해 좋은 것이 무엇인지 결정하도록 허용하는 것이라고 그들은 추론했다. 자유주의자들이 선거권을 모든 사람에게 자신의 이익을 보호하고 증진할 평등한 기회를 부

---

8   Bentham, Jeremy. *Introduction to the Principles of Morals and Legislation.* New York: Hafner, 1948, pp. 1~3.

여하는 방법으로 간주하기 시작했던 것이 바로 1800년대에 이르러서였다. 대체로 자유주의자들은 민주주의 체제를 선호했다. 민주주의 정치 체제야말로 정부로 하여금 시민에게 책임지도록 하며, 정부가 시민의 사적인 이익을 보호하도록 만들 수 있기 때문이다.[9]

21세기에 접어들어서도 자유주의자들은 민주주의 체제에 확고하게 집착하고 있다. 왜냐하면 지금까지 흘러온 역사에서 자유주의는 인민의 지배를 확립하는 문제보다는 지배자들로부터 인민을 보호하는 일에 더 많은 관심의 초점을 두어왔기 때문이다. 16세기 종교개혁 시대 이후 자유주의 정치혁명의 발단에서부터 자유주의는 개인의 자유를 가로막는 장애물들을 제거하기 위해 싸워왔다. 자유주의 이념과 그것이 배필과도 같은 자신의 짝으로 선택하게 된 정치체제로서의 민주주의가 서로 결합하여 생겨난 이데올로기가 소위 오늘날의 자유민주주의 이데올로기라 할 수 있는데, 이것은 하나의 이상적 모델에 지나지 않는다.

로크의 세례를 받고서 대의제도로 정착된 간접 민주주의 체제와의 결합으로 완숙하게 발전한 자유민주주의 이론은 여전히 사적 영역의 불평등과 상충하는 이해관계로부터 일정한 거리를 두고 사회의 모든 구성원의 이익을 추구하는 모습으로서 그 이상[理想: Ideal]을 계속 추

---

9 Ball, Terence. "Utilitarianism, Feminism, and the Franchise", *History of Political Thought* 1(1), 1980, pp. 91~115.

구해나가고 있다고 평가할 수 있다.[10]

3) 자유민주주의 이식론[移植論]

제도적 측면에서의 민주주의는 미군정을 통해 1945년 이후 외부로 부터 이식되었다는 주장에 관해서 먼저 살펴보기로 한다. 정치학 분야 의 최장집은 한국에서 해방 이전에는 민주주의의 토착적 기반이 없었 다고 주장한다. 그는, 냉전 시기 미국과 소련이 주도했던 분단국가 형 성과정에서 하나의 제도적 세트로서 도입되었다고 말한다. 그래서 해 방 직후 제도적 형식으로서 민주주의가 이식되었을 뿐 역사적, 정신적, 이념적인 내용으로서의 민주주의는 부재했다는 것이다. 그는 해방 직 후 들어온 민주주의를 '조숙한 민주주의'라고 정의했다. 그에 따르면 민 주주의 제도 실현에서 가장 중요한 것은 보통선거권이다. 그것은 1948 년의 5.10 선거를 통해서 일시에 부여되었다고 말한다.[11]

한편 김영명은 해방 이후 미군정에 의해 자유민주주의 이념과 제 도가 이식되었다고 주장한다. 그는 최장집과 달리 19세기 말부터 서구 민주주의를 도입하려는 움직임이 있었다고 보았다. 하지만 당시 정치가 들의 능력 부족과 한국인의 자질 부족으로 미완에 그치고 말았다는 것이다. 그리고 해방 이후에 우익 지도자들은 미국식 자유민주주의 제

10　정윤석. 『로크의 통치론』. 서울대학교 철학사상연구소, 2003; Ball, Terence, Dagger, Richard, and O'Neil, Daniel I. *Political Ideologies and the Democratic Ideal*, New York: Tayler & Francis, 2016, pp. 167~178.

11　최장집. 『한국 민주주의의 조건과 전망』. 서울: 나남, 1996, pp. 71~72.

도를 도입하려 하고 좌익 지도자들은 소비에트 사회주의를 추종하는 가운데 결국 "민주주의 제도의 도입을 선도한 측은 역시 당대 최고의 정치권력을 장악하고 있던 미국"이었다고 주장했다. 김영명 역시 특히 "선진적인 보통선거제의 도입은 신생 대한민국에 자유민주주의의 핵심적인 제도를 도입했다는 점에서 역사적인 의의를 지니고", 선거의 절차에 중점을 둔 자유민주주의 제도의 도입은 한국 민주주의의 첫 출발을 의미한다고 평가했다.[12]

박찬표는 최장집이나 김영명과 같이 해방 직후 자유민주주의 체제 수립에서 미국의 역할을 중시했다. 해방 3년기를 "자유민주주의 체제라고 부르는 현재의 남한 정치질서의 원형이 형성된 시기"로 보았다. 그러나 그는 최장집이나 김영명과는 달리 19세기 말 독립협회나 1919년에 탄생한 임시정부의 활동에서 남한 국가의 내생적 기원을 찾았다.[13]

이와 같이 자유민주주의 이식론은 크게 세 가지 입장에서 주장되지만, 그 본질은 해방 직후 미국에 의해 외생적으로 도입되었다는 점에서 비슷한 입장을 취하고 있다고 볼 수 있다.

4) 자유민주주의 수용론[受容論]

위와 같은 해방 직후의 자유민주주의 이식론과 함께 한편에서는

---

12 김영명. 『대한민국 정치사: 민주주의의 도입, 좌절, 부활』. 서울: 일조각, 2013, pp. 62~67.

13 박찬표. 『한국의 국가형성과 민주주의』. 서울: 후마니타스, 2007, pp. 423~424.

19세기 역사에 대한 분석을 근거로 당시 서구 민주주의가 수용되었다고 파악하는 민주주의 수용론이 주장되고 있다.

윤순갑은 1857년 최한기가 편집한 『지구전요』에서 서구 민주주의 제도를 상세히 소개한 근거를 들면서, 최한기에 의해 영국의 의원내각제와 미국의 대통령제, 그리고 인민주권, 정치적 평등, 선거와 의회제도, 다수결 원리, 언론과 결사의 자유 등 민주주의 제도가 자세히 소개되었으나, 조선에 도입할 것을 주장하지는 않았다고 한다. 조선인이 아직 민주주의를 받아들일 만큼 준비되지 않았다고 판단했기 때문이라고 한다.[14]

안외순은 19세기 개화파의 민주주의 수용론을 유가[儒家]와 민주주의의 융합을 시도한 한국 최초의 지적 실험으로 평가했다. 즉 그들은 자유와 법치 관념은 도덕, 윤리 및 덕치 관념을 동반해야 한다는 시각에서 수용하고자 했다는 것이다. 새로운 정치 주체로는 신분이나 재산과 관계없이 정치에 필요한 정치력과 도덕성을 겸비한 유가적 군자[君子] 시민을 설정했다.[15]

한편 강정인은 19세기부터 민주주의가 수용되었으나, 결국 민주주의가 최초로 도입된 것은 해방 후 미군정과 보수세력에 의해서라고 주

---

[14] 윤순갑, 「한말 한국사회에서의 민주주의 수용」, 『대한정치학회보』 15(3), 2008, pp. 300~321. 여기에서 사용되는 용어 '민주주의'는 '자유민주주의'로 새김이 적합하다고 생각된다(필자 註).

[15] 안외순, 「19세기 말 조선의 민주주의 수용론 재검토」, 한국정치학회 편, 『민주주의의 한국적 수용』, 서울: 책세상, 2002, pp. 101~123.

장했다. 또한 선거권을 비롯한 자유민주주의 제도의 도입은 혁명적인 혹은 획기적인 사건이지만, "전근대적인 사회정치적 제도를 혁파하기 위해 실시된 것이라기보다는 공산주의에 대항하고 이를 저지하기 위해 도입"되었다고 평가했다.[16]

이와 같이 19세기에 민주주의를 수용했다는 민주주의 수용론 역시 이후 일제강점기까지 민주주의가 실현되지 못했다는 전제하에 해방 이후 자유민주주의가 제도적으로 도입되었다고 평가하는 경향을 보이고 있다. 이상에서 살펴본 것처럼 민주주의 이식론과 수용론의 요체는 자유민주주의 제도와 이념이 해방 직후 미국에 의해 도입되었다는 데 있다.

요컨대, 자유민주주의 정치이념은 민주주의라는 제도적 틀 안에 자유주의 인권사상을 담아내는 이데올로기로 이해할 수 있으므로 자유민주주의 정치이념이 국내에 도입되어 실시된 것은 1948년 5·10 선거를 계기로 대한민국 건국헌법이 제정되면서부터라고 보아야 할 것이다. 그러나 제도적 측면에서의 자유민주주의가 해방 후 국내에 도입된 것이 역사적 사실이지만, 그 내용적 요소에 해당하는 자유주의 사상은 이미 1885년 기독교 선교와 함께 유입되었다고 보아야 할 것이다. 그에 관해서 살펴보기로 한다.

---

16 강정인. 「서구중심주의에 비쳐진 한국의 민주화, 민주주의의 한국화」, 한국정치학회 편. 『민주주의의 한국적 수용』. 서울: 책세상, 2002, pp. 46~73.

5) 미국 선교사들에 의한 자유민주주의 사상의 이식[移植]

　　1885년 4월에서 8월 사이에 조선에 처음으로 온 선교사는 미국 장로교의 언더우드(H. G. Underwood)와 감리교의 아펜젤러(H. G. Appenzeller), 그리고 스크랜튼(W. M. Scranton) 등이다. 이들 미국 선교사들은 초등 중등 고등교육에 이르기까지 많은 선교학교를 세워 한국의 교육 발전에 큰 공헌을 했다. 아펜젤러는 1885년에 배재학당을, 스크랜튼(W. M. Scranton)은 1886년에 이화학당을, 언더우드는 1887년 구세학당[17]을 각각 세웠다. 조선의 젊은이들은 배재학당에서 처음으로 민주주의와 자유주의 사상을 배웠으며, 연설하고 토론하고 박수 치는 것을 배웠다. 배재학당에서 학생들을 지도한 서재필과 제1회 졸업생인 이승만을 비롯하여 영어를 할 줄 아는 조선의 후기 개화파 인사들 대다수가 배재학당 출신이었다. 그러므로 학교를 개설하여 가르친 미국 선교사들이 야말로 서구의 자유주의 사상과 민주주의 제도를 이 땅에 처음으로 들여온 주역이었다고 할 수 있다.[18]

　　또한 독립운동가이자 기독교 장로였던 안창호는 언더우드가 세운 구세학당의 학생이었다. 선교사들의 교육사업과 선교사업에 의해 기독교를 믿기 시작한 애국 인사들이 많이 배출되었는데, 대표적인 개화파 출신 인물이 바로 이승만, 이상재, 안국선, 최병헌 등이었다. 해방

17　구세학당[救世學堂]은 일명 언더우드 학당, Miller School로 불리다가, 경신학교로 개명되고, 후에는 연희전문의 전신이 되었다(필자 註).

18　남시욱, 『한국 보수이념의 기원』, 서울: 나남, 2005, pp. 58~101.

후 한국 보수 우익세력이 미국에 호의적 태도로 자유민주주의를 적극적으로 수용했던 배경에는 이렇듯 60년 동안이나 친밀한 관계 속에 신앙적 친교를 유지해온 전통의 연속성 위에 있었다고 평가할 수 있을 것이다.[19] 특히 서재필은 미국에서 배워온 자유주의 민권사상을 독립협회와 독립신문을 통해 역설함으로써 천부인권사상과 만민평등사상을 전파했다. "천한 사람이나 귀한 사람이나 하나님께서 주신 권리는 다 같은데 아무도 그 권리를 빼앗지 못한다"[20]는 천부인권사상, 그리고 "사람마다 가진 자유권을 존중해야 하며 이를 발전시켜야 한다."[21]는 자유주의 사상을 주창했다.

여기서 서재필에 의해 주창된 자유권은 국가권력으로부터의 개인의 자유를 의미하는 것으로서 오늘날 우리가 말하는 고전적 자유주의 사상이었다고 할 수 있다. 그러므로 한국 자유주의 사상의 체계화와 발전에 있어서 서재필의 위치는 결코 과소평가될 수 없다. 그가 이승만 등 독립협회 회원들에게 로크, 루소, 몽테스키외, 제퍼슨 등의 사상을 적극 보급하는 데 많은 노력을 기울였던 역사적 사실[22]은 그가 한국 자

19 남시욱. 『한국 보수이념의 기원』. 서울: 나남, 2005, pp. 58~101.

20 『독립신문』. 1897년 3월 9일; 1898년 10월 16일; 1897년 2월 20일.

21 『독립신문』. 1899년 1월 10일.

22 이택휘. 「서재필의 개화 민주 민권사상」, 서재필기념회 편. 『서재필과 그 시대』. 2003, p. 187. 1884년 갑신정변 실패로 가족의 참혹한 멸문지화[滅門之禍]를 당한 서재필(1864~1951)은 일본을 거쳐 미국에 단신으로 망명하여, 20대 중반의 나이로 미국의 고등학교(Harry Hillman Academy)에서 고학으로 3년간 수학하는 동안 인문교육을 통해 미국의 자유민주주의 사상을 철저히 체득했다. 김운태. 「서재필의 정치사상」, 서재필기념회 편. 『개화 독립 민주』. 2001, p. 281.

유주의 사상의 선구자였음을 말해준다.

백낙준은 1929년에 출간한 영문 『한국개신교사』(The history of Protestant Mission in Korea 1832~1910)에서 기독교를 통해 한국에 들어온 자유민주주의에 대해서 "오늘의 한국은 서양 문화와 기독교적 민주주의의 주요 원리 아래서 깨어나고 있다."[23]고 했다. 이능화도 『조선기독교 급 외교사』에서 한국개신교가 민족정신을 개조시킨 것 중에 민주주의 사상 도입을 중요한 공헌으로 강조한 바 있다.[24] 그러므로 한말 초창기부터 한국에 파송된 선교사들은 단순히 복음만 전하지 않고 복음과 함께 서구의 정치사상인 자유민주주의 이념을 심어주었다. 당시 선교사들은 모두 미국, 캐나다, 호주 등에서 파송된 선진 지식인들이었다. 그들은 서구의 민주주의 사상을 어릴 때부터 접하고 그러한 문화 속에서 신앙교육과 대학교육을 받은 이들이었다. 이 선교사들이 설립한 미션스쿨 커리큘럼을 통해 그리고 그들의 삶을 통해 한국교회는 서양의 핵심적인 근대사상인 자유민주주의를 직간접으로 체험할 기회를 가질 수 있었다. 이러한 기독교적 사상과 문화의 영향으로 한국기독교는 독립협회와 만민공동회[25]와 같은 광장 민주주의를 실험하기도 했고, 뒤이

---

23 백낙준. 『한국개신교사』. 서울: 연세대 출판부, 2002, p. vi.

24 이능화. 『朝鮮基督敎 及 外交史』. 서울: 기독교창문사, 1928, p. 202. 이 책의 제목에 나오는 '급(及)'이란 단어는 우리말의 '및', 영어의 'and'에 해당하는 의미를 지닌 한자어다(필자 註).

25 19세기 말 독립협회에서 개최한 만민공동회는 서재필과 청년 이승만이 주도한 직접민주주의의 요람이었다(필자 註).

어 3·1 독립운동[26]에서도 주도적 역할을 수행할 수 있었다.

요컨대, 이러한 서구에서의 역사적 근원과 정치적 발전과정을 거친 자유민주주의 이념은 19세기 말 이후 그 대다수가 미국의 장로교와 감리교 출신으로서 칼빈주의 영향을 받은 내한 선교사들에 의해 한국에 이식되었으며, 그것은 복음과 함께 한국기독교의 정체성 요소로서 자리하게 되었다. 내한 선교사들은 배재학당에서부터 시작하여 숭실전문, 연희전문 등 한국의 지역마다 여러 사립 교육기관을 설립했고, 이 학교들에서는 기독교 신앙뿐만 아니라 서구의 선진문화와 자유민주주의 사상이 지속적으로 가르쳐졌다.[27] 이러한 60년의 이식과정에서 대한민국의 기독교적 자유민주주의 건국이념은 국민 의식 가운데 서서히 형성되며 뿌리내리게 되었던 것이다.

이러한 서구의 자유민주주의 사상은 결국 1948년 대한민국 건국의 기본이념으로 수용되고 건국헌법의 내용으로 규정되었다.

---

26 3·1 독립운동을 주도했던 33인 대표 중 16명이 기독교인이었다. 민경배, 『한국기독교회사』, 서울: 연세대 출판문화원, 2017, p. 364.

27 그 결과 이승만의 경우에는, 1904년부터 한성감옥에서 집필을 시작하여 1910년 미국 로스엔젤레스에서 순 한글로 『독립정신』을 출간하였다. 이승만은 이 저작에서 미국식 민주정치를 최선의 제도로 보면서 미국의 독립 또한 국민에게 독립정신이 있었기에 가능했다고 주장했다. 미국의 독립사를 요약하고 독립선언서(1776)를 번역하여 게재하면서 자유민주주의 사상을 소개했고, 미국의 헌법 제도를 항목별로 나열하며 설명했다. 여기에서 이승만은 한 국가의 독립을 위한 전제조건으로서 국민의 계몽이 우선되어야 한다는 애국계몽사상을 피력하고 있다. 우남이승만전집발간위원회 편, 『독립정신』, 서울: 연세대 출판문화원, 2019, pp. 435~452.

3. 미군정 기간의 자유민주주의 정착 과정

미군정은 1945년 9월 8일 미군의 인천 상륙으로 시작하여 1948년 8월 15일 대한민국의 건국에 이르는 시기까지 약 2년 11개월여에 걸쳐서 실시되었다. 이 기간 미군정의 구체적인 전개 양상을 이해하려면 먼저 일반 민정[民政]과는 다를 수밖에 없는 군정[軍政]의 정치적 성격을 고려해야 한다. 미군정은 불과 3년 미만에 걸쳐서 한국 사회를 지배한 것에 불과하지만, 당대의 한반도에 대한 실체적 통치 주체로서 그것이 미친 영향은 지금까지도 지속적으로 역사적 연속성을 이루면서 이어지고 있다. 그러므로 미군정 체제가 이후 한국 현대사에 미친 영향은 여러 분야에서 현재까지도 지속되고 있기에 해방정국의 상황을 올바르게 파악하기 위한 전제로서, 그 실체적 통치 주체였던 미군정에 대한 객관적인 관점이 요구된다 할 것이다.

여기에서 미 군정기를 심층적으로 분석하기 위한 선결 조건으로서 미 군정기에 앞서 존재했던 한미관계 전사[前史]와 미 군정기 이후까지 이어지고 있는 현대사의 흐름을 개관해 볼 필요가 있다. 따라서 본 장에서는 미 군정기를 전후한 한미관계 역사를 먼저 살펴본 다음, 군정의 정치적 성격과 군정 기간의 통치과정을 조명하고자 한다. 그리하여 대한민국 성립 직전에 존재했던 과도적 '태아[胎兒]정부'로서의 미군정 체제의 모습을 조명함과 아울러 그 결과 한국 자유민주주의 체제의 정착 과정에 미친 미국의 영향을 규명해보기로 한다.

1) 미군정의 성립 배경

일본이 우리나라를 강점한 이후 우리 겨레는 날마다 해방될 그 날을 손꼽아 기다려왔다. 1945년 8월 15일 마침내 그날이 왔다. 그날 정오 일본 천황은 연합군[28]에게 무조건 항복한다는 방송을 했다. 조선총독부 엔도 류사쿠[遠藤柳作] 총감은 조선에 있는 80여 만의 일본 민간인과 군인의 신변 보호 및 그들의 안전한 귀국을 보장받기 위해 국내 지도급 인사인 송진우와 여운형에게 행정권 이양 교섭을 벌였다. 송진우가 불응하자 여운형에게 행정권을 넘기기로 했다. 여운형은 이 제의를 수락하고, 이미 비밀리에 조직했던 건국동맹을 모체로 '건국준비위원회'를 발족시켰다. 여운형은 8월 16일 정치범을 석방하고 치안대를 조직하는 등 신속하게 건국활동을 시작했다. 그러나 곧 조선총독부는 일방적으로 건국준비위원회에서 행정권을 거두어들였다. 38선 이남에는 미군이 점령하여 직접 군정을 실시할 계획을 입수했기 때문이다. 그리하여 조선총독부는 9월 11일 미군정청이 출범할 때까지 기존의 권한을 행사했다. 8.15는 우리 겨레에게 이름만의 해방으로, 자주독립 국가의 건립은 매우 험난함을 예고했다.[29]

북위 38도선이 미국에 의해 소련에 제안된 때는 1945년 8월 14일이

---

28 제2차 세계대전에서 승리한 연합군 측은 미국, 영국, 프랑스, 중국, 소련 등이었고, 그 반대편에서 패전한 추축국[樞軸國: '중심국'이란 의미]은 독일, 이탈리아, 일본 등이었다. 이정식. 『대한민국의 기원』. 서울: 일조각, 2008, pp. 98~100.

29 이정식. 『대한민국의 기원』. 서울: 일조각, 2008, pp. 98~100.

었고, 소련이 미국의 분할 제안을 수락한 때는 8월 15일이었다. 1945년 2월의 얄타회담에서 소련은 '독일이 항복하면 3개월 내 일본에 대하여 선전포고를 하기로' 미국, 영국과 약속한 바 있었다. 독일은 1945년 5월 8일 무조건 항복을 선언했다. 미국은 8월 6일 히로시마에 원폭을 투하해서 일본을 무력하게 만들었다. 아시아의 미·일전 상황을 관망하고 있던 소련의 스탈린은 얄타회담의 약속을 지킴으로써 아시아에서 승전국의 이익을 챙기기 위해 8월 8일 전격적으로 일본에 선전포고했다.

8월 8일은 독일의 항복선언 후 정확히 3개월이 만료되는 날이었다. 함경도 동북쪽인 연해주 지역에 대기 중이던 소련 극동군은 8월 9일 한반도의 함경북도에 진입하기 시작했다. 일본군은 청진과 웅기 등에서 소련군에 약간 저항했으나 중과부적이었다. 한반도에 들어온 소련은 빠른 속도로 남하하기 시작했다. 그때 미군은 한반도에서 1천 킬로미터나 떨어진 태평양의 오키나와섬에 주둔 중이었다. 한반도에 있는 일본군의 무장해제를 위해 이미 진주한 소련군이 미군의 도움을 필요로 할 상황은 아니었다.[30]

이러한 상황에서 미국은 8월 14일 일본의 항복선언 직전에, 이미 남하 중인 소련이 한반도 전체를 점령하지 못하도록 북위 38선 이북에서만 일본군의 무장해제를 하라고 제의하게 되었던 것이다. 소련은 이 제안을 즉각 받아들였다. 왜냐하면 미국의 제안을 수락해야만 일본의 홋카이도 북반부를 미국으로부터 양보받을 수 있으리라고 생각했기 때

---

30   이정식, 『대한민국의 기원』, 서울: 일조각, 2008, pp. 98~100.

문이다.[31] 9월 8일 인천에 상륙한 미 24군단장 하지 중장은 9월 9일 서울로 진주하여 조선 총독과 일본군으로부터 항복 조인을 받고, 태평양 미 육군 총사령관 맥아더 명의의 포고령 제1, 2호를 공포함으로써 군정을 시작했다.[32]

2) 해방 직전 미국의 대한[對韓]정책

① 카이로선언 (1943. 11.)

제2차 세계대전 중인 1943년 11월 22~26일, 이집트의 카이로에서 루즈벨트 미국 대통령과 처칠 영국 수상, 장제스[蔣介石]중화민국 주석은 연합국의 대일[對日] 전후[戰後]처리 방침에 관한 회담을 가졌다. 그리고 그 결과를 11월 27일에 서명, 12월 1일에 발표한 것이 카이로선언 (the Cairo Declaration)이다. 이 회담을 통해 중국은 제2차 세계대전 중 미국·영국·소련과 함께 동아시아에서 4대 열강으로 등장했다. 미국의 전후 세계전략 구상의 일환으로 중국도 4대 강국의 자리에 초대되었던 것이다. 이 회담의 핵심 의제는 중국의 권리 및 영토 회복에 관한 것이었다. 이 회담에서 연합국은 일본이 1914년 이후 점령한 태평양의 위임 통치령, 중국으로부터 도취[盜取, stolen]한 영토(만주·대만·팽호도 등), 탐욕과 폭력으로 점령한 지역 등에서 구축(제거)된다고 결정했

---

31 이정식, 『대한민국의 기원』, 서울: 일조각, 2008, pp. 98~100.
32 진덕규, 「미군정의 정치사적 인식」, 송건호 외, 『해방전후사의 인식』, 서울: 한길사, 2020, pp. 45~81.

다. 이와 함께 '적절한 시기'에 한국의 자유와 독립이 약속되었다. 카이로선언의 한국조항 내용은 다음과 같다.[33]

"상기 3대 강국은 한국 인민의 노예 상태를 유념해 **적절한 시기에** 한국이 자유와 독립 (상태가) 될 것을 결의한다. (The aforesaid three great powers, mindful of the enslavement of the people of Korea, are determined that **in due course** Korea shall become free and independent)."

위와 같이 카이로선언은 전후[戰後] 한국독립을 약속한 연합국 최초의 공약이었고, 한국은 연합국으로부터 독립을 약속받은 유일한 아시아 국가였다. 또한 카이로선언은 한국의 자유·독립 회복을 결정했지만, 그 시기를 지금 즉시나 종전 직후가 아니라 '적절한 시기'라고 규정했다. 잘 알려진 것처럼 이는 프랭클린 루즈벨트의 다국적 신탁통치구상을 반영한 것이었다.

② 포츠담선언 (1945. 7.)

한국의 자유와 독립을 약속한 카이로선언은 포츠담회담으로 이어졌다. 포츠담회담은 1945년 5월 8일 독일이 항복한 뒤, 일본의 항복 문제와 전후처리 문제를 논의하기 위해 독일 베를린 교외의 포츠담에서 열린 연합국의 전시 회담이다. 회담은 1945년 7월 17일에 시작하여, 8월 2

---

33 정병준, 「카이로회담의 한국 문제 논의와 카이로선언 한국조항의 작성 과정」, 『역사비평』 107, 2014, pp. 307~308.

일 종결되었다. 회담의 주요 의제는 패전국 독일의 통치방침, 해방국 폴란드의 서부 국경 결정, 패전국 오스트리아의 점령 방침, 동유럽에서 소련의 역할, 패전국의 배상금 문제, 대일[對日] 전쟁 수행 방침 등이었다.[34]

포츠담선언(The Potsdam Declaration)은 1945년 7월 26일 해리 트루먼 미국 대통령과 처칠 영국 수상, 장제스 중화민국 주석이 서명했고, 8월 8일 대일[對日]전 참전과 동시에 스탈린 소련 공산당 서기장도 서명했다. 포츠담 선언은 모두 13개 항목으로 구성되었는데, 제1~5항은 전문[前文]으로 일본의 무모한 군국주의자들이 세계 인류와 일본 국민에 지은 죄를 뉘우치고 이 선언을 즉각 수락할 것을 요구하였다. 제6항은 군국주의의 배제, 제7항은 일본영토의 보장점령, 제8항은 카이로선언의 실행과 일본영토의 한정, 제9항은 일본군대의 무장해제, 제10항은 전쟁범죄자의 처벌, 민주주의의 부활 및 강화, 언론·종교·사상의 자유 및 기본적 인권 존중의 확립, 제11항은 군수산업의 금지와 평화산업 유지의 허가, 제12항은 민주주의 정부수립과 동시에 점령군의 철수, 제13항은 일본군대의 무조건 항복을 각각 규정하였다. 한국독립 문제와 관련된 포츠담선언의 제8항의 내용은 다음과 같다.[35]

---

34 정병준. 「포츠담 선언」, 『한국민족문화대백과』. 서울: 한국학중앙연구원, 2005, p. 118.

35 정병준. 「포츠담 선언」, 『한국민족문화대백과』. 서울: 한국학중앙연구원, 2005, p. 118.

"카이로선언의 조항은 이행되어야 하며, 일본의 주권은 혼슈 [本州]·홋카이도[北海道]·큐슈[九州]·시코쿠[四國]와 연합국 이 결정하는 작은 섬들에 국한될 것이다. (The terms of the Cairo Declaration shall be carried out and Japanese sovereignty shall be limited to the islands of Honshu, Hokkaido, Kyushu, Shikoku and such minor islands as we determine.)"

이처럼 포츠담선언은 카이로선언을 승계해 전후 일본의 영토를 구체적으로 특정한 것이었다. 카이로선언은 포츠담선언 제8조에서 인용됨으로써, 연합국들의 공식 대일 영토정책이 되었다. 일본은 항복선언에서 포츠담선언을 수락했고, 따라서 카이로선언의 영토 조항이 전후 연합국과 일본 쌍방에게 일본영토 처리의 합의된 기준점이 되었다.[36]

그러나 카이로선언과 이를 승계한 포츠담선언은 곧바로 일본의 한반도 지배가 비인도적이고 비합법적인 것임을 확정한 것으로서, 다시 말해 한반도 독립이 그러한 비인도적이고 비합법적인 지배로부터의 광복[光復]으로 이루어질 것임을 선언한 것이라고 보기는 어렵다. 오히려 미국은 카이로선언과 포츠담선언만으로는 한반도에 대한 일본의 주권이 정식으로 종료되었다고 볼 수 있는가 여부를 고민하면서 주권이 종료되었음을 별도로 천명할 절차가 필요한지 그 여부를 검토했다. 따라서 카이로선언과 포츠담선언은 한반도 독립의 실현을 국제정치에서 흔히 일어나는 전후[戰後] 단순 영토 분리의 문제로 확정하는 기

---

36   정병준, 「샌프란시스코 평화조약과 독도」, 『독도연구』 18, 2005, pp. 143~144.

원이 되었다.[37]

3) 해방 후 미국 대한[對韓] 정책의 기조[基調]

미국의 제2차 세계대전 개입과 함께 식민지와 관련된 국제정치 질
서에는 커다란 변화가 일어났고, 그러한 정책 변화가 한국의 해방과 건
국에 크게 기여했다. 제1차 세계대전 이후 고립주의로 회귀했던 미국을
또다시 국제무대로 끌어내기 위해 루즈벨트는 1941년 8월 영국의 처칠
과 함께 샌프란시스코에서 대서양헌장[38]을 발표했다. 이 헌장은 미국과
영국이 과거 제국들과 달리 영토 팽창 야욕이 없고, 파시즘에 신음하
는 국민은 민족자결의 원칙에 따라서 정부형태를 선택할 수 있도록 해
야 한다고 천명했다.[39]

대서양헌장의 정신은 1943년 12월 한국의 독립을 확인한 카이로선
언에 그대로 반영되었다. 양 선언의 정신은 루즈벨트 사망 이후 취임한
트루먼이 참석한 1945년 7월의 포츠담선언에서 재확인되었다. 그 이후
미국과 소련 사이에 1945년 12월 모스크바 삼상회의에서 한반도 신탁
통치에 대한 논의가 있었지만, 이 안이 두 차례 미소공동위원회의 실패

---

37 장박진. 「카이로선언의 기초와 한반도 독립 조항의 의미: 전후 단순 분리 독립
    의 기원」, 『동북아역사논총』 54, 2016, pp. 247~289.
38 이 대서양헌장의 정신에 따라 1945년 10월 24일 뉴욕에 본부를 둔 국제연합
    (UN)이 발족되었다. 정병준. 「샌프란시스코 평화조약과 독도」, 『독도연구』 18,
    2005, pp. 143~144.
39 장박진. 「카이로선언의 기초와 한반도 독립 조항의 의미: 전후 단순 분리 독립
    의 기원」, 『동북아역사논총』 54, 2016, pp. 247~289.

로 돌아가자 미국의 세력권에 있던 한국은 대서양헌장의 정신에 따라 UN 감시 하의 자유 선거를 통하여 마침내 독립할 수 있었다.[40]

해방 후 미국의 대한정책을 이해하기 위해서는 제2차 세계대전 중, 미·영·중·소의 연합국 4대 강대국이 카이로선언과 포츠담선언에서 한국의 독립을 합의했다는 사실과 연합국 최고사령부 일반명령 제1호 (1945.9.2.)로 북위 38도선을 기준으로 미·소가 한반도를 분할 점령했다[41]는 사실의 관계를 먼저 이해해야 한다.

이를 전제로 북위 38도선 이남의 한반도를 점령한 미 제24군단은 남한 점령과 동시에 태평양 미 육군 총사령부 포고 1호로 군정 설립과 점령의 조건을 밝혔고, 포고 2호로 해방의 공간에 점령의 시간이 다가왔음을 천명했다. '북위 38도선 이남의 조선 영토와 조선 인민에 대한 통치권이 미군에게 있다', '모든 명령에 복종해야 하며 그렇지 않으면 엄벌을 피하지 못할 것'이라는 경고를 담은 포고 제1호와 2호[42]는 전형적인 점령군의 명령적 형태를 띤 것이었다.[43]

4) 미군정의 한국인화(Koreanization) 정책

미군정이 남한에 대한 통치력을 확보하기 위해서는 일차적으로 행

---

40 정병준, 「샌프란시스코 평화조약과 독도」, 『독도연구』 18, 2005, pp. 143~144.

41 미국무성 저. 김국태 역. 『해방 3년과 미국 I: 미국의 대한정책 1945~1948』. 서울: 돌베개, 1984, pp. 84~103.

42 박남수 외. 『주한미군사 1』. 서울: 국사편찬위, 2014, pp. 26~30.

43 박남수 외. 『주한미군사 1』. 서울: 국사편찬위, 2014, pp. 26~30.

정체계를 정비하고 행정 관료기구를 구축해야 했다. 미군정은 일본의 통치기구였던 총독부 구조를 최대한 활용하고 필요한 부분에서 손질하고 재편하는 방식으로 행정관료 기구를 구축하였다. 1945년 말에는 군대를 창설하기 위해 기존의 군정청 기구에 군무국을 설치하고 기존의 경무국과 통합하여 국방사령부를 발족시켜 국가기구의 단일 통제체제를 더욱 강화했다. 또한 1945년 12월부터는 한국인화 정책에 따라 군정청 기구에 미군 장교 1명과 한국인 관료 1명을 임명한 양[兩]국장제를 시행하였다. 전국적으로 군정 행정통치기구가 조직, 정비되면서 1946년 3월 29일 중앙조직의 경우 국[局]을 부[部]로 승격했으며, 1947년 7월 남조선 과도정부 수립과 함께 13부 6처의 기구를 갖추게 되었다. 입법, 사법, 행정 각 기관을 망라하여 남조선 과도정부가 성립되고 민정장관 안재홍을 비롯하여 각 부장 및 입법, 사법 기관의 관리들이 모두 한국인으로 교체되었으나 군정장관의 거부권 행사, 각 부처 내의 미국인 고문의 부결권 행사와 간섭 등으로 사실상 한국인은 자율적인 행정 통제 권한을 확보하지 못하였다.[44]

한편, 미군정은 1946년 6월 29일 한국 민족의 대표기관으로 입법기관을 설립하겠다고 발표하였고, 군정법령을 제정한 뒤 1946년 말에는 남조선 과도입법의원 설립을 공포하였다. 그러나 입법의원은 군정장관의 해산권 및 신임 의원 임명권, 선거 요구 권한 등으로 한국인의 대

---

44 미국무성 저. 김국태 역. 『해방 3년과 미국 I: 미국의 대한정책 1945~1948』. 서울: 돌베개, 1984, pp. 158~160.

표기구가 아닌 미군정 통치의 보조기관에 불과했다. 입법의원은 관선의원 45명, 민선의원 45명 등 90명으로 구성되었는데, 관선의원의 경우 군정장관이 임명권을 갖고 있었고, 민선의원 선거 또한 10월 항쟁[45] 와중에 좌익 정치지도자들이 모두 검거된 상황에서 이루어져 좌익의 참여가 조직적으로 배제되었다. 인민위원회 조직이 와해되지 않았던 제주도에서만 인민위원회 출신이 선출되었고, 대부분 한민당과 이승만의 독립촉성계 등 우익인사들이 당선되었다. 한국민주당 12명, 독촉국민회 17명, 무소속 13명, 한독당 4명, 기타 4명이었는데, 이 가운데 무소속은 이승만, 신익희, 이갑성, 이종근 등 한민당과 친이승만 계열의 단정 지지자, 우익인사들이었다.[46]

이에 대해 1946년 11월 4일 좌우합작위원회 공동의장인 김규식은 선거 부정이 심하고 친일파가 주류인 민선의원에 대해 재선거를 요청했으나 미소공위 미국측 대표인 브라운 소장은 이를 거절했다. 관선의원의 경우는 민선이 끝난 후 당시 좌우합작위원회의 심사위원이었던 김규식, 원세훈, 최동오, 송남헌 등이 추천한 인사들 중에서 하지 중장이

---

45 미군정 입장에서 보면 '10월 폭동'이란 표현이 적합하다. 1946년 5월 조선정판사 사건으로 체포령이 내려져 수세에 내몰렸던 남로당의 박헌영은 9월부터 남한 내 식량부족 문제를 명분으로 남로당 소속 공장 노동자 조직을 향해 총파업을 지시했다. 그 결과 대구를 중심으로 영남 일대에서 일반 시민까지 합세하여 폭동이 일어났다. 1946년 10월 1일부터 3일 사이에 일어난 경찰과의 충돌에서 경찰관 측 사망자 33명, 중경상자 135명이 발생했고, 시위대 측에서는 사망 17명, 부상 25명, 그리고 636명이 검거되었다(필자 註).

46 안진. 『미군정기 억압기구 연구』. 서울: 새길, 1995, pp. 106~107; 진덕규. 『미군정의 정치사적 인식』, 송건호 외. 『해방전후사의 인식』. 서울: 한길사, 2020, p. 53.

최종결정했는데, 합작위원 6명, 우익 12명, 중간파 12명, 기타 15명으로 결정되었다. 좌익의 통일전선인 '민전'(민주주의민족전선)은 단정 수립을 준비하는 입법기구 수립에 반대하여 선거에 불참했으며 관선의원에 지명된 '민전'위원을 제명하겠다고 했다. 이렇게 해서 미군정 국가 행정기구뿐만 아니라 입법의원조차도 한민당계, 친 이승만계 등 우익세력 일변도로 구성되었다.

- ■ 미군정의 국가기구 개편과정 (주요 내용)
- – 1945. 9. 15. 총독부 행정기구 존속시켜 8개 국장 신규임명.
- – 1945. 10. 5. 군정장관의 고문 한국인 11명 임명(위원장 김성수).
- – 1945. 12. 5. 군사영어학교 설립.
- – 1945. 12. 한국인과 미국인 양[兩]국장제 실시.
- – 1946. 2. 14. 남조선 대한국민 대표 민주의원: 하지 사령관의 자문기구로 출범.
- – 1946. 5. 제1차 미소공동위원회 결렬, 좌우합작 지원(여운형의 중간파 분리)
- – 1946. 12. 19. '남조선과도입법의원' 개원(의장 김규식), 이승만 · 김구 배제.
- – 1947. 2. 10. 과도입법의원 안재홍을 민정장관에 임명.
- – 1947. 4. 5. 중앙정부를 13부 6처로 확대 개편.
- – 1947. 5. 17. 각 부처의 장을 한국인으로 임명, 미국인은 고문으로 후퇴. 미군정청, 한국인으로 운영되는 '남조선과도정부'로 개칭.
- – 1947. 9. 17. 한국문제의 유엔 이관.

- 1948. 5. 10. 남한 제헌의원 총선거, 김구, 김규식 등 남북협
  상파 불참.
- 1948. 8. 15. 대한민국 정부수립(미군정 폐지)

4. 미군정의 인권보장 법령과 권리장전

기본적 인권의 측면에서 미군정의 정책을 평가할 때 전반적으로 획
기적인 발전이 있었다고 말하기는 어렵다. 이는 정식국가가 아닌 미군
정의 과도적 성격을 감안할 때 불가피한 한계라고 해석되어야 할 것이
다. 우선 군정 초창기에 경제 못지않게 노동 부문에서도 한국 상황에
대한 그릇된 인식, 특히 한국 사회에 대한 미국의 문명우열론적[文明
優劣論的]인 선입견으로 인하여 실효적인 인권신장의 계기를 마련하지
못하였으나, 1947년에 들어서면서 공창제 폐지 등을 통해 여성 인권의
일부 신장을 가져오는 성과를 거둘 수 있었다.

이 부문에서 미 군정기의 가장 큰 성과는 형사사법 제도의 개혁에
있었다고 할 수 있다. 일제강점기 검사와 사법경찰관에 의한 강제수사
와 그에 수반한 인신구속이 만연하던 종래의 형사 사법절차에 일정 수
준의 제도적인 제동을 걸고 미국식의 인신보호제도를 도입함으로써 향
후 한국민의 신체의 자유 보장에 대한 기대 수준을 한층 끌어올린 것
이다. 이는 이후 대한민국의 권위주의 정부 시기에 국민이 '회복해야
할 대상'의 인권과 민주화의 수준을 상정하는 데 있어서도 막대한 영

향을 끼쳤다고 평가할 수 있다.[47]

군정 당국은 점령 말기에 남한에서의 단독선거를 앞두고 국제사회에 대한 신뢰를 얻기 위해서 『조선 인민의 권리에 관한 포고』로써 일종의 포괄적인 기본권 목록을 제시하였다. 이는 이후 제정된 대한민국 헌법의 방향성에 일정한 영향을 끼친 점을 부인할 수 없다. 그러나 다른 한편 그 의미는 군정기에 실제로 보장되고 있던 권리들의 목록이라기보다도, 앞으로 건설될 대한민국 사회가 추구해야 할 인권보장 가치의 전형을 선보였다는 데에서 찾는 것이 더 적절할 것이다. 따라서 이 기본적 인권의 제도적 선포는 인권의 '실제적인' 확장·구현보다도 향후 인권의 '지향점'을 일정 부분 제시해 준 데에 있었다고 평가할 수 있다.[48]

5. 결론 – 미국의 영향과 역사적 의의

해방 직후 한국에서 실제적인 국가건설을 주도한 것은 미군정이었다. 미군정이 한반도에 어떤 국가를 건설할 것인지에 관해 사전 계획이나 정치적 프로그램을 구상하고 들어오지 않았음은 분명하다. 한국을 통치하는 데 있어서 미군정의 일차적 목표는 정국 안정이었다. 따라서 미군정은 미국에 적대적이거나 미국이 옹호하는 자유민주주의 가치와

---

47 김광식. 「8·15직후 한국사회와 미군정의 성격」, 『역사비평』 1, 1987, pp. 58~60.

48 국사편찬위원회. 「미군정기 주요법규」, 헌정사 자료 DB, http//www.db.history. go.kr/item/cons/level.do.levelld/ (검색일: 2022년 10월 3일).

규범에 상충되는 이념을 주장하는 세력에 대해서는 모든 수단을 동원하여 규제하고자 했다. 이를 위해 미군정은 '군정[軍政]'의 특성상 최후의 수단으로서는 물리적 군사력의 동원도 불사하는 정책을 취했다.

이는 세 가지 결과를 가져왔는데, 그 첫 번째는 미군정의 통치기구로서 일제 식민지 조선총독부 정부 기구의 골격을 거의 그대로 이어받았고, 또 다수의 친일 부역자들이 새로운 관직에 등용되었다는 사실이다. 특히 경찰조직은 식민지 경찰의 모습을 그대로 답습하여 운용되었다. 신규 창설된 군대(국방경비대) 역시 일본군계[系]가 창군과정을 주도했다. 이러한 사정은 건국 이후에도 크게 달라지지 않았다. 경찰과 군대의 인적 자원은 하루아침에 양성될 수 없는 특수 인력이므로 갑자기 해방을 맞이한 상황에서는 불가피한 결과로 볼 수밖에 없다.

두 번째의 유산은 한국의 근대국가 발전에 확고한 초석을 놓았다는 사실이다. 즉 국가기구의 운용이 자유민주주의와 법치주의의 제도와 절차 내에서 이루어지도록 한 것이다. 보통 선거권과 정당제도, 최고법으로서의 헌법, 삼권분립, 근대적 사법제도 등 자유민주주의와 입헌주의의 주요 제도 및 절차를 도입하여 정착시켰다.[49] 이는 미군정이 남긴 가장 큰 유산으로 볼 수 있다. 이로써 대한민국의 자유민주주의 헌법체계의 주춧돌을 놓았다고 할 수 있다.

세 번째의 유산으로는 연합국 사령관 맥아더의 역할이었다. 미국 무성의 기본정책과는 달리 미군정 최고 지휘관 맥아더는 일본과 더불

---

49   김준석. 『근대국가』. 서울: 책세상, 2011, p. 127.

어 한국에서도 기독교를 바탕으로 하는 반공적인 자유민주주의 국가를 건설하고자 했다. 그의 정책이 일본에서는 크게 성공하지 못했으나, 한국에서는 그대로 적용되어 미군정에 기용된 선교사들과 한국 기독교인들의 열성적 지지를 힘입어 큰 효력을 거두었다. 결과적으로 그의 친기독교적 정책은 성공하여 반공적인 자유민주주의 국가가 출범하게 되었고, 기독교가 국내 주류 종교로 급성장하는 계기를 마련하기도 하였다.[50]

한국 현대사에서 1945년 8월 15일 해방 이후 3년간, 미군정의 역사를 어떻게 인식하고 평가할 것인가 하는 문제는 매우 중요하다. 왜냐하면 오늘의 엄중한 현실의 기원이 바로 미 군정기부터라고 할 수 있기 때문이다. 미국과 소련은 제2차 세계대전, 특히 아시아태평양전쟁 종료와 동시에 한반도의 북위 38도선을 경계로 양분하여 점령하고 서로 다른 군정을 실시했다. 그 군정의 결과 대한민국의 이승만 정부와 북한 (조선 민주주의 인민공화국)의 김일성 정권이 성립했다. 이 같은 분단체제는 이후 6·25 전쟁과 분단의 고착화로 이어져 엄청난 후유증을 남겼고, 지금까지도 많은 미해결 과제를 남기고 있다. 여기에서 미군정 체제에 대한 여러 비판과 그에 대한 성찰을 살펴보기로 본다.

---

50 최재건, 「대한민국 건국기 미국의 대한정책과 주한 선교사들의 역할」, 박명수 편, 『대한민국 건국과 기독교』, 서울: 북코리아, 2014, pp. 168~169.

1) 미군정 체제에 대한 비판적 관점

미국 국무부 외국 정책 분석가인 존 메릴(John Merrill)은 "대부분의 기준에서 미국의 남한 정책은 실패했다"며 당시 남한 점령정책을 평가했다. 그러나 그는 미 군정기 분석과정에서 편견을 배제하기 위해 '관념적 사고'라고 하는, 많은 다른 각도에서 문제에 접근하는 시도를 해야 한다고 주장했다. 그리고 오늘날 우리에게 필요한 것은 미 군정기의 역사에 대한 '선고'가 아니라, 가능한 한 많은 영역에서 미 군정기의 '감추어진 역사'를 재발견하는 작업이라고 강조했다.[51]

또한 재미 정치학자 서대숙은 "미군정이 준비 없이 우리나라에 들어와 해방은 성취했으나 분단상태를 해소치 않고 물러난 것만은 사실이다. 미군정의 미숙한 남한통치와 전후에 표출된 냉전의 여파로서 북에는 사회주의 국가가 서고, 남에는 민족주의자들로 구성된 자본주의 정부가 들어서는 모양이 되었다"라고 평가했다.[52] 미국은 다른 점령지역에서와 마찬가지로 좌익을 탄압하고 우익세력을 지원하여 자국에 우호적인 세력을 확보하는 방식으로 현실정치에 개입했다. 한국의 독립과 자결은 한국인의 입장과 이익이 아니라 미국의 국익에 어떻게 영향을 미치는가에 따라 고려될 수밖에 없었다.[53]

---

51   Merrill, John. 「미국의 한국 점령정책」, 한림대 아시아문제연구소 편. 『한국현대사와 미군정』. 서울: 역사비평사, 1991, p. 39.

52   서대숙. 「미군정과 북한」, 『한국현대사와 미군정』. 서울: 역사비평사, 1991, p. 213.

53   박현채. 「남북분단의 민족경제사적 위치」, 『해방전후사의 인식 2』. 서울: 한길

따라서 한국은 미국인에게는 "아시아에서 우리의 전체적인 성패가 달려 있는 이데올로기의 전쟁터이자 문명의 시험장, 즉 인류의 운명이 심사되고 있는 경기장"인 환상적 건축물과도 같은 존재로 여겨졌다.[54] 브루스 커밍스는 기본적으로 1943년부터 미국의 대한[對韓] 정책은 대내외적으로 모두 모순에 찬 것이었다고 비판한다. 특히 그는 1945년 8월부터 1946년까지 서울의 하지 중장 등 점령 당국과 워싱턴의 미국무성 정책 사이에 괴리가 있었으며, 워싱턴 당국이 남한의 현실을 따라가지 못했다고 평가했다. 사건을 만들어내고 입장을 조성하는 추진력은 서울의 현장에 있는 사람들의 수중에 있어서, 워싱턴에 있는 당국자들을 항상 현실에 뒤떨어지게 만들었다는 것이다.[55] 이 시기 미 국무성의 정책은 대단히 심사숙고하는 모습을 보였지만, 한국에서의 현실에 수개월 뒤지는 것이 보통이었다고 한다.[56]

이는 역설적으로 한국 사회가 그만큼 매우 역동적이었고, 변화무쌍한 양상을 보였다는 사실을 의미한다. 브루스 커밍스는 해방 전후부

사, 1985, p. 234.

54 Cumings, Bruce. 「미국의 정책과 한국해방」, 김동노 외. 『한국현대사』. 서울: 사계절, 1984, pp. 234~235.

55 초기 미군정 통치과정에서는 일본의 항복조항 이행이라는 군사적 목적 이외에는 분명한 정책이 없었다. 김학준. 「분단의 배경과 고정화 과정」, 송건호 외. 『해방전후사의 인식 1』. 서울: 한길사, 2020, p. 95. 그러니까 구체적이고 세부적인 정책지침이 준비되지 못한 상태에서 군대만 먼저 황급히 한국에 들여보낸 모습이었다는 해석이다(필자 註).

56 Cumings, Bruce 저, 김자동 옮김. 『한국전쟁의 기원』. 서울: 일월서각, 1986, p. 535.

터 한국전쟁 시기까지 미국의 책임이 크다고 보고 있다. 『주한 미군사』 편찬에 참여했던 익명의 미국 군사관[軍史官] 역시 당시 남한이 '역사가 매일 만들어지는 곳이었다'[57]고 평가할 정도로 격동의 공간이었고 급격한 변화의 시간이었다고 할 수 있다.

제2차 세계대전 종전 후 미국은 독일과 일본, 한국(남한)에서 각기 다른 점령 정책을 실시했다. 미국 점령 하의 독일에는 국무성이 파견한 문관의 영향력이 컸고, 일본 역시 독일보다 적었지만, 상당수의 문관들이 있었다. 그런데 남한은 거의 전적으로 극우적 성향이 강한 군인들의 판단에 좌우되었다. 한편 미 국무부에서 파견된 소수의 관리들은 반공과 자본주의 사회 건설이라는 입장에서는 같았지만, 친일파 및 권력 문제, 경제 재편 문제 등에서는 군인들과 시각을 달리하여 진지하게 자신들의 정책을 추진하려고 하기도 했다.[58] 이 문제는 군사적 점령으로 출발한 '군정'이라는 정치적 성격을 감안할 때 불가피한 결과라 할 수 있다. 그만큼 피(被) 점령 당사국 국민의 정치참여는 제한적일 수밖에 없었다.

한편 더욱 근본적인 문제는 미군의 일본군 무장해제와 한국 군정의 실시 자체가 아무런 법적, 논리적 연관관계가 없다는 점이다. 한국인들에게 38선과 미군정은 거의 당연한 사실로 받아들여졌으나, 남한

---

57 정용욱. 「주한 미군사의 편찬 경위와 내용 구성」, 국사편찬위 편. 『주한미군사 1(*History of United States Army Forces in Korea, Part 1*)』. 서울: 국사편찬위원회, 2014, p. 45.

58 서중석. 『한국 현대민족운동연구 2』. 서울: 역사비평사, 1996, p. 335.

에 대한 군정 실시와 그 지속은 국제법적 측면에서 볼 때 심각한 결함이 있었다는 사실이다. 특히 3년 가까이 한국인의 독립적 주권 정부의 수립과 그 역할을 박탈한 것은 큰 문제였다.

'38선 분할'의 국제법적 유효성은 일본군의 무장해제에 있었지만, 사실상 그 효력과 범위를 넘어선 남북분단과 주권[主權] 부정으로 연결된 것이다. 따라서 미군정 체제의 국제법적 정당성 문제는 3년 내내 큰 골칫거리였다. 사실 일본군의 무장해제 이후 38선은 철폐되어야 마땅했지만, 마치 남북 사이의 국경선처럼 활용되면서 분단을 더욱 고착화하게 되었다.[59] 그러나 미국의 입장은 이와 같은 비판과 다른 것이었다.

한국에 대한 미국의 군사점령은 일본이나 독일과 같은 전쟁 당사자로서의 패전국과는 달리, 어떤 주권국가도 존재하지 않는 상태에서 이루어졌다는 것이다. 따라서 그런 비정상적인 상황에서는 군사정부에 의한 통치권의 행사가 불가피한 것이었다고 주장한다. 일본과 독일은 미국의 군사점령 기간중에도 주권이 토착 정부에게 있다는 국제법이 적용되었다. 이러한 미국의 입장은 1947년 유엔 한국임시위원단을 파견하기 전 주권국가로서의 미군정의 지위를 정당화하기 위해 주장된 프랭켈의 『주한 미군정의 구조』에 압축적으로 표현되어 있다.[60]

국제법의 권위자로서 당시 미군정의 사법 고문이었던 프랭켈(Ernest

---

59   정병준. 『한국전쟁: 38선 충돌과 전쟁의 형성』. 서울: 돌베개, 2006, pp. 139~142.

60   안진. 『미군정기 억압기구 연구』. 서울: 새길, 1995, p. 172.

Fraenkel)[61]은 식민지로부터 해방된 한국은 주권을 갖지 못했기 때문에 미군에 의한 남한의 점령은 군사점령의 역사에서 독특한 경우라고 보았다. 미국은 남한 점령을 국제법상으로 '임자 없는 땅'을 점령한 것으로 간주하였고, 국제법에서는 주권이 없는 국가에 관한 규정이 존재하지 않기 때문에 주한 미군 사령관이 통상적인 군사 점령권을 행사할 뿐만 아니라 주권국가의 통치권을 행사할 수 있다고 주장했다. 따라서 주한 미군 사령관은 주권 정부가 없는 남한에서 종래의 주권 정부인 조선총독부의 대리 권한을 가질 수 있고, 그에 따라 주한 미군 사령관이 점령 국가의 정부인 주한 미군정의 수뇌인 군정 장관에게 정부 권력의 행사를 위임하였다고 정당화했던 것이다.[62]

이러한 논리는 남의 나라를 점령하는 데 성공한 점령국에게는 주권이 있지만, 침략을 당해 고통받는 피 점령 국가는 해방은 되어도 주

---

61 Ernest Fraenkel(1898~1975)는 독일계 미국인으로서 하이델베르크대와 프랑크푸르트대에서 법학과 역사학을 공부하고 변호사가 되었는데, 독일 사회민주당원으로 활동했다. 그는 나치가 등장한 후 유대교를 믿지는 않았지만, 유대인으로 분류되었고, 유대인 박해가 심해지자 1938년 영국을 거쳐 미국으로 망명했다. 1945~1950년까지 한국의 미군정 법률고문으로 일했다. 1951년 베를린으로 돌아가 독일정치대학 교수로 재직했다. 프랭켈은 당시 독일법과 미국법에 정통한 법학자로서 군사 점령지의 상황을 이해할 수 있는 정치학자였다. 대륙법(독일법 체계)을 바탕으로 영미법 체계를 차용할 필요가 있었던 미군정에서는 반드시 필요한 인물이었다. 프랭켈은 한국 제헌헌법 제정과정에서도 유진오 교수와 자주 상의하는 등 한국의 영미 형사법 체계 도입에 중요한 영향을 끼쳤다. 김종구, 「미군정기 미법률고문과 대륙법 및 영미법의 교착: 프랭클, 퍼글러, 오플러를 중심으로」, 『법학논총』 20(2), 2013, pp. 215~221.

62 안준형, 「해방 직후 주한미군정의 국제법적 성격: 주류적 견해에 대한 비판적 접근」, 『서울국제법연구』 25(2), pp. 76~78; 안진, 『미군정기 억압기구 연구』, 서울: 새길, 1995, p. 173.

권이 없는, 그래서 누군가 힘을 가진 강대국이 다시 지배하면 그만이라는, 약육강식의 전리품 취득 논리에 지나지 않는다고 할 수 있다.

여기에서 우리는 일제 강점하에 처해 있는 조국의 '국가'로서의 국제법적 승인을 위해 집요할 정도로 반복적인 노력을 기울였던 이승만의 도전을 상기해 볼 필요가 있다. 국제법 전문가로서의 식견을 갖추고 있었던 그는 바로 이러한 무주공산[無主空山] 상태의 해방정국을 예상하고 우려하였기에, 대한민국 임시정부의 국제법적 지위를 인정받기 위해 미 국무부를 상대로 그토록 끈질긴 노력을 기울였던 것이다. 물론 미국은 끝내 이를 수용하지 않았다. 결과적으로 미국은 그들 입장을 옹호하는 국제법의 권위자라는 학자의 논리를 내세워 남한에 대한 통치권 행사의 정당성을 '강자의 논리'로 합리화했다고 볼 수밖에 없다. 법철학의 관점에서 국제법보다 상위 규범인 자연법 원리에 비춰 보았을 때, 이러한 해석은 소위 아전인수[我田引水]격으로 부조리한 것이라 볼 수 있다.

2) 미군정 체제의 자유민주주의 평가

이 연구를 통해 궁극적으로 묻게 되는 것은, 반공 체제의 틀 안에서 제도화된 미군정의 자유민주주의는 이후 대한민국의 자유민주주의 정착과 발전에 어떤 영향을 미쳤는가 하는 문제이다. 이는 한국 자유민주주의가 현재 직면해 있는 문제의 시원[始原]을 묻는 환원적 질문이기도 하다. 먼저 우리는 미군정에 의해 도입·이식된 자유민주주의의 제도와 이념이 반공 체제의 유지에 기여함과 동시에 다른 한편 절차적 수준의 민주화를 달성하는 계기로 작용해온 양면적 성격을 발견하게 된다. 자유민주주의는 북한과의 체제 경쟁에서 남한 반공 국가를 정당화하는 체제 이념으로 기능해왔다. 또한 정치적 경쟁의 범위를 반공의 틀 안에서 보수 우파 세력 사이의 것으로 한정함으로써 결국 남한 국가 체제의 유지와 안정, 그리고 국가의 총체적 발전에 순기능적으로 작용했다고 평가할 수 있다.

1948년 대한민국 건국으로 국가형성과 함께 헌법에 의해 제도화된 자유민주주의는 권력을 둘러싼 정치적 역동성과 민주주의에 대한 사회적 요구를 낳았고, 이것이 권위주의 체제의 극복과 민주화를 가능케 한 배경이 되었음을 부인할 수 없다. 물론 외부에서 이식된 자유민주주의는 그것을 뒷받침할 사회·정치적 기반이나 세력이 형성되지 못한 상태에서 제도만 도입된 것이었고, 이 점에서 '조숙한 민주주의'[63] 라고 표현할 수도 있다.

한편 미국에 의한 자유민주주의의 조기 제도화는 이후 절차적 민주주의의 실현이라는 측면에서는 긍정적 효과를 미쳤지만, 실질적 민주주의로의 발전 가능성을 지연시키며 제약했다는 점에서는 부정적 효과를 미쳤다는 의견도 제기된다. 남한의 자유민주주의는 기본적으로 공산주의에 대한 반(反)혁명의 과정에서, 그리고 공산주의자들의 사회

---

63   최장집, 『한국 민주주의의 조건과 전망』, 서울: 나남, 1996, p. 20.

주의 혁명 시도에 대한 안티테제(Anti-these)[64]로서 제도화되었는데, 이러한 역사적 배경으로 인해 민중의 넓은 사회참여와 사회경제적 요구를 불온시하는 생태적 보수성을 내재하게 되었다는 견해가 그것이다. 또한 자유주의 역시 냉전체제에서 하나의 체제 이데올로기 또는 국가 이데올로기로 이식되었으며, 이로 인해 자유주의가 가지는 열린 지평의 개방성은 발휘하지 못했다는 비판적 논의[65]도 존재한다.

그러나 인제 현재의 시점에 와서는 이러한 외적 제약은 거의 해체된 것으로 보인다. 왜냐하면 1990년대 초 소련의 붕괴로 냉전체제가 와해되면서 북한의 위협 역시 결정적 제약요인으로 작용하기에는 예전에 비해 힘을 많이 잃은 상태이기 때문이다. 따라서 냉전 상황의 자유주의와 보수적 민주주의의 한계를 극복하는 것은 인제 우리 내부의 문제로 축소되었음에 주목해야 할 것이다. 그러므로 자유주의 역시 개인의 자유 추구라는 보수적 한계에서 탈피하여 사회적 시민권의 확대를 지향하는 진보적 방향으로 나아가야 할 것이다. 따라서 한국 자유민주주의의 역사적 기원에 관한 연구를 통해 그것의 한계를 주목하고 극복하는 과제는, 대한민국이라는 하나의 국민국가가 이룩한 성취를 둘러싼

---

64 박찬표. 『한국의 국가형성과 민주주의』. 서울: 후마니타스, 2007, pp. 434~435. 남북분단의 이데올로기 대결상황이 이를 합리화하고 있었다는 주장인데, 이는 편향적 해석에 기울어진 논의에 불과하다. 왜냐하면 자유민주주의 이념은 이미 19세기 말 대한제국 시기부터 유입되어 국민의 의식 속에 잠재하고 있었기에 해방정국의 안티테제로 처음 등장한 것은 아니었기 때문이다. 일제강점기 임시정부의 헌법에도 자유민주주의 이념은 이미 도입되어 있었음을 상기할 필요가 있다[필자 註].

65 박찬표. 『한국의 국가형성과 민주주의』. 서울: 후마니타스, 2007, pp. 434~435.

과거에 대한 논쟁이 아니라, 한국 사회의 현실 인식과 미래 지평을 둘러싼 논쟁으로 발전되고 심화되어야 할 것이다.

참고 문헌

『독립신문』. 1897년 3월 9일; 1898년 10월 16일; 1897년 2월 20일.

강정인. 「서구중심주의에 비쳐진 한국의 민주화, 민주주의의 한국화」, 한국 정치학회 편. 『민주주의의 한국적 수용』. 서울: 책세상, 2002.

국사편찬위원회. 「미군정기 주요법규」, 헌정사 자료 DB, http//www.db. history.go.kr/item/cons/level.do.levelld/ (검색일: 2021년 10월 30 일).

국사편찬위원회. 『주한미군사 1(History of United States Army Forces in Korea, part 1)』. 서울: 국사편찬위원회, 2014.

권영성. 『헌법학원론』. 서울: 법문사, 2005.

김광식. 「8·15직후 한국사회와 미군정의 성격」, 『역사비평』 1, 1987, pp. 49~72.

김영명. 『대한민국 정치사: 민주주의의 도입, 좌절, 부활』. 서울: 일조각, 2013.

김운태. 「서재필의 정치사상」, 서재필기념회 편. 『개화 독립 민주』. 2001.

김정인. 「한국 민주주의 기원의 재구성」, 한국민주주의연구소 편. 『한국 민주주의 백년의 혁명』. 서울: 한울아카데미, 2019.

김종구. 「미군정기 미법률고문과 대륙법 및 영미법의 교착: 프랭클, 퍼글러, 오플러를 중심으로」, 『법학논총』 20(2), 2013, pp. 213~236.

김준석. 『근대국가』. 서울: 책세상, 2011.

김학준. 「분단의 배경과 고정화 과정」, 송건호 외. 『해방전후사의 인식 1』. 서울: 한길사, 2020.

남시욱. 『한국 보수이념의 기원』. 서울: 나남, 2005.

미국무성 저. 김국태 역. 『해방 3년과 미국 Ⅰ: 미국의 대한정책 1945~1948』. 서울: 돌베개, 1984.

민경배. 『한국기독교회사』. 서울: 연세대 출판문화원, 2017.

박남수 외. 『주한미군사 1』. 서울: 국사편찬위, 2014.

박찬표. 『한국의 국가형성과 민주주의』. 서울: 후마니타스, 2007.

박현채. 「남북분단의 민족경제사적 위치」, 『해방전후사의 인식 2』. 서울: 한
길사, 1985.

백낙준. 『한국개신교사』. 서울: 연세대 출판부, 2002.

서대숙. 「미군정과 북한」, 『한국현대사와 미군정』. 서울: 역사비평사, 1991.

서중석. 『한국 현대민족운동연구 2』. 서울: 역사비평사, 1996.

안외순. 「19세기말 조선의 민주주의 수용론 재검토」, 한국정치학회 편. 『민
주주의의 한국적 수용』. 서울: 책세상, 2002.

안준형. 「해방직후 주한미군정의 국제법적 성격: 주류적 견해에 대한 비판
적 접근」, 『서울국제법연구』 25(2), pp. 51~88

안진. 『미군정기 억압기구 연구』. 서울: 새길, 1995.

우남이승만전집발간위원회 편. 『독립정신』. 서울: 연세대 출판문화원, 2019.

윤순갑. 「한말 한국사회에서 민주주의 수용」, 『대한정치학회보』 15(3), 2008,
pp. 297~321.

이능화. 『朝鮮基督教 及 外交史』. 서울: 기독교창문사, 1928.

이정식. 『대한민국의 기원』. 서울: 일조각, 2008).

이택휘. 「서재필의 개화 민주 민권사상」, 서재필기념회 편. 『서재필과 그 시
대』. 2003.

장박진. 「카이로선언의 기초와 한반도 독립 조항의 의미: 전후 단순 분리 독
립의 기원」, 『동북아역사논총』 54, 2016, pp. 247~289.

정병준. 「샌프란시스코 평화조약과 독도」, 『독도연구』 18, 2005, pp.
135~166.

정병준. 「카이로회담의 한국 문제 논의와 카이로선언 한국조항의 작성 과
정」, 『역사비평』 107, 2014, pp. 307~347.

정병준. 「포츠담 선언」, 『한국민족문화대백과』. 서울: 한국학중앙연구원,
2005.

정병준. 『한국전쟁: 38선 충돌과 전쟁의 형성』. 서울: 돌베개, 2006.

정용욱. 「주한 미군사의 편찬 경위와 내용 구성」, 국사편찬위 편, 『주한미군
사 1』. 서울: 국사편찬위, 2014.

정윤석. 『로크의 통치론』. 서울대학교 철학사상연구소, 2003.

진덕규. 「미군정의 정치사적 인식」, 송건호 외. 『해방전후사의 인식』. 서울: 한길사, 2020.

최장집. 『한국 민주주의의 조건과 전망』. 서울: 나남, 1996.

최재건. 「대한민국 건국기 미국의 대한정책과 주한 선교사들의 역할」, 박명수 편. 『대한민국 건국과 기독교』. 서울: 북코리아, 2014.

허영. 『헌법이론과 헌법』. 서울: 박영사, 2009.

Ball, Dagger, and O'Neil, *Political Ideologies and the Democratic Ideal* (New York: Tayler & Francis, 2016). 173.

Ball, Terence. "Utilitarianism, Feminism, and the Franchise", *History of Political Thought* 1(1), 1980, pp. 91~115.

Bentham, Jeremy. *Introduction to the Principles of Morals and Legislation*. New York: Hafner, 1948.

Cumings, Bruce 저, 김자동 옮김. 『한국전쟁의 기원』. 서울: 일월서각, 1986.

Cumings, Bruce. 「미국의 정책과 한국해방」, 김동노 외. 『한국현대사』. 서울: 사계절, 1984.

Merrill, John. 「미국의 한국 점령정책」, 한림대 아시아문제연구소 편. 『한국현대사와 미군정』. 서울: 역사비평사, 1991.

5장
한국의 성장과정상
미국 지방자치·주민자치 구현이 주는
거버넌스적 의미

5장

한국의 성장과정상 미국 지방자치 · 주민자치 구현이 주는 거버넌스적 의미

채진원(경희대학교)

1. 서론

한국은 소위 '한강의 기적'이란 이름으로 20세기 들어 가장 급속하게 발전한 국가 중 하나로 알려져 있다. 일제 식민지와 6·25 한국전쟁을 거치면서 폐허가 되었던 국가가 100년도 채 안 돼서 OECD 10위에 오로는 등 경제선진국 대열에 낀 것은 거의 기적과도 같은 일이다. 제2차 세계 대전에서 패전 후 라인강의 기적을 일으킨 "서독이 수출 10억 불에서 100억불을 이루는 데 11년이 걸렸으며 일본도 1951년에 10억불이었던 그들의 수출을 100억불로 끌어올리는 데 16년이라는 세월이 걸린 데 대해서 우리나라는 1970년부터 7년이 걸렸을 뿐"이다.[1]

---

1   박정희, 「100억불 수출의 날 연설(12. 12)」, 『박정희대통령연설문집』, 14집 12월 편, 대통령비서실, 1977.

한국은 서구 선진국들이 통상 길게는 200~300년의 기간에 걸쳐 성취한 산업화를 1960년대 이후 지난 50년 동안 '압축적 산업화'(compressed industrialization)라는 방식으로 달성하였다. 이런 압축적 산업화는 세계 근대사에서 유래를 찾아볼 수 없는 일이다. 1960년대 초 세계에서 최빈국(最貧國)의 하나였던 한국은 경공업-중화학공업-첨단지식산업을 단계적으로 육성, 발전시켜 산업구조의 선진화를 이루었다. 한국이 달성한 압축적 산업화는 후발개도국들에게 모범적인 귀감으로 받아들여지며 성공적인 경제성장을 이뤄낸 동아시아의 네 마리 용(한국·대만·홍콩·싱가포르)의 하나로서 높게 평가되었다.

이런 압축적 산업화에 따른 비약적인 경제성장은 중산층의 증가로 이어졌고, 이들이 추구하는 새로운 삶의 욕구인 자유표출의 발현은 군사독재와 개발독재의 비민주적인 권력행사 방식을 무너뜨리는 자유화와 민주화의 바람을 촉진시켰다. 자유화와 민주화의 바람은 산업화와 함께 오늘날 대한민국의 발전상을 만들어낸 양대 기둥이었다. 마침내 군사독재와 개발독재에 맞서 자유민주주의와 시장경제를 지켜내고자 했던 국민들의 염원은 대한민국에 자유와 평등, 평화와 인권의 가치를 확립시켰다.

이와 같이 군사독재와 개발독재에 맞서 자유민주주의와 시장경제를 맹아로 하여 국가관료주의와 신자유주의의 모순을 견제하려는 제3섹터 영역인 시민사회가 성숙해가는 과정에서 국민들의 삶은 한층 더 풍요로워졌다. 압축적 산업화를 낳은 중앙집권적 개발독재국가모델의 유습은 세계화, 정보화, 후기산업화, 탈물질주의화, 탈냉전화 등 21세기 전환기적 시대상황이 요구하는 탈권위주의, 탈집단주의, 수평적인 권력분권과 네트워크, 지방자치와 주민자치 등을 강조하는 거버넌스적 규범과 충돌하여 통치불능(ungovernability) 상태에 빠지면서 더 이상 지속가능하지 않는 낡은 국가모델로 평가되고 있다.[2]

즉, 중앙집권적 개발독재국가모델은 세계 자살률 1위, 세계 최장시간노동, 비정규직 증가, 빈부격차 심화 등 '삶의 질의' 악화에 따른 '위험사회'를 낳고 있는데 이것은 압축적 산업화의 어두운 측면이다. 이런 '위험사회'의 등장은 지금까지 작동되었던 중앙집권적 개발독재국가모델의 한계를 드러내면서 변화된 21세기 전환기적 시대상황에 맞는 새로운 통치양식을 필요로 한다는 점에서, 지속가능성을 담보로 하는 거버넌스국가모델의 개발과 관련한 성찰과 대안마련의 계기를 만들어 내고 있다.

보통 '거버먼트'(통치)에 대비되는 '거버넌스'라는 용어는 우리말로 협치(協治), 공치(共治), 민관협력(民官協力) 등으로 번역된다. 거버넌스는 쉽게 말해서, 중앙정부나 중앙당 등의 공적기구가 자신의 중앙권력과 권위를 독점적인 위치에서 배타적으로 사용하는 것이 아니라 지방자치단체, 주민자치단체, 시민사회 등 다양한 행위자에게 권력과 권위를 분

---

2   임성호, 「전환기 한국정부 권력구조: 과정중심의 '이익통합적' 모델을 위한 시론」, 『호남정치학회보』 11, 1999, pp. 3~26; 임성호·채진원, 『2012년 양대선거 정책선거 추진방안 연구』, 중앙선거관리위원회, 2011.

산시키고 위임하여 참여시킴으로써, 공동으로 운영하는 것을 말하는 것으로 일종의 새로운 통치양식이라고 할 수 있다. 즉, 바다위의 배를 움직인다고 했을 때, '노젓기'는 다양한 행위자들이 하는 것이며, '방향제시'는 정부와 정당이 하는 식으로 역할분담을 하면서 서로 협동하는 것이다. 거버먼트가 아닌 거버넌스를 해야 하는 이유는 무엇일까? 여러 가지 이유가 있지만, 그 핵심에는 민주화 이후 우리 사회의 복잡성과 다양성 그리고 다양한 행위자들의 등장에 따른 '새로운 통치방식으로의 대응'이라고 말할 수 있다.[3]

오늘날 한국은 산업화와 민주화에 어느 정도 성공했음에도 불구하고, 민주화 이후 국가발전전략의 모호성 속에 내우외환(內憂外患)의 위기를 맞고 있다. 중국과 미국간 패권경쟁이 심화되는 대외적 환경 속에서 국내 상황에서 벌어지는 정치경제적 양극화 및 파당적인 국론분열 등 여러 한계를 보이고 있다. 한국이 21세기 전환기적 시대상황에 부합하는 규범과 정체성으로 새롭게 도약하기 위해서는 그동안 중앙집권적 개발독재국가모델의 한계를 넘어서 변화된 21세기 시대상황에 부응하는 새로운 거버넌스국가모델을 개발하여 국민적 합의에 따라 실행할 필요가 있다.

한국은 일제의 식민지로부터 독립과정 그리고 미군정으로부터 정

---

3   Pierre, Jon, and Peters, Guy. Governance, *Politics and the State*. NY: St. Martin's Press, 2000; 서창록·이연호·곽진영. 「거버넌스의 개념: 거버넌스의 개념과 쟁점에 관한 소고」, 김석준 외. 『거버넌스의 정치학』. 서울: 법문사, 2000.

부 이양과정 및 한국전쟁으로부터 복구과정에서 자유민주주의와 시장경제 및 공화주의로 무장한 미국 정부의 영향을 강하게 받았다. 미국 정부의 영향을 받았던 한국은 민주공화국이란 국호와 이념적 체제를 기초로 산업화와 민주화에 성공한 나라가 되었다. 21세기 한국은 민주화 이후 산업화와 민주화를 넘어서는 새로운 국가발전목표로 여러 노선을 검토할 수밖에 없다. 여러 노선 중 하나로 민주공화국의 정신을 강조하는 노선인 '공화주의'가 주목받고 있다.[4]

공화주의 노선은 여러 다양한 사상적 조류가 있는 것이 사실이다. 하지만 현대 공화주의는 미국 연방공화국 정부와 헌법을 설계한 제임스 매디슨의 정치사상에서 상징적으로 드러난다. 매디슨은 "훨씬 더 넓은 영토와 훨씬 더 많은 시민"을 갖는 현대적인 공화주의 정부를 설계하면서 문제로 제기되었던 "다수결의 전횡"과 "파벌의 해악"에서 벗어날 수 있는 대안으로 공화주의 노선을 고민하였다. 그는 대안으로, '광역선거구에서 탁월한 대표자의 선출'과 '그에 의한 통치위임', '입법, 사법, 행정의 권력분립과 권력공유', '사법부의 최종적인 입법판단', '하원과 상원의 견제와 균형을 통한 양원제 의회', '주민자치-지방자치-연방제 국가', '정당간의 경쟁' 등을 제시하였다. 그는 파벌의 해악을 막을 공공선 추구의 대변자로서, "공정하고 사심없는 심판자"(impartial and

---

4   채진원. 「공화주의적 국가통합과 양원제」, (사)한국정치평론학회 엮음. 『공화주의의 이론과 실제』. 서울: 인간사랑, 2019.

disinterested umpire)[5]로서의 대표자를 설정하였다.[6]

공화주의 노선은 한국적 맥락에서 '산업화'와 '민주화'에 이어서 '공화화(共和化)'의 구현을 제안하고 있다. 2023년은 1919년 3·1운동으로부터 기원한 대한민국 임시정부가 민주공화국이라는 정체를 선택하여 대내외적으로 표방한지 104년이 된 해인 만큼, 새로운 100년을 설계하기 위한 차원에서 '공화화(共和化)' 노선이 어떻게 가능할 것인지에 대해 열린 논의가 필요하다.

우리가 '공화화'를 추구하기 위해서는 우선 민주공화국의 모국이자 세계 최초로 민주공화국을 먼저 건설하여 운영한 선진국가인 미국 정부의 경험과 사례를 찾아 한국의 교훈으로 삼아야 할 것이다. 특히, 한국이 연방공화국인 미국의 정부모델을 모방했지만, 아직까지 따라가지 못한 부분이 무엇인지를 찾아 그것을 보완하는 작업이 필요하다. 미국은 흔히, 권력구조가 가로축(입법부, 사법부, 행정부)과 세로축(주민자치, 지방자치, 연방정부)으로 철저하게 육권으로 분립되어 서로 간 견제와 균형에 따른 통합과 공공성 추구의 원리로 작동하는 것으로 알려져 있다.

---

5 '공정하고 사심없는 심판자(impartial and disinterested umpire)'라는 표현은 1787년 4월 16일자 매디슨이 워싱턴에게 보낸 편지(PJM IX, 384)에 나타난다. Madison to Washington. April 16, 1787, PJM, IX, 384.

6 Hamilton, Alexander, Madison, James, and Jay, John 저, 이동역 역. 『페더럴리스트 페이퍼』. 서울: 한울아카데미, 1995; 채진원. 「민주주의, 민족(국가)주의, 세계시민주의 그리고 공화주의」, 『공화주의의 이론과 실제』. 서울: 인간사랑, 2019.

하지만 한국의 권력구조는 가로축의 권력분립차원에서는 어느 정도 미국의 것과 유사하게 삼권분립이 되어 있지만, 세로축의 권력분립차원에서는 미국의 삼권분립과 비교해 볼 때 현저히 미달하는 것으로 평가된다. 즉 '보충성의 원리'(principle of subsidiarity)[7]에 따라 아래로부터 주민자치에 기초하여 지방자치와 연방정부를 구성하는 미국의 연방주의모델에 비해 한국은 주민자치와 지방자치에 기초한 연방정부를 구성하는 방식으로 작동하지 못한 채 여전히 주민자치와 지방자치 및 보충성의 원리가 작동되지 않는 강력한 중앙집권적 국가모델로 운영되고 있다는 점에서 차이가 크다.[8]

21세기 한국이 가로축과 세로축에 있어서 육권 분립된 연방공화국인 미국과 같은 선진적인 민주공화국이 되기 위해서는 산업화와 민주화 이후 공화화를 달성하기 위한 새로운 국가건설의 방법론으로 세로축의 권력분립차원에서 작동하고 있는 주민자치와 지방자치에 기초한 연방정부모델을 검토하고, 그 모델이 지닌 거버넌스적 의미의 긍정성을 살펴보아야 할 것이다. 특히, 21세기 한국은 분단국가를 극복하고 통합된 코리아를 준비하기 위한 예비적 조치로 주민자치와 지방자치에 기

---

7   '소단위'의 힘만으로 처리될 수 없는 사항에 한해서 '차상급단위'가 보충적으로 개입할 수 있다는 원칙이다. '보충성의 원리'는 자조노력에 의해 개인의 생존이 가능하지 않은 경우에 비로소 사회집단이나 상위의 자치단체(자치단체나 주정부) 혹은 국가가 관여하고 개입할 수 있다는 원칙을 말한다. 이러한 의미에서 '보충성의 원리'는 청교도들의 직업윤리에 기반해 자유를 추구하는 개인주의적 생활습속에 입각한 원리라고 할 수 있다.

8   채진원. 『제왕적 대통령과 정당』. 서울: 푸른길, 2022.

초한 연방공화국모델을 제시하고 국정운영방식에서 거버넌스적 의미를 내실화하는 방안을 찾을 필요가 있다.

본 글의 목적은 한국의 성장과정상 중앙집권적 국가모델과 대조되는 세로축에서의 권력분립의 상징이 된 미국의 권력구조인 주민자치·지방자치의 구현 사례를 살펴보고, 이것이 한국의 새로운 권력구조에 주는 거버넌스적 의미에 대해 살펴보는 데 있다. 이런 목적을 달성하기 위해 첫째, 21세기 전환기적 시대상황에 부합하는 새로운 통치양식인 거버넌스 규범과 충돌하는 중앙집권적 개발독재국가모델의 한계에 대해 살펴본다. 특히, 그레고리 핸더슨이 언급한 '소용돌이의 정치'에 대한 시사점을 통해 중앙집권적 개발독재국가모델의 한계를 살펴본다(제2장). 둘째, 한국의 국가발전사에서 볼 때, 미국 연방공화국의 핵심제도인 주민자치와 지방자치의 구현 사례를 살펴보고, 이것의 거버넌스적 의미를 살펴본다(제3장). 셋째, 한국의 성장과정을 역사적으로 볼 때, 그 성장과정에서 미국식 주민자치와 지방자치에 영향을 받은 사례에 대해 살펴본다(제4장). 넷째, 전체 내용을 요약하고 글의 한계를 밝힌다(제5장).

2. 21세기 거버넌스와 충돌하는 중앙집권적 개발독재국가모델의 한계

학술적인 차원에서 논의되고 있는 21세기 전환기적 시대상황과 거

버넌스 개념을 검토하면 다음과 같다. 보통 21세기 전환기적 시대상황
이란 세계화, 정보화, 후기산업화, 탈물질주의, 탈냉전 등으로 요약되
며, 이런 21세기 시대상황에 부합하는 새로운 통치양식을 거버넌스라
고 한다.[9]

거시적인 차원에서 세계화(globalization)는 지방화와 도시화로 연결
되는 '세방화'(世方化, glocalizaton)와 '세도화'(世都化 · glurbanization)를 강
화시키는 변화된 시대환경으로 중앙집권적인 개발독재국가모델에 타격
을 가하기 때문에 세방화와 세도화에 부합하는 새로운 거버넌스적 국
가모델을 제기할 수밖에 없다. 세방화는 세계화(globalization)와 지방화
(localization)를 합성한 신조어로 국내관계와 국제관계 및 외교관계에 있
어 주권국가나 중앙정부뿐만 아니라 지방과 민간들이 중요한 행위자로
등장했음을 의미한다. 따라서 세방화 시대에 지방자치단체와 주민자치
단체 등 로컬 행위자들은 중앙집권적인 중앙정부로부터 벗어나 자신의
개성과 자율성 및 자치력을 살려나가려고 한다.[10]

세방화는 지구적인 수준에서 국가간 그리고 지방간의 상호의존
성과 교류를 확대시키고, 각 부문과 수준간의 경계 넘나들기(crossing-
border)를 심화시킨다. 특히, 지방정부 사이의 교류와 협력 및 외교가

---

9   임성호. 「전환기 한국정부 권력구조: 과정중심의 '이익통합적' 모델을 위한 시
론」, 『호남정치학회보』 11, 1999, pp. 3~26; 임성호. 「의회와 거버넌스: 거버넌
스의 저해 및 촉진 기제로서의 의회」, 김석준 저. 『거버넌스의 정치학』. 서울:
법문사, 2002.

10 홍익표·진시원. 『세계화시대의 정치학』. 서울: 오름 출판사, 2009.

활성화된다. 지방들(localities)의 사회적 관계가 전세계적으로 확대되어 한 지방에서 일어나는 일이 다른 지방에서도 일어나도록 영향을 미치고 영향을 받는다.[11]

얼마 전까지만 하더라도 세계화는 지방화의 충분조건이며, 지방화는 세계화의 필수조건으로 취급되었지만 최근에는 아예 상호간 '필요충분조건'이 되었다.[12] 뿐만 아니라 세도화에 따라 국경을 초월한 도시간 네트워크도 활성화된다. 세도화는 세계화(globalization)와 도시화(urbanization)가 합성된 신조어로 세방화가 심화됨에 따라 네트워크를 형성한 도시가 중앙정부로부터 벗어나 세계적인 도시로 중심성과 자율성을 가지는 것을 말한다.[13]

한국이 21세기 전환기적 시대상황이 요구하는 거버넌스적 국정운영에 맞게 새롭게 도약하기 위해서는 경제적 불평등 문제를 해소하는 한편 코로나 19와 같은 전염병의 대유행, 기후변화와 생태계 위기, 인공지능(AI)의 확산에 따른 글로벌 아젠다에 적극 나설 수 있는 거버넌스적 반응체계를 갖추는 게 필요하다. 특히, 한국이 '제2의 한강의 기적'을 만들기 위해서는 인권, 복지, 환경, 기후문제, 생활자치 등 삶의 질 향상과 함께 유엔총회에 2015년에 채택한 '지속가능발전목표'(UN SDG)를 적극 고려하는 지방수준의 다양한 민간 행위자들이 참여하고 자치

---

11 Giddens, Anthony. *The Consequences of Modernity.* Cambridge: Polity Press, 1990.

12 안성호. 『양원제 개헌론: 지역대표형 상원연구』. 서울: 신광문화사, 2003.

13 홍익표 · 진시원. 『세계화시대의 정치학』. 서울: 오름 출판사, 2009.

하는 거버넌스 국가모델을 찾아야 할 것이다.

유엔 총회가 채택한 UN SDGs(Sustainable Development Goals)는 지속가능한 발전을 위해 2016년부터 2030년까지 유엔과 국제사회가 달성하고자 하는 공동의 목표이다. 빈곤과 불평등 해소, 기후변화 대응을 비롯해 경제 성장, 양질의 일자리 등 전 세계 모든 국가의 지속가능한 발전을 위해 17개의 목표와 169개의 세부 과제를 포함하고 있다. 한국정부는 2022년 7월 5일 '지속가능발전 기본법' 시행령이 공포됨에 따라, 대통령 직속 '국가지속가능발전위원회'(담당: 국무조정실)를 중심으로 우리나라의 새로운 지속가능발전 거버넌스가 본격적으로 추진될 예정이다. '지속가능발전 기본법'은 "경제·사회·환경의 균형과 조화를 통하여 지속가능한 경제 성장, 포용적 사회 및 기후·환경 위기 극복을 추구"하기 위한 국가 운영 원리와 거버넌스 체계를 담은 일반 규범으로서, 다른 법률에 우선하는 최상위 법이다.

앞서 언급한 것처럼, 세계화(globalization)와 함께 진행되고 있는 지방화(localization)는 국가로 하여금 글로벌 수준의 보편주의와 특성화된 지방이 상호 공존하도록 지방분권과 지방차치로의 개혁을 끊임없이 요구한다.[14] 이런 상황에 부응하기 위해서는 중앙집권적인 국가모델을 '주민자치에 기초한 연방주의 국가모델'로 나아가는 것을 목표로 하되 과도기적으로 '연방제에 준하는 지방분권국가'로 변경할 때 지역 주민의

----

14 성경륭, 「탈냉전-세계화 시대의 국민국가 개혁: 연방주의와 지방자치」 한국사회학회 1994년 후기 학술대회 자료집, 1994, p. 177.

공감대와 설득력이 커질 수 있다.

문재인 전 대통령은 후보자 시절은 물론 대통령에 취임한 이후에도 기회가 있을 때마다 "연방제에 준하는 지방분권국가"를 공약하여 지방분권형 개헌을 추진한 바 있다. 문 전 대통령의 개헌추진은 우여곡절 끝에 실패했지만 '연방제에 준하는 지방분권국가'에 대한 추구는 계속될 것으로 보인다. 연방제에 준하는 지방분권이란 스위스, 미국, 독일과 같은 연방국가에 준하는 지방분권으로 최소한 이탈리아나 스페인과 같은 지방분권을 의미한다. 연방제 수준의 지방분권국가의 큰 특징은 지방정부가 단순히 행정집행권뿐만 아니라 높은 수준의 입법권을 갖는다는 데 있다. 즉, 지방정부는 국가가 정한 법률과 명령을 집행하는 단순한 하급 집행기관이 아니라, 입법권과 재정권에 있어서 스스로 주민 삶을 규정할 수 있는 정치의 주체적인 단위가 된다는 것을 의미한다.[15]

21세기 전환기적 시대상황에 부합하기 위한 새로운 통치양식으로서 거버넌스의 등장은 그동안 한국사회를 지배해온 중앙집권적인 정부모델과 이를 뒷받침하고 있는 정치문화적 습속의 문제점에 대한 비판적 성찰을 심화시킨다. 오랫동안 한국을 지배해온 중앙집권적 개발독재국가모델에서 연유하는 중앙집권적인 습속에 대한 극복과제를 제기한다. 한국의 중앙집권적인 습속에 대한 연구자는 미국의 사회학자로

---

15 안성호. 『양원제 개헌론: 지역대표형 상원연구』. 서울: 신광문화사, 2003; 이기우. 「이게 연방제에 준하는 지방분권인가?」, 『인천일보』. 2018년 10월 3일.

서 한국의 대사관에서 근무한 경력을 가진 그레고리 핸더슨이다. 한국에서 외교관으로 두 차례 근무한 뒤 학자로 변신한 그레고리 핸더슨은 미국의 법제도를 따라하지만 미국의 정치문화를 따라할 수 없는 한국 정치의 독특한 특성으로 등장한 '중앙집권적인 습속'의 정치행태를 '회오리의 정치'(the Politics of the Vortex)라는 말로 정식화하였다. 그는 한번 바람이 불면 강한 구심력으로 주변의 모든 것을 빨아들여서 삼켜버리는 회오리 현상에 한국 정치문화와 습속행태를 빗댔다. 그는 회오리 정치를 개인과 중앙권력 사이의 분권과 자치에 기반한 중간적인 매개 집단이 취약해서 생긴 결과라고 설명하고 있다.

그레고리 핸더슨은 1968년 『소용돌이의 한국정치(Korea, the Politics of the Vortex)』로 번역된 책을 저술하였다.[16] 그런데 책 제목을 번역된 '소용돌이의 한국정치'보다 '한국의 회오리 정치'로 개역하는 게 더 적절한 것으로 보인다. 그레고리 헨더슨은 한국정치의 습속적 패턴으로 작동하고 있는 '회오리 정치' 즉, 회오리로 몰아치면서 모든 이슈를 중앙집권으로 빨아들이면서 국민을 좌우진영으로 분열시키는 양극화의 정치 현상을 모델화하였다.

그는 '회오리 정치'의 원인으로 아래로부터 분권과 자치의 미성숙에 따른 세로축의 권력분립이 작동되지 않는 '중앙집권화된 관료정치체제'

---

16   Henderson, Gregory 저, 이종삼·박행웅 옮김. 『소용돌이의 한국정치』. 서울: 한울아카데미, 2013.

이기 때문이라고 분석한다.[17] 즉 그에 의하면, 세로축의 권력구조가 분권과 자치로 미분화된 상태에서 개인과 국가를 이어주는 중간매개조직이 성숙하지 않아 중앙권력을 주민자치회, 주민결사체, 지방자치단체, 지방언론기구 등 지방의 다양한 행위자들이 중앙권력을 적절하게 견제하고 균형을 잡지 못하기 때문에 한국정치는 회오리 정치를 양산할 수밖에 없고, 그 과정에서 양극화된 갈등과 대립은 피할 수 없다는 진단이다.[18]

그 대표적인 사례로 세월호 사건, 메르스 사건, 국정교과서 사건, 조국사건, 이태원 참사에서처럼, 어떤 이슈가 등장하든지 간에 견제를 받지 않는 중앙정치가 작동되면, 토네이도처럼 휘감고 빨아들이면서 회오리를 일으키며 상승하게 된다. 어느새 국론은 분열되고, 정치권과 국민은 진영논리로 편을 갈라 싸우게 될 수밖에 없다. 따라서 중앙집권적인 개발독재국가모델의 유습을 정당화해주는 '회오리 정치'의 해법은 무엇일까? 그레고리 핸더슨이 제시한 진단에 따른 해법을 추구한다면, 중장기적으로 분권과 자치를 통해 중앙집권적인 정부를 견제하고 균형을 잡기 위한 지방자치단체와 주민자치회 등 해당 지역 주민들의 성숙

---

17   Henderson, Gregory 저, 이종삼·박행웅 옮김. 『소용돌이의 한국정치』. 서울: 한울아카데미, 2013.

18   채진원. 「주민자치의 정치학적 고찰과 함의: 1871년 파리꼬뮌, 미국의 타운미팅과 제퍼슨의 기초공화국안 사례」, 『인문사회 21』 12(2), 2021, pp. 2791~2806; 채진원. 「읍면동 민주화의 주민자치적 의미와 조건에 대한 시론적 고찰」, 『분쟁해결연구』 20(2), 2022, pp. 5~35; 채진원. 『제왕적 대통령과 정당』. 서울: 푸른길, 2022.

과 활성화가 대안으로 검토될 필요가 있다.

3. 미국의 권력구조가 한국 주민자치·지방자치에 주는 거버넌스적 의미

한국이 주민자치와 지방자치를 구현하기 위한 관련된 논의를 시작할 때, 항상 반복적으로 언급되는 것이 미국의 주민자치와 지방자치의 구현 사례이다. 한국의 지방자치, 주민자치가 발전하는 과정에서 강력하게 영향의 미치고 있는 미국의 예는 무엇일까? 그리고 이것들이 우리에게 어떤 거버넌스적 의미로 다가오는 것일까?

미국은 풀뿌리 민주주의의 오랜 전통인 '타운미팅'을 오늘날까지도 활발히 이어가고 있다. 그 대표적인 예가 인구 2만 5천여 명의 뉴햄프셔주 런던데리(Lodonderry) 타운이다. 런던데리 타운미팅(주민총회)의 역사는 200년이 넘는다. 그 타운미팅은 1년에 한 번 매해 3월에 열리는 연례총회와 특별총회로 구분되는데 특별총회의 경우 타운 내 중요 안건이 있을 때 소집된다. 타운미팅의 연례총회에 모인 주민들은 그 해의 예산안을 심의·비준하는 것은 물론, 행정 책임자인 타운행정관을 임명하는 권한을 지닌 타운의회 의원을 선출함으로써 행정에 대한 직접 통제권도 얻게 된다. 또 타운 내 아주 중요한 사안들을 결정하거나 각종 위원회의 위원을 선출하고 그 활동을 보고받는 일 등도 타운미팅에서 하고 있다. 타운미팅을 통해 구성되는 타운의회는 이러한 타운미팅의 의제를 설정하고 일상적인 주민참여의 장으로써 한 달에 두 번 회의를 열어 지역사회의 다양한 의제들이 토론될 수 있는 장을 마련하고 있다.[19]

보통 '민주주의'와 '민주공화국'의 개념은 1863년 11월 19일 미국의 16대 대통령 에이브러햄 링컨이 '게티즈버그 연설'에서 말한 "국민의, 국민에 의한, 국민을 위한 정부(government of the people, by the people, for the people)"라는 말로 상징된다. 민주주의와 민주공화국의 근간인 주권재민의 원칙은 단순히 '국민이 주인이다'라는 레토릭상의 말이 아닌 "원천권력의 주인으로서 자유시민의 생활태도와 습속"에 해당되는 말로 통한다. 즉, 자유시민의 생활습속으로서 주권재민의 원칙은 시민들이 억압적이고 관료적인 권력구조에 맞서 권력의 가로축을 입법, 사법, 행정으로 쪼개고, 세로축을 연방, 주, 카운티, 타운미팅으로 쪼개서 육권분립의 각 단위의 시민과 주민들이 자유로운 말과 행위로 의사결정에 참여하면서 견제와 균형의 공론장을 펼쳐야 한다는 원칙이다. 이 육권분립에 참여하여 권력을 통제하는 즉, 원천권력을 형성하는 주권재민의 원칙은 미국 건국기의 타운미팅과 제퍼슨의 기초공화국 모델 헌법안에서 그 원형이 잘 드러나는 만큼, 여기에 주목하고 우리와 비교하여 시사점과 의미를 찾을 필요가 있다.[20]

---

19 육성준. 「미국 런던데리의 주민참여 현장을 가다」, 『충북IN NEWS』. 2010년 9월 27일.

20 de Tocqueville, Alexis 저, 임효선·박지동 역. 『미국의 민주주의』. 서울: 한길사, 1997.; Arendt, Hannah. *The Human Condition*. Chicago: The University of

1) 타운미팅

타운미팅(town meeting)은 미국의 식민지시대에 생긴 마을주민총회이다. 이것은 직접민주정치의 한 형태로 미국의 민주주의와 공화주의를 발전시킨 토대였으며, 이 주민결사체는 초기 미국의 북부 식민지인에 의해서 보급되었으며, 뉴잉글랜드지방에서 선도적으로 발달하였다. 해마다 적어도 1회 이상 열리며, 선거권을 가지는 전(全)주민의 직접 참여로 예산안의 확정, 공무원·학교이사의 선출, 조례 제정 등의 주요정책에 대한 토론과 표결이 이루어지는 타운의 최고의결기관으로서, 식민지시대 및 독립 전후에는 특히 중요한 역할을 하였다.

1830년대에 미국을 여행했던 토크빌은 뉴잉글랜드 지방의 타운미팅의 활동을 살펴보고 그 것의 실상을 자신의 저작인 『미국의 민주주의』에 자세하게 서술한 바 있다. 토크빌에 의하면 다음과 같다.

"뉴잉글랜드의 정치생활은 타운에 그 기원을 두고 있다. 또한 타운 하나 하나는 본래 독립국가를 이루고 있다고까지 말할 수 있을 것이다. … (한때) 영국 왕들이 지배권을 주장했을 때도 그들은 국가의 중앙권력을 맡는 데 만족해야 했다. 그들은 타운들을 있던 그대로 내버려 두었다. 현재 타운들은 뉴잉글랜드 주에

Chicago Press, 1968, 이진우·태정호 역. 『인간의 조건』. 서울: 한길사, 1996; Arendt, Hannah. *On Revolution*. New York: Penguin, 1977, 홍원표 역. 『혁명론』. 서울: 한길사, 2004; 채진원. 「주민자치의 정치학적 고찰과 함의: 1871년 파리꼬뮌, 미국의 타운미팅과 제퍼슨의 기초공화국안 사례」, 『인문사회 21』 12(2), 2021, pp. 2791~2806; 채진원. 「읍면동 민주화'의 주민자치적 의미와 조건에 대한 시론적 고찰」, 『분쟁해결연구』 20(2), 2022, pp. 5~35.

종속되어 있으나 처음에는 전혀 그렇지 않았으며 그렇다고 해도 약간에 그쳤다. 타운들은 그 권력을 중앙권위로부터 받은 것은 아니고 오히려 자기네들의 자주성의 일부를 주에게 양보했다. … 주민들은 타운에서는 언제나 자주적인 권력을 가지고 있었는데, … 그들은 타운이 자주적이고 자유롭기 때문에 그것에 애착을 갖는다. 다시 말해서 타운의 업무에 그들이 협조함으로써 그 이해관계에 그들이 집착하도록 하는 것이다."[21]

토크빌이 여행했던 1830년 당시에 이미 미국의 자치전통이 상당히 사라진 후일 터인데도, 그는 뉴잉글랜드 지방의 타운권력을 경험하고 아래와 같이 그 성격을 '미국인의 자유의 생명이자 그 원천'으로 묘사하고 있다.

"뉴잉글랜드의 모든 법률은 물론 코네티컷의 법률에서 우리는 타운제도의 독립의 씨앗과 점진적인 발전을 찾을 수 있다. 이것이야말로 오늘날 아메리카인의 자유의 생명이자 그 원천인 것이다. 대다수 유럽국가들의 정치적 생존은 사회의 상층계급에서 시작되어 완만하고 불완전하게 사회 각 계층으로 전달된 것이다. 아메리카에서는 그와는 반대로 타운제도가 카운티보다 먼저, 카운티가 주보다 먼저, 주가 합중국보다 먼저 조직됐다."[22]

---

21 de Tocqueville, Alexis 저, 임효선 · 박지동 역. 『미국의 민주주의』. 서울: 한길사, 1997, pp. 125~129.

22 de Tocqueville, Alexis 저, 임효선 · 박지동 역. 『미국의 민주주의』. 서울: 한길사, 1997, p. 98.

"뉴잉글랜드에서는 1650년에 이미 타운제도가 완벽하게 확고하게 형성됐다. 타운의 독립성은 지역적 이해관계, 열정, 권리 및 의무가 결집될 수 있는 핵심 역할을 했다. 그 독립성은 완전히 민주공화적인 진정한 정치활동을 가능케 했다. 식민지들은 아직도 모국의 지배권을 인정했으며, 아직도 왕정이 국체이기는 했지만 공화국이 이미 타운마저 세워졌던 것이다."[23]

특히, 토크빌은 자신이 관찰할 당시의 뉴잉글랜드 타운에서는 대의제도가 없어도 될 만큼, 여전히 공공업무가 마을주민총회(타운미팅)에서 결정되었다고 묘사하고 있다.

"타운들은 자기들의 모든 행정관들을 임명하고 공사를 스스로 심의하며 세금도 스스로 정했다. 뉴잉글랜드의 타운에서는 대의제도가 아직 채택되지 않고 있었으나 공공업무는 아테네에서처럼 시장에서 열리는 부락민총회(타운미팅)에서 토의했다."[24]

또한 토크빌은 타운미팅과 그 효과에 대해 설명하고 있다. 그는 타운미팅에 대해 자신의 손이 닿는 범위의 생활공간에서 자유를 사용하고 누리는 방법을 배우는 초등학교로 묘사하면서, 미합중국의 민주공화국을 유지하는 데 관건이 되는 '다수결의 전횡'(tyranny of majority)을 막는 자유애호성향의 기술을 가르쳐주는 익숙한 공간이라고 설명한다.

---

23 de Tocqueville, Alexis 저, 임효선·박지동 역. 『미국의 민주주의』. 서울: 한길사, 1997, p. 98.

24 de Tocqueville, Alexis 저, 임효선·박지동 역. 『미국의 민주주의』. 서울: 한길사, 1997, p. 98.

"타운 집회가 자유에 대해 가지는 관계는 초등학교들이 학문에 대해 가지는 관계와 같다. 타운집회에서는 자유가 주민들의 손이 닿는 범위에 들어 있게 되며 그런 집회는 사람들에게 자유를 어떻게 사용하는가 그리고 어떻게 누리는가를 가르쳐준다."[25]

"합중국에서 민주공화국의 유지에 무엇보다도 기여한 것은 다음의 세 가지 조건인 것 같다. 첫째는 아메리카인들이 채택한 연방형태의 정부로서 연방정부로 하여금 큰 공화국의 권력과 작은 공화국의 안전보장을 결합시킬 수 있게 해주고 있다. 둘째 번 것은 다수의 횡포를 제한하는 동시에 자유애호성향과 자유민으로 남아 있는 기술을 국민에게 가르쳐주는 타운제도들이다. 셋째 번 것은 사법제도 속에서 찾을 수 있다. 민주정치의 폐단을 억제하는 데 법원이 어떻게 기여하는지, 그리고 다수의 활동을 중단시킴이 없이 다수의 충동을 법원이 어떻게 제어하고 지도하는지를 이미 기술한 바 있다."[26]

또한 토크빌은 타운, 자치기구, 카운티 등의 시민결사체가 대의제도에서 나오는 대리자들의 의한 권력남용과 중앙집권적 관료제 정부의 폭정 및 '민주적 전제정'(democratic despotism) 등의 폐해를 막는 방파제이며 최후의 마지막 보루라고 평가하고 있다.

---

25 de Tocqueville, Alexis 저, 임효선 · 박지동 역, 『미국의 민주주의』, 서울: 한길사, 1997, p. 121.
26 de Tocqueville, Alexis 저, 임효선 · 박지동 역, 『미국의 민주주의』, 서울: 한길사, 1997, p. 380.

"그런데 이들 대리자들에 대해서 정부는 통제력을 행사하지 못하는 경우가 흔하며 또한 항구적으로 지시할 수도 없는 것이다. 타운, 자치기구, 카운티 등은 은폐된 수많은 방파제들을 이루고 있으며, 이들 방파제들은 국민의 결의라는 파도를 막거나 분리시킨다."[27]

또한 토크빌은 미국인들이 가진 자유정신에 영향을 미치고 있는 청교도의 자유정신은 권력분립의 연방제도를 기초로 하는 민주공화주의와 친화적이며, 이것은 중앙집권적 관료제 정부와 친화적인 카톨릭 교리의 프랑스와 다르다고 진단한다. 그는 미국과 프랑스의 이런 차이가 발생하는 것에 대해 구교인 정교일치와 천인합일을 추구하는 무한 세계관의 카톨릭 교리와 신교인 청교도 교리간의 차이로 설명한다. 즉, 그는 종교개혁의 결과에 따라 정교분리와 천인분리의 유한세계관을 추구하는 청교도 교리가 청교도적 직업윤리로 세속화됨에 자유로운 개인주의 성향이 추구되었기 때문으로 설명하고 있다.

"합중국에 있어서는 주권재민은 현재 성행하고 있는 국민의 습관이나 사상들과는 무관한 개별의 원칙이 아니다. 오히려 그것은 전체 영국계 아메리카인들을 연결하는 일련의 여론의 마지막 이음쇠로 간주될 수 있을 것이다. 하느님이 모든 인간에게 그 한 사람에게만 관련되는 일들에게 스스로를 이끌어가는 데 필요한 정도의 이성을 내리셨다는 사실을 합중국에서 시민적, 정치적 사

---

27 de Tocqueville, Alexis 저, 임효선·박지동 역. 『미국의 민주주의』. 서울: 한길사, 1997, p. 351.

회가 기초하고 있는 대전제이다. 한 가정의 가장은 자기아이들에게, 주인은 노예들에게, 타운은 그 관리들에게, 카운티는 타운들에게, 연방정부는 주들에게 그 전제를 적용한다. 그래서 나라 전체에 확대될 경우 그것은 주권재민의 원칙이 된다."[28]

"청교도주의는 하나의 교리일 뿐만 아니라 여러 가지 점에서 가장 절대적인 민주공화이론과 일치했다. 청교도주의의 가장 극렬한 적들의 경각심을 불러일으킨 것도 이런 성향 때문이었다. … 이미 언급한 대로 청교도주의는 종교적 교의일 뿐만 아니라 거의 정치이론이기도 했다. 이들 이민들이 황량한 해안에 상륙하자마자 맨 먼저 한 일은 사회규약을 만드는 일이었다."[29]

"프랑스에서 나는 거의 언제나 종교정신과 자유의 정신이 정반대의 방향으로 나아가는 것을 보았다. 그러나 아메리카에서는 그 두 가지 정신이 긴밀하게 결합되어 함께 나라를 다스려가는 것을 알게 되었다. 날이 갈수록 이런 현상의 원인을 밝혀보려는 나의 욕망은 커졌다. …합중국에서는 정치가 교육의 종착점이자 목표이다. … 무엇보다는 배심원제도는 정치적 제도이며 그것을 정당하게 평가하기 위해서는 이런 측면에서 다뤄야 한다."[30]

28 de Tocqueville, Alexis 저, 임효선·박지동 역. 『미국의 민주주의』. 서울: 한길사, 1997, p. 512.

29 de Tocqueville, Alexis 저, 임효선 · 박지동 역. 『미국의 민주주의』. 서울: 한길사, 1997, p. 94.

30 de Tocqueville, Alexis 저, 임효선·박지동 역. 『미국의 민주주의』. 서울: 한길사, 1997, pp. 389~400.

토크빌과 마찬가지로 미국의 정치학자 한나 아렌트(H. Arendt)는 미국 연방공화국을 건국하는 행위의 결집체인 헌법제정권력의 핵심에는 자유시민들의 참여와 행위의 공간인 타운미팅의 권위가 있고, 이것을 자유의 원동력으로 하여 County(군)→ States(주)→ USA(합중국)로 자라나는 수평적인 연방체(federal-system) 권력을 창출하려 했다고 평가하고 있다.

2) 제퍼슨의 기초공화국(elementary republic)안 구상

한나 아렌트는 미국 건국의 선조들 중에서 제3대 미국 대통령을 지낸 토머스 제퍼슨만이 혁명이 종결되고 난 후 혁명정신을 어떻게 보존할 것인가라는 관점에서 헌법의 정신문제를 자각하고, 타운(towns) 또는 구(wards) 같은 혁명기에 출현했던 자유를 행사하고 경험했던 경험적 사례를 공화주의 헌법에 명시적 개념으로 반영하지 못했다는 것을 실수로 깨달은 정치인이라고 평가했다.[31] 그는 이런 자각과 실수를 1810년 John Tyler에게 보낸 편지에서 보여주고 있다. 그는 그 편지에서 카운티를 수백 개의 구(wards)로 나누자는 방안을 제안했었다고 밝히고 있다.[32]

미국 혁명 참가자들 중 제퍼슨은 구(wards)와 같은 작은 마을단위

---

31 Arendt, Hannah. *On Revolution*. New York: Penguin, 1977, 홍원표 역. 『혁명론』. 서울: 한길사, 2004, p.365.

32 Arendt, Hannah. *On Revolution*. New York: Penguin, 1977, 홍원표 역. 『혁명론』. 서울: 한길사, 2004, p. 383.

의 기초공화국(elementary republic)이 큰 연방공화국의 존립 조건이라는 견해를 피력했다. 그는 마을을 형성하는 구 단위의 기초공화국은 중앙정부의 전제적인 경향과 공적문제에 대한 개인 생활의 무기력과 무관심을 동시에 구원한다고 보았다.[33] 그는 읍(township)은 "전체주민의 목소리가 모든 시민의 공동이성에 의해 공평하게, 충분히, 평화롭게 표현되고 논의되며 결정되는" '기초공화국의 독창적인 모델'이었다고 평가했다.[34]

제퍼슨은 1824년 John Cartwright에게 보낸 편지에서 "카토가 카르타고는 파멸되어야 한다고 모든 연설을 끝낸 것처럼 나는 모든 의견에서 'county(군)를 wards(구/마을)로 분할해야 한다'고 주장하겠다"고 했다. 그는 카토가 보기에 카르타고가 존재하는 한 로마는 안전할 수 없었던 것과 같이 자신이 보기에 공화국은 county(군)를 수 백개의 wards(구/마을)로 쪼개는 '구 체계(wards-system)'를 갖지 않는 채로 미국이 건국되면 안전하지 못할 것으로 보았다.[35]

물론 그의 기초공화국안 구상은 시·읍·면 정부(township)나 학교구 등을 통해서 상당 부분 실현되었다. 한나 아렌트는 제퍼슨의 이런 구상안에 전적으로 공감하면서 "모든 정치 행위의 실질적인 근원인 구

---

33 Arendt, Hannah. *On Revolution.* New York: Penguin, 1977, 홍원표 역.『혁명론』. 서울: 한길사, 2004, p. 370.

34 Arendt, Hannah. *On Revolution.* New York: Penguin, 1977, 홍원표 역.『혁명론』. 서울: 한길사, 2004, p. 385.

35 Arendt, Hannah. *On Revolution.* New York: Penguin, 1977, 홍원표 역.『혁명론』. 서울: 한길사, 2004, p. 382.

단위 마을을 헌법이 수용하지 못한 오류는 그들에게 사형 선고나 마찬가지였다"고 보면서 아쉽게 평가하고 있다.[36]

기초공화국(elementary republic) 안의 '구 체계'(wards-system)는 미국 혁명기에 타운(towns) 또는 구(wards) 등으로 드러났듯이, 이것은 '단순한 행정조직'을 의미하지 않으며, 공화국의 원리에 따라 권력이 자발적으로 행사되는 '정치조직'을 말한다. 이 '구 체계'(wards-system)는 프랑스 혁명기간 중 창출된 파리시의 수많은 꼬뮌을 '시민자치제'로 표현할 수 있듯이, '기초공화국'으로 번역하는 것이 적절하다.[37]

제퍼슨은 1824년 6월에 John Cartwright에게 보낸 서한에서 자신의 이 같은 '구 계'(wards-system)를 구상하고 카운티(country)를 인구 100명의 구(wards)로 분할할 것을 제안하였다. 여기서 구(wards)는 연방 공화국을 구성하는 최소 단위이자, 실질적인 정치가 이뤄지는 행위의 공간이다. 따라서 정치권력의 구성과 실행의 실질적인 단위는 바로 '구 체계'(wards-system)이라고 할 수 있다.[38]

제퍼슨에 따르면 카운티를 구(wards)로 세분하여 분할하는 것, 즉, '소규모 공화국'들의 창설을 요구하는 것이 공화주의 정부의 원리라고 보고, 이런 소규모 공화국은 대규모 공화국의 원동력이 된다고 진단했

---

36 Arendt, Hannah. *On Revolution*. New York: Penguin, 1977, 홍원표 역. 『혁명론』. 서울: 한길사, 2004, p. 370.

37 Arendt, Hannah. *On Revolution*. New York: Penguin, 1977, 홍원표 역. 『혁명론』. 서울: 한길사, 2004, p. 383.

38 Arendt, Hannah. *On Revolution*. New York: Penguin, 1977, 홍원표 역. 『혁명론』. 서울: 한길사, 2004, p. 383.

다. 왜냐하면 미합중국의 공화주의 정부가 인민에게 권력이 있다는 가정에 기초를 두고 있는 한, 그것이 적절히 기능하기 위한 조건은 "정부를 다수로 분할하고, 합당한 능력을 지닌 모든 사람에게 정확하게 그 기능을 배분하는 구도에 있기 때문"으로 보았다. 이 조건이 충족되지 않을 경우, 공화주의 정부의 원리는 결코 실재화가 될 수 없으며, 미국의 정부는 명목상으로만 공화주의적일 수 있을 것이라 진단했다.[39]

한나 아렌트는 제퍼슨의 '구 체계'의 기초공화국(elementary republic) 구상에서 시민들은, 주(state)의 모든 사람들은 공동정부의 적극적인 구성원이 되어, 분명히 하위에 있지만 중요한 권리와 의무의 대부분을 완전히 자기 권한의 범위 내에서 스스로 행사할 수 있다고 지적하고 있다. 또한 연방(federation)의 원리에 기초해서 구성된 대공화국(상층단위)의 주요한 힘을 이루고 있는 것은 작은 공화국이며, 결국 제퍼슨의 '기초 공화국안'에서 정치적 권위는 구 공화국-카운티 공화국-주 공화국-연방 공화국 순으로 권위의 계단이 형성되며, 이들 각각의 층은 독자적인 법률의 기초 위에 서고, 위임된 권한을 공유하며, 나아가 통치를 위한 견제와 균형의 체제를 구성하게 된다고 지적하고 있다.[40]

---

39   Arendt, Hannah. *On Revolution*. New York: Penguin, 1977. 홍원표 역. 『혁명론』. 서울: 한길사, 2004, p. 389.

40   Arendt, Hannah. *On Revolution*. New York: Penguin, 1977. 홍원표 역. 『혁명론』. 서울: 한길사, 2004, p. 389.

3) 미국 건국과정과 헌법제정사에서 드러난 거버넌스

거버넌스에 대한 개념은 '거버먼트'의 한계를 벗어나기 위한 새로운 통치양식으로서 그 핵심은 국가가 독점적으로 가지고 있는 권력(power)과 권위(authority)를 다층적인 수준에서 존재하는 다양한 행위자들 즉, 정부간 기구, 초국가적 지역기구, 초국가적 국제기구, 다국적 기업, INGOs, 지방정부, 주민자치회, 기업, 시민사회단체 등에게 분산하고 이양하는 것이다.[41]

미국의 건국과정과 헌법제정사는 한마디로 말해서 아래로부터 건설된 타운미팅(주민총회)를 담당하는 주민자치회에 의해 구성된 지방정부가 연방정부로 통합해가면서 권력과 권위가 타운미팅과 지방정부에게 위임되고 분산되는 거버넌스의 핵심이 작동했던 사례라 할 수 있다. 식민지 정착과정에서부터 자발적 결사체 조직으로서 주민총회인 타운미팅과 타운정부가 자라났다. 그리고 영국의 식민지에서 벗어나기 위한 벗어나기 위한 독립혁명의 과정에서 13개 나라(state)들이 '독립국가연합'(Article of Confederation)을 맺거나 그것도 부족해 보다 강력한 연방헌법을 제정하는 과정에서 내부에 존재했던 타운미팅, 타운정부, 카운티, 주정부 등이 다양한 생각과 이익들을 표출하고, 서로 논쟁·토

---

41 Jessop, Bob. "Governance of Complexity and the Complexity of Governance: Preliminary Remarks on some Problems and Limits of Economic Guidance", eds. A. Amin and J. Hauser. *Beyond Market and Hierarchy: Interactive Governance and Social Complexity*. Cheltenham: Edward Elgar, 1997.

의·설득하면서 이른바 '거버넌스'를 통해 통합하면서 새로운 국가를 건설하는 과정이었다.[42]

현재의 '강력한 행정부'로 대표되는 미합중국(United States of America: USA)이 1789년에 탄생되기 전에, 미국 행정부의 모습은 현재와는 전혀 달랐다. 즉, 당시 중앙집권적인 절대군주제 또는 입헌군주제 체제를 혐오하고 분권적 자치를 열망하였던 독자적인 입법부, 행정부, 사법부를 가진 북미 13개 국가들(states: '주'가 아닌 '국가')이 서로 모여 어떻게 하면 영국의 식민지 지배에 반기를 들고, 독립할 수 있나 등을 모색하는 정도였다.

이들은 1776년 독립을 선언하고, 독립전쟁을 효과적으로 수행하기 위해 1777년 '북미 13개 독립국가연합체 구성을 위한 동맹헌법'(Article of Confederation)을 제정하여 1781년 모든 나라가 비준하고 새로운 정부를 구성하였다. 그러나 '동맹헌법'하에서 탄생된 '독립국가연합정부' 즉, 연합회의(Confederance Congress: 행정부가 아닌 의회)는 독립전쟁을 효과적으로 수행할 만큼 중앙집권적이지도 강력하지도 위계적이지도 못했으며, 독립이후 내부반란을 효과적으로 진압하지 못할 만큼, 무능함과 허약함을 보여주었다.[43]

---

42 채진원. 「공화주의적 국가통합과 양원제」, (사)한국정치평론학회 엮음. 『공화주의의 이론과 실제』. 서울: 인간사랑, 2019.

43 정경희. 『중도의 정치: 미국 헌법제정사』. 서울: 서울대학교 출판부, 2001; 김현우. 『미국연방의회론』. 서울: 한국학술정보, 2009; van Doren, Carl 저, 박남규 역. 『THE GREAT REHEARSAL(미국 헌법제정사)』. 서울: 홍익출판사, 2010.

이에 '연합회의'는, 위기타개책으로 새로운 정부구성을 위한 헌법 제정의 목소리가 높아지면서 1787년 헌법제정회의(Congress Convention)를 필라델피아에서 3개월간 소집하였다. 당시 '새로운 정부-새로운 헌법'을 놓고 치열하게 논쟁하였는데, 크게 세 가지 안이 있었다. 첫째, 새로운 정부는 필연적으로 영국의 절대군주제와 같은 중앙집권적인 독재국가로 귀결되기 때문에 13개 국가들이 독립적 자유를 갖는 현행 '독립국가연합체제'를 유지하자는 안(제퍼슨 안), 둘째는 현행 보다 강력한 정부를 만들기 위해서는 하나의 중앙집권적인 단일국가(Union, nationalism)하에 13개 국가를 종속시켜야 한다는 안(해밀턴 안), 셋째는 현행보다는 강력하지만 완전한 중앙집권적인 단일국가(nation)는 아닌 '새로운 연방주의체제'(partly national partly federal: 부분적으로 지방국가이면서 부분적인 연방국가여야 한다는 안(매디슨 안)이다.[44]

그러나 당시 제임스 매디슨을 중심으로 한 연방주의자들의 연방주의(Federalism)안이 채택되었다. 매디슨 안이 다수를 점할 수 있었던 것은, 독재국가를 두려워했던 제퍼슨 안과 중앙집권적인 해밀턴 안이 서로 극렬하게 대립하여 타협될 수 없었기 때문이었다. 연방주의(Federalism)안의 최종 타협점은 결국 '양원제 체제의 입법부 구성'으로 귀결되었다. 그러한 타협점이 나올 수밖에 없었던 이유는 제시된 양원제 체제의 안이 당시 현행 13개 국가연합의 헌법보다 강력하면서도 중앙집권적이지 않은, 연방정부(U.A.S)와 지방정부(states)간의 수평적 권력

---

44 정경희. 『중도의 정치: 미국 헌법제정사』. 서울: 서울대학교 출판부, 2001.

관계를 보충성의 원리로 보장해주었기 때문이다.

4) 한국에 주는 미국 주민자치의 거버넌스적 의미

미국의 건국과 헌법제정사와 달리 한국 건국의 경우는 거버넌스가 거의 작동되지 않았다. 식민지 지배를 당하는 것은 미국과 유사하였으나 한국은 미국과 달리 매우 혹독한 '식민지 지배상황'을 경험했다는 것이 달랐다. 따라서 독립과 자주적인 건국이 필요했다는 점은 그 수요적인 측면에서는 미국의 경우보다도 더 절박한 상황이었다. 하지만, 한국에게 닥친 객관적인 식민지 상황의 정세변화는 미국과는 달랐다.

미국은 영국과의 독립전쟁과정에서 오랫동안 축적된 자발적 주민 결사체와 주민자치 경험에 기초한 지방정부의 자율성을 통해 연방국가의 건설방식이라는 거버넌스를 작동시켜 자주적인 독립국가를 세웠다. 하지만 한국의 건국과정은 거버넌스 작동에 실패하였다. 한국은 일본의 식민지 지배를 대신하여 곧바로 당시 제2차 세계대전의 승전국인 미국과 소련의 신탁통치대상이 될 수밖에 없었다.

한국의 건국사와 헌법제정사를 볼 때, 1945년 8월부터 1946년 6월까지 이승만의 단독정부 수립 발언에 나오는 시기는 해방이후 한국의 정치적 운명을 결정하는 매우 중요한 시기로서, 이 시기의 가장 중요한 과제는 '자주독립'과 '국민통합 및 국가건설'이었다. 자주독립을 둘러싸고 한국인들의 대다수는 즉각적인 독립과 자치(self-rule)를 원했지만, 연합국 혹은 미국은 신탁통치(trusteeship)를 경과한 독립을 주장했다.

당시 김구 등의 임시정부세력과 이승만세력은 대한민국 임시정부의 즉각적인 승인을 원했지만, 미국을 비롯한 연합국은 이를 반대하였다. 이러한 과정에서의 좌우갈등은 신탁과 반탁논쟁이라는 정치적인 분열을 낳았으며, 결국 건국의 문제에 있어서 남북한이 따로 정부를 수립하는 것으로 나아가면서, 해방 이후 숙원이었던 자주적인 독립국가 건설과 국민통합은 실패하게 되었다.[45]

한미간 공식적인 외교 관계는 1882년 조·미 수호통상조약 체결 이후 2023년 현재까지 141년이 되었다. 특히, 독립협회, 기독교 단체 등을 통해 미국의 영향을 직간접적으로 받으면서 1919년 3·1 운동에 따라 탄생한 임시의정원과 임시정부가 "민주공화국"을 정체로 하는 대한민국 임시정부를 건립한 지 104주년이 되었으며, 1987년 민주화운동에 따라 1919년 3·1 운동 및 임시정부 정신을 계승한 제6공화국이 출범한 지 34년이 되었다. 민주공화국을 출범시킨 대한민국은 지난 세계 유례가 없이 104년간 산업화와 민주화를 달성하여 OECD 10위의 경제선진국이 되었다.

대한민국이 OECD 10위의 경제선진국으로 성장하는 과정에서 민주공화국이라는 정체는 변동하지 않았다. 민주공화국이라는 규범상의 권력구조는 미국의 영향을 받아서 주변 나라의 중국 공산당, 북한의 노동당, 일본의 자민당처럼 특정 정당이 장기집권 하는 권력구조와는

---

45   서희경, 「현대 한국헌정과 국민통합, 1945~1948: '단정파'와 '중도파'의 정치노선과 헌정 구상」, 『한국정치외교사 논총』 28(2), 2007, pp. 5~42.

달랐다. 한국의 권력구조는 명분론적으로 미국의 영향을 받아 가로축의 권력구조인 입법부, 사법부, 행정부의 분립과, 세로축의 권력구조인 중앙, 지방자치, 주민자치의 분리로 견제와 균형을 통해 공공성을 지향하는 정치체제를 지향하였다.

그동안 한국이 민주공화국이라는 정체를 포기하지 않고, 산업화와 민주화 이후의 과제로 분권과 자치를 새로운 국정과제로 제기하는 데에는 현대 민주공화국의 기원이자 연방공화국 모델의 모국인 미국의 권력구조가 많은 영향을 미쳤기 때문으로 평가된다. 한국이 추구해야 할 지방자치, 주민자치에 관한 논의에서 미국의 청교도적 전통, 문화, 제도, 각종 사례가 많이 언급되었다.

특히, 문재인 정부는 대통령제 4년 중임제 개헌에는 실패했지만 개헌안 논의에서 헌법 1조 3항에 지방분권국가를 지향하겠다고 선언하며 제97조에 '국가자치분권회의'를 신설하여 '연방국가에 준하는 분권국가를 만들겠다고 했다. 그리고 많은 한계에도 불구하고, "지방자치분권 및 지방행정체제개편에 관한 특별법"을 제정하여 지방분권과 지방자치 및 주민자치를 지향하였다.

주민자치에 의한 지방정부 중심의 연방정부 건설에 성공한 미국(주민-타운-카운티-주-연방)의 사례는 '주민자치를 통한 연방주의적 거버넌스'를 작동시킨 성공사례로서 중요한 의미를 갖는다. 이 주민자치적 연방주의 국가는 프랑스와 같은 중앙집권형 국가와 다른 특징이 있다. 주민자치적 연방주의 국가인 미국은 식민지배로부터의 독립만이 아니라, 중앙집권적 절대적 권력을 행사하는 국가정부로부터의 각 주와 주민들이 독립하기 위해 주민자치를 제도화하여 연방주의라는 창의적 정치구조를 만들어 냈으며 이를 통해 입법, 사법, 행정 간에, 또 연방정부, 주 정부, 주민자치 간에 권력을 균형적으로 분산시키고자 했다.[46]

또한 미국은 연방주의와 주민자치의 제도화를 통해 중앙권력의 남용을 방지함으로써 주민 개개인의 자유와 권리 침해를 방지하고자 했다. 연방국가인 미국에서는 연방주의와 지방자치 및 주민자치가 어떻게 작동하고 있는지, 연방과 주 정부 간의 권한 배분 및 이의 견제 등에 대해 살펴보는 것이 헌법 개정을 통한 분권형 지방자치를 시도하고 있는 우리에게 주요한 시사점을 제시해 준다.[47]

이 주민자치에 의한 연방주의적 거버넌스 방식은 토크빌의 언급처럼, '중앙집권주의 원리'와 '주권재민의 원리'가 충돌할 수 있기에 이것을 조화롭게 가져가기 위한 모델로서 산업화와 민주화에 성공한 한국이 21세기 전환기적 시대상황에 부합하는 거버넌스 국가모델로서 검토해야 할 적절한 모델로서 검토대상이 된다. 본격적으로 '주민자치-연방주의 국가모델'에 대한 노선 정립이 필요하다. 이러한 노선정립에 따라서 중앙집권적인 국가가 아닌 "주민자치적 연방주의 국가'를 지향하고 이를 위한 지방분권과 주민자치운동과 개헌을 주민자치회의 실질화 방

---

46 조성호·신원득, 『지방분권형 헌법개정: 선진 국가경영시스템 구축의 필요조건』, 경기연구원, 2017.

47 윤인숙, 『주요 외국의 지방자치제도 연구: 미국』, 한국법제연구원, 2018.

안과 연계시켜 진행할 필요가 있다.

4. 미국의 영향을 받은 한국 지방자치 · 주민자치 맹아들

세로축의 권력구조에서 삼권분립의 상징으로 미국이 선진적으로 보여준 지방자치 · 주민자치의 구현사례를 볼 때, 한국이 미국을 어느 정도 따라가면서 그 제도적 역할을 수행했는가를 살펴볼 필요가 있다. 미국의 영향을 받은 한국 지방자치 · 주민자치의 맹아를 통해 성장의 발자취 사례를 찾아볼 필요가 있다.

현재 한국 주민자치제도 형성에 있어 가장 강한 영향력을 행사한 국가모델은 경로의존으로 볼 때, 조선을 식민지로 지배한 일본자치모델 이라고 보는 데에 있어서는 큰 이견이 없다. 그러나 근현대적 의미에서 한국에게 영향을 미친 일본의 지방자치모델이 과연 독자적인 모델이었는가에 대한 질문에 대해서는 일본이 개항과 명치유신 이후 미국의 영향을 받은 만큼, 그렇지 않다. 특히, 1946년에 제정되어 1947년부터 실시된 지금의 일본의 지방자치제도는 2차 대전의 승전국인 연합군사령부에 의하여 이루어졌다고 해도 과언이 아니다.[48] 실제적으로 지금의 일본의 지방자치제도는 대부분이 미군 점령군(GHQ)은 일본의 민주주

---

48 임승빈. 「일본의 권력구조」, 국제평화전략연구원 기획세미나 논문집—통일한국을 대비한 권력구조, 1996.

의를 위하여 민주화(democratization), 비무장화(demilitarization), 지방분권화(decentralization) 등 3D정책의 영향을 받은 결과로 보는 것이 타당하다. 특히, 이 가운데서도 지방분권화 즉 지방자치의 실현은 천황제적 전제주의, 군부의 독주, 과도한 중앙집권체제 등 전쟁 전의 군국주의일본의 구성요인들이므로 이를 제거하려고 한 미군 점령군(GHQ)의 개혁이었다.[49] 본 장에서 유길준의 주민자치 등 몇 가지 맹아적 사례를 살펴보겠다.

1) 유길준의 향회조규, 한성부민회

1895년 갑오개혁기 내부대신으로서 향회 자치를 추구했던 유길준은 미국의 민주적 제도를 경험한 조선 최초의 미국 유학생으로서 1909년 한성부민회를 조직하여 회장으로서 활동하였다. 그는 서울의 주민자치 실시 계획을 세우고 관련활동을 추진했다는 점에서 근대적 주민자치운동의 선각자로 평가된다. 그가 추진했던 향회 자치와 한성부민회는 매우 선구적인 시도라는 점에서 많은 의의가 있다.

유길준은 게이오대학 유학 시절 일본에서 본 서양을 바탕으로『서유견문(西遊見聞)』의 1차 초고(1882)를 완성했고, 다시 미국 메사추세스대학 유학 후 2차 초고(1889)를 완성한다. 갑오개혁 정권은 그 전부터 있던 향회를 개조하여 지방자치를 실시하고자 하였다. 이를 주도한 인

---

49 임승빈, 「한국의 지방 자치 제도 형성과 동인(動因)분석」, 『한국행정학보』 42(2), 2008, pp. 49~69.

물은 당시 내부대신이었던 유길준이었다. 그는 군국기무처가 제시한 향회설치안에 맞추어 〈향회조규(鄕會條規)〉와 〈향약판무규정(鄕約辦務規程)〉을 내놓았다. 갑오개혁의 주역이었던 유길준은 1895년 11월 3일 내부(현재의 행정안전부) 청원으로 〈향회조규(鄕會條規)〉와 〈향약판무규정(鄕約辦務規程)〉을 반포하는 데 관여했다. 〈향회조규(鄕會條規)〉와 그 부속령인 〈향약판무규정(鄕約辦務規程)〉은 우리나라의 최초의 지방자치에 관한 법규이다.

1895년 향회조규, 향약판무규정에 따르면, "각 지방관으로 하여금 향회를 설치케 하여 각 면에서 1명씩을 뽑아 향회원으로 하고 그들이 고을의 공회당에 모여 법령의 시행과 폐단의 시정 등 고을에서 시행하는 일의 가부를 의논하고 공동 결정 한뒤 시행하라", "군과 면과 리에 대·중·소 향회를 두어 지방에 관련된 각종 사무를 회의하여 결정하고, 리의 존위를 리민이 직접 선출케 한다. 면의 집강을 각 리의 존위 및 선거인으로 하여금 선출케 한다"고 되어 있다. 같은 해 훈령은 '지방 개혁사업을 향회에 맡길 것'을 지시하고 있다.

유길준이 반포한 〈향회조규(鄕會條規)〉와 〈향약판무務規程)〉은 이(촌·동)·면 및 군에 향회를 설치하여 교육·호적·위생·도로·조세 등에 관한 사무를 관장하도록 하되 각 단위의 향회는 출신성분에 관계없이 호주가 참여하거나 선출된 대표자가 참여하도록 하고, 징역의 처벌을 받았거나 조세체납처분을 받은 자는 향회의 회원이 될 수 없도록 하며, 집행기관도 향회에서 선출하되, 군의 집행기관

은 종전의 예에 의하도록 한 당시로서는 상당히 진보적인 자치법규라 할 수 있다.[50]

또한 유길준은 전국적인 규모의 지방 자치 실현을 위한 준비 단계로 1908년 5월 한성부민회 발기회를 개최하였다. 한성부민회의 규약 제1조에 "본 민회는 한성부 주거민이 그 공동 편익을 증진하여 자치사상을 계발하기 위하여 협동 일치하는 합의로 이 규약에 의하여 성립한다"고 규정하였다. 설립 이유서에는 "인민이 자치하는 방도를 안 후에 국가를 잘 다스릴 수 있으므로 자치제는 국가의 근본이다"라고 천명하였다. 한성부민회와 관련된 자료는 〈한성부민회창립취지서〉·〈한성부민회창립이유서〉·〈한성부민회규약〉·〈한성부민회처무규정〉·〈한성부민회조례〉·〈방회(坊會)규약〉·〈한성부민회의원선거규칙〉·〈한성부민회의회규칙〉 등이 『한성부민회규약』이라는 제목의 책자로 체계적으로 묶어져 남아 있다.

그러나 일본 통감부는 한성부민회 등 민간에서 논의되는 어떠한 형태의 자치제도도 허용하지 않는다는 확고한 방침을 갖고 있었기 때문에 1909년 6월 한성부민회장 유길준이 신청한 자치제 실시를 허가하지 않았다. 이러한 상황에서도 유길준은 한성부민회 내의 일진회 세력을 억누르기 위해 대한협회와 협력하면서 자치운동을 지속하였다. 하지만 별다른 성과를 보지 못하다가 결국 한성부민회는 경성부민회(京

---

50 김용진. 「향회와 지방자치제」, 법제처 입법자료, 2009; 정용하. 「입헌민주주의 수용과 정치체제의 변동」, 『한국정치연구』 14(1), 2005, pp. 33~59.

城府民會)로 개칭하였다가 1911년 9월 24일 해산하였다.

2) 1948년 헌법의 지방자치 규정, 제1-4회 지방선거

우리나라가 지방자치를 국가의 통치원리로 제도화한 것은 1948년에 제정되어 반포된 '대한민국 헌법'이다. 이 헌법은 유학생활을 통해 미국 민주제도를 체험했던 이승만 대통령의 영향력이 직간접적으로 반영될 수밖에 없었다.

1948년 7월 17일에 제정한 제정헌법은 '지방자치'를 독립된 장(제8장)으로 설치하여 자치단체의 종류와 자치권의 범위, 자치기관 구성에 관한 기본 사항을 명시했다. 제정헌법에 기초하여 같은 해 8월 15일에 대한민국 정부가 수립되었고, 그 다음 해인 1949년 7월 4일에는 지방자치에 관한 기본법인 '지방자치법'이 제정되었다. 지방자치법은 같은 해 8월 15일에 시행되었다. 이로써 우리나라도 지방자치를 국가의 통치원리로 하는 지방자치제도를 형성하게 되었다.

정부수립 당시 우리나라의 지방행정조직은 조선총독부 지방관제(칙령 제354호, 1914년)에 의한 것이었으므로, 이를 대체하기 위하여 1948년 「지방행정에 관한 임시조처법」을 제정·공포하였다. 이후 1948년 제헌헌법에서 지방자치가 제도적으로 보장되었고 제헌의회는 1948년 8월 20일부터 「지방자치법」 제정을 논의하였다. 그러나 지방자치의 즉각적 실시를 주장하는 국회와 1년 이내의 기간에 대통령령으로 실시 시기를 정하여 시행하자는 정부의 의견대립으로 지연되다가 1949년 7

월 4일 「지방자치법」이 제정·공포되었다. 그러나 정부는 치안유지와 국가의 안정, 국가건설과업의 효율적 수행 등을 이유로 지방자치의 실시를 연기하다가 1952년 지방의원 선거를 통하여 비로소 지방자치를 실시하게 되었다. 본 단락에서는 제1회~4회 지방자치 선거의 경험을 정리해보고자 한다.

① 제1회 자치선거: 지방의회 구성

1952년 실시된 지방의회 선거는 4월 25일에 시·읍·면의회 의원선거가, 5월 1일에 도의회 의원선거가 실시되었다. 하지만 전쟁 중에 선거가 실시되었기 때문에 서울특별시, 경기도, 강원도와 치안이 불안했던 전북 4개 지역은 선거를 실시하지 못하였다. 대한민국 최초의 지방선거인 1952년 시·읍·면의회 의원 선거에서는 17개 시에서 378명의 시의원이, 72개 읍에서 1,115명의 읍의원이, 1,308개 면에서 16,051명, 총 17,544명의 시·읍·면 의원들이 선출되었다.

1952년 4월 25일, 시·읍·면 의원 선거는 우리나라 현대사에 최초로 실시한 자치선거였다. 한강 이북의 미수복 지역과 지리산 주변의 일부 지역은 선거 대상에서 제외되거나 유보되었다. 그리고 5월 10일에는 도의원 선거가 실시되었다. 서울특별시와 경기도·강원도는 선거 대상지역에서 제외되었다. 7개 도 의원 선거에서 306명의 의원이 선출되었다. 이리하여 시·읍·면 의회와 도 의회가 구성되고, 시·읍·면 의회에서 시·읍·면장을 선출하여 자치기관을 구성하게 되었다. 도의 지

사와 서울특별시의 시장은 중앙정부가 임명했다.[51]

② 제2회 자치선거: 기초 단체장 주민 직선

제2회 자치선거는 1956년 8월 8일, 시·읍·면 의원 선거와 함께 시·읍·면장 선거가 처음으로 주민 직선제에 의해 실시되었다. 이어서 8월 13일에는 서울특별시와 도 의원 선거가 실시되었다. 서울특별시와 경기도·강원도는 이번 자치선거로 처음으로 의원 선거를 실시하고 의회를 구성하게 되었다. 선거 결과, 시·읍·면 의원 선거는 26개 시, 76개 읍, 1,389개 면 가운데 기득권을 인정한 1개 시, 1개 읍, 21개 면을 제외한 25개 시, 75개 읍, 1,368개 면에서 실시되었다. 16,954명의 시·읍·면 의원이 선출되었다. 시·읍·면장 선거는 1,491개 시·읍·면 가운데 6개 시, 30개 읍, 544개 면에서만 실시되었다. 나머지 시·읍·면은 기득권을 인정받아 제2회 자치선거에서 제외되었다. 서울특별시와 도 의원 선거는 서울특별시 의원 47명, 9개 도 의원 390명이 선출되었다.

1956년 제2기 지방선거에는 기초자치단체의 장인 시·읍·면장을 임명제에서 직선제로 바꾸어 지방의원 선거와 더불어 실시하였다. 하지만 1958년 제4차 「지방자치법」이 개정되면서 시·읍·면장의 직선제는 폐지되고 다시 임명제로 환원되었다. 1960년 4·19 이후 민주당 정부가 들어서고, 같은 해 11월 「지방자치법」이 개정되면서 지방의회와 단체장

---

51   최낙범, 「현대 우리나라 지방자치제도의 역사」, 『마산시사』, 2011.

을 직선제로 하는 완전한 민선 지방자치제의 기틀이 마련되었다. 이에 따라, 1960년 12월 12일에 서울특별시·도의회 의원선거가, 12월 19일에 시·읍·면의회 의원선거가, 12월 26일에 시·읍·면장 선거가, 12월 29일에 서울특별시장·도지사 선거가 실시되었다.[52]

③ 제3회 자치선거: 기초·광역 단체장 주민 직선

1958년 12월 26일, 제4차 개정 지방자치법이 제정되었다. 개정법은 시·읍·면장을 직선제에서 임명제로, 지방의회 의원의 임기를 3년에서 다시 4년으로 연장했고, 지방의회의 지위와 권한을 보다 축소했다. 이 개정법에 의한 자치선거는 실시되지 않았다. 1960년 3월 15일의 대통령 선거는 부정 선거로 무효가 되었고, 이승만 대통령은 퇴진했다. 1960년 6월 15일 헌법이 개정되었고, 내각책임제의 제2공화국이 출범했다.

개정 헌법은 지방자치에 관해 시·읍·면장을 주민이 직접 선거하도록 명문화했다. 이에 따라 지방자치법은 1960년 11월 1일에 다시 개정되었다. 개정법은 기초 자치단체장인 시·읍·면장뿐만 아니라 지금까지 대통령이 임명해 왔던 광역 자치단체장인 도지사와 서울특별시장도 주민이 직접 선거하는 직선제로 구성 방법을 바꾸었다. 그리고 선거권의 연령을 21세에서 20세로 낮추었다. 이리하여 기초와 광역 자치단체의 자치기관인 의회와 단체장 모두를 주민이 직접 선거하여 구성하게 되었다.

---

52 최낙범. 「현대 우리나라 지방자치제도의 역사」, 『마산시사』, 2011.

제3회 자치선거는 1960년 12월 12일에 도와 서울특별시 의원 선거가, 12월 19일에는 시·읍·면 의원 선거가 먼저 실시되었다. 이어서 12월 26일에는 시·읍·면장 선거가, 12월 29일에는 도지사와 서울특별시장 선거가 각각 실시되었다. 서울특별시·도 의원 선거는 서울특별시 의원 54명, 9개 도 의원 433명이 선출되었다. 시·읍·면 의원 선거는 26개 시 의원 420명, 82개 읍 의원 1,055명, 1,359개 면 의원 15,376명이 선출되었다. 시·읍·면장 선거와 도지사·서울특별시장 선거는 1,467명의 시·읍·면장과 9명의 도지사 그리고 1명의 서울특별시장이 선출되었다.

이렇게 하여 우리나라는 시·읍·면을 기초 지차단체로, 도와 서울특별시를 광역 자치단체로 하고, 그 자치기관인 의회와 단체장을 모두 주민이 직접 선거하는 주민대표기관으로 구성하는 지방자치체제를 형성하게 되었다. 그러나 1961년 5월 16일 군사혁명위원회 포고령에 의해 시·읍·면 의회, 도·서울특별시 의회가 해산됨으로써, 이 지방자치체제는 제대로 운영해 보지도 못하고 5개월 만에 해체되었다. 우리나라 지방자치는 30년간 휴면기에 들어가게 되었다.[53]

④ 제4회 자치선거: 지방의회의 재구성

1987년 6·29 민주화 선언을 배경으로 헌법이 개정되고, 지방자치법이 전문 개정됨으로써 지방자치 실시는 눈앞의 현실로 다가왔다. 하지

---

[53] 최낙범, 「현대 우리나라 지방자치제도의 역사」, 『마산시사』, 2011.

만 1년이 지나고, 또 1년이 지나도 그 현실은 눈앞에 나타나지 않았다. 3년이 지난 뒤에서야 지방자치의 실체를 실감할 수 있었다. 1988년 4월에 지방자치법을 전문 개정하고, 이어서 1989년 12월과 1990년 12월에 두 차례 더 지방자치법을 개정하고 나서야 지방의회 의원 선거를 실시할 수 있게 된 것이었다.

1991년 3월 26일에 시·군·구 기초 자치단체 의원 선거가 실시되었다. 전국 평균 투표율은 55.0%였다. 67개 시, 137개 군, 56개 구에서 4,303명의 의원을 선출하여 시·군·구 의회를 구성했다. 특별시·직할시·도 의원 선거는 같은 해 6월 20일에 실시되었다. 전국 평균 투표율은 3월의 기초 의원 투표율보다 높은 58.9%였다. 1개 특별시, 5개 직할시, 9개 도에서 866명의 의원을 선출하여 특별시·직할시·도 의회를 구성했다. 1991년 4월 15일에 시·군·구 의회, 7월 8일에 특별시·직할시·도 의회가 전국 동시에 개원했다.

이렇게 하여 1961년 5월에 해산된 지방의회를 재구성하게 되었다. 30년 만에 지방의회를 재구성함으로써 우리나라는 지방자치 시대를 다시 맞이하게 되었다. 그동안 헌법의 '부칙'에 의해, '지방자치에 관한 임시조치법'에 의해 지방자치는 금지되었고, 유명무실한 존재에 지나지 않았다. 자치단체는 존재해도 지역 주민의 의사를 대표하는 지방의회는 설치되지 않았다. 자치단체는 이름뿐이고 중앙정부의 지방행정구역에 지나지 않았다. 자치단체의 장(長)인 특별시장, 직할시장, 도지사, 시장, 군수, 구청장은 지역 주민을 대표하는 것이 아니라 중앙정부의 지휘명령에 복종하는 지방행정기관에 불과했다. 제4회 자치선거를 통해 우리나라는 지방자치의 역사를 부활하고, 지방자치 시대를 열어가게 되었다.[54]

3) 김대중의 지방자치 부활 투쟁 이후 지방분권법 제정

1987년 이후 지방자치의 부활에 영향을 미친 인물은 정치인 김대중이다. 그는 1970~1980년대 민주화 투쟁 과정에서 지방자치 부활을 줄기차게 요구하였다. 그가 지방자치 부활을 강한 신념으로 갖게 한 요인은 무엇일까? 그의 지방자치 의식은 민주당의 정치적 동지이자 선배인 초대 주미한국대사를 지낸 장면 부통령으로부터 영향을 받았으며, 미국 망명생활속에서 선진 민주주의제도의 하나로서 지방자치를 자연스럽게 체험한 것으로 보인다.

1980년 쿠데타로 집권한 전두환 정부도 헌법 부칙에 "이 헌법에 의한 지방의회는 지방자치단체의 재정 자립도를 감안하여 순차적으로 구성하되, 그 구성 시기는 법률로 정한다"고 단서를 달아 지방자치를 미뤘다. 헌법 부칙의 단서 조항은 1987년 6월 항쟁 성과물인 6공화국 헌법에서 비로소 사라졌다. 박정희 정부에서 효력을 중단시켰던 지방자치법도 1987년 6공화국 헌법에서 부활했다.

1988년 13대 총선에서 김대중 총재의 평화민주당, 김영삼 총재의

---

54   최낙범, 「현대 우리나라 지방자치제도의 역사」, 『마산시사』, 2011.

통일민주당, 김종필 총재의 신민주공화당 등 야 3당이 국회 의석 과반을 차지하면서 지방자치를 해야 한다는 야 3당 총재회담 합의에 따라 1989년 3월 국회에서 지방자치법 개정안이 통과됐다. 그러나 노태우 대통령은 이것에 거부권을 행사했다.

하지만 1989년 12월에는 노태우 대통령과 야 3당 총재의 합의에 따라 지방자치를 한다는 내용의 지방자치법 개정안이 국회를 통과했다. 그런데 1990년 1월 3당 합당으로 또다시 지방자치법 시행이 물거품이 됐다. 지방자치를 살려내기 위해 김대중 평화민주당 총재는 목숨을 걸고 단식을 했다. 김대중은 '김대중 자서전'의 기록을 통해 당시 상황을 다음과 같이 회고하고 있다.

> 나는 지방자치제 실시, 내각제 포기, 보안사와 안기부의 정치 사찰 중지, 민생 문제 해결을 내세우며 무기한 단식 투쟁에 돌입했다. 국민을 무시하는 기만적 술수에 더 이상 끌려갈 수 없었다. 1990년 10월 8일 평민당사에서 시작한 단식은 어느 때보다 비장했다. 지자제는 민주주의를 위해서 꼭 필요했다. 나는 지방자치 실현을 위해 의정 생활 전 기간에 걸쳐 싸웠다. 정치인 김대중에게 별명을 붙인다면 '미스터 지방자치'가 제일 어울릴 것도 같다. 1963년 제6대 국회의원 선거에서 당선된 이후 나는 예산 심의가 있을 때마다 지방자치제를 실시하라고 요구했다. 때로는 몇 시간씩 이 문제를 추궁하기도 했다. 1971년 대통령 선거에 나섰을 때도 지자제 실시를 주요 공약으로 내세웠다. 지자제는 이승만 정권에서는 부분적으로, 장면 정권에서는 전면적으로 실시했다. 그

러다 군사 쿠데타로 들어선 박정희 정권이 이를 폐지했다. 박 대
통령이 살해된 직후에 만난 라이샤워 교수가 나에게 이런 말을
했다. "우선이 지자제 실시입니다. 민주화는 지자제에서부터 시
작합니다." 이 조언은 아직도 내 마음에 선명하게 각인되어 있다.
1989년 말 여당과 야 3당은 지자제 실시에 동의했다. 1990년에는
지방자치를 도입하도록 법률로 정했다. 그러나 3당 합당이 되어
여당이 절대다수를 차지하자 이를 지키지 않으려 했다. 야당 의
원들이 의원직을 사퇴한 상황이라 단식 투쟁은 정국의 핵이었다.
나라 안팎의 관심이 쏟아졌다. 나는 물만 마시며 독서와 사색을
했다. 단식 8일째 탈수 현상이 심했다. 당직자와 비서들이 놀라서
나를 세브란스 병원으로 옮겼다. 하지만 나는 병원에서도 단식
을 멈추지 않았다. 김영삼 대표도 그 문제에는 충분히 공감했다.
그도 오랜 야당 생활을 했고, 그 시절에는 부정선거의 피해자였
기 때문에 지자제가 왜 필요한지 잘 알고 있었다. 지자제가 민주
주의의 초석이라는 데에 고개를 끄덕였다. 마침내 노 정권은 지
방자치 실시를 약속했다. 이로써 36년 만에 지방자치 시대가 다
시 열렸다. 지방자치단체법에 따라 1991년 상반기에 지방의회 선
거를 치르고, 자치단체장 선거는 1994년(1992년의 착오인 듯) 6월
에 실시하기로 했다. 10월 20일, 나는 이 같은 계획을 달리는 정
부 여당의 연락을 받고 단식을 풀었다. 단식을 시작한 지 13일 만
이었다. 단식은 역시 무서웠다. 한동안 그 후유증으로 고생해야
했다. 지자제 도입으로 우리 사회는 많이 변했다. 무엇보다 그 지
역에 살고 있는 주민들이 그곳의 주인이 되었다. 풀뿌리 민주주
의에 대한 자연스러운 실험은 주권 의식을 고취시켰다. 중앙에서
일률적으로 부정선거를 획책할 수 없고 지방이 중앙의 눈치를 보

지 않고 소신 있게 주민을 위한 행정을 펼칠 수 있게 되었다. 청도의 소싸움과 함평의 나비축제 같은 지역 행사가 세계적인 명성을 얻으며 주민의 소득 증대에 기여하는 것도 따지고 보면 지자제 도입의 결과였다. 주민의 투표로 임기가 보장된 일꾼이 어디를 보고 일하겠는가. 당연히 주민들의 눈높이에 맞춰 지역을 살필 수밖에 없다.[55]

김대중 총재에 의해 살아난 지방자치 부활은 대략 10년 후 2013년 「지방행정체제개편에 관한 특별법」 제정을 시점으로 지방자치의 양쪽 바퀴인 '단체자치'에 이어 '주민자치'로 구체화되는 계기가 만들어 졌다. 「지방행정체제개편에 관한 특별법」 제20조는 '풀뿌리자치의 활성화와 민주적 참여의식 고양을 위하여 읍·면·동에 해당 행정구역의 주민으로 구성되는 주민자치회를 둘 수 있다'라고 규정하고 있다. 하지만 정작 주민자치회 기능을 정의한 제21조에서는 주민자치회가 설치되는 경우 읍·면·동의 행정기능을 지방자치단체로 이양하고, 일부사무만을 주민자치회에 위임 또는 위탁할 수 있다는 방향정도를 규정하고 있을 뿐, 제20조에서 언급한 '풀뿌리자치의 활성화'와 '민주적 참여의식 고양'의 의지를 확인할 수 있는 구체적 방향이나 내용은 찾아볼 수 없는 모순적 한계를 보이고 있다.

---

55 김대중. 『김대중 자서전 셋트』. 서울: 삼인출판사, 2010.

5. 결론

본 글의 문제의식은 한국이 산업화와 민주화 이후 공화화를 목표로 성장하기 위해서는 21세기 전환기적 시대상황이 요구하는 거버넌스 국가모델의 규범으로 지방자치·주민자치의 구현을 핵심적으로 실천하는 게 중요하다는 점을 강조하는 데 있다. 거버넌스 국가모델의 비교연구 차원에서 선진국이면서 우리에게 강력한 영향을 주고 있는 미국의 연방공화국모델 즉, 민주공화국이면서 주민자치에 의한 연방국가의 토대인 미국의 권력구조가 한국의 지방자치·주민자치 구현에 주는 거버넌스적 의미에 대해 살펴보고자 하였다.

본 글은 한국의 성장과정상 중앙집권적 국가모델과 대조되는 세로축에서의 권력분립의 상징이 된 미국의 권력구조인 지방자치·주민자치의 구현 사례를 살펴보고, 이것이 한국의 새로운 권력구조에 주는 거버넌스적 의미에 대해 살펴보는 데 목적이 있다. 본 글은 실험적 문제의식에서 시작한 만큼, 많은 한계가 있을 수밖에 없다. 본론에서 다루는 연구범위가 시공간적으로 너무 넓기 때문에 주요 내용이 추상적이며 충분한 근거가 부족한 점은 근본적인 약점이다. 특히, 미국의 영향을 받은 한국 지방자치·주민자치의 맹아들은 매우 초보적인 수준의 접근이다. 이러한 한계는 추후 비판을 통해 개선되어야 할 것이다.

본 글은 많은 한계에도 불구하고, 한국에게 강력한 영향을 주고 있는 미국 지방자치·주민자치의 거버넌스적 의미를 다루면서 이것에 근거하여 산업화와 민주화에 성공한 한국이 공화화를 위해 나아가야 할 권력구조의 개선 방향에 대해 일정 정도 다뤘다는 것은 실험적 의의라 할 수 있다. 이 부분에 대한 더 많은 학계의 논의와 연구로 발전된 공론장이 펼쳐지기를 기대한다.

참고 문헌

김대중. 『김대중 자서전 셋트』. 서울: 삼인출판사, 2010.

김용진. 「향회와 지방자치제」, 법제처 입법자료, 2009.

김현우. 『미국연방의회론』. 서울: 한국학술정보. 2009.

박정희. 「100억불 수출의 날 연설(12. 12)」, 『박정희대통령연설문집』. 14집 12월 편. 대통령비서실, 1977.

서창록·이연호·곽진영. 「거버넌스의 개념: 거버넌스의 개념과 쟁점에 관한 소고」, 김석준 외. 『거버넌스의 정치학』. 서울: 법문사, 2000.

서희경. 「현대 한국헌정과 국민통합, 1945~1948: '단정파'와 '중도파'의 정치노선과 헌정 구상」, 『한국정치외교사 논총』 28(2), 2007, pp. 5~42.

성경륭. 「탈냉전-세계화 시대의 국민국가 개혁: 연방주의와 지방자치」, 한국사회학회 1994년 후기 학술대회 자료집, 1994.

안성호. 『양원제 개헌론: 지역대표형 상원연구』. 서울: 신광문화사, 2003.

육성준. 「미국 런던데리의 주민참여 현장을 가다」, 『충북IN NEWS』. 2010년 9월 27일.

윤인숙. 『주요 외국의 지방자치제도 연구: 미국』, 한국법제연구원, 2018.

이기우. 「이게 연방제에 준하는 지방분권인가?」, 『인천일보』. 2018년 10월 3일.

임성호. 「의회와 거버넌스: 거버넌스의 저해 및 촉진 기제로서의 의회」, 김석준 저. 『거버넌스의 정치학』. 서울: 법문사, 2002.

임성호. 「전환기 한국정부 권력구조: 과정중심의 '이익통합적' 모델을 위한 시론」, 『호남정치학회보』 11, 1999, pp. 3~26.

임성호·채진원. 『2012년 양대선거 정책선거 추진방안 연구』. 중앙선거관리위원회, 2011.

임승빈. 「일본의 권력구조」. 국제평화전략연구원 기획세미나 논문집-통일 한국을 대비한 권력구조, 1996.

임승빈. 「한국의 지방 자치 제도 형성과 동인(動因)분석」, 『한국행정학보』 42(2), 2008, pp. 49~69.

정경희. 『미국을 만든 사상들』. 서울: 살림, 2004.

정경희. 『중도의 정치: 미국 헌법제정사』. 서울: 서울대학교 출판부, 2001.

정용하. 「입헌민주주의 수용과 정치체제의 변동」, 『한국정치연구』 14(1), 2005, pp. 33~59.

조성호·신원득. 『지방분권형 헌법개정: 선진 국가경영시스템 구축의 필요 조건』. 경기연구원, 2017.

채진원. 「'읍면동 민주화'의 주민자치적 의미와 조건에 대한 시론적 고찰」, 『분쟁해결연구』 20(2), 2022, pp. 5~35.

채진원. 「공화주의적 국가통합과 양원제」, (사)한국정치평론학회 엮음. 『공화주의의 이론과 실제』. 서울: 인간사랑, 2019.

채진원. 「민주주의, 민족(국가)주의, 세계시민주의 그리고 공화주의」, (사)한국정치평론학회 엮음. 『공화주의의 이론과 실제』. 서울: 인간사랑, 2019.

채진원. 「주민자치의 정치학적 고찰과 함의: 1871년 파리꼬뮌, 미국의 타운미팅과 제퍼슨의 기초공화국안 사례」, 『인문사회 21』 12(2), 2021, pp. 2791~2806.

채진원. 『제왕적 대통령과 정당』. 서울: 푸른길, 2022.

최낙범. 「현대 우리나라 지방자치제도의 역사」, 『마산시사』, 2011.

한국정치평론학회 엮음. 『공화주의의 이론과 실제』. 서울: 인간사랑, 2019.

홍익표·진시원. 『세계화시대의 정치학』. 서울: 오름 출판사, 2009.

Arendt, Hannah. *On Revolution*. New York: Penguin, 1977, 홍원표 역. 『혁명론』. 서울: 한길사, 2004.

Arendt, Hannah. *The Human Condition*. Chicago: The University of Chicago Press, 1968, 이진우·태정호 역. 『인간의 조건』. 서울: 한길사, 1996.

de Tocqueville, Alexis 저, 임효선·박지동 역. 『미국의 민주주의』. 서울: 한길사, 1997.

Giddens, Anthony. *The Consequences of Modernity*. Cambridge: Polity Press, 1990.

Hamilton, Alexander, Madison, James, and Jay, John 저, 이동역 역. 『페더럴리스트 페이퍼』. 서울: 한울아카데미, 1995.

Henderson, Gregory 저, 이종삼·박행웅 옮김. 『소용돌이의 한국정치』. 서울: 한울아카데미, 2013.

Jessop, Bob. "Governance of Complexity and the Complexity of Governance: Preliminary Remarks on some Problems and Limits of Economic Guidance", eds. A. Amin and J. Hauser. *Beyond Market and Hierarchy: Interactive Governance and Social Complexity*. Cheltenham: Edward Elgar, 1997.

Madison to Washington. April 16, 1787, PJM, IX, 384.

Pierre, Jon, and Peters, Guy. Governance, *Politics and the State*. NY: St. Martin's Press, 2000.

van Doren, Carl 저, 박남규 역. 『THE GREAT REHEARSAL(미국 헌법제정사)』. 서울: 홍익출판사, 2010.

6장

한국의 디지털 민주주의와 미국의 영향: 기술의 수용과 변화

한국의 디지털 민주주의와 미국의 영향: 기술의 수용과 변화

송경재(상지대학교)

1. 서론

인터넷의 발명은 미국에서 시작되었다. 인터넷 등장으로 인류는 정보통신기술(Information and Communication Technologies; ICT)을 바탕으로 새로운 시대적 전환을 시작했다고 과언이 아니다. 인터넷의 기원인 아르파넷(ARPANET)은 군사적인 목적에서 미국과 소련과의 핵전쟁을 염두에 두고 건설된 통신망이었지만, 오늘날 인터넷은 냉전 이후 평화적으로 사용되면서 인류 문명사에서 중요한 역할을 하고 있다.[1] 이러한 변화에 대해 앨빈 토플러(Toffler)는 『제3의 물결』(The Third Wave)에서 농

---

1 송경재. 「인터넷 시민참여의 과거, 현재, 미래」. 김신동 엮음. 『미디어 공진화』. 파주: 한울아카데미. 2019.

업혁명, 산업혁명 이후 정보혁명(information revolution)이 본격화되었다고 주장했다.[2] 이후 21세기 인류는 디지털 발(發) 변혁의 시대인 디지털 전환(digital transformation)을 진행 중이다. 특히 코로나 19(COVID-19) 팬데믹(pandemic)은 인류에게는 재난이었지만 역설적으로 디지털 기술을 이용한 비대면 사회 활동을 가능케 할 정도로 디지털 전환은 속도를 내고 있다.[3]

정치학에서도 디지털 기술의 도입은 시대적인 추세가 되었다. 디지털 기술은 전자 정부, 선거 캠페인, 시민참여, 심의기능의 강화, 글로벌 시민운동 등 정치과정과 권력 관계 변화에 영향을 주고 있다.[4] 최근에는 20세기 이후 대의민주주의(representative democracy)의 약점을 보완하는 방법으로 디지털 기술을 활용하기도 한다. 국민이 대표를 선출하여 위임통치하는 대의민주주의는 대표성과 책임성 문제에 봉착했다. 세계가치조사(WVS) 등의 연구에 따르면, 선진 민주주의 국가에서도 시민

---

2   송경재. 「한국 SNS 사용자의 특성과 정보인권 인식 연구」, 『사이버사회문화』 9(1), 2010, p. 36; Castells, Manuel. *The Rise of the Network Society: The Information Age: Economy, Society, and Culture.* Wiley-Blackwell, 2009.

3   Old, Rosalyn. "The digital tools that can keep democracy going during lockdown", nesta. https://www.nesta.org.uk/blog/digital-tools-can-keep-democracy-going-during-lockdown/, (accessed September 15, 2022); 송경재. 「코로나 19, 민주주의의 위기인가 전자민주주의의 기회인가?」, 『온미래』. 2020.

4   Fraser, Matthew, and Dutta, Soumitra. *Throwing Sheep in the Boardroom: How Online Social Networking Will Transform Your Life Work and World.* New Jersey: WILEY, 2009; 조화순. 「SNS와 정당정치 변화」, 한국언론학회 심포지움 및 세미나 자료집, 2012, p. 24.

들이 체감하는 민주주의 만족감은 점차 하락하고 있다. 이에 임혁백 등은 위축된 대의민주주의를 보완할 방안을 모색하게 되었고 대표적인 것이 참여와 심의, 직접 민주주의, 결사체 민주주의 그리고 디지털 민주주의(전자 민주주의)이다.[5] 요컨대 현대 디지털 민주주의는 기술 관점에서 시민과 정치지도자 사이의 정치정보 및 상호작용을 강화하기 위해 활용되고 있으며, 참여·직접·심의 요소를 포함한 광의의 민주주의 개념으로 발전하고 있다. 초기가 주로 디지털 기술의 민주주의 활용이라면, 최근에는 디지털 기술을 통한 민주주의 강화 단계로 진화하고 있다.[6]

이 글은 디지털 기술 기반 정치가 미국과 한국의 정치에 수용되면서 어떤 변화가 나타나는지를 분석한 시도이다. 그동안 한국 학계에서는 디지털 민주주의 정치과정이 한국만의 특수한 현상임을 강조한다. 이른바 '특수성 가설'이다. 하지만 근본적으로 살펴본다면, 디지털 기술의 정치적 실험은 미국에서부터 시작되었으며, 그것이 한국적인 맥락에서 발전·확산하고 있다는 것이 더욱 정확할 것이다. 다수의 정치실험을 분석한다면 "기술적 기반은 미국, 활용과 적용은 한국"이라는 공식으로 상호작용하는 '공진화(co-evolution) 가설'을 제시하기도 한다. 이 글에서는 미국과 한국의 디지털 민주주의의 진화과정을 기술과 사회

---

5 임혁백·송경재·장우영. 『빅데이터 기반 헤테라키 민주주의 메가트랜드』. 대구: 한국정보화진흥원, 2018.

6 송경재. 「디지털 민주주의」. 김상배 외 지음. 『20개의 핵심개념으로 읽는 디지털 기술 사회』. 서울: 사회평론 아카데미, 2022, pp. 308~318.

간의 상호작용, 그리고 주변국들과의 감염 효과와 공진화적인 관점에서 분석하고자 한다. 클링(Kling)은 디지털 기술의 사회변화를 연구하는 데 있어 행위자와 사회 그리고 디지털 기술의 역동적인 상호관계에 주목한다.[7] 그 때문에 이항 독립적인 대립 관점보다는 사회 구조적 맥락과 주변 환경이 디지털 기술에 어떻게 작용하고 이것이 민주주의에 활용되는가를 보아야 한다.

2. 한국과 미국의 인터넷 개발의 인연

미국 국방부 산하 고등연구프로젝트국(ARPA; 현재의 DARPA)의 군사적인 목적에서 만들어진 인터넷은 1993년 본격적으로 상용화되었고, 팀 버너스리(Tim Berners-Lee)는 1988년 월드와이드웹(World Wide Web)을 개발해 전 세계 사람들에게 무료로 공개함으로써, 과거 전문가와 제한된 사람들만 사용하던 인터넷을 일반인들도 사용할 수 있게 만들었다.[8]

사실 인터넷의 개발과정은 지극히 군사적 목적에서 진행되었다. 당시 미소냉전이 없었다면 미국 의회가 천문학적인 개발비가 드는 인터넷

---

7   Kling, Rob. "What is Social Informatics and Why Does it Matter?", *The Information Society: An International Journal* 23(4), 2017.

8   Castells, Manuel. *The Internet Galaxy : Reflections on the Internet, Business, and Society*. Oxford: Oxford University Press, 2001; Chadwick, Andrew. *Internet Politics: States, Citizens, and New Communication Technologies*. New York & Oxford: Oxford University Press, 2006.

의 개발을 승인하지도 않았을 것이다. 미국이 인터넷을 결심하게 된 가장 큰 계기는 바로 1957년 소련의 '스푸트니크 쇼크(Sputnik shock)' 때문이다. 당시 소련은 미사일 기반의 핵전쟁 수행 능력을 세계에 알렸고 충격은 미국의 과학계뿐만이 아니라 군사기술 면에서 소련을 앞선다고 자부했던 미국의 자존심은 상처받았다. 미 국방부는 연구자원을 대학교에서 수혈받고 본격적인 소련의 선제공격에도 살아남을 수 있는 통신망 구축에 노력을 기울였다. 스푸트니크 쇼크와 냉전의 경쟁국면은 유능한 과학자들을 연구에 매진할 수 있는 환경을 조성했고 그 덕분에 컴퓨터 연계 네트워크는 속도를 내기 시작한다.

특히 미국 씽크탱크인 랜드연구소(RAND Corporation)의 폴 바란 (Paul Baran)은 소련의 선제 핵공격에도 버틸 수 있는 군사통신 시스템의 구축을 제안했다. 이를 바탕으로 캘리포니아 대학교 로스앤젤레스 (University of California, Los Angeles; UCLA)와 스탠퍼드 연구소(Stanford Research Institute; SRI), 캘리포니아 대학교 산타 바바라(University of California, Santa Barbara; UCSB), 유타 대학교(University of Utah) 4곳을 네트워크로 연결하여, 최초의 네트워크인 ARPANET이 탄생하였다.[9] 이후 ARPA가 관리하는 통신 네트워크인 PRNET, SATNET부터 시작하여 다른 컴퓨터 네트워크들과 ARPANET을 연결하여 여러 네트워크

---

9 Castells, Manuel. *The Internet Galaxy: Reflections on the Internet, Business, and Society.* Oxford: Oxford University Press, 2001, pp. 24~27; 안정배 기록, 강경란 감수. 『한국 인터넷의 역사』. 서울: 블로터앤미디어, 2014, p. 13.

중의 네트워크(A network of networks)라고 할 수 있는 인터넷(the Internet)의 기본개념을 정립했다.

이러한 미국에서의 인터넷 개발과 진화는 당시까지만 해도 세계적으로 많은 주목을 받지 못했다. 그러나 인터넷의 모체인 ARPANET의 개발은 이후 한국에서 컴퓨터만이 아니라 네트워크 중요성을 인지하는 계기가 되었고 이에 참여하려는 연구가 진행되었다. 여기에는 네트워크의 중요성을 사전에 알고 있었던 한국 인터넷 개발 주역들의 노고 때문이었다.

한국의 인터넷 네트워크 연결은 두 가지 배경으로 가능했다. 첫 번째는 당시 국가 차원에서 추진했던 '고급 과학두뇌유치' 정책이다. 박정희 정부는 1970년대 들어서면서 자원이 부족한 한국에서 과학기술이 미래 주요한 성장동력임을 인지하고 본격적으로 인재를 유치하기 시작한다. 이를 위한 선제적 조치로 1965년 한국과학기술연구원(KIET)를 시작으로 정부 출연 연구소를 설립한다. 이후 부처별로 그리고 산업 분야별로 정부 출연 연구소를 출범했다. 그리고 본격적으로 해외로 유출되는 해외 유학 고급인재를 다시 국내로 돌아오게 하는 전략을 추진했고, 정부는 한국인 연구자들이 활동하는 지역에서 심포지엄을 열고 고국으로 돌아오는 연구자에게 파격적인 대우를 제공하는 등 적극적인 과학두뇌유치를 시작했다.[10]

---

10 안정배 기록, 강경란 감수. 『한국 인터넷의 역사』. 서울: 블로터앤미디어, 2014, pp. 24~25.

둘째, ARPANET 연구의 핵심이었던 레오나드 클라인락(Leonard Kleinrock) 교수 밑에서 수학하던 전길남의 존재이다. 대한민국 인터넷의 아버지라 불리는 전길남은 1943년 일본 오사카에서 태어나 오사카 대학 전자공학과를 졸업한 후 미국으로 건너가 UCLA에서 시스템 엔지니어링 박사학위를 받았다. 그는 클라인락의 지도를 받으면서 자연스럽게 네트워크의 중요성을 인지하게 되었다. 그는 인터넷 개발의 산실인 UCLA에서 있었던 것이 인연이 되어 한국의 인터넷 도입에 핵심적인 역할을 하였다.

1979년 고급 과학두뇌유치 정책으로 한국으로 들어온 전길남은 1982년 5월 15일 서울대학교와 한국전자통신연구원(ETRI) 구미 전자기술연구소가 TCP/IP를 이용하고 1200bps 전화선을 통한 인터넷 연결에 성공했다. 이후 네트워크는 확장되어 1983년에는 네덜란드와 1984년에는 미국의 CSNET과 연결했다. 1984년에는 일본에 이어 아시아에서 두 번째로 패킷 보유망을 보유한 국가가 됐고, 1985년 최초의 PC통신 천리안이 서비스되었다. 그 뒤 1986년에 IP 주소와 국가 코드 최상위 도메인인 ".kr"을 할당받은 이후에는 카이스트, 서울대학교, ETRI 등 초창기 인터넷을 사용하던 연구기관을 중심으로 IP와 도메인을 할당했다. 이후 1993년에는 카이스트에 국내 최초의 웹 사이트인 〈cair.kaist.ac.kr〉이 개설되었다.[11]

---

11 안정배 기록, 강경란 감수. 『한국 인터넷의 역사』. 서울: 블로터앤미디어, 2014, pp. 24~25.

미국의 ARPANET 개발과 한국의 인터넷 네트워크 연결 과정을 보면 사실 우연과 우연의 연속이었다고 할 수 있다. 그리고 이러한 우연이 필연이 되어 미국의 인터넷 개발의 수혜를 한국이 세계에서 두 번째로 보게 되었고 이러한 네트워크의 발전은 1990년대 이후 한국이 인터넷 강국이 되는 기술적·인적 토대가 되었음은 말할 필요가 없다. 이처럼 미국의 초기 디지털 기술 개발은 한국에 전파되어 새롭게 한국의 성장동력이 되었고 그 토대 속에서 인터넷이라는 글로벌 네트워크에 성공적으로 연결할 수 있는 자양분이 되었다고 할 수 있다. 이런 과정은 한국과 미국의 학문 공동체에서 비롯된 연구가 확장되어 한국과 미국이 인터넷에 연결할 수 있게 해주었다.

3. 한국과 미국의 디지털 민주주의 공진화

인터넷이 상용화된 1990년대 이후 인터넷은 상호작용적인 미디어이자, 정치운동의 조직화와 동원의 도구로서 주목받았다. 일반적으로 디지털 민주주의를 논의할 때는 기술사회 발전에 웹 1.0과 웹 2.0의 민주주의의 변화상을 제시한다. 하지만 이러한 기술 중심적인 구분은 지나치게 디지털 민주주의 영역을 단순화한다는 문제점을 가지고 있다. 이에 미국과 한국의 디지털 민주주의의 진화과정을 중심으로 이중의 공진화(정치기술과 적용의 공진화, 미국과 한국 디지털 민주주의의 공진화) 관점에서 각각의 특징을 분석하고자 한다. 분석의 편의를 위해 디지털 민주주의의 정초기와 발전기를 구분하고 코로나 19 이후의 디지털 민주주의 전환기 등의 3시기를 중심으로 미국과 한국의 디지털 민주주의 논의가 어떻게 심화 발전되었는지 파악하고자 한다.

1) 디지털 민주주의 정초기(1990년대~2007년)

초기 디지털 민주주의 논의는 오프라인 정치과정의 온라인화에 주목했다. 이 시기는 전통적 정치과정에서 진행되었던 오프라인 기반 정치 행위가 온라인으로 전환할 수 있는지에 관한 논의가 주를 이루었다. 디지털 민주주의 1.0기의 기술적인 배경은 웹 1.0(web 1.0) 기술을 기반으로 한다. 웹 1.0은 인터넷 정보와 구조를 공급자가 설계하고 일방향적으로 전달하는 기술이다. 대표적 형태가 바로 웹에서 구현되는 정치적 내용의 홈페이지이다. 홈페이지는 공급자가 제공하고 이용자는 검색엔진을 통해 접속, 이용한다. 이를 정치과정으로 본다면 정당, 정치집단, 언론사가 정치정보를 이용할 수 있는 공간(홈페이지)을 만들고, 관심이 있는 시민들이 이 공간에서 활동하는 형태이다.[12]

디지털 민주주의 1.0기는 ICT를 활용하여 정치에서의 민주성과 투명성, 효율성을 강화하고자 하는 시도로 요약할 수 있다. 그런 맥락에서 등장한 것이 전자 정부, 전자 정당, 온라인 여론조사, 인터넷 공론장(Internet public sphere), 온라인 집단행동과 시민운동, 선거 등의 영역

---

12 송경재, 「인터넷 시민참여의 과거, 현재, 미래」, 김신동 엮음. 『미디어 공진화』. 파주: 한울아카데미, 2019.

으로 세분되었다. 디지털 민주주의 1.0기에는 급진적인 정보 자유주의 자들의 입장이 강했다. 가상의 사이버공간에서 독자적인 정치 질서를 구축할 수 있다는 정보 자유주의자들은 인터넷 발전과 설계에서 중요한 역할을 했다. 초기 정보 자유주의자인 발로우(Barlow)는 사이버공간에서 정부 간섭이 없는 새로운 민주주의로의 대체(replacement)가 가능하다는 주장까지 제기했다. 이 같은 정보 자유주의자들은 ICT 활용 민주주의가 시민과 지도자 사이의 정치정보 및 의견교환을 활성화하기 위해서 인터넷 기술을 이용하는 것으로 보았다. 이들은 디지털 민주주의가 대의민주주의의 문제점을 극복할 수 있는 보완적인 기제로서 그리고 장기적으로 참여 민주주의를 확대할 수 있을 것으로 예측했다.[13]

① 웹 캠페인 실험과 성공

미국에서 웹 캠페인이 처음 등장한 것은 1994년이다. 인터넷이 상용화되자 웹을 활용한 캠페인이 동시에 시작된 것이다. 1990년대부터 웹 캠페인은 정치과정과 선거에 있어 필수적인 것이 되었다. 1996년 대선에서 웹 캠페인이 보편화한 이후, 2004년 의회 선거에서는 상원 후보자의 71%, 하원 후보자의 68%, 그리고 주지사 후보자의 71%가 웹 캠페인에 동참한다. 불과 10여 년 만에 미국의 웹 캠페인은 보편화하였다.

그러나 웹 캠페인 분야에서 가장 주목받는 디지털 민주주의의 실험은 제시 벤추라(Jesse Ventura)이다. 1998년 미국 미네소타주지사 선거

---

13 송경재. 「디지털 민주주의」, 김상배 외 저, 『20개의 핵심개념으로 읽는 디지털 기술 사회』. 서울: 사회평론 아카데미, 2022,

에서 소수정당(개혁당)의 제시 벤추라는 다수당인 공화당과 민주당 후보를 물리치고 선거에서 승리했다. 그가 선거에서 승리할 수 있었던 배경은 인터넷을 이용한 웹 캠페인을 진행했기 때문이다.[14] 이는 미국에서 시작된 웹 캠페인의 효시라고 할 수 있다. 당시 프로 레슬러 출신 벤추라는 당시까지의 가장 유력한 캠페인 방법을 포기하고 웹 캠페인을 적극적으로 추진했다.

벤추라는 선거 나흘 전인 10월 29일까지만 해도 민주당의 허버트 험프리 후보(34%)나 공화당의 리놈 콜먼 후보(33%)보다는 지지율이 10% 이상 낮았다. 이처럼 선거 종반까지 무명으로 열세를 면치 못하던 벤추라는 자신의 웹 사이트(www.jesseventura.org)를 통해 투표 직전까지 주 전역에서 지지결의대회를 동시다발적으로 개최했다. 메일을 받은 지지자들은 즉각 지역별 지지결의대회를 준비했다. 이렇게 해서 단돈 600달러를 들여 만든 홈페이지에서 전체 선거자금의 2/3을 모았으며 선거에서도 승리했다.[15]

이러한 미국에서의 초기 디지털 민주주의의 흐름은 한국에도 영향을 미치게 된다. 한국은 인터넷이 일상화되기 이전에 PC통신 기반의 천리안, 하이텔, 나우누리 등에서 사이버상의 다양한 취미, 정치 소모

---

14 김용철·윤성이, 『전자 민주주의: 새로운 정치패러다임의 모색』, 서울: 오름, 2005, p. 107.

15 Chadwick, Andrew. *Internet Politics: States, Citizens, and New Communication Technologies.* New York & Oxford: Oxford University Press, 2006, pp. 153~154; 매일경제. 「인터넷 선거 영웅 벤추라 美 미네소타주지사」, 2002년 2월 26일.

임이 활성화되었으며 이들을 중심으로 대안 미디어와 다양한 정치정보가 제공되었다.[16] 컴퓨터 통신이 젊은 층을 중심으로 확산하자 한국에서도 PC통신과 인터넷 홈페이지를 활용한 방식이 등장했다. 1997년 15대 대선에서 당시 김대중 후보와 이회창 후보는 각각 인터넷 홈페이지를 개설하여 인터넷 세대와의 소통을 시작했다. 물론 당시 인터넷 홈페이지 구축은 현재와 같은 상호작용적인 것은 아니라 단지 정치정보를 전달하고 정치광고의 목적으로 개설되었다. 미국의 벤추라 사례에 영향을 받은 국내의 많은 선거 전문가들은 인터넷을 웹 캠페인의 한 방식으로 인식하기 시작했다는 점에서 의미가 있었다.

이후 2000년 16대, 2004년 17대 총선을 분석한 김용철과 윤성이는 홈페이지 기반의 웹 캠페인의 특징을 정보형, 대화형, 행동형 선거운동으로 구분하고 한국의 웹 캠페인이 미국과 같이 후원금이나 당원·자원봉사자의 모집 등 행동형으로 발전해야 한다고 강조했다. 17대 총선에서도 지역구 출마자 1,167명 중에서 84.1%인 981명이 홈페이지를 개설하는 등 정치적 활용도가 높아졌다. 이는 2000년 16대 총선의 49.5%에 비하면 비약적으로 높아진 수치이다.[17] 이제 선거에서 홈페이지는 옵션이 아닌 필수가 될 정도로 웹 캠페인의 중요성이 드러나기 시작했다.

---

16 안정배 기록, 강경란 감수. 『한국 인터넷의 역사』. 서울: 블로터앤미디어, 2014.

17 김용철·윤성이. 「인터넷의 정치적 활용과 16대 총선」, 『한국정치학회보』 34(3), 2000, pp. 129~147; 김용철·윤성이. 『전자 민주주의: 새로운 정치패러다임의 모색』, 서울: 오름, 2005, pp. 142~143.

② 자발적 시민의 집단화

미국에서 시민들의 자발적 사이버 커뮤니티도 이 시기 발견된다. 인터넷이 커뮤니케이션 채널로 활용되면서 지역에서의 다양한 소모임과 결사체가 사이버공간에서 형성된 것이다. 마치 미국 건국 초기 토크빌이 제시한 결사체의 예술(art of association)과 같이 다양한 커뮤니티가 발견된다.

초기 지역 사이버 커뮤니티는 라인골드(Rheingold)가 『가상의 공동체』(The Virtual Community: Homesteading on the Electronic Frontier)에서 제시한 샌프란시스코 베이지역의 컴퓨터 협동 네트워크인 웰(The WELL)이란 커뮤니티이다. 웰은 지역에 거주하는 시민들이 자발적으로 커뮤니티에 참여하면서 민주적 토론과 협력으로 지역 문제, 이웃의 문제에 관심을 가지는 도구가 되었다.[18] 이후 이러한 사이버 커뮤니티는 전국적으로 확산되며 사이버 커뮤니티의 민주적 잠재력(democratic potential)에 주목한 실험들이 피츠버그(Pittsburgh)와 토론토(Toronto)에서 진행되었다.[19]

자발적 시민의 집단화 사례는 미국 노스캐롤라이나주 저소득층의 공공주택 개발지인 저베이 지역(Jervay Place)의 연구에서 미리(Mele)

---

18 Rheingold, Howard. *The Virtual Community: Homesteading on the Electronic Frontier.* Addison-Wesley Publishing Company, 1983.

19 Kraut, Robert, Kiesler, Sara, Boneva, Bonka, Cummings, Jonathon, Helgeson, Vicki, and Crawford, Anne. "Internet Paradox Revisited", *Journal of Social Issue* 58(1), 2002, pp. 49~74.

는 주정부의 일반적인 정책의제 설정과정에 반대하여 네트워크를 통해 저항운동을 조직화해서 주 정부의 결정에 반대 운동을 하기도 했다.[20] 이러한 자발적 시민의 조직화는 사이버 커뮤니티 활동으로 이어지면서 지역민들의 자발적인 참여 공간이자 상호 소통의 공간으로 기능한다. 지역에 따라 다르지만, 버지니아주 블랙스버그와 연계되어 운영되는 REV(Blacksburg Electronic Village)는 주민들이 연계, 정보활동을 통해 역동적인 커뮤니티 활동을 하고 있다. 지역 공동체에서 인터넷으로 연결된 공통적 관심사를 가진 사람들과 집단, 직장 동료, 클럽, 그리고 이웃 간의 친밀감과 의사소통이 원활하여 이것이 사회적 자본에 긍정적인 기능을 하기도 했다.

한국에서도 정초기의 주요한 활동은 미국과 유사한 집단화가 발견되는데 미국이 주로 지역 단위의 커뮤니티를 통한 지역 문제 참여형이라면, 한국은 정치개혁이란 주요 의제를 중심으로 시민운동 단체가 커뮤니티 기반 운동 도구로 활용했다. 대표적인 사례는 2000년 4월 13일 실시된 제16대 국회의원 총선거를 앞두고 전국의 412개의 시민단체가 부패·무능 정치인 심판과 왜곡된 정치구조개혁, 국민주권 찾기 시민행동을 목적으로 설립한 총선시민연대가 대표적이다.[21] 총선시민연대는 2000년 총선 몇 달 전에 조직된 진보적 시민단체들의 연합조직으로 총

---

20 크리스토퍼 미리. 「사이버공간과 불리한 공동체: 집합행동 도구로서의 인터넷」, 마크 스미스, 피터 콜록 편, 조동기 역. 『사이버공간과 공동체』. 서울: 나남출판, 2001, pp. 523~553.

21 총선시민연대. 『2000년 총선시민연대 발족선언문: 정치개혁 시민선언』. 2000.

선 후보자의 자질 검증 및 그 결과로 부적격자로 선정된 후보에 대한 낙선 운동을 중점적으로 활동하였다. 총선시민연대는 연령별, 계층별, 성별, 연고지별 구성비에 따라 유권자 위원회를 구성하여 공천부적격자 선정 심의 및 의견을 제출했고 그 결과는 대학생 퍼포먼스단이 운영한 총선연대 행동조직과 부패정치청산 웹 사이트(www.ngokorea.org)를 공개했다. 낙천낙선 운동 결과 총 112명의 공천반대자 중 58명이 공천에서 탈락했고, 공천된 인사를 포함한 86명의 낙선대상자 중 68.6%(59명)가 낙선했다. 이 과정에서 부패정치청산 웹 사이트는 시민제보와 지역구 소식, 해당 국회의원 동정 등을 시민들이 공유하면서 대책을 논의하고 다양한 정치정보가 생산·유통되는 공간이 되었다.

한국에서 이와 유사한 사이버 커뮤니티에서의 토론이 시민운동으로 발전한 자발적 시민의 집단화 사례는 2002년에도 발견된다. 2002년 6월 경기도 양주군 지방도로에서 중학교 2학년생 신효순양과 심미선양이 훈련 중이던 미군 2사단 소속 장갑차에 깔리는 사고가 발생했다. 당초 이 사건은 지역 내에서는 쟁점이 되어 시민단체를 중심으로 규탄시위가 진행되었지만, 전국적으로는 작은 사건이었다. 이후 사건의 실상이 뉴스와 인터넷으로 퍼지었고 무엇보다 11월 미군이 무죄를 선고받으면서 분노가 폭발했다. 당시 언론사 웹 사이트(한겨레와 오마이뉴스) 내의 토론방을 중심으로 '촛불집회'를 제안했다.[22] 인터넷 게시판에서 '앙

22　송경재. 「인터넷 시민참여의 과거, 현재, 미래」, 김신동 엮음. 『미디어 공진화』. 파주: 한울아카데미, 2019.

마'라는 아이디의 네티즌이 촛불집회를 제안하고 이것이 3일 만에 확산되어 서울시청 광장에 3만이 넘는 대규모 시위대가 결집했다. 이는 당시 인터넷이나 ICT 또는 스마트 기기의 이용에 대한 새로운 인식을 만들어 주었다. 그 결과 네티즌을 중심으로 〈네티즌의 힘 사이버 범대위 (cyber.antimigun.org)〉가 결성되어 집단 조직화가 가속화되었다. 이는 한국 최초 촛불집회의 시작이었다. 이후 휴대폰 문자의 근조 부호 달기, 조문 달기, 정치인 비판 어록시리즈, 항의 메일, 사이트 공격, 리플 달기, 글 나르기(펌질), 사이버 촛불 등은 자발적 시민의 집단화에서 디지털 기술의 저항운동·시민운동의 위력을 보여준 사건이 되었다.

미국은 지역 커뮤니티를 중심으로 지역내 커뮤니케이션과 정보교환, 지역 커뮤니티 운영과 지역 협력 차원에서 자발적 시민의 집단화가 시작되었다면, 한국은 사이버 커뮤니티에서 시민참여와 저항 이슈가 주목받으면서 시민운동으로 발전한 과정의 차이가 확인된다. 하지만 하지만 비록 참여 방식은 차이가 있지만, 근본적으로는 자발적 시민의 조직화라는 점에서는 공통적이다. 이런 과정에서 새로운 디지털 민주주의의 가능성이 확인되었다.

③ 정치 팬덤의 등장

이와 함께 주요한 변화는 인터넷 공간에서 정치인을 중심으로 결집하는 현상이 팬클럽으로 표면화되었다는 것이다.[23] 인터넷 팬클럽은

---

23   강원택. 『인터넷과 한국정치』. 서울: 집문당, 2007, pp. 79~91.

한국에서 먼저 시작되었다. 물론 오프라인에서 형성된 팬클럽은 존재했지만, 인터넷을 매개로 운영과 활동까지 디지털화된 팬클럽의 기원은 한국의 노사모에서 찾을 수 있다. 노사모는 그 이전에 존재하지 않은 정치참여의 문화이자 인터넷에서 형성된 강력한 정치조직이란 점에서 주목을 받았다.

2000년 16대 총선에서 민주당 공천으로 부산에서 출마한 노무현이 낙선하면서 그의 홈페이지에 많은 네티즌이 방문하여 지역주의에 맞선 그의 용기를 칭찬하고 그의 낙선을 안타까워 했다. 이후 2000년 4월 5일 홈페이지 자유게시판에 '늙은 여우'라는 네티즌이 노무현 팬클럽을 제안한 것이 노사모의 시작이다.[24] 기존의 모든 정당을 위시한 정치조직이 오프라인에서 시작한 것에 비교해 노사모는 인터넷을 처음부터 이용하여 조직화를 했다는 점에서 새로운 시도였다.

이러한 인터넷에 기반을 둔 정치인 팬클럽이라는 특징으로 운영방식 역시 인터넷 친화적이었다. 이른바 노사모는 혈연·학연·지연이 아닌 자발적인 결사체로서의 가능성을 보여준 것이다. 노사모의 가장 큰 특징은 조직의 운영 과정에서 회원 활동, 충원, 교육, 토론, 정책결정, 커뮤니케이션, 후원금 모금 등의 모든 활동을 인터넷을 활용했다는 것이다. 이런 점에서 노사모는 디지털 기술을 활용한 최초의 정치조직체라고 할 수 있었다. 이에 대해 강원택은 노사모가 인터넷을 통한 정치활동이 기존의 정당 조직을 대체할 수 있거나 보완할 가능성을 보여

---

24   강원택. 『인터넷과 한국정치』. 서울: 집문당, 2007, p. 77.

주었다고 지적하고 있다. 그만큼 노사모의 활동은 향후 한국의 정당정치 차원에서도 중요한 전환점이 되었다. 이에 자극을 받은 다른 정치인들도 각기 다양한 팬클럽을 결성하여 이른바 정치 팬덤의 시대를 열게 하는데 노사모는 그 기원이 되었다. 이후에 등장한 유사한 팬클럽은 박사모(박근혜), 명박사랑(이명박), 창사랑(이회창) 등이 개설되었고 현재까지 인터넷 기반의 정치 팬덤으로 자리를 잡고 있다.

한국의 경험과 함께 미국에도 노사모와 유사한 정치인 팬덤이 시작된다. 2003년 미국 대선 민주당 예비경선 과정에서 버몬트주의 주지사인 하우드 딘(Howard Dean)은 2003년까지 지지자도 별로 없었다. 당연히 선거자금도 모금하기 어려웠고 경선을 완주할 수 있을지에 대한 의문까지 나왔다. 그러나 딘의 선거캠프에서는 당시 미트업(www.meetup.con)에 주목했다. 이 사이트는 취미나 관심이 유사한 사람들 간을 연계할 수 있게 하는 것이 특징이었는데 이 사이트를 통해 전국적으로 딘의 지지자를 모으기로 한 것이다. 인터넷에서 하워드 딘은 정당원이 아닌 자신의 정책을 지지하는 지지자를 만들고자 했다. 이를 통해 주류 민주당 지지자들과는 결이 다른 중도 성향의 지지자를 자신의 지지자로 끌어들였다. 이 과정은 정당이 아닌 정치지도자를 중심으로 집단이 형성되는 미국판 정치 팬덤의 효시라고 할 수 있다. 이 전략은 대단한 성공을 거두었다. 2003년 2월에 단지 5개의 사이트 내 모임에서 수백 명 정도의 오프라인 모임을 했지만 3월에는 14개 도시 79개 모임으로 성장했다. 이후 2003년 말에는 14만 명이 오프라인에서 모임에 참석할 정도의 규모로 성장했다. 특히, 선거자금 모금은 소액의 다수 기부자를 확보하여 그들의 지지와 참여를 유도하고 이들을 지지자로 투표에까지 참여하는 긍정적인 효과가 있었다.[25] 하워드 딘은 민주당 후보 경선에서 결과적으로 존 케리 후보에게 졌지만, 인터넷을 기반으로 하는 새로운 정치조직인 팬덤의 형성 가능성을 보여주었다. 그 덕분에 그의 노력은 많은 연구자가 주목하여 한국의 노사모와 같이 팬덤을 활용한 온라인과 오프라인이 결합된 웹 캠페인의 새로운 방식으로 평가하고 있다.

이처럼 2000년대 초반까지의 디지털 민주주의 정초기에서 미국과 한국은 디지털 기술의 정치적 활용의 다양한 방법을 모색한 시기였다고 할 수 있다. 이러한 디지털 민주주의의 정초기는 첫째, 시공간의 장벽을 허물고 정치정보에 접근하는 비용을 절감한다. 둘째, 정치의 투명성을 강화하여 시민들이 정치에 관심을 가질 수 있게 한다. 셋째, 이를 통해 시민들이 정치에 참여할 기회를 강화하여, 더욱 민주적인 정치질서를 구축할 수 있다고 보았다.[26] 이 과정은 오프라인 면대면 정치과정을 인터넷이라는 도구를 활용하여 새로운 영역을 만든 것이라 할 수

---

25 Chadwick, Andrew. *Internet Politics: States, Citizens, and New Communication Technologies.* New York & Oxford: Oxford University Press, 2006, p. 144; Trippi, Joe. *The Revolution Will Not Be Televised: Democracy, the Internet and the Overthrow of Everything.* New York: Regan Books, 2004; 송경재. 「자발적 시민 정치조직의 웹 캠페인 동학: 미국 무브온 사례분석과 한국적 함의를 중심으로」, 『시민사회와 NGO』 9(1), 2011, pp. 173~174.

26 송경재. 「디지털 민주주의」, 김상배 외 지음. 『20개의 핵심개념으로 읽는 디지털 기술 사회』. 서울: 사회평론 아카데미, 2022.

있다. 그러나 아직은 디지털 기술을 정치과정에 투입하려는 시도가 중심이라는 점에서, 실제 대의민주주의를 대체하기는 힘들 것이란 비관적 평가도 제기되었다.

2) 디지털 민주주의 발전기(2008년~2019년)

디지털 민주주의 정초기의 이상적 가능성에 주목하고 민주주의의 재강화 가능성도 논의되었다. 이를 디지털 민주주의 발전기라고 할 수 있다. 이 시기부터 기존 대의민주주의의 문제점을 중심으로 더욱 많은 시민의 참여와 토론을 강조하는 새로운 시도가 진행되었다. 이러한 변화의 기술적 배경은 바로 웹 2.0(web 2.0)과 소셜미디어로 대변되는 동영상과 사회 네트워크 서비스의 등장이었다. 이에 디지털 민주주의도 기존의 홈페이지 기반에서 소셜미디어 플랫폼 기반으로 이행하게 된다. 트위터(Twitter), 페이스북(Facebook), 유튜브(YouTube), 인스타그램(Instagram), 위키, 블로그 스피어 등을 기반으로 하는 소셜미디어의 등장으로 시민이 스스로 정치와 네트워킹하는 민주주의(networking democracy)로 확장되었다.

① 정당의 활용 : 웹 캠페인과 전자 정당

디지털 민주주의 발전에서 주목할 만한 새로운 변화는 정당과 선거에서 시작되었다. 2008년 미국 대선에서 오바마 대통령의 소셜미디어 선거는 기존 웹 캠페인을 새로운 단계로 발전시켰다. 샤퍼(Shaper)는

2007년 2월 10일 오바마가 대통령 후보 출마를 선언하면서 소셜미디어 허브 사이트인 〈마이보〉(MyBarackObama.com)가 중요한 임무를 수행한 점에 주목했다. 그는 올드 미디어가 주류를 이루었던 미국 선거에서 소셜미디어가 새로운 바람을 불러일으켰다고 평가하며 이후 오바마는 민주당과 공화당의 다른 후보들에 비교해 네트워크 강도나 밀도, 접속자 수 등 모든 면에서 압도했다고 강조했다.[27]

웹 캠페인은 전통적인 오프라인 선거운동 방식과 함께 새로운 정치 동원 모델의 가능성을 보여주었다. 웹 캠페인의 정치적 효과와 관련되어 정치 커뮤니케이션 매개체 역할을 통한 정치정보 습득을 통한 시민의 투표참여 제고에도 긍정적이다. 그 영향으로 웹 캠페인의 가능성이 전 세계로 확산하면서 영국과 프랑스 등의 주요 정당에서도 소셜미디어 기반의 웹 캠페인이 주목을 받았다.

이와 함께 주목할 만한 것은 바로 자발적 시민 정치조직의 등장이다. 자발적 시민정치조직이 결성되어 아래로부터 운동이 활성화하는데 대표적인 조직이 바로 무브온(MoveOn.org)이다. 무브온은 벤처기업인 보이드와 블레이즈(Wes Boyd & Joan Blades)가 1998년 9월에 89.95달러로 시작한 시민 정치조직이다. 무브온은 순식간에 인터넷을 기반으로 오프라인으로 세를 확산했다. 무브온은 일상시기에 디지털 기술을 활

27　Shaper, Nick. 「창조적 도발: 미국 공화당의 소셜 미디어 사용기」, 팀 오라일리 외 지음. CC Korea 자원봉사활동가 옮김. 「열린 정부 만들기」, 서울: 에이콘, 2012; 송경재. 「국내외 주요 정당의 소셜 미디어 활용: 정치적 기회 확대와 한계」, 한국정당학회 학술회의자료집, 2019.

용해 중앙정치가 아닌 지역 단위의 의제설정, 여론 환기, 청원, 의정감시, 지역발전 등의 풀뿌리 인터넷 시민운동을 전개한다. 무브온의 위력은 선거기간에 잘 나타난다. 자발적 정치조직이 웹 캠페인과 결합하면서 시너지 효과가 나타난 것이다. 이후 무브온은 520만 명의 거대 정치조직으로 성장했고, 2000년 이래 4차례의 주요 선거에서 중요한 역할을 한 시민 정치조직이 되었다.[28]

한편 디지털 민주주의를 주도하는 세대도 이 시기 연구가 활성화된다. 오바마 대통령의 선거 캠페인은 특히 젊은 세대에게 많은 주목을 받았다. 탭스콧(Tapscott)은 웹 2.0 방식의 소셜미디어 전략이 젊은 세대의 정치참여 욕구와 결합하였다고 강조한다. 특히 오바마 캠프가 뉴미디어에 익숙한 젊은 세대에서 높은 지지를 보인 것은 바로 스마트폰과 소셜미디어를 이용한 선거 지지와 동원이 큰 영향을 미친 것으로 분석했다. 탭스콧은 구체적인 데이터를 활용하여 이른바 넷 세대(net genaration)로 불리는 새로운 젊은 층의 소셜미디어 활용과 선거참여 간의 인과성을 증명했다. 그는 이러한 방식이 일회성에 그치지 않고 앞으로 유력한 정당과 후보자가 젊은 세대의 지지를 유도하기 위한 유력한 도구가 될 것이라 평가했다.[29]

---

28 MoveOn.org Staff. *MoveOn's 50 Ways to Love Your Country: How to Find Your Political Voice and Become a Catalyst for Change.* Inner Ocean Publishing, Inc, 2004; 송경재. 「자발적 시민 정치조직의 웹 캠페인 동학: 미국 무브온 사례분석과 한국적 함의를 중심으로」, 『시민사회와 NGO』 9(1), 2011, pp. 171~175.

29 Tapscott, Don. *Growing Digital: The Rise of the net Generation.* New York: McGraw-Hill, 2009.

한국에서도 소셜미디어가 본격적으로 보급되면서 트위터와 페이스북 기반의 웹 캠페인과 전자 정당이 활성화된다. 실제 한국의 2010년까지의 정당 구조를 분석한 연구에 따르면 한국에서 여야 구분없이 전자 정당의 활용과 디지털 기술을 도입하려는 시도는 다각적으로 나타난다고 분석했다. 국민의 힘 전신인 한나라당에서는 디지털 정당 개편을 위한 위원회를 구성하였고, 이 시도는 민주당 역시 마찬가지였다. 한국 주요 정당은 소셜미디어와 웹 페이지 등을 홍보 채널로 활용하고 있으며, 정당 내외 네트워크 구성, 정치자금 모금, 동원과 연계의 활성화를 시도한다. 조희정과 박설아는 소셜미디어의 등장으로 한국의 정당 내부의 운영과 선거 전략, 의제설정, 동원 구조가 혁신적으로 변화하고 있음에 주목한다. 이를 통해 연구자들은 정당이 네트워크형 정당으로 기능 변화가 있을 것으로 보았다.[30]

2022년 12월 말 기준으로 미국 주요 정당 중 민주당은 6개의 소셜미디어 채널을 가지고 있다. 페이스북과 트위터, 인스타그램, 스냅챗(Snapchat), 유튜브, 미디엄(Medium) 등이다. 이 중에서 미디엄은 일종의 유료 콘텐츠를 제공하는 방식이고 스냅챗은 10대들을 대상으로 스마트폰 전용 애플리케이션이다. 공화당의 소셜미디어 채널을 살펴보면 역시 페이스북과 트위터, 인스타그램, 유튜브 등 4가지 채널로 정치정보를

---

30 조희정. 『네트워크 사회의 정치와 민주주의』. 서울: 서강대학교 출판부, 2010; 조희정·박설아. 「정당의 소셜미디어 활용 현황과 과제: 의제·자원·확산 전략을 중심으로」, 『한국정치학회보』 46(1), 2012, pp. 113~139.

제공하고 다양한 활동을 하고 있다. 이처럼 민주당과 공화당의 소셜미디어 플랫폼은 페이스북, 트위터, 인스타그램, 유튜브 등 4가지가 기본이다.[31]

조화순도 소셜미디어가 정당정치에 미치는 변화에 대해 주목하고 정당정치에서 소셜미디어의 장단점을 제시하였다. 조화순은 한국 정당에서 소셜미디어로 인해 정당의 정치매개집단으로서 역할이 축소되고 지나친 외부의 간섭으로 정당 정체성이 약화할 것을 우려했다. 그러나 이에 대한 반대의 목소리도 있다. 송경재는 정당 민주화의 관점에서 소셜미디어가 어떤 역할을 하는지를 분석하고 현대 정당이 디지털 기술을 주로 웹 캠페인의 도구로 한정하여 사용하지만, 장기적으로 정당 운영의 효율성을 제고하고 민주적인 의사결정에 도움이 되어야 한다고 강조했다. 즉 소셜미디어가 정당의 투명한 운영, 정책 생산의 상향식 과정, 정책 결정의 당원과 시민참여 강화를 통해 민주화를 가능케 할 것으로 전망했다.[32]

2022년 12월 말 기준으로 한국 주요 정당의 소셜미디어 활용을 보면, 국민의 힘은 5개 민주당은 7개이다. 세부적으로 국민의 힘은 유튜브, 블로그, 페이스북, 인스타그램, 카카오톡 채널 등을 운영하고 있다.

---

31 송경재. 「국내외 주요 정당의 소셜 미디어 활용: 정치적 기회 확대와 한계」, 한국정당학회 학술회의자료집, 2019.

32 조화순. 「SNS와 정당정치 변화」, 한국언론학회 심포지움 및 세미나 자료집, 2012, pp. 27~46; 송경재. 「사회적 자본과 지역 사이버 커뮤니티의 민주주의: MYYD타운(문래·양평·영등포·당산 이야기) 사례연구」, 『기억과 전망』 33, 2015, pp. 419~459.

민주당은 7개의 채널을 운영 중인데, 페이스북, 트위터, 인스타그램, 카카오톡 채널, 유튜브, 블로그와 함께 '델리민주'라는 유튜브 채널을 별도 운영하고 있다. 이처럼 디지털 기술이 정당에 활용되면서 정초기의 웹 캠페인의 활용을 벗어나 정당 민주화와 네트워크 정당으로의 정당 구조 변화 등 논의가 진행 중이다. 미국에서는 웹 캠페인을 중심으로 기존 자발적 정치조직과의 연계가 활성화되었다면 한국은 정당 조직의 변화로서 네트워크 정당과 정당 민주화가 주요한 이슈가 되었다.

② 시민운동 참여의 도구에서 저항의 무기로

월가점령시위(Occupy Wall Street)는 2011년 9월부터 뉴욕을 시작으로 전 세계로 확산한 경제 불평등 문제를 제기한 시민운동이다. 시작은 9월 17일 미국 사회의 경제 불안과 부조리에 항의하는 고학력 저임금 세대 30여 명이 월가에서 처음 시위를 벌였다. 이를 시작을 미국 금융의 중심지인 뉴욕의 월가를 중심으로 73일간 지속한 시민운동이 되었다.

이 시위의 시작도 역시 인터넷이었다. 당시 미국은 서브프라임 모기지 사태와 2008년의 금융위기 이후 계속 위축되고 있는 상태에서 미국 정당은 뚜렷한 대안을 제시하지 못한 상태에서 시위는 장기화하였다. 월가점령시위 웹 사이트는 현지 시각 9월 17일 월가를 점령한다는 모토로 정보를 공유하고 오프라인에서 청년들이 시위를 벌이기 시작한다. 처음에는 규모도 작았지만, 소셜미디어가 월가점령시위의 의미와 동향, 의미에 관한 정보공유가 시작되면서 참여 숫자는 기하급수적으로 증가했다. 시위대는 1%의 금융 거부들이 전체 부의 50%를 차지하는 현실에 저항한다는 의미로 "우리는 99%다(We are the 99%)"라는 구호를 사용했다. 트위터를 중심으로 정보가 확산하면서 동조자가 결집하기 시작했고 자연스럽게 시위 현장의 사진을 실시간으로 중계하고 동영상을 통해 전파했다. 그 영향으로 전 세계에서 월가점령시위가 주장하는 문제에 대한 공감대가 형성되었고 규모는 뉴욕을 벗어나 주요 대도시로 시위가 번져나가 10월 들어서면서 정치권에서도 무시하기 어려운 전국적인 시위가 되었다.[33] 이들은 자연스럽게 집회 현장에서의 직접 민주주의를 위한 총회를 구성했고 주요 투쟁의 방향성에 대한 논의나 투쟁 방침에 대하여 공개 광장에서의 총회를 통해 의사를 결정하고 평화 행진을 통해 미국의 불평등 문제에 관한 의견을 피력했다. 이처럼 디지털 기술이 기반이 된 소셜미디어는 저항의 무기로 진화하게 되었다.[34]

한국은 미국의 월가점령시위보다 더 오래전에 디지털 기술을 활용한 자발적 참여가 시작되었다. 2002년의 효순·미선양 촛불집회에서 시작된 정치적 저항운동은 2008년 미국산 쇠고기 수입반대운동과 2016년의 박근혜 전대통령 탄핵 촛불 운동으로 이어졌다.

2008년 이명박 정부 출범 초기에 추진된 미국산 쇠고기 협상으로

33　송경재. 「인터넷 시민참여의 과거, 현재, 미래」, 김신동 엮음. 『미디어 공진화』. 파주: 한울아카데미, 2019.

34　Hardt, Michael, and Negri, Antonio. *Multitude: War and Democracy in the Age of Empire*. New York: The Penguin Press, 2004.

광우병 우려가 있는 쇠고기 수입문제가 제기되었다. 애초 이는 전국민적인 저항을 일으킬 만한 사건은 아니었지만, 당시 시민들이 주목한 것은 미국과의 협상 과정이 불평등하다는 것과 이로 인한 국민의 안전 문제였다. 이런 이유로 2008년 봄과 여름 사이의 시청광장은 촛불집회가 매일 진행되었고 1987년 이후 가장 장기적인 시위와 저항의 공간이 되었다.[35] 실제 2008년 촛불집회는 2008년 5월 초부터 8월 중순까지 100회가 넘는 지속적인 사회운동으로 발전했다. 2008년 촛불집회와 관련하여 특히 주목할 만한 것은 고도화된 정보화 환경이 정부의 대외 협상 결과에 대하여 촛불집회를 폭발시킨 도화선이 되었다는 점이다. 그동안 정보화의 진전은 정보의 소통과 공유를 확대하며 시민의 정치참여와 정책 투명성을 높여왔다. 메시지 생산자와 소비자 간의 경계 붕괴, 게이트키핑의 해체, 쌍방향적인 실시간 소통을 구현한 인터넷은 종래의 커뮤니케이션 패러다임을 일거에 붕괴시켰다. 정치적으로 이는 기성 권력이나 언론의 의제설정(agenda-setting)을 약화시키고 평등한 정치행위 주체로서 시민의 정치적 위상을 제고시켰다. 2008년 촛불집회의 경우 소셜미디어와 블로그를 통한 거대한 의제 확산 네트워크의 구축, 커뮤니티를 통한 신속하고도 광범한 시민 조직화와 동원, 아프리카 TV 등 실시간 동영상 활용이 나타났다.[36]

---

35 장우영·송경재. 『디지털 융합시대 온라인 사회운동 양식의 변화와 의미』. 과천: 정보통신정책연구원, 2009.

36 장우영·송경재. 『디지털 융합시대 온라인 사회운동 양식의 변화와 의미』. 과천: 정보통신정책연구원, 2009; 송경재. 「이슈형 사이버 커뮤니티 네트워크의

한편, 2016~17년 박근혜 전 대통령 탄핵 촛불집회는 시작은 최순실 게이트였지만 한국 사회에서 누적된 모순구조에 대한 불만이 터진 결과일 수 있다. 2016년 촛불집회에서 새로운 운동은 인터넷과 소셜미디어를 이용한 네트워크형 정치정보의 확산과 수렴 그리고 조직화로 발전했다. 본격적으로 인터넷과 소셜미디어가 참여의 도구에서 저항의 무기가 된 것이다. 촛불집회에서 확인된 다양한 정치정보 확산은 전통적인 미디어의 영향력을 넘어서 스스로 네트워킹하면서 정보가 전달되는 방식이었다. 대표적 집합행동 방식은 소셜미디어를 이용한 자발적인 실시간 커뮤니티의 형성이다. 자발적 커뮤니티를 통한 저항운동은 정치정보를 공개된 정보를 통한 습득보다는 자신들이 활동하는 네트워크 속에서 소비하고 집합행동에 나선다. 트위터와 페이스북, 카카오톡을 사용한 시민들 간의 정치정보 공유는 이후 직접행동을 위한 사전 토론까지 확장되기도 했다. 이밖에 정치풍자를 담은 동영상 제작 및 배포, '집 앞에 박근혜 퇴진 현수막 걸기', '#그런데 최순실은', '#그런데 우병우는' 해시태그 달기 운동, 온라인 촛불 켜기 운동 등이 활발하게 진행되었다. 촛불집회에 참여한 시민들은 SNS를 통해 집회 현장을 생중계하고, 미처 참여하지 못한 시민들은 이 장면을 보고 '좋아요', '공유하기' 등의 상호작용적인 참여를 진행한다. 이와 함께 혼자만의 참여를 확인하기 위한 인증샷 등에서 확인된 새로운 운동방식은 탈권위의 자기과시형 참여의 한 특성을 보여준다. 댓글이나 소셜미디어에 인증샷을 공유하

시민참여: 2008년 촛불시위를 중심으로」(『국가전략』 17(2), 2011, pp. 91~121.

며 참여를 숨기는 것이 아니라 타인에게 네트워킹하는 방식의 참여로 발전했다.[37]

디지털 민주주의의 발전기는 시민운동 차원에서도 미국과 한국의 동질화가 나타난다. 시민운동의 의제를 전 국민, 또는 전 세계에 확산하는 방식, 자발적인 조직의 형성, 디지털 기술을 참여의 도구로 활용하고, 이후 저항의 무기, '자유화의 무기'로 발전시켰다는 점에서 상당한 유사성을 보인다.[38] 물론 미국의 월가점령시위의 목적과 배경, 그리고 한국의 2008년과 2016년의 촛불집회의 목적과 배경은 다르다. 그렇지만 시민운동의 전개와 확산과정에서 디지털 기술은 중요한 도구가 되었고 이러한 시민운동이 성공적인 집합행동이 될 수 있는 유용한 자원이 되었다. 그 결과 미국과 한국의 시민운동 형식은 상당히 유사한 절차와 확산단계를 보이는 상호작용이 있었으며 서로 간의 동질화 현상이 발견된다.

③ e-거버넌스와 디지털 민주주의 활성화

UN은 전자 정부를 "정부가 정보통신기술을 활용하여 국민들에게 다양한 정보와 기타 기본적인 공공서비스를 제공하는 것"이라고 정의했다.[39] 전자 정부는 종종 민주화의 원동력으로 여겨질 정도로 한 나라

---

37 송경재. 「인터넷 시민참여의 과거, 현재, 미래」, 김신동 엮음. 『미디어 공진화』. 파주: 한울아카데미, 2019.

38 Diamond, Larry, and Plattner, Marc. *Liberation Technology: Social Media and the Struggle for Democracy*. Baltimore: Johns Hopkins University Press, 2012.

39 United Nations. *UN Global E-Government Readiness Report 2004: Towards Access*

의 디지털 민주주의 플랫폼으로 중요한 평가 기준이 되기도 한다.

전자 정부와 e-거버넌스 영역에서의 디지털 민주주의는 2000년대 이후 급속히 발전하고 있다. 특히 미국과 한국은 모두 전자 정부 영역에서 높은 성과를 내고 있다. 국제적으로 가장 권위있는 전자 정부 평가는 UN 전자 정부 발전지수(E-Government Development Index)이다. 전자 정부 발전지수는 UN 가입국 전자 정부지수를 3개의 하위지수로 나누어 종합적으로 평가하여 2년마다 발표하고 있다. 2022 전자 정부 평가에서는 한국이 193개 회원국 중 3위를 차지했다. 한국은 1점 만점에 0.9529점을 기록해 덴마크, 핀란드에 이어 세계 3위를 기록했다. 2020년 순위는 2위에서 1단계 하락했다. 하지만 시계열 자료로 본다면 한국의 전자 정부 역량이 확인되는데 전 세계에서 유일하게 2010년부터 7회 연속으로 3위 이내의 순위를 기록한 국가이다. 미국 역시 0.9181점으로 10위를 기록했다. 미국은 2010년에는 한국에 이어 2위에 오르기도 했지만 이후 조금씩 하락하는 추세이다. 2020년 순위가 9위였지만 역시 1단계 하락했지만, 여전히 높은 수준을 유지하고 있다.[40]

먼저 미국에서의 전자 정부 시작은 1993년으로 거슬러 올라간다. 당시 클린턴 정부에서 정보통신기반의 고도화가 미국 산업정책의 강화와 사회문제 해결에 도움이 될 것이란 이점으로 국가정보통신기반구조

---

for Opportunity. New York: UN, 2004, p. 15.

40　United Nations. *UN E-Government Survey 2022: The Future of Digital Government.* New York: UN, 2022.

를 개편하였다. 이후 미국은 이 개편을 바탕으로 관공서, 기업, 학교, 병원, 가정 등 민간부문을 초고속 정보통신망으로 연결하여 인터넷 정보를 쉽게 주고받을 수 있게 하였다. 미국은 이를 통해 미국의 경쟁력 강화와 교육, 의료 등의 각 분야에서 국민복지 증진을 목표로 삼았다.

기본적으로 미국의 전자 정부는 2000년대 이후 디지털 민주주의 발전기에 정부를 더욱더 시민 중심적이고 서비스 지향적으로 만들기 위해 도입되었다. 미국의 전자 정부는 시민들이 정보와 서비스를 접하고 정부와 교류할 수 있는 대안 채널을 제시함으로써 시민 개개인의 권리를 강화하는 민주주의적 관점에서 발전하였다. 미국의 전자 정부 구축에 있어 가장 의미있는 제도화는 2001년 8월 부시(George) 행정부는 '대통령의 관리의제(the President's Management Agenda: PMA)'의 발표이다. '대통령의 관리의제'에서는 정보통신기술의 관리 개선과 비즈니스 과정의 단순화 및 각 정부 부처 간의 정보 흐름을 통합해야 한다고 강조하고 전자 정부를 정부 부처 중심이 아닌 시민 중심적인 기관으로 만들었다. 이에 전자 정부는 상대적으로 낮은 비용으로 정부 운영방식의 혁신을 통해 효율성, 효과성 및 투명성을 제고하고 시민들의 직접 참여기회를 증대시킬 정부 개혁의 주요 수단의 하나로 발전되었다.[41]

이러한 미국의 전자 정부 구축과정에 관해 바버(Barber)는 시민참

---

41 Seifert, Jeffrey W., and Chung, Jongpil. "Using E−Government to Reinforce Government−Citizen Relationships: Comparing Government Reform in the United States and China", *Social Science Computer Review* 27(1), 2009.

여 강화효과에 주목한다. 바버는 시민참여의 학습효과에 주목하고 전자 정부가 e-거버넌스와 전자투표(e-voting) 활용 가능성도 주장한다. 예를 들어 미네소타 e-민주주의 프로젝트(E-Democracy project), 현명한 투표 프로젝트(Project Voter-Smart) 등 정부 차원의 전자 정부 구축이 민주적 e-거버넌스에 효과적임에 주목한다.[42]

더욱 진전된 디지털 민주주의 구축 논의는 오바마(Obama) 대통령의 2009년 1월 취임 직후에 발표한 '투명성과 열린 정부에 대한 각서(Memorandum on Transparency and Open Government)'에서 전자 정부를 통하여 투명한(transparent), 참여 지향적(participatory), 협력도모형(collaborative) 정부를 만들기 위해 노력에서 확인된다. 오바마 대통령은 웹 캠페인 전략을 통한 소셜미디어와 시민 참여적인 방식을 활용한 경험을 살려 전자 정부 구축에서도 시민 참여적인 입장을 강조한다. 대표적으로 'Data.gov', 'eRulemaking', 'ITDashboard', 'Recovery.gov'를 통해 정보의 질을 향상하고, 가능한 많은 정부의 정보를 시민들에게 온라인으로 제공하여 정보의 접근성을 높이고 참여 지향적 전자 정부는 더욱 확실하고 효과적인 정책 마련을 위해 일반 시민들이 정책결정과정에 참여할 기회를 제공하는 것을 기본 방침으로 하였다. 그런 맥락에서 미국 정부가 추진하고 있는 전자 정부는 정부를 관료 중심적이 아닌 시민 중심적 기관으로 만들고자 하는 데 중점을 두고 있다. 미국에

---

42   Barber, Benjamin. *A Place for Us: How to Make Society Civil and Democracy Strong.* Hill and Wang, 1998.

서는 이러한 목적을 달성하기 위해 전자거래에 사용되는 원스톱(One-Stop) 서비스를 공공분야에 적용하려는 노력을 기울이고 있다.[43]

한국의 전자 정부 기원은 『대한민국 전자 정부 50년사』에 따르면, 1967년 경제기획원이 인구센서스 통계를 위해 컴퓨터 1대를 도입하기 시작하며 태동하였다고 한다. 기록에 따르면, 1967년부터 1970년대 말까지는 우리나라 전자 정부의 여명기라 할 수 있다. 본격적인 전자 정부의 기반은 1980년대 초부터 1990년대 후반까지는 부처 간 중복투자, 표준화 미흡에 따른 정보연계 불가 등의 문제를 해결하기 위해 '국가기간전산망 계획'을 수립하고 국가기간전산망 사업을 추진하였다. 이를 통하여 전자 정부의 기초가 되는 주민, 부동산, 자동차, 통관, 기상 등 주요 행정분야 전산화가 실시되었다.[44]

1997년말 IMF 외환위기를 맞으면서 새롭게 출범한 김대중 정부는 전자 정부 구축을 경제위기를 극복하기 위한 수단으로 추진하였다. 이 시기에는 전자 정부특별위원회가 구성되어 부처 간 이견을 조정하고 과제 추진에 대한 우선순위, 결과에 대한 점검·평가 등을 수행하였으며 '국민과 기업에 대한 서비스 혁신', '행정의 생산성 제고', '전자 정부 기반 구축' 등 전자 정부 11대 과제를 선정·추진하였다.

43 Seifert, Jeffrey W., and Chung, Jongpil. "Using E-Government to Reinforce Government–Citizen Relationships: Comparing Government Reform in the United States and China", Social Science Computer Review 27(1), 2009; Fountain, Jane. Building the Virtual State: Information Technology and Institutional Change. Washington, D.C.: Brookings, 2001, p. 4.

44 행정안전부. 『대한민국 전자 정부 50년사』. 서울: 행정안전부, 2019.

이후 2021년까지 웹 2.0과 디지털 전환의 4차 산업혁명 기술이 등장하면서 새로운 혁신의 단계에 돌입했다. 정보의 개방·공유·소통·협력을 바탕으로 공공정보를 국민에게 개방·공유하는 투명한 정부, 부처 간 협력과 소통을 통해 일하는 방식을 혁신하는 유능한 정부, 국민에게 맞춤형 서비스를 확대·제공하는 서비스 정부를 구현하는 방향으로 전환되었다. 이에 시민의 참여가 확대되고 다양한 차원에서의 디지털 민주주의 플랫폼으로 전자 정부가 구축되는 전환점이 되었다. 또한, 전 국민 스마트폰의 확산, 네트워크 기술의 발전, IoT, 빅데이터, 클라우드 컴퓨팅, 모바일, AI 등 다양한 신기술의 출현으로 국가적인 현안을 ICT 신기술로 해결하고자 하는 노력이 기울여지면서 전자 정부 서비스가 한 단계 업그레이드되기 시작하였다.[45]

이런 노력으로 한국의 전자 정부는 세계적으로 가장 강력한 디지털 민주주의 플랫폼이 되었고 앞서 살펴본 전자 정부 평가에서 상위군을 유지하는 원동력이 되었다. 이에 코로나 19 팬데믹 상황에서도 '민원24', '홈택스'와 같이 24시간 어디에서나 손쉽게 민원 서비스를 이용할 수 있게 되는 등 디지털 민주주의의 발전은 놀라운 수준으로 발전하였다. 그 성과로 인해 전자 정부 분야 수출실적도 2020년도에만 전자 정부 수출실적은 총 324건, 449,700.7천 달러에 이를 정도로 성장했다. 2017년의 236,053천 달러에 비하면 비약적인 성장을 한 것이다.

이처럼 미국과 한국은 정보화 초기부터 디지털 기술의 기반을 구

---

45   행정안전부. 『대한민국 전자 정부 50년사』. 서울: 행정안전부, 2019.

축하고 각 정부에서 효율적인 정책을 구현하여 디지털 민주주의 상위권의 전자 정부 플랫폼을 구축했다. 디지털 기술의 발전은 인터넷의 도입이나 컴퓨터 개발 등은 미국이 선도했다. 그리고 한국은 2000년대 이후 민원 서비스의 디지털화, 온라인 세금 납부, 시민참여 플랫폼, 민원 및 시민청원 등은 주목을 받았다. 미국에서도 오바마 대통령 시기 만들어진 백악관 '위더피플(We the people)'이 주목을 받았다. 이 사이트는 30일간 10만 명 이상의 동의를 얻으면 백악관 공식 답변 대상이 된다. 그 모델을 차용한 청와대 국민청원은 다양한 사회 의제에 대한 시민의 청원을 수렴하는 창구로 주목받기도 했다.

이처럼 행정서비스 분야에서는 한국의 세금 납부나 각종 민원서류 발급 분야에서 미국에 영향을 주었으며, 전자 정부 내의 e-청원 시스템은 미국의 영향을 받아 한국에 적용되는 등 전자 정부 영역에서 상호작용을 통한 국가별 특성에 맞는 디지털 민주주의 플랫폼으로 성장하고 있다.

3) 코로나 19(COVID-19) 이후의 디지털 민주주의 전환기

디지털 민주주의 차원에서 코로나 19의 영향은 단순히 생명과 질병의 문제가 아니라 인류의 생활방식과 사회생활, 삶을 근저에서부터 바꾸었다. 몇 년 전에는 상상할 수 없었던 일이 이제는 일상적인 것이 되어 버리는 뉴노멀(new normal) 시대에 진입한 것이다. 코로나 19로 뉴노멀은 경제적 변화만이 아니라 사회의 새로운 변화를 상징하는 단어가 되었다. 무엇보다 면대면(face to face) 중심이던 오프라인 사회관계가 비대면, 언택드(untact)로 전환했고, 정치 영역까지 확산하고 있다.[46]

현실 정치는 2020년 코로나 19 초기에는 블랙홀에 빠져 있다고 해도 과언이 아니었다. 전 세계적으로 주요 정치 일정이 큰 영향을 받았으며 전통적 정치과정에서 일상처럼 진행되었는 정치 행위가 코로나 19 방역 상황에 맞는 새로운 기준으로 변화했다. 여러 나라에서 선거나 정당, 시민단체, 미디어 등 정치 활동은 비대면, 방역과 결합하여 조심스럽게 진행 중이다. 감염병이 전통적 정치의 영역을 바꾸고 있다.

이와 같은 현실에서의 과정상의 문제 제기만이 아니라 근본적인 차원에서 코로나 19의 민주주의 영향에 대한 논란이 제기되고 있다. 대표적인 것이 팬데믹에 따른 불안감과 공포에 따른 민주주의 원칙과 가치의 약화이다. 민주주의는 민(民)에 의한 지배를 지향하는 정체이지만, 코로나 19가 가져온 공포심이 민주주의를 왜곡시킬 우려가 제기되고 있다. 실제 독일 시사주간지 슈피겔(Der Spiegel)지 4월 8일 자에서는 "민주주의가 공포에 잠식당하고 있다(Angst frisst Demokratie)"라고 경고하고 있다. 코로나 19 공포감이 격화되면서 민주주의의 가치가 송두리째 뽑힐 것이란 경고 메시지다.

이 같은 움직임은 이미 가시화되고 있다. 전 세계적으로 봉쇄가 진행되면서 강제적 규율이 일상화되었고, 코로나 19 바이러스에 의해 시

---

46 정채진·박석중·이광수·김한진·김일구. 『코로나 투자 전쟁』. 서울: 페이지2북스, 2020.

민의 자유권이 훼손당하기도 했다. 이미 세계는 코로나 19 팬데믹 상황에서 직접적 전염병 감염 우려와 경제적 피해와 함께 공동체 안전보장과 개인 자유권이 상호 공존하기 힘든 상황에 직면한 것이다. 나라마다 대응 방법은 차이가 있지만, 공동체 안전을 강조한 곳에서는 개인의 자유가 침해되고 있다는 비판이 있고, 반면에 개인의 자유를 강조한 곳에서는 공동체 안전을 무시한 처사라는 비판이 있다. 이에 일부 유럽과 미국의 시민단체에서는 과도한 봉쇄와 차단을 비판하는 시위가 일어나기도 했다.[47] 결국 예기치 못한 감염병 상황에서 민주주의의 가치가 충돌하고 있다.

이러한 급격한 환경 변화에 대해 디지털 민주주의에 대한 시각은 두 가지로 구분되고 있다. 첫째, 코로나 19 팬데믹의 영향을 최소화한 것은 역설적으로 디지털 민주주의의 영향이다. 특히 미국을 위시한 주요 선진민주주의 국가에서는 디지털 민주주의 기술을 활용하여 코로나 19의 대면 정치의 단절을 극복하고 있다. 코로나 19가 확산하면서 면대면 접촉은 제한되고 사회적 거리 두기로 인해 정치·행정 활동은 제한되고 있다. 이러한 시대적인 조건에서 주목받고 있는 것이 ICT를 이용한 다양한 회의, 토론, 정책결정 방식이다. 일례로 전자투표는 현

---

47 2020년 팬데믹 1차 봉쇄에 이어 11월 2차 봉쇄가 유럽 전역에서 확산하자 봉쇄조치에 반발하는 시위가 벌어졌다. 영국 맨체스터, 이탈리아 피렌체와 밀라노, 스페인 마드리드와 바르셀로나, 독일 베를린 등에서 분노한 시민들이 상점을 파괴하는 등 정부 조치에 노골적으로 반대하는 시위를 진행했다. 송경재. 「코로나 19, 민주주의의 위기인가 전자민주주의의 기회인가?」, 「온미래」. 2020.

재와 미래의 코로나 19 동안 새로운 시민 참여기회를 제공할 수 있다. 대단위의 사람이 모이기 힘든 상황에서 전자투표는 코로나 19 상황에서 시민의 의사를 표현하고 집성할 수 있는 대안이 될 것이다. 그리고 영국 의회에서는 이른바 온라인과 오프라인의 하이브리드(hybrid) 방법으로 총리 질의를 온라인으로 진행하고 있으며 스코틀랜드 의회 역시 유사한 방법으로 진행하고 있다. 이 같은 비대면 상황이 지속되는 상황에서 디지털 민주주의는 오프라인의 절차와 방식을 대체하는 방식으로 더욱 주목받을 것이다. 코로나 19는 인류에게 비극이지만, 역설적으로 비대면(untact) 정치과정이란 새로운 환경을 조성했다.[48]

둘째, 디지털 기술의 위험성이 코로나 19 팬데믹에서 다시 등장했다. 그동안 잠재되어 있던 디지털 기술의 감시와 통제의 우려감은 커지고 있다. 실제 한국이 초기 코로나 19 방역 과정에서 스마트폰 위치 추적, QR코드(Quick Response Code; 빠른 응답) 개인정보 인증, 위치추적, IoT 등을 활용하자, 한편에서는 발전된 ICT 방역에 대해 부러움도 있었지만, 일부에서는 감시사회와 통제의 우려감도 제기되었다. 특히 2020년 5월 이태원 카페 사건에서 활용된 감시 기술에 대한 시민사회와 학계의 우려감은 상당했다.[49] 팬데믹이라는 비상 기간의 설정에서

---

48   송경재. 「코로나 19, 민주주의의 위기인가 전자민주주의의 기회인가?」, 「온미래」. 2020.

49   Lee, Sook Jong. *Guarding Democratic Values: South Korea's Successful Fight against the Coronavirus East Asia Institute.* ADRN Issue Briefing, 2020; 송경재. 「코로나 19, 민주주의의 위기인가 전자민주주의의 기회인가?」, 「온미래」. 2020.

일부 개인의 시민권은 제한될 수 있지만, 공포를 확대하여 개인의 권리를 무제한으로 제한할 수도 없다. 팬데믹으로 인한 갈등은 세계적으로 이동의 자유, 경제활동의 자유를 넘어서 종교집회의 자유와 프라이버시 등의 문제로 확장되고 있다. 프랑스와 독일, 영국 등지에서는 시민운동가를 중심으로 "자유를 달라"는 시위가 확산하고 있다. 유럽에서는 도시봉쇄가 진행되면서 강제적 규율이 일상화되었고, 이에 저항하는 움직임으로 자유권 회복을 주장하고 있다. 민주주의 국가에서도 공동체의 생명과 안전, 그리고 시민권 사이에 긴장이 발생한 것이다.

이와 함께 코로나 19와 함께 주요 국가의 민주주의 퇴행 움직임 역시 디지털 민주주의의 전망을 어둡게 하는 측면이 있다. 대표적으로 미국의 의회 난입 사건, 유럽 주요 국가의 극우세력 약진 등은 민주주의 전반의 위기이다. 그리고 미국-중국 전략적 경쟁, 러시아-우크라이나 전쟁 등 글로벌 경제위기와 불안감 가중이다. 글로벌 정치경제 환경의 불확실성은 민주주의 공고화와 안정적 발전에 치명적인 결함이 된다. 20세기 초반 세계 대공황의 과정에서 파시즘이 등장했듯이 글로벌 환경 변화 역시 디지털 민주주의의 발전에 불확실성을 더하고 있다.

4. 소결

인터넷의 역사와 문화를 연구한 카스텔(Castells)의 "군사와 과학기술 그리고 자유주의 문화의 산물로서 현대의 인터넷이 만들어졌다"라는 지적은 인터넷 등장의 전 과정을 아우르는 표현이라 할 수 있다.[50] 탄생은 냉전의 산물이었지만, 미국에서 시작한 인터넷은 21세기 들어 전 세계 민주주의 이행과 확산에 도움을 주고 있다. 무엇보다 인터넷 네트워크 연결 과정에서 미국과 한국의 인연은 디지털 민주주의 진화과정에서도 상호 의존적이고 영향을 주는 관계로 발전하고 있다. 미국과 한국에서 21세기 디지털 민주주의 발전과정에서 정당, 웹 캠페인, 시민운동, e-거버넌스, 전자 정부 등 많은 영역에서 민주주의의 디지털 전환(digital transformation)을 주도하고 있다.[51] 그런 측면에서 서언에 제시한 기술적 기반은 미국, 활용과 적용은 한국이라는 공진화(co-evolution) 과정은 디지털 민주주의 영역에서도 뚜렷하게 나타나고 있다.

인터넷의 수용과 변화 과정에서 나타난 미국과 한국과의 관계를 요약하면 첫째, 미국의 인터넷 개발이 태평양을 건너 한국의 민주화에 중요한 도구가 되었다는 점은 한국과 미국의 정치적 인연과 함께 중요한 시사점을 제공한다. 둘째, 시민참여 차원에서 인터넷은 미국은 상대적으로 웹 캠페인이, 한국은 시민운동과 저항의 무기로 발전했는데, 이는 두 나라의 민주주의 수준과 정치문화·제도 차이에서 기인한 것이라 할 수 있다. 셋째, 미국과 한국의 디지털 민주주의 발전과정은 국가

---

50   Castells, Manuel. *The Internet Galaxy : Reflections on the Internet, Business, and Society.* Oxford: Oxford University Press, 2001.
51   송경재. 「디지털 민주주의」, 김상배 외 지음. 『20개의 핵심개념으로 읽는 디지털 기술 사회』. 서울: 사회평론 아카데미, 2022.

별로 차이는 있지만, 상호작용 강화와 동조화로 해석할 수 있는 부분이 많았다. 넷째, 미국과 한국의 인터넷을 통한 디지털 민주주의의 상호작용과 동조화 현상은 민주주의 국가라는 공통점이 있기 때문이다. 다섯째, 기술의 이중성에 대한 체계적인 이해가 필요하다. 일부 중국, 러시아 같은 권위주의 국가는 시민감시와 정보 통제의 기술로 인터넷을 사용하고 있음을 고려한다면, 민주주의 국가에서 디지털 민주주의 발전과 권위주의 국가에서 감시와 민주주의 쇠퇴는 상관관계가 있다.[52] 민주주의 국가에서는 민주주의 기술로 그리고 권위주의 국가에서는 통제·감시·시민 탄압의 기술로 변질할 가능성도 크다. 그런 차원에서 민주주의 제도와 정치문화의 공고화가 인터넷을 민주주의 기술로 유지하는 선결 요건이라 할 수 있다.

고대 민주주의의 등장 이후 우리의 민주주의는 여전히 취약한 것이 역사적 경험이다.[53] 현대 선진 민주주의 국가에서도 시민의 민주주의 요구 수준은 높은데, 정치 제도·문화적 수용성은 낮은 부조응이 민주주의 적자(democratic deficit)로 나타나고 있다.[54] 그런 차원에서 정치참여의 거래비용을 줄이고 정치와 시민을 연계할 수 있는 디지털 민

---

52 송경재. 「코로나 19, 민주주의의 위기인가 전자민주주의의 기회인가?」, 「온미래」. 2020.

53 Mounk, Yascha. *The People vs. Democracy: Why Our Freedom Is in Danger and How to Save It.* Cambridge: Harvard University Press, 2018; Runciman, David. How Democracy Ends. New York: Basic Books, 2018.

54 Norris, Pippa. *Democratic Deficit: Critical Citizens Revisited.* Cambridge: Cambridge University Press, 2011.

주주의 발전은 많은 의미가 있다. 미국이 개발하여 전 세계가 연결되는 인터넷은 민주주의 이념과 가치를 확산할 수 있는 좋은 도구이기도 하다. 따라서 이를 발전시키고 진화시켜 민주주의에 도움이 되도록 하고, 감시와 통제의 기술이 아닌 민주주의 기술로 발전시킬 책임이 우리 세대에게 부과되고 있다.

디지털 민주주의의 새로운 전환기에 미국과 한국의 대응은 상호 공진화하면서 영향을 주고 있다. 실제 미국과 한국 모두 정치 영역에서 디지털 전환 기술 활용이 적극적이며 최근에는 기술적으로는 미국이 앞서지만, 정치 적용은 한국이 빠른 측면도 있다. 이런 경험을 살려, 앞으로도 미국과 한국의 디지털 민주주의의 선순환적 공진화를 지속하기 위한 노력이 필요할 것이다.

참고 문헌

강원택. 『인터넷과 한국정치』. 서울: 집문당, 2007.

김용철·윤성이. 「인터넷의 정치적 활용과 16대 총선」, 『한국정치학회보』 34(3), 2000, pp. 129~147.

김용철·윤성이. 『전자 민주주의: 새로운 정치패러다임의 모색』. 서울: 오름, 2005.

매일경제. 「인터넷 선거 영웅 벤추라 美 미네소타주지사」, 2002년 2월 26일.

셍커, 제이슨(Schenker, Jason) 저, 박성현 역. 『코로나 이후의 세계』. 서울: 미디어숲, 2020.

송경재. 「국내외 주요 정당의 소셜 미디어 활용: 정치적 기회 확대와 한계」, 한국정당학회 학술회의자료집, 2019.

송경재. 「디지털 민주주의」, 김상배 외 저. 『20개의 핵심개념으로 읽는 디지털 기술 사회』. 서울: 사회평론 아카데미, 2022.

송경재. 「사회적 자본과 지역 사이버 커뮤니티의 민주주의: MYYD타운(문래·양평·영등포·당산 이야기) 사례연구」, 『기억과 전망』 33, 2015, pp. 419~459.

송경재. 「이슈형 사이버 커뮤니티 네트워크의 시민참여 : 2008년 촛불시위를 중심으로」, 『국가전략』 17(2), 2011, pp. 91~121.

송경재. 「인터넷 시민참여의 과거, 현재, 미래」, 김신동 엮음. 『미디어 공진화』. 파주: 한울아카데미, 2019.

송경재. 「자발적 시민 정치조직의 웹 캠페인 동학: 미국 무브온 사례분석과 한국적 함의를 중심으로」, 『시민사회와 NGO』 9(1), 2011, pp. 169~199.

송경재. 「코로나 19, 민주주의의 위기인가 전자민주주의의 기회인가?」, 『온미래』. 2020.

송경재. 「한국 SNS 사용자의 특성과 정보인권 인식 연구」, 『사이버사회문화』 1(1), 2010, pp. 35~60.

송경재·장우영·조인호. 「빅데이터 거버넌스의 가능성과 과제에 관한 탐색 연구」, 『사회이론』 53, 2018, pp. 153~186.

안정배 기록, 강경란 감수, 『한국 인터넷의 역사』, 서울: 블로터앤미디어, 2014.

임혁백·송경재·장우영, 『빅데이터 기반 헤테라키 민주주의 메가트랜드』, 대구: 한국정보화진흥원, 2018.

장우영·송경재, 『디지털 융합시대 온라인 사회운동 양식의 변화와 의미』, 과천: 정보통신정책연구원, 2009.

정채진·박석중·이광수·김한진·김일구. 『코로나 투자 전쟁』. 서울: 페이지2 북스, 2020.

조화순. 「SNS와 정당정치 변화」, 한국언론학회 심포지움 및 세미나 자료집, 2012, pp. 27~46.

조희정. 『네트워크 사회의 정치와 민주주의』. 서울: 서강대학교 출판부, 2010.

조희정·박설아. 「정당의 소셜미디어 활용 현황과 과제: 의제 · 자원 · 확산 전략을 중심으로」, 『한국정치학회보』 46(1), 2012, pp. 113~139.

중앙선데이. 「'사이버 친구' 97만 명…오바매니어의 힘」, 중앙선데이, 2008년 3월 9일.

총선시민연대. 「2000년 총선시민연대 발족선언문: 정치개혁 시민선언」. 2000.

크리스토퍼 미리. 「사이버공간과 불리한 공동체: 집합행동 도구로서의 인터넷」, 마크 스미스, 피터 콜록 편, 조동기 역. 『사이버공간과 공동체』. 서울: 나남출판, 2001.

행정안전부. 『대한민국 전자 정부 50년사』. 서울: 행정안전부, 2019.

Barber, Benjamin. *A Place for Us: How to Make Society Civil and Democracy Strong.* Hill and Wang, 1998.

Castells, Manuel. *The Internet Galaxy: Reflections on the Internet, Business, and Society.* Oxford University Press, 2001.

Castells, Manuel. *The Rise of the Network Society: The Information Age: Economy, Society, and Culture.* Wiley-Blackwell, 2009

Chadwick, *Andrew*. *Internet Politics: States, Citizens, and New Communication Technologies*. New York & Oxford: Oxford University Press, 2006.

Diamond, Larry, and Plattner, Marc. *Liberation Technology: Social Media and the Struggle for Democracy*. Baltimore: Johns Hopkins University Press, 2012.

Fountain, Jane. *Building the Virtual State: Information Technology and Institutional Change*. Washington, D.C.: Brookings, 2001.

Fraser, Matthew, and Dutta, Soumitra. *Throwing Sheep in the Boardroom: How Online Social Networking Will Transform Your Life Work and World*. New Jersey: WILEY, 2009.

Hardt, Michael, and Negri, Antonio. *Multitude: War and Democracy in the Age of Empire*. New York: The Penguin Press, 2004.

Heywood, A. 저, 조현수 역. 『정치학: 현대정치의 이론과 실천』. 서울: 성균관대학교출판부, 2014.

Kling, Rob. "What is Social Informatics and Why Does it Matter?", *The Information Society: An International Journal* 23(4), 2017, pp. 205~220.

Kraut, Robert, Kiesler, Sara, Boneva, Bonka, Cummings, Jonathon, Vicki, Helgeson, and Crawford, Anne, "Internet Paradox Revisited", *Journal of Social Issue* 58(1), 2002, pp. 49~74.

Lee, Sook Jong. *Guarding Democratic Values: South Korea's Successful Fight against the Coronavirus East Asia Institute*. ADRN Issue Briefing, 2020.

Mounk, Yascha. *The People vs. Democracy: Why Our Freedom Is in Danger and How to Save It*. Cambridge: Harvard University Press, 2018.

MoveOn.org Staff. *MoveOn's 50 Ways to Love Your Country: How to Find Your Political Voice and Become a Catalyst for Change*. Inner Ocean Publishing, Inc, 2004.

Norris, Pippa. "Internet World: Parties, Governments and Online Democracy", IPSA World Congress 2000, Canada, 2000.

Norris, Pippa. *Democratic Deficit: Critical Citizens Revisited*. Cambridge: Cambridge University Press, 2011.

Norris, Pippa. *Democratic Phoenix: Reinventing Political Activism*. New York: Cambridge University Press, 2002.

Old, Rosalyn. "The digital tools that can keep democracy going during lockdown", nesta. https://www.nesta.org.uk/blog/digital-tools-can-keep-democracy-going-during-lockdown/ (accessed September 15, 2022).

Rheingold, Howard. *The Virtual Community: Homesteading on the Electronic Frontier.* Addison-Wesley Publishing Company, 1983.

Runciman, David. *How Democracy Ends.* New York: Basic Books, 2018.

Seifert, Jeffrey W., and Chung, Jongpil. "Using E-Government to Reinforce Government-Citizen Relationships: Comparing Government Reform in the United States and China", *Social Science Computer Review* 27(1), 2009, pp. 3-23.

Shaper, Nick. 「창조적 도발: 미국 공화당의 소셜 미디어 사용기」, 팀 오라일리 외 지음. CC Korea 자원봉사활동가 옮김, 『열린 정부 만들기』. 서울: 에이콘, 2012.

Shirky, Clay. *Here Comes Everybody: The Power of Organizing Without Organizations.* New York: Penguin Books, 2008.

Sunstein, Cass. *Republic.com 2.0.* Princeton University: Princeton University Press, 2009.

Tapscott, Don. *Growing Digital: The Rise of the net Generation.* New York: McGraw-Hill, 2009.

Trippi, Joe. *The Revolution Will Not Be Televised: Democracy, the Internet and the Overthrow of Everything.* New York: Regan Books, 2004.

United Nations. *UN E-Government Survey 2022: The Future of Digital Government.* New York: UN, 2022.

United Nations. *UN Global E-Government Readiness Report 2004: Towards Access for Opportunity.* New York: UN, 2004.

7장

미국 대통령의 전시(戰時) 리더십이 한국에 미친 영향: 트루먼(Truman) 대통령과 한국 전쟁 사례를 중심으로

7장

미국 대통령의 전시(戰時) 리더십이 한국에 미친 영향: 트루먼(Truman) 대통령과 한국 전쟁 사례를 중심으로*

서정건(경희대학교)

1. 서론

한국의 성장 과정 동안 미국이 끼친 영향은 다양하고 중대하다. 그런데 국가로서의 성장 이전에 한 국가의 존망 과정에서 역시 미국의 존재는 우리에게 절대적이었다. 1950년 6월 25일 전쟁 발발부터 1953년 7월 27일 휴전 조약 체결에 이르기까지 미국이라는 나라가 없었다면 대한민국은 현재 어떤 모습일지 가늠조차 어렵다. 한국 전쟁과 관련하여 가장 중요한 미국 내 결정권자 중 하나는 당연히 트루먼 대통령이었다.

＊ 본 장은 2022년 『미국학』 45권 2호(Dec 31, 2022, 서울대학교 미국학연구소 출간)에 실린 저자의 글을 수정 및 보완한 것임을 밝힙니다.

그런데 기존의 한국 전쟁을 둘러싼 미국의 역할과 관련된 연구들은 주로 트루먼 대통령의 대외 정책 결정과 평가에 초점을 두고 진행되어 왔다. 이는 봉쇄 정책, 마샬 플랜, 베를린 공수(空輸), 나토(NATO) 창설 등 냉전 초기 미국의 주요 외교 정책 결정이 대부분 트루먼 행정부 하에서 이루어진 연유인 것으로도 보인다. 본 연구는 트루먼 대통령과 한국 전쟁에 대해 미국 국내 정치 맥락 하에 전시(戰時) 리더십 시각으로 조명해 보고자 한다. 먼저 미국 대통령 제도에 관한 다양한 연구들을 배경 삼아 소개한다. 이후 프랭클린 루스벨트를 승계한 미주리 상원 의원 출신 트루먼이 보여준 의회–대통령 관계와 대통령–정당 관계를 한국 전쟁을 배경으로 집중 분석한다. 한국의 성장 이전에 국가 건설 단계에서부터 지대한 영향을 미친 미국에 대해 미국 대통령 리더십을 통해 파악해 보는 작업이다.

미국은 역사상 최초로 대통령제를 도입하여 지속해 온 나라다. 22대 클리블랜드(Cleveland) 대통령이 재선에 실패하였다가 1892년 해리슨(Harrison)과의 재대결에서 승리하여 24대 대통령이 되었기 때문에 역대 대통령 총 숫자는 바이든 포함 45명에 이른다. 이들 가운데 33대 트루먼(Harry S Truman) 대통령만큼 시대와 개인, 선거와 정책, 그리고 전략과 제도 차원을 포함한 미국 정치 전반에 걸쳐 독특성을 가진 대통령도 드물다. 우선 트루먼은 미국 역사상 유일하게 두 차례의 대규모 전쟁을 이끈 군(軍) 통수권자였다. 2차 세계 대전 막바지인 1945년 대통령 직을 승계하여 핵폭탄 투여를 결정함으로써 전쟁을 종결한 바 있고

1950년 한국 전쟁 당시에는 유엔을 중심으로 전쟁에 개입하여 자유 진영을 진두지휘하였다. 첫 번째 전쟁 경험이 두 번째 전쟁 운영에 큰 영향을 주었다는 사실은 잘 알려져 있다. 고등학교 졸업 학력에도 불구하고 미주리(Missouri) 연방 상원으로서 루스벨트 대통령의 마지막 부통령이 되었을 뿐만 아니라 언론과 세간의 예상을 깨고 1948년 자신이 직접 대선 승리까지 쟁취하였다.

한편 트루먼 대통령은 공산주의 국가 소련의 등장 이후 국제 관계가 냉전으로 치달을 당시 유럽 원조(Marshall Plan)와 봉쇄 정책(Truman Doctrine)을 통해 미국의 자유 세력 리더십을 확고히 하였다. 이로 인해 재임 당시 보다 이후 세대가 더 높은 평가를 하고 있는 몇 안 되는 대통령으로 남게 된다. "궁극적으로 모든 것은 대통령의 책임(The Buck Stops Here)"이라는 문구를 집무실 책상 위에 둔 것으로도 유명하다. 하지만 1949년 소련이 핵무기를 보유하게 되고 같은 해 중국이 공산화되었을 뿐만 아니라 국내에서는 매카시즘(McCarthysm)이라는 광풍을 겪게 된다. 연방 대법원에 의한 대통령 권력 견제 역시 정치적 상처였다. 맥아더(MacArthur) 해임이라는 신념에 기반한 초강수는 정치적 자충수가 되었고 한국 전쟁이 승패 없이 지지부진해지면서 지지율 하락도 겪게 되었다. 마침내 트루먼 대통령은 수정 헌법 22조의 적용 유예(grandfather clause)로 인해 1952년 재선 시도가 가능했음에도 불구하고 뉴햄프셔 프라이머리 직후 출마를 공식 포기하게 된다.

대통령 한 명을 권력의 정점으로 하는 대통령 제도에 관해 미국에서는 다양한 분석과 연구가 이어지고 있다. 우선 현대 대통령(modern presidency) 이론은 1932년 대선을 기점으로 적극적 정부를 이끄는 대통령 리더십 대변환에 주목한다. 루스벨트(Roosevelt) 대통령 이전과 이후로 미국 대통령 역사를 양분하는 접근법이다. 반대로 중대 선거 (critical elections) 이론을 내세우는 학자들은 이러한 이분법적 시각을 넘어설 것을 주문하며 선거로 인한 지배 연합 재편성 중요성을 주목한다.[1] 다시 말해 1800년, 1828년, 1860년, 1896년, 1932년, 1980년 같은 중대 선거가 존재하는 간격 동안 통치한 대통령들을 묶어서 분류하는 것이 타당하다는 주장이다. 통시적 접근을 넘어선 역사적 규칙성에 주목하는 스코우로넥(Stephen Skowronek)[2]은 대통령 시대를 "재편(reconstruction), 표출(articulation), 선공(preemption), 이탈(disjunction)"의 정치로 정의함으로써 순환 가설을 제시한다. 스코우로넥의 정치적 시대(political time) 대통령제 이론은 미국정치발전(American political development) 학파의 시대적 관점과 비교정치학 개념인 체제(regime)적 접근을 결합한 방식에 기초한다. 대통령 개인이 아닌 대통령이 만드는 정치 전반에 초점을 맞춤으로써 미국 대통령제의 변화를 체계적으로

---

1 Key, V. O. Jr. "A Theory of Critical Elections", *Journal of Politics* 17(1), 1955, pp. 3~18; Burnham, Walter Dean. *Critical Elections and the Mainsprings of American Politics.* New York: Norton, 1970; Brady, David W. *Critical Elections and Congressional Policy Making.* Stanford: Stanford University Press, 1988.

2 Skowronek, Stephen. *The Politics Presidents Make: Leadership from John Adams to Bill Clinton.* Cambridge: Belknap Press, 1997.

파악하려는 시도이기도 하다.[3]

이처럼 미국 대통령의 리더십에 관해 다양한 연구들이 이루어졌지만 여전히 현재 진행형인 대통령과 정당 관계는 앞으로 더 많은 분석을 필요로 한다. 선거를 위해 대통령과 정당은 상호 의존적이지만 선거 후에는 거리 두기 혹은 전폭 지지 등 또 다른 차원의 동력이 발생한다. 또한 정당이 구성하는 의회와는 별개의 선거를 통해 국민의 선택을 받은 대통령 입장에서 볼 때 의회는 협력 혹은 경쟁의 대상이기도 하다. 개혁 입법과 국민 통합이 대통령에게 주어진 정치적 사명이라면 대통령은 필연적으로 정당 및 의회와 협력할 수밖에 없다. 동시에 당파적 경쟁을 원칙으로 하는 의회 운영 원리에 대통령 리더십을 투입하는 경우 제도적 경쟁이 발생하기도 한다. 기존 연구들은 전쟁이나 경제 위기 같은 외부 조건들이 만들어 낸 결과물로서의 초당파적 협력을 주로 주목해 왔다. 혹은 초당파적이거나 당파적인 의회–대통령 관계가 어떠한 정치 변화를 초래하는지에 대해 분석해 왔다.

또한 밀키스(Sidney M. Milkis)[4]와 갤빈(Daniel J. Galvin)[5] 등은 대통령이 선거와 정책이라는 경로를 통해 어떻게 자신의 소속 정당을 건설(party

3   Valelly, Richard M., Mettler, Suzanne, and Lieberman, Robert C. *The Oxford Handbook of American Political Development*. Oxford: Oxford University Press, 2016; 백창재. 『미국 정치 연구』. 서울: 사회평론아카데미, 2020.

4   Milkis, Sidney M. *The President and the Parties: The Transformation of the American Party System Since the New Deal*. New York: Oxford University Press, 1993.

5   Galvin, Daniel J. *Presidential Party Building. Dwight D. Eisenhower to George W. Bush*. Princeton: Princeton University Press, 2010.

building)하는가에 연구 초점을 둔 바 있다. 대통령은 언제, 어떻게 초당파적 합의를 위한 리더십을 발휘하는가에 관한 체계적 연구는 여전히 충분치 않다. 당위론적 규범 차원이 아닌 실증적 전략 차원의 분석 역시 요청된다. 두 차례의 전쟁, 뉴딜을 계승한 페어딜 정책, 국내외 공산주의와의 이념적 대결, 당 내부 남부 출신 그룹과의 갈등, 연방 대법원과의 대통령 권한 범위 논쟁에 이르기까지 대통령 권력의 총체적 차원에서 다양한 리더십을 요구받은 트루먼 대통령은 좋은 사례 연구 대상이다. 형식적인 초당파적 리더십 유지가 아닌 당파적 리더십을 통한 초당파적 국가 정체성 유지라는 차원에서도 트루먼 사례는 시사점을 던져 준다. 본 연구는 특히 한국 전쟁을 전후한 트루먼 대통령의 정당 리더십에 주목하고자 한다.

이 글은 다음의 순서로 구성된다. 우선 2장은 기존의 미국 대통령 연구 성과들을 정리해 보고 이에 기초하여 트루먼 대통령의 다양한 특징들을 적용해 본다. 현대 대통령제, 중대 선거, 정치적 시대 대통령제, 대통령 성격, 제도주의 대통령제, 그리고 대통령-정당 관계 등 기존의 연구 초점에 트루먼 대통령제를 대입해 보는 작업이다. 3장은 전쟁과 동맹 관계를 둘러싼 국내 정치에 대해 설명하고 덧붙여 트루먼 시대의 미국 정치 딜레마를 소개한다. 그리고 한국 전쟁 시기의 트루먼 대통령이 보여준 초당파적 협력과 실패 사례를 분석한다. 이는 전쟁을 개시하고 수행하는 대통령으로서 직면하는 다층적 딜레마와 그에 맞서는 리더십에 관한 내용이다. 소결에서는 대통령과 초당파적 리더십의 일반적 관계 및 향후 연구 과제에 대해 논의한다.

2. 미국 대통령 연구와 트루먼 리더십

대통령 제도와 관련하여 숙명적인 특성은 결국 대통령이 한 명의 개인이라는 사실이다. 대통령제(presidency)를 논할 때 대통령(president)을 거론할 수밖에 없는 이유다. 대통령 정치에 관한 연구 역시 대통령을 반드시 포함하게 되어 있다. 그런데 역사적이고 서술적인 방식에 치우쳐 온 나머지 사회과학적 이론 정립에 어려움을 겪어 온 것이 사실이다. 단순한 설명 방식만 가지고는 대통령의 예측 가능한 행태와 결정을 파악하기 어렵다. 동시에 현실과 역사를 일반화하는 작업은 사회과학이 늘 부딪치는 어려움이기도 하다. 대통령 개인의 성격(character)에 관심을 둔 연구는 바버(James David Barber)[6]가 대표적이다. 대통령의 인성 혹은 성품은 세계관 및 권력에 대한 인식을 형성하고 종국에는 대통령의 성공과 실패를 결정 짓는다는 주장을 담고 있다. 바버의 연구는 닉슨(Nixon)을 떼어 놓고 논하기 어려운데 닉슨처럼 적극적(active)이면서 부정적(negative)인 성격의 대통령들이 가장 위험한 사례라고 본다.

이와는 반대로 대통령 한 명의 역사적 위치나 인간적 특징에 주목하기 보다는 정치 제도 차원에서 대통령 정치를 이해해야 하며 그 접근법으로 합리적 선택 이론을 적용하자고 주장하는 학자들이 등장하

---

6   Barber, James David. *The Presidential Character: Predicting Performance in the White House.* New York: Prentice Hall, 1972.

였다. 모(Terry M. Moe)[7]와 하웰(William G. Howell)[8]를 포함한 이들 제도주의 대통령(institutional presidency) 연구자들에 따르면 대통령 개인을 종속 변수로 한 연구는 표본이 한 명에 불과하다는 구조적 단점을 해결할 수 없다. 대신 미국 정치 시스템 안에서 움직이는 대통령의 권력과 결정을 종합적으로 관찰하고 분석하는 것이 필요하다는 입장이다. 특히 성격이나 시대 같은 일종의 주어진 조건으로는 사회과학적 대통령 연구가 거의 불가능하다고 본다. 대신 의회, 대법원, 정당, 언론 등 다양한 정치 행위자들을 대상으로 만들어 내는 대통령의 선택들을 종속 변수 겸 연구 초점으로 삼아야 한다고 주장한다. 나아가 이들은 대통령에게 보다 강력한 입법 권한을 부여해야 한다는 주장까지 제기하고 있다.[9]

실제로 트루먼 대통령을 제대로 이해하기 위해서는 전임자인 프랭클린 루스벨트(Franklin D. Roosevelt)를 파악하는 것이 중요하다. 현대적 대통령제 논의에 따르면 루스벨트 리더십은 국민과 정부의 관계, 의회와 대통령의 관계, 정부와 시장의 관계, 그리고 미국과 세계의 관계

---

7   Moe, Terry M. "The Revolution in Presidential Studies", *Presidential Studies Quarterly* 39(4), 2009, pp. 701~724.

8   Howell, William G. *Power without Persuasion: The Politics of Direct Presidential Action.* Princeton, NJ: Princeton University Press, 2003.

9   Howell, William G., and Moe, Terry M. *Relic: How Our Constitution Undermines Effective Government-and Why We Need a More Powerful Presidency.* New York: Basic Books, 2016.

를 총체적으로 변화시켰다. 그린스타인(Fred I. Greenstein)[10]은 특히 대통령의 정책 주도권을 주목하였다. 현대적 대통령은 이전보다 훨씬 큰 공식-비공식 권한을 가지게 되었고 행정부의 인적 자원을 동원한 의제 설정자로 등장하였을 뿐만 아니라 정치 시스템 안에서 가장 주목받는 행위자로 자리 잡았다는 것이다. 현대 이전의 19세기 대통령들은 특정 정책 입장을 내세우지 않았고 의회보다 앞서 가지 않았고 전국 순회를 하지 않았고 고립주의 전통을 지켰었다.

이와는 대조적으로 현대적 대통령은 정책 프로그램을 통해 선거에 승리하거나 재신임을 받으면서 의회를 이끌어 가게 되었다. 트루먼은 루스벨트의 바로 뒤를 이은 대통령이었으므로 현대적 대통령의 특징을 공고히 한 측면이 있다. 루스벨트의 뉴딜(New Deal)에 이어 트루먼은 노동과 복지, 의료 등을 주축으로 한 페어딜(Fair Deal)을 주창하였다. 의회의 무능함을 전국적으로 설파하면서 1948년 본인의 대선까지 승리로 이끌었다. 또한 트루먼 독트린 선포, 국가 안보법 통과, 마샬 플랜 집행, 베를린 공수(空輸) 조치, 북대서양조약 체결 등을 통해 냉전 초기 국제주의를 지향한 미국 대통령 리더십을 구체화함으로써 미국이 전후 국제 질서를 전면 재편하는데 주도적 역할을 담당하기도 하였다.[11]

---

10 Greenstein, Fred I. ed. *Leadership in the Modern Presidency*. Cambridge: Harvard University Press, 1988.

11 Gaddis, John Lewis. *Strategies of Containment: A Critical Appraisal of Postwar American National Security Policy*. London: Oxford University Press, 1982; Hogan, Michael J. *The Marshall Plan: America, Britain, and the Reconstruction of Western Europe, 1947~1952*. Cambridge: Cambridge University Press,

중대 선거(critical elections) 이론에서 다루는 1932년 시스템 역시 현대적 대통령제 출발과 시기적으로 맞물린다. 트루먼 대통령은 1948년 한 번의 대통령 선거와 1946년 및 1950년 두 번의 중간 선거를 치른 바 있다. 1932년을 포함하여 루스벨트에게 네 차례 연속 대선 패배를 경험한 공화당은 전쟁 후유증을 쟁점화 하는 데 성공한 1946년 중간 선거에서 승리하였고 1948년 정권 탈환을 자신하게 되었다. 그런데 공화당 대선 후보로 나선 듀이(Dewey) 뉴욕 주지사는 공화당 고유의 정책 대안을 적극적으로 알리는 대신 트루먼, 월러스(Wallace), 써몬드(Thurmond) 세 명의 후보로 갈라진 민주당의 내분 상황에 편승하는 전략을 사용하였다. 현대적 대통령 시대를 갓 체험한 유권자들은 소극적 선거운동으로 일관한 듀이 대신 80대 의회(1947~1948)를 "식물 의회(Do—Nothing Congress)"라 적극 비판하며 대통령 리더십을 강조한 트루먼을 재신임하게 된다. 물론 현대적 대통령 트루먼 역시 루스벨트와 마찬가지로 대통령 소속당이 고전을 면치 못하는 중간 선거 징크스를 피하기는 어려웠다. 역사적으로 살펴보면 민주당과 공화당이 양당제를 구축하고 본격적인 경쟁을 시작했던 1862년 중간 선거 이후 2018년까지 치러진 40차례의 중간선거 결과 대통령 소속당이 의석을 잃은 경우는 36회다. 1902년, 1934년, 1998년, 2002년 중간선거만 예외다. 특히 1934

1987; Hogan, Michael J. A Cross of Iron: Harry S. *Truman and the Origins of National Security State, 1945~1954.* Cambridge: Cambridge University Press, 2000; Christensen, Thomas J. *Useful Adversaries: Grand Strategy, Domestic Mobilization, and Sino-American Conflict, 1947–1958.* Princeton: Princeton University Press, 1996.

년부터 2018년까지 치러진 중간선거에서 대통령 정당은 하원에서 평균 28석, 상원에서 평균 4석을 상실해 왔다. 1950년 10월 말 중국의 전면적인 한국 전쟁 개입 직후에 치러진 11월 중간 선거에서 트루먼 대통령이 속한 민주당은 하원에서 28석, 상원에서 5석을 상실하게 된다([그림 1] 참조).

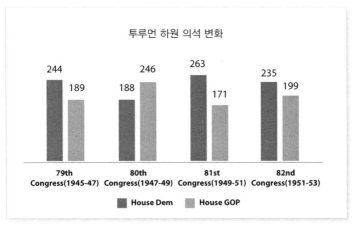

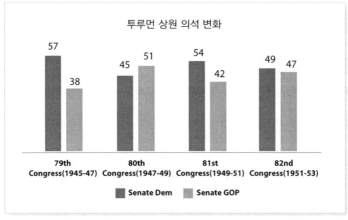

[그림 1] 트루먼 대통령 시기 미국 의회 정당 의석 변화(1945~1953)[12]

12   www.history.house.gov; www.senate.gov/history/partydiv.htm

선거로 인한 정치적 재편 못지않게 대통령이 만드는 정치와 그에 따른 체제(regime)를 중시한 스코우로넥(Skowronek)[13]은 역사적 주기성에 주목하였다. 트루먼 대통령은 루스벨트의 정치적 재편(reconstruction) 직후인 "표출(articulation) 시대"에 속하는 경우였다. "충실한 후계자(faithful sons)"로도 불리는 표출 시대 대통령들로는 잭슨(Andrew Jackson) 시대의 폴크(James Polk) 대통령, 뉴딜 시대의 존슨(Lyndon Johnson) 대통령, 그리고 레이건 혁명 시대의 아버지 부시(George H. W. Bush) 대통령을 꼽을 수 있다. 그런데 세계 대전 승리와 대공황 극복을 이끌며 미국 역사상 전무후무한 4선을 기록했던 루스벨트 대통령이 바꾸어 놓은 미국 정치는 단순한 재편 그 이상이었다. 건국의 아버지들이 설계했던 연방 정부의 권한 범위와 의미를 완전히 재(再)정의한 수준이었기 때문이다. 국가에 대한 새로운 이해의 시대가 국민 차원에서 열렸지만 루스벨트를 승계한 트루먼 대통령에게 남겨진 엘리트 차원의 정치적 논란은 여전하였다. 스코우로넥 역시 계파 간 갈등 상존을 표출 시대의 특징으로 꼽았다. 예컨대 1932년 대선 이후 연승을 거듭했던 민주당은 역설적으로 남부 그룹의 영향력 확대를 겪게 되었고 이는 트루먼 대통령의 의회-대통령 관계를 복잡하게 만들었다. 존슨이 1964년 선거 압승을 통해 "위대한 사회(Great Society)"로 명명된 대규모 복지 정책들을 실천에 옮긴데 비해 트루먼의 경우 1949년 1월 의회 연설을

---

13 Skowronek, Stephen. *The Politics Presidents Make: Leadership from John Adams to Bill Clinton*. Cambridge: Belknap Press, 1997.

통해 밝힌 "페어딜(Fair Deal)"에 대한 의회 지지가 비교적 취약했다. 전 국민 의료 보험 보장, 최저 임금 인상, 그리고 흑인 인권 신장 등을 포함한 8가지 제안으로 구성된 페어딜은 81대 의회(1949~1950) 종료 이전까지 주택, 과학, 연금 등 세 가지 영역의 입법으로 최종 마무리되었다. 적극적 정부 개념을 중심으로 한 새로운 정치 지형 하에서 트루먼 리더십이 보여준 성공과 실패는 국가 안보법(National Security Act of 1947) 통과로부터 민주당 대선 후보 난립에 이르기까지 실로 다양하다.

이처럼 복합적인 트루먼 대통령의 리더십은 미국 대통령 연구의 분기점이라 할 수 있는 뉴스태드(Richard Neustadt)[14]의 주요 주제이기도 했다. 트루먼과 아이젠하워 두 대통령에 대한 관찰 경험을 기초로 하여 뉴스태드는 미국 정치 시스템을 "권력 공유형 분립 제도(separated institutions sharing powers)"로 규정하고 미국 대통령의 권력을 "설득의 권력(power-to-persuade)"으로 이해한다. 예컨대 2차 대전 이후 유럽 경제를 부흥시키기 위한 대규모 원조 사업인 마샬 플랜(Marshall Plan)을 공화당 주도의 미국 의회가 통과시키도록 설득한 트루먼 리더십 분석을 통해 미국 대통령 권력의 속성을 협상 능력과 결부 짓고 있다. 달리 말해 근본적으로 미국 대통령은 약한 권력을 가지고 있지만 정치권의 평판과 일반 대중의 지지를 통해 설득 권력을 잘 활용한다면 성공한 대통령이 될 수 있다고 뉴스태드는 주장한다. 트루먼 대통령 시대를 활용

---

14 Neustadt, Richard E. *Presidential Power and the Modern Presidents*. New York: John Wiley and Sons, 1960.

한 뉴스태드의 연구는 미국 대통령제에 관한 법적이고 규범적인 접근에서 벗어나 권력 그 자체에 대한 이해를 시도했다는 점에서 높이 평가받는다. 반대로 대통령 연구를 개인화(personalized presidency) 작업으로 치환함으로써 사회과학적 연구가 발전되지 못하도록 막았다는 비판도 비등하다.

뉴스태드가 미국 대통령의 설득 권력에 대한 서술적 이해를 제시한 반면 실증적 분석을 시도한 크리블(Keith Krehbiel)[15]은 대통령의 거부권 행사 이후의 의회-대통령 관계를 세분화하는 방식을 택했다. 대통령이 거부권을 행사한 이후 의회가 이를 기각(override)하려는 과정에서 대통령 지지 입장을 유지하는 의원들(retention)과 대통령 지지로 입장을 바꾼 의원들(attraction)을 합하여 대통령의 설득 권력을 측정하였다. 크리블에 따르면 트루먼부터 아버지 부시까지 의원을 새롭게 설득한 대통령 권력은 −1부터 +1까지 범위에서 0.126에 해당된다. 다시 말해 의원 8명 중 1명을 대통령 편으로 새로 끌어들였다는 계산이다. 이 정도 설득 권력의 크기에 대한 해석은 물론 분분하다. 다만 뉴스태드가 역사적이고 관찰적 접근법으로 대통령의 권력을 설득 권력으로 규정하였다면 크리블은 이에 대한 이론적이고 실증적인 가설을 검증했다는 의미가 크다. 특히 트루먼의 경우 조사된 7명의 대통령 중 원래 대통령 쪽 유지 능력과 새로 대통령 쪽 영입 능력 모두 최하위를 기록한

---

15 Krehbiel, Keith. *Pivotal Politics: A Theory of U.S. Lawmaking.* Chicago: University of Chicago Press, 1998.

바 있다. 80대 의회 당시 노조의 권한을 제약하는 태프트-하틀리 법
안(Taft-Hartley Act of 1947)이나 82대 의회에서 공산당 활동을 규제하려고
했던 맥캐런 법안(McCarran Act of 1951)에 대해 트루먼은 노동 권한 및 표
현 자유를 보장하는 목적으로 거부권을 행사하였다. 하지만 두 의회 모
두 대통령의 거부권을 기각(override)하였다. 당시 남부 민주당이 공화당과
연합하여 만든 의회 내 표결 세력이 가진 위세의 결과였다. 〈표 1〉은 루
스벨트, 트루먼, 아이젠하워 당시의 대통령 정당 의회 의석 비율, 거부권
행사 및 기각 횟수, 그리고 거부권 성공 비율을 정리한 내용이다.

〈표 1〉 미국 대통령의 거부권 성공률 비교[16]

대통령	의회	대통령 소속당 하원 의석비율	대통령 소속당 상원 의석비율	거부권 행사 횟수	거부권 기각 횟수	거부권 성공률
루스벨트 (1932~ 1945)	73rd (1933~1934)	72.0%	61%	73	1	94.7%
	74th (1935~1936)	74%	72%	148	1	98.8%
	75th (1937~1938)	76.8%	79%	117	3	90.9%
	76th (1939~1940)	60.2%	72%	167	2	98.4%
	77th (1941~1942)	61.4%	69%	79	0	100%
	78th (1943~1944)	51.0%	59%	46	2	93.1%
	79th (1945~1946)	55.6%	59%	2	0	100%
루스벨트 거부권				*총 635회*	*총 9회*	*97.6%*

---

16 Peters, Gerhard, and Woolley, John T. "Presidential Vetoes." eds. John T. Woolley and Gerhard Peters. *The American Presidency Project*. Santa Barbara, CA: University of California, 1999~2021.

트루먼 (1945~ 1952)	79th (1945~1946)	55.6%	59%	74	0	100%
	80th (1947~1948)	43.2%	47%	75	6	85.7%
	81st (1949~1950)	60.5%	56%	79	3	95.7%
	82nd (1951~1952)	50.4%	51%	22	3	78.6%
트루먼 거부권				총 250회	총 12회	93.3%
아이젠하워 (1953~ 1960)	83rd (1953~1954)	50.8%	50%	52	0	100%
	84th (1955~1956)	46.7%	49%	34	0	100%
	85th (1957~1958)	46.2%	49%	51	0	100%
	86th (1959~1960)	35.2%	35%	44	2	90.9%
아이젠하워 거부권				총 181회	총 2회	97.3%

합리적 선택 이론에 기초하는 제도주의 학파 역시 트루먼 리더십에 대한 관심이 크다. 실제로 트루먼 대통령을 파악하기 위해 필수적인 루스벨트 시대의 혁신적 변화는 대통령 권력의 제도화(institutionalization)와도 관련이 깊다. 1939년에 설립된 대통령부(Executive Office of the President)는 대통령의 대권(prerogatives)을 효율성이라는 이름으로 형식적 절차에 가두는 결과도 초래할 수 있지만 전문가와 조력자로 구성된 체계는 대통령의 권력을 조직화하는 효과도 거두었다. 트루먼 시대에 국가안보회의(National Security Council)와 경제전문가협의회(Council of Economic Advisors)를 신설하여 대통령부(EOP) 산하에 둘 때에도 대통령 권력 제도화의 양면성이 문제였다. 트루먼은 국무부의 "양복쟁이들(striped pants boys)"이 자신의 대외 정책을 제대로 실천하지 못한다고

불평한 적도 있다.[17] 마지막으로 트루먼의 성격은 적극적-긍정적으로 보통 분류되기도 하지만 적극적-부정적이었다는 주장도 공존한다.[18] 트루먼 전기 작가이자 역사학자인 햄비(Alonzo Hamby)[19]에 따르면 트루먼은 부단히 긍정적 이미지 만들기에 애썼으며 자신의 한계 또한 잘 알고 있었다고 한다. 트루먼 대통령의 성공에 대한 평가가 가능하다면 그것은 대통령으로서의 책임감을 이행하려는 성격과 부단한 노력의 결과라는 것이 그의 설명이다.

3. 한국 전쟁과 트루먼 대통령, 그리고 리더십 딜레마

1) 전쟁과 동맹의 정치학: 트루먼과 국제 정치

사실 기존의 한미 관계 연구는 주로 동맹 차원에 집중되어 왔고 연구 성과 역시 적지 않다. 동맹(alliance)이라는 고전적 국제관계 행태는 국제 정치 이론가들이 오랫동안 주목해 온 핵심 주제중 하나이다.

---

17   Goldgeier, James, and Saunders, Elizabeth N. "The Unconstrained Presidency: Checks and Balances Ended Long Before Trump", *Foreign Affairs* 97(5), 2018, pp. 144~156.

18   Barber, James David. *The Presidential Character: Predicting Performance in the White House*. New York: Prentice Hall, 1972.

19   Hamby, Alonzo. "Harry S. Truman: Insecurity and Responsibility", ed. Greenstein, Fred I. *Leadership in the Modern Presidency*. Cambridge: Harvard University Press, 1988.

국제 정치 연구 분야에서 가장 이론적 발전이 덜 이루어져 있다는 스나이더(Glen H. Snyder)[20]의 지적에도 불구하고 동맹의 기원과 유지, 그리고 붕괴에 관한 분석들은 현실주의(realism), 자유주의(liberalism), 구성주의(constructivism) 등 다양한 시각을 기초로 현재도 논쟁을 이어가고 있다.[21] 전후 미국이 주도한 아시아 지역 동맹의 특성에 대한 연구들도 매우 풍부하다. 북대서양조약기구(NATO)로 대표되는 다자 참여 방식의 유럽식 동맹 질서와 대비되는 아시아 지역 고유의 중층적 양자(bilateral) 동맹 구조에 관한 분석 결과도 많이 쌓여있다. 이들은 주로 아시아 지역의 역사적-정치적 특성과 더불어 미국의 전략적 선택에 초점을 맞추고 있다.[22]

또한 국가의 기초적 목적인 안보 유지를 위한 국제 관계는 국가 간 인식 및 전략에 파급 효과를 가지게 된다. 특히 양자 동맹(bilateral alliance)을 통해 군사적 파트너십이 형성된 두 나라의 경우는 더욱 그러하다. 예를 들어 안보-경제 연결 논거(security-trade nexus)에 따르면 동

20　Snyder, Glen H. "Alliance Theory: a Neorealist First-cut", *Journal of International Affairs* 44(1), 1990, pp. 103~123.

21　Waltz, Kenneth N. *Theory of International Politics*. Waveland Press, 1979; Walt, Stephen M. *The Origins of Alliances*. Ithaca, NY: Cornell University Press, 1987; Mearsheimer, John. J. *The Tragedy of Great Power Politics*. New York: Norton, 2001; Posen, Barry R. *Restraint: A New Foundation for US Grand Strategy*. Ithaca: Cornell University Press, 2014.

22　Cha. Victor D. *Alignment Despite Antagonism: The US-Korea-Japan Security Triangle*. Stanford: Stanford University Press, 1999; Yeo, Andrew. *Asia's Regional Architecture: Alliance and Institutions in the Pacific Century*. Stanford: Stanford University Press, 2019.

맹 관계인 나라끼리는 교역 관계 역시 활성화된다. 통상 이슈를 다루는 두 나라의 정당과 의회에서 여타 비(非)동맹 국가들에 비해 보다 우호적으로 동맹 국가를 대우하는 초당파적 경향이 나타나기 때문이다.[23] 때때로 동맹 관계와 정당 정치의 상호 연결은 무역 증진 같은 긍정적 효과에만 국한되지는 않는다. 1970년대 후반 워싱턴 정가를 뒤흔든 코리아게이트(Koreagate)는 동맹국 한국이 미국 의회 의원들에 대한 영향력을 높이기 위해 벌인 대형 스캔들이었다.[24]

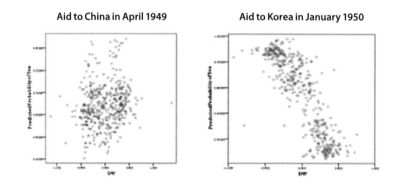

Aid to China in April 1949   **Aid to Korea in January 1950**

Note: DW-NOMLATE Scores, from -1(liberal) to +1 (conservative)

[그림 2] 중국(국민당)과 한국 원조 관련 미국 정당 정치의 변화[25]

---

23   Gowa, Joan. *Allies, Adversaries, and International Trade.* Princeton: Princeton University Press, 1994; Bliss, Harry, and Russett, Bruce. "Democratic Trading Partners: The Liberal Connection, 1962~1989", *Journal of Politics* 60(4), 1998, pp. 1126~1147; Seo, Jungkun. "Security Ties or Electoral Connections? The US Congress and the Korea–US Free Trade Agreement, 2007~2011", *International Relations of the Asia-Pacific* 15(2), 2015, pp. 217~243.

24   Boettcher, Robert. *Gifts of Deceit: Sun Myung Moon, Tongsun Park, and the Korean Scandal.* New York: Holt, Rinehart and Winston, 1980.

25   CQ Almanac. 저자 분석

1950년 1월 한국에 대한 미국 의회의 원조 결정 과정은 동맹이 맺어지기 전 한미 관계가 당파적 경쟁의 수단으로 사용된 사례로 종종 인용된다. 2차 세계 대전 종결 이후 치러진 1946년 중간 선거에서 미국 국민들은 공화당을 상하원 다수당으로 선택하였다. 미국의 해외 문제 개입이 "이제 그만하면 충분(enough is enough)"하다며 미국의 전통적 비 (非)개입주의로 회귀하려는 성향을 드러낸 투표 결과였다. 하지만 1949년에 진행된 일련의 국제 정세 변화, 즉 북대서양조약기구(NATO) 창설, 소련의 핵실험 성공, 그리고 중국의 공산화 등으로 인해 1차 세계 대전 이후와 같은 미국의 고립주의 복귀는 현실적으로 어려워졌다. 특히 유엔(UN) 헌장 승인을 통해 유엔 가입을 통과시킨 1945년 7월 28일 미국 상원의 89명 찬성 2명 반대 표결 결과는 미국의 국제 사회 리더 역할에 대한 초당파적 합의를 상징하였다. [그림 2]의 왼쪽이 보여주듯이 장개석 정부를 위한 중국 원조는 미국 의회 내에서 이념적 대립이 아닌 초당파적 합의에 가까웠다. 반대로 오른쪽 그림은 1950년 1월에 진행된 한국 원조 표결 결과로서 공화당은 반대, 민주당은 찬성이라는 당파적 현상을 드러낸다. 당시 뉴욕 타임스는 이에 대해 2차 대전 종결 이후 급속히 조성되었던 초당파적 외교가 처음으로 허물어진 중요 정치적 사건으로 보도한 바 있다.

이처럼 전쟁과 정치 혹은 동맹 관계와 국내 정치 간의 상관성을 체계적으로 분석하는 작업은 더 심층적인 연구를 필요로 한다.[26] 동맹 이

26　권용립. 『미국 외교의 역사』. 서울: 도서출판 삼인, 2010.

론(alliance theory) 자체가 국제 정치 학자들에 의해 주로 다루어진 분야인데다가 냉전 이후 미국을 중심으로 한 동맹 질서 재편이 여전히 현재 진행형이었기 때문으로 풀이된다. 동맹과 정치를 연결해 분석한 전형적 연구로는 개디스(John Lewis Gaddis)[27]를 꼽을 수 있다. 예컨대 트루먼(Truman) 대통령의 "봉쇄정책(containment)"으로부터 레이건(Reagan) 행정부의 "복구정책(roll-back)"에 이르는 냉전 시기 미국 대(大)전략(American grand strategy)에 대해 국내 정치 상황을 대입하여 해석한 작업이었다. 한국 전쟁과 한미 동맹을 둘러싼 정치 과정과 제도 역시 미국 정치의 다양한 요소들, 즉 대통령, 의회, 정당, 선거, 이익 단체, 여론 등의 시각에서 살펴보아야 한다. 그중에서도 특히 대통령의 의회-정당 관련 리더십은 미국 민주주의와 대외 정책을 아우르는 핵심 변수다.

실제로 전쟁만큼 그 진행 과정에 따라 대통령이 주도하는 국내 정치와 다양한 영향을 주고받는 국제 관계도 드물다. 보통 전쟁이 시작되는 시점에서는 국내의 정치적 갈등이 최소화되는 경향이 있다. 외부의 공통 적을 두고 국내의 갈등과 경쟁은 줄어들기 마련이다. 이후 신속한 전쟁 승리가 뒤따른다면 전쟁을 지휘하고 주도한 정치 세력이 커다란 이득을 본다. 하지만 전쟁에서 패하거나 혹은 승패 없이 종결이 지연된다면 국내적 반발이 늘어나고 정부와 여당에 커다란 부담이 된다. 대통령을 둘러싼 정당 정치의 초당파적 상황과 당파적 상황이 복합

27　Gaddis, John Lewis. *Strategies of Containment: A Critical Appraisal of Postwar American National Security Policy*. London: Oxford University Press, 1982.

적으로 발생하는 셈이다. 뮬러(John Mueller)[28]가 처음 제시한 결집 효과 (rally-around-the-effect) 개념은 이후 전쟁 초기 초당파적 현상을 설명하는데 자주 사용되고 있다. 반면 전쟁이 전개되면서 초래되는 국내의 다양한 정치적 갈등과 협력은 그 기원과 과정, 영향에 대해 보다 풍부한 연구를 필요로 한다.

2) 트루먼 대통령과 의회-정당 관계: 리더인가, 투사인가?

트루먼은 1948년 재선이자 자신의 첫 대선에 극적으로 성공하였지만 그 이듬해인 1949년 두 차례 연속적인 국제 위기를 맞게 된다. 1949년 8월에 소련이 핵실험에 성공하여 핵보유국이 되었는데 이는 전문가들의 예상을 뛰어넘는 속도였다. 10월에는 마오가 이끄는 공산 세력이 중국 본토 점령을 선언하였고 미국의 조야가 지원했던 장개석과 국민당은 포모나(이후 대만)로 쫓겨나게 되었다. 1948년 대통령 선거 과정에서 공화당 후보 듀이(Dewey)가 민주당과 대동소이한 정책을 추진하려던 소위 "동감(me-tooism)" 전략에 대해 이를 치명적 실수로 규정한 후 태프트(Taft) 의원은 1952년 선거를 염두에 두고 당을 재정비 중이었다. 중서부 중심의 비(非)개입주의 세력 리더였던 태프트(Taft) 입장에서는 대외 정책 분야에서 반격 소재가 등장한 셈이었다. 여기에 1950년 6월 한국 전쟁이 발발하면서 루스벨트가 2차 대전과 대공황을 지나며 확립한 듯 보였던 민주당 전성시대에 허점들이 드러나기 시작했다. 뉴딜을

---

28   Mueller, John. *War, Presidents, and Public Opinion.* New York: Wiley, 1973.

계승한 페어딜을 통해 적극적 정부의 효용을 유지하였고 80대 의회를 식물 의회라 조롱하며 전개한 선거운동에도 승리함으로써 트루먼은 루스벨트가 개창한 '현대 대통령제(modern presidency)' 기반을 확실히 다지는 것으로 보였다. 하지만 대외적으로는 한국 전쟁, 그리고 대내적으로는 반공주의라고 하는 새로운 정치적 논란이 발생하면서 트루먼은 결과를 중시하는 리더십과 원칙을 고수하는 리더십 사이에서 정치적 고민을 거듭하게 된다.

우선 한국 전쟁을 둘러싼 트루먼 대통령의 리더십 가운데 과정보다는 결과에 치중한 대표적 사례로는 전쟁 선포와 관련한 헌정(憲政) 논란 극복을 꼽을 수 있다.[29] 잘 알려진 대로 영국과 프랑스를 위시한 당시 유럽 열강들의 각축전 틈새에서 국가의 생존 자체를 당면 과제로 여겼던 미국 건국의 아버지들은 전쟁 선포에 관한 권한을 의회에 부여하였다. 매디슨 민주주의(Madisonian democracy)로 종종 표현되는 "견제와 균형(checks and balances)" 원리를 전쟁이라는 국가의 가장 중요한 결정에 적용하는 방식이었다. 즉, 전쟁 개시와 종결을 1인의 권력에 집중하는 영국 방식을 거부했고 동시에 전쟁과 관련된 행정부의 효율성을 무시하고 정서적 반응에 치우치는 의회 권력에 전쟁을 복속시켰던 연합 헌장(Articles of Confederation) 방식 역시 배제하였다. 그 결과 전쟁 선포 권한을 의회에 부여하는 대신 전쟁 수행과 관련하여 대통령을 최고 군 통수권자로 정함으로써 헌법 제정 당시의 정치적 딜레마를 해결

---

29   이우진. 「한국전쟁과 미국의회」, 『한국정치외교사논총』 5, 1989, pp. 95~117.

하고자 하였다. 이후 미국 역사에서 의회가 전쟁을 선포한 경우는 총 5차례인데 1812년 영국과의 전쟁, 1846년 멕시코와의 전쟁, 1898년 스페인과의 전쟁, 그리고 1차와 2차에 걸친 세계 대전이 해당된다. 그런데 2차 대전 이후 그 규모에 있어 국지적인 성격을 가진 소위 "제한적 전쟁(limited war)"이었고 미국과 소련 간 냉전 시대에 이들을 대신하여 일어난 "대리전쟁(proxy war)"으로서의 의미가 컸던 한국 전쟁 당시에 미국 의회가 역사상 최초로 전쟁 선포를 하지 않게 된다.

한국 전쟁 개시 당시의 미국 정치 상황을 살펴보면 미국 헌정사에 유례가 없던 의회의 전쟁 선포 유예 사태를 이해하는데 도움이 된다. 휴가 차 미주리 고향을 방문 중이던 트루먼은 미국 시간으로 6월 24일 토요일 밤 11시 20분에 애치슨 국무장관으로부터 한국 전쟁 발발을 보고 받게 된다. 6월 26일 월요일부터 미국 상원은 한국 전쟁 관련 논의에 착수하였고 트루먼 대통령은 상원 외교위원장 코넬리 상원 의원(D-TX)에게 의회의 전쟁 선포 요청과 관련한 자문을 구하게 된다. 블룸스테드(Larry Blomstedt)[30]의 연구에 따르면 "집에 괴한이 침입하면 경찰서에 가서 허락을 먼저 구할 필요 없이 괴한을 총으로 쏠 수 있다"는 코넬리 의원의 답변을 얻은 트루먼은 개전 초기 의회와 언론 할 것 없이 모두 미국의 적극적인 개입을 지지하고 나서는 분위기에 고무된다. 당시 상원 공화당 지도자였던 태프트(Taft, R-OH) 상원 의원이 거의 유

---

30 Blomstedt, Larry. *Truman, Congress, and Korea: The Politics of America's First Undeclared War.* Lexington: The University Press of Kentucky, 2016.

일한 비판자였는데 그는 헌법뿐만 아니라 1945년에 통과된 유엔 참여법(UN Participation Act)까지 원용하였다.[31] 미국이 유엔의 군사 작전에 동참하기 위해서는 의회의 승인을 거쳐야 한다는 조항을 근거로 트루먼 대통령의 유엔 동원 논리를 공격하였다.

트루먼 대통령은 전쟁 발발 닷새만인 6월 29일에 정식 기자회견을 통해 한국 전쟁 관련 대통령 입장을 밝히게 된다. 이 자리에서 미국은 전쟁 중인가, 아닌가에 대한 기자들의 쏟아지는 질문에 트루먼은 "미국은 전쟁 중이 아니다"는 답변을 내놓게 된다. 특히 "노상강도(bandit raid)"와 "경찰력 사용(police action)"이라는 표현을 사용하였는데 이후 전쟁이 길어지면서 불만의 표적이 되기도 하였다. 그럼에도 불구하고 급박한 전쟁 개시 상황 가운데 미국 국내의 제도적 논란 및 국민적 정서를 전략적으로 우회함으로써 냉전 초기 자유주의 리더 국가 미국의 군사적 방어와 관련한 대외 신뢰도를 높인 점은 지금도 평가할 만하다. [그림 3] 역시 전쟁 초기에는 트루먼의 군사력 사용에 대한 국민들 지지가 압도적으로 높았음을 보여 준다.

---

31   최철영, 「미국의 UN 참여법과 미군의 6·25 전쟁 참전의 합법성 문제」, 『미국헌법연구』 21(3), 2010, pp. 137~167.

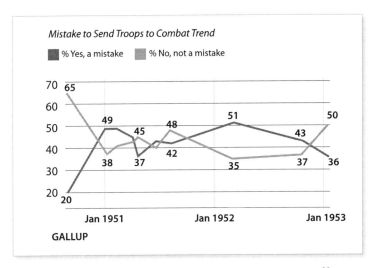

Mistake to Send Troops to Combat Trend

■ % Yes, a mistake   ■ % No, not a mistake

GALLUP

[그림 3] 한국 전쟁에 관한 미국 국민들의 찬반 변화 추세[32]

재임 기간 동안 통과된 미국 수정 헌법 22조에도 불구하고 현직 대통령 유예 조항 덕분에 적어도 이론상 트루먼은 1952년 대통령 선거에 다시 출마할 수 있었다. 하지만 출마를 포기하게 된 배경에는 이후 대선 과정에서 철저히 경쟁자 스티븐슨(Adlai Stevenson) 주지사를 무시하고 현직 대통령 공격에 치중했던 아이젠하워 공화당 후보의 슬로건처럼 "K1C2(Korea, Communism and Corruption)" 이슈가 크게 자리잡고 있었다. 끝이 나지 않는 한국 전쟁과 트루먼 행정부의 부패 문제, 그리고 국무부를 잠식하고 있다는 공산주의자들 관련 주장은 1932년 이래 20년 만에 처음으로 공화당에게 손쉬운 대선 승리를 안겨 주었다. 이처럼 한국 전쟁이 트루먼 대통령의 정치적 발목을 잡게 된 이유로는 물

---

32   https://news.gallup.com/opinion/polling-matters/169589/korea-years-later.
aspx

론 첫 1년 이후 전쟁의 승부를 가리지 못하고 38선을 유지한 채 지속적인 사상자만 발생하게 된 것이 가장 크다. 하지만 한국 전쟁의 진행 중에 트루먼 대통령이 첨예하게 직면하였던 원칙 고수의 리더십 딜레마역시 인기 추락에 원인을 제공하였다. 1950년 한국 전쟁이 발발하자마자 즉각적인 군사력 개입으로 소련과의 충돌을 불사하였지만 1945년 맨해튼 프로젝트(Manhattan Project)에 따른 원자 폭탄 투여 결정은 트루먼으로 하여금 3차 세계 대전까지는 절대 일어나서는 안된다는 정치적 신념을 가지도록 만들었다.

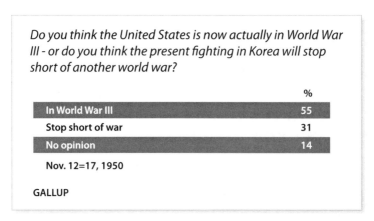

[그림 4] 미국 여론 조사 결과: 한국 전쟁은 3차 대전인가?[33]

[그림 4]는 당시 갤럽(Gallup) 조사인데 과반이 넘는 미국 국민들이 한국 전쟁을 3차 대전 개시로 인식하고 있었다는 결과를 보여준다. 따라서 공화당원이자 국민의 존경을 한 몸에 받던 맥아더 사령관을 1951

---

33   https://news.gallup.com/opinion/polling-matters/169589/korea-years-later.aspx

년 4월 전격 해임한 배경에는 원자 폭탄을 사용하여 중공을 타도함으로써 한국 전쟁 승리를 강력하게 요구하였던 장군(general)과 대통령(president)의 정치적 대립이 크게 작용하였다. 사실 국무부 자문 역할을 하던 공화당 출신 덜레스(John Foster Dulles)는 한국 전쟁 초기 연속적인 판단 착오를 범했던 맥아더 장군을 본국에 소환하도록 트루먼에게 건의한 바도 있다. 트루먼 역시 냉전 초기에 밴덴버그 공화당 상원 의원과 어렵사리 만들었던 초당파적 외교 정책 분위기가 맥아더를 해임하면 완전히 깨질 것이라는 점을 잘 알고 있었다. 공화당 협조라는 정치적 편리보다 3차 대전 반대라는 원칙적 리더십을 고수했던 트루먼을 상징하는 순간이기도 하였다.

소련과의 공존을 주장했던 전임 부통령 월러스(Henry Wallace)가 1948년 대선에 출마하기도 했던 미국 정치 분위기는 한국 전쟁의 해인 1950년에 일련의 사건과 상황으로 인해 크게 바뀌게 된다. 1월에는 전직 국무부 관료 히스(Alger Hiss)가 소련을 위한 간첩 활동 혐의로 기소되었고 2월에는 위스콘신 출신 초선이자 무명 상원 의원이었던 맥카시(Joseph McCarthy)가 국무부 내에 공산주의 공조자 205명의 명단을 가지고 있다는 폭탄 발언을 하게 된다. 한국 전쟁 발발 이후인 9월에는 같은 민주당 내의 보수 강경 의원이었던 맥캐런(Pat McCarran, D-NV) 상원 법사위원장이 국가보안법(Internal Security Act of 1950)을 주도하게 된다. 공산주의자들은 법무부에 등록해야 하며 법무부는 이들의 자금 상황을 추적해야 한다. 게다가 연방 정부와 국방 산업체는 공산주의자들을 고용하면 안 된다는 내용을 담고 있었다.

이러한 반공주의 광풍 가운데 트루먼 대통령은 특히 맥캐런 주도의 국가보안법에 대해 "수정 헌법 1조에 대한 농락"이라며 강하게 비판하였고 정치적 어려움을 무릅쓴 채 법률안 거부권을 행사하게 된다. 이에 대해 미국 의회는 하원 286-48, 상원 57-10의 압도적 표 차이로 트루먼의 거부권을 기각(override)하는데 이후 법원의 판결로 인해 맥캐런 법안의 상당 부분이 위헌 판결을 받게 된다. 1948년 대통령 선거 당시 군대 내 흑인에 대한 차별 금지 행정 명령, 1949년 노동조합의 활동을 제약하는 태프트-하틀리(Taft-Hartley) 법안에 대한 거부권 행사에 이어 1950년 이념적 자유에 따른 정치적 활동을 금지하는 맥캐런 법안을 놓고 또 다시 거부권을 발동했던 트루먼 대통령은 신념과 원칙의 리더십에 충실하였다. 형식적인 초당파적 리더십 유지보다는 당파적 리더십을 발휘해서라도 초당파적 국가 정체성을 위해 노력한 대통령으로 기억될 수 있을 것이다.

4. 소결

본 연구는 한국 전쟁을 둘러싼 미국 정치 맥락에서 의회-대통령 관계를 살펴봄으로써 트루먼 대통령의 초당파적 리더십에 대한 역사적 탐색을 시도해 보았다. 결론적으로 트루먼 리더십은 다양한 차원에서 시사점을 던져 준다. [그림 5]에서 알 수 있듯이 트루먼은 당대에 인기를 얻고 퇴임한 대통령이라 보기는 어렵다. 양극화를 더욱 심화시킨 트럼프 대통령이나 이라크 전쟁 실패와 금융 위기 초래가 겹쳤던 아들 부시 대통령의 퇴임 지지율보다는 양호하다. 하지만 국내외적으로 미국의 자존심을 크게 구겼다고 평가받는 카터 대통령보다도 낮은 지지율 보였다. 오신스키(David M. Oshinsky)[34]는 특히 한국 전쟁과 매카시즘이 트루먼 대통령에게 큰 타격을 가했다고 주장할 정도다. 더구나 이후 세대에서 높아진 평가 경향과 달리 오프너(Arnold Offner)[35]는 트루먼 리더십에 대해 비판적인 입장을 취한다. 트루먼의 편협성, 불안증, 즉흥적인 결정 태도, 그리고 흑백 및 선악 논리로 세상을 보는 성향 등으로 인해 2차 대전 직후의 세계와 미국이 더 나은 방향으로 발전할 수 있었던 가능성이 막혀 버렸다고 본다. 전략적 미세 조정이 절실하게 필요했던 시기에 트루먼의 단순한 리더십 성향은 전혀 맞지 않았다고 오프너는 분석한다.

34 Oshinsky, David M. "Harry S. Truman", ed. Alan Brinkley and David Dyer. *The American Presidency*. New York: Houghton Mifflin Company, 2004.

35 Offner, Arnold A. *Another Such Victory: President Truman and the Cold War, 1945-1953*. Stanford: Stanford University Press, 2002.

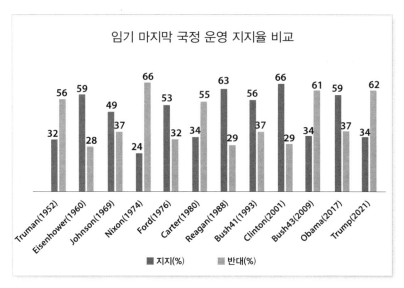

[그림 5] 임기 말 미국 대통령의 국정 운영 지지율 비교[36]

하지만 잘 알려진 대로 트루먼 대통령은 투사(fighter)와 리더(leader) 두 가지 차원에서 이후 세대의 시민들과 전문가들에 의해 퇴임 당시보다 훨씬 더 나아진 평가를 받게 된다. 우선 당시로서는 파격이었던 군대 내 흑인 인권 보장, 의회를 "식물 의회"라 비판하며 국민들의 공감을 얻어낸 선거 전략, 3차 세계 대전 발발을 막기 위해 맥아더 장군을 파면한 담대한 결정 등은 원칙을 지키기 위한 싸움꾼으로서의 대통령 이미지를 만들어 냈다. 동시에 유럽 원조 정책(Marshall Plan)이 의회를 통과할 때 그 가능성을 높이기 위해 자신의 이름이 아닌 국무 장관 이름을 전면에 내걸도록 한 정치적 유연성, 공산주의 침략에 맞서기 위해 한국 전쟁에 참전하면서 정치적 논란을 피하기 위해 결정한 의회 우회

---

36 Gallup, 저자 정리

시도, 그리고 백악관 집무실 책상 위에 모든 책임은 대통령이 진다는 문구를 두어 늘 상기했던 태도 등은 실용적이면서 결과를 중시하는 지도자로서의 위상을 높인 바 있다.

돌이켜 보면 한국 이슈가 미국의 대선 후보에 의해 쟁점화된 사례는 "한국을 가겠다(I shall go to Korea)"던 1952년 선거 당시 아이젠하워 공화당 후보 이래 2016년 대통령 선거가 처음이다. 잘 알려진 대로 트럼프 후보는 주한 미군 방위비 분담금 증액을 요구하고 한미자유무역협정 재협상을 공약하였다. 물론 1950년 한국 전쟁 이래 지난 70년 동안 한국이 미국 정치의 주요 의제가 된 적이 없지는 않았다. 1976년 코리아게이트(Koreagate)라 불린 미국 하원 의원들의 수뢰 혐의 스캔들, 같은 해 민주당 대선 후보 카터(Carter) 주지사가 제안한 주한 미군 철수, 1988년 게파트(Gephardt) 민주당 상원 의원이 "현대(Hyundai spot)"라는 별칭의 선거 동영상을 발판으로 아이오와 코커스에서 승리한 경우 등을 꼽을 수 있다. 하지만 2016년 대선 당시 트럼프처럼 안보부터 통상까지 전방위적으로 한국 문제에 시비를 걸었던 사례는 흔치 않다.

그렇다면 한국 문제가 미국 정치 및 대선의 주요 쟁점 중 하나로 다시 등장한 의미는 무엇일까? 첫째, 한국과 미국과의 관계에 대해 미국 내에서 새로운 시각과 관심이 제기되었다는 측면을 생각해 볼 수 있다. 이를 두고 트럼프의 돌발 행동으로만 치부할 수 없는 이유는 냉전 종식과 이라크 전쟁 실패 이후 미국의 국제 질서 역할에 대한 재검토 작업이 미국 내부에서 본격화되었기 때문이다. 둘째, 지난 70년 시기 동안 한미 관계에 대한 심층적인 이해와 분석이 충분치 않았던 점을 꼽을 수 있다. 1953년 한미상호방위조약(US-Korea Mutual Defense Treaty) 체결 이래 동맹(alliance)이라는 두 국가의 관계 규정 개념은 한국과 미국이 서로에 대해 냉정하게 이해하고 분석해야 할 동기와 필요성을 오히려 감소시켜 왔다. 북한의 안보 위협에 대응하는 군사적 파트너십은 정치, 경제, 문화 등 양국 관계의 다양한 측면조차도 한미 동맹 강화 범주를 넘어서지 못하도록 제약해 온 측면까지 있다.

국제 질서 환경과 국가 내부 성격이 달라지면서 대외 정책도 변할 수밖에 없다. 2차 대전 당시의 미국과 냉전 초기의 미국, 베트남 전쟁 패배 이후의 미국과 냉전 절정기의 미국, 냉전 종식 후의 미국과 이라크 전쟁 실패 이후의 미국은 같다고 보기 어렵다. 1954년 1월 26일 찬성 81표, 반대 6표로 미국 상원에서 한미상호방위조약이 통과되고 아이젠하워 대통령이 1월 29일 서명한 이후 70년이 되어 가는 현재 미국은 한미 관계에 있어서 어떤 미국일까? 지난 반세기가 훨씬 넘도록 동맹 관계라는 큰 울타리 안에서 벌어진 한국과 미국 간의 크고 작은 변화들에 대해 미국 정치 시각에서 살펴보지 않고서는 현재의 미국을 제대로 이해하기 어렵다. 사실 동맹의 상대방이 70년 동안 같은 국가 성격(state characteristics)을 유지해 왔다고 믿는 것은 동맹의 미래에 오히려 해가 될 수 있다. "미국은 우리에게 무엇인가?"라는 고전적 질문에 대한 현재의 해답은 미국의 역사 흐름과 현실 정치의 변화에서 찾아보아야 한다. 한국 전쟁의 시작과 대부분의 진행 당시 대통령으로서 미국 리더십을 발휘하였던 트루먼의 성공과 실패 사례를 이해하는 일이야말로 이를 위한 중요한 첫 걸음이라 하겠다.

참고 문헌

권용립. 『미국 외교의 역사』. 서울: 도서출판 삼인, 2010.

백창재. 『미국 정치 연구』. 서울: 사회평론아카데미, 2020.

서정건. 『미국 정치가 국제 이슈를 만날 때: 정쟁은 외교 앞에서 사라지는가 아니면 시작하는가』. 서울: 서강학술총서, 2019.

이우진. 「한국전쟁과 미국의회」, 『한국정치외교사논총』 5, 1989, pp. 95~117.

최철영. 「미국의 UN 참여법과 미군의 6 · 25 전쟁 참전의 합법성 문제」, 『미국헌법연구』 21(3), 2010, pp. 137~167.

Babcock, Charles. "Koreagate: Bringing Forth a Mouse, But an Honest One", *The Washington Post* Oct 9, 1978.

Barber, James David. *The Presidential Character: Predicting Performance in the White House.* New York: Prentice Hall, 1972.

Bliss, Harry, and Russett, Bruce. "Democratic Trading Partners: The Liberal Connection, 1962-1989", *Journal of Politics* 60(4), 1998, pp. 1126~1147.

Blomstedt, Larry. *Truman, Congress, and Korea: The Politics of America's First Undeclared War.* Lexington: The University Press of Kentucky, 2016.

Boettcher, Robert. *Gifts of Deceit: Sun Myung Moon, Tongsun Park, and the Korean Scandal.* New York: Holt, Rinehart and Winston, 1980.

Brady, David W. *Critical Elections and Congressional Policy Making.* Stanford: Stanford University Press, 1988.

Burnham, Walter Dean. *Critical Elections and the Mainsprings of American Politics.* New York: Norton, 1970.

Cha. Victor D. *Alignment Despite Antagonism: The US-Korea-Japan Security Triangle.*

Stanford: Stanford University Press, 1999.

Christensen, Thomas J. *Useful Adversaries: Grand Strategy, Domestic Mobilization, and Sino-American Conflict, 1947-1958*. Princeton: Princeton University Press, 1996.

Gaddis, John Lewis. *Strategies of Containment: A Critical Appraisal of Postwar American National Security Policy*. London: Oxford University Press, 1982.

Galvin, Daniel J. *Presidential Party Building. Dwight D. Eisenhower to George W. Bush*. Princeton: Princeton University Press, 2010.

Goldgeier, James, and Saunders, Elizabeth N. "The Unconstrained Presidency: Checks and Balances Ended Long Before Trump", *Foreign Affairs* 97(5), 2018, pp. 144~156.

Gowa, Joan. Allies, *Adversaries, and International Trade*. Princeton: Princeton University Press, 1994.

Greenstein, Fred I. ed. *Leadership in the Modern Presidency*. Cambridge: Harvard University Press, 1988.

Hamby, Alonzo. "Harry S. Truman: Insecurity and Responsibility", ed. Greenstein, Fred I. *Leadership in the Modern Presidency*. Cambridge: Harvard University Press, 1988.

Hogan, Michael J. *A Cross of Iron: Harry S. Truman and the Origins of National Security State, 1945~1954*. Cambridge: Cambridge University Press, 2000.

Hogan, Michael J. *The Marshall Plan: America, Britain, and the Reconstruction of Western Europe, 1947~1952*. Cambridge: Cambridge University Press, 1987.

Howell, William G. *Power without Persuasion: The Politics of Direct Presidential Action*. Princeton, NJ: Princeton University Press, 2003.

Howell, William G., and Moe, Terry M. *Relic: How Our Constitution Undermines Effective Government- and Why We Need a More Powerful Presidency*. New York: Basic Books, 2016.

Key, V. O. Jr. "A Theory of Critical Elections", *Journal of Politics* 17(1), 1955, pp. 3~18.

Krehbiel, Keith. *Pivotal Politics: A Theory of U.S. Lawmaking.* Chicago: University of Chicago Press, 1998.

Mearsheimer, John. J. *The Tragedy of Great Power Politics.* New York: Norton, 2001.

Milkis, Sidney M. *The President and the Parties: The Transformation of the American Party System Since the New Deal.* New York: Oxford University Press, 1993.

Milkis, Sidney M., and Rhodes, Jesse H. "George W. Bush, the Republican Party, and the New American Party System", *Perspectives on Politics* 5(3), 2007, pp. 461~488.

Moe, Terry M. "The Revolution in Presidential Studies", *Presidential Studies Quarterly* 39(4), 2009, pp. 701~724.

Mueller, John. *War, Presidents, and Public Opinion.* New York: Wiley, 1973.

Neustadt, Richard E. *Presidential Power and the Modern Presidents.* New York: John Wiley and Sons, 1960.

Offner, Arnold A. *Another Such Victory: President Truman and the Cold War, 1945~1953.* Stanford: Stanford University Press, 2002.

Oshinsky, David M. "Harry S. Truman", ed. Alan Brinkley and David Dyer. *The American Presidency.* New York: Houghton Mifflin Company, 2004.

Posen, Barry R. *Restraint: A New Foundation for US Grand Strategy.* Ithaca: Cornell University Press, 2014.

Risen, James. "Hyundai TV Ad Boosts Gephardt", *Los Angeles Times* Mar 2, 1988.

Seo, Jungkun. "Security Ties or Electoral Connections? The US Congress and the Korea-US Free Trade Agreement, 2007~2011", *International Relations of the Asia-Pacific* 15(2), 2015, pp. 217~243.

Skowronek, Stephen. "The Conservative Insurgency and Presidential Power: A Developmental Perspective on the Unitary Executive", *The Harvard Law Review* 122(8), 2009, pp. 2070~2103.

Skowronek, Stephen. *The Politics Presidents Make: Leadership from John Adams to Bill Clinton.* Cambridge: Belknap Press, 1997.

Snyder, Glen H. "Alliance Theory: a Neorealist First-cut", *Journal of International*

Affairs 44(1), 1990, pp. 103~123.

Suhrke, Astri, and Morrison, Charles E. "Carter and Korea: The Difficulties of Disengagement", *The World Today* 33(10), 1977, pp. 366~375.

Valelly, Richard M., Mettler, Suzanne, and Lieberman, Robert C. *The Oxford Handbook of American Political Development.* Oxford: Oxford University Press, 2016.

Walt, Stephen M. *The Origins of Alliances.* Ithaca, NY: Cornell University Press, 1987.

Waltz, Kenneth N. *Theory of International Politics.* Waveland Press, 1979.

Yeo, Andrew. *Asia's Regional Architecture: Alliance and Institutions in the Pacific Century.* Stanford: Stanford University Press, 2019.

8장

'아메리칸 리얼리즘'과 한국 근대 소설의
방향성: 헨리 제임스의 코스모폴리타니즘과
김남천의 수용 방식을 중심으로

'아메리칸 리얼리즘'과 한국 근대 소설의 방향성: 헨리 제임스의 코스모폴리타니즘과 김남천의 수용 방식을 중심으로

김춘희(코스모폴리탄 문화연구소)

1. 들어가며: 주제 설정

이 주제는 2020년 한 영국 출판사에서 발간한 필자의 편저 *Jamesian Cultural Anxiety in the East and West*[1]의 연장선상에 있다. 원래 이 주제 관련 프로젝트를 시작하게 된 동기는 뜻밖의 '발견'에 의해서였고, 이 발견은 아시아 최초로 한국서 개최하게 된 2017년 헨리 제

---

[1] Kim, Choon-Hee. "The Evolution of Jamesian Realistic Anxiety: A Korean Novel about Henry James", ed. Choon-Hee Kim. *Jamesian Cultural Anxiety in the East and West: The Co-Constitutive Nature of the Cosmopolite Spirit.* Cambridge Scholars Publishing (UK), 2020, pp. 116~141.

임스 국제학술대회² 개최의 확고한 지역적 정당성과 그 의미를 확보하게 해준 계기가 되었다. 전지구화 시대에 통상적으로 지역적 안배를 고려한 국제 컨퍼런스 개최지로서가 아닌, 역사적으로 문학사적인 개최의 의미부여를 주체적으로 확실하게 할 수 있었던 이 '발견'에 대한 소개는 주제 관련 논의로 바로 이어질 것이다.

헨리 제임스(Henry James 1843~1916)라는 작가와 그의 작품 세계를 사조구분, 시대구분, 국가적 분류에 의거해서는 특정하기 어려운 것으로 인식되어 온 것처럼, 한국 '근대 문학 속 미국적 상상력과 코스모폴리타니즘'이란 주제를 김남천이란 한 작가의 특정 소설과 헨리 제임스와의 밀접한 관계를 통해 보는 것 역시 '근대 문학'의 틀로 보편화시키기는 어려울 것이다. 그러나 그 '관계틀' 속에서 생성되는 많은 다양한 상황적 맥락들이 형성되는 지점들은 한국 근대 문학 정신의 핵심을 들여다볼 수 있는 근거를 제공해주고 있다. 따라서 특정 시기의 특정 작품을 통해 근대 문학의 방향성을 규정해보고자 하는 이 작업은 '문학'의 성격상 특정 관계에 기반한 작품에 관한 논의로서 사회과학에서 경험의 다수를 일반화시켜 일반성을 추출하는 것과는 방법론적으로 다른 작업임을 밝힌다.

---

2   통상 3년마다 개최되는 제7차 Henry James 국제학술대회가 "Jamesian Cultural Anxiety in the East and in the West"라는 대주제로 7월 5일~8일에 걸쳐 연세대학교 상남경영관에서 개최되었다.

2. 문제제기: 미국 작가 헨리 제임스에 관한
한국 근대 소설

근대적 '국가' 개념이 정립되기 전에 일제강점기를 맞게 된 한국 지식인들의 문화적 불안은 해외 문학, 서구 철학사상 관련 문화비평을 흡수하면서 동시에 민족적 주체성을 염두에 둔 창작 활동을 진작시키며 그 출구를 찾고 있었다. 유럽 문학, 특히 프랑스 소설의 '사실주의'에 대한 비평적 관심, 그리고 당시 유행하던 서구의 철학, 심리학, 정신분석학 등과 함께 '불안'에 대한 문화적 해석의 근거와 맥락을 조성하고자 하는 지식인/문인들의 의지는 시대적 절박함에 대응하는 방식이었음을 간파할 수 있다. 이 방식에 '미국'의 자리는 보이지 않는다. 그런데 한국 작가 김남천이 미국 작가 헨리 제임스를 자신의 비평적 창작 또는 창작적 비평의 '주제'로 삼았다는 사실은 참으로 특이한 경우다. 그의 작품 『낭비』 연작 당시 그 이전부터 또는 동시에 작업하고 있던 비평 작업들 중 하나는 그의 「발자크 연구 노트」이며, 다른 하나는 「아메리칸 리얼리즘의 교훈」[3]이라는 점을 눈여겨보자. 여기서 그는 시대적 불안을 이겨낼 방법으로서, 자신의 비평적 창작을 위한 선택은 프랑스의 발자크적 리얼리즘이 아닌 미국 작가 헨리 제임스의 국제상황 속 '부재의식'(不在意識)'이었다. 그런데 왜 헨리 제임스인가? 라는 질문이 생긴다.

---

3 「발자크 연구 노트」는 「낭비(浪費)」 연작 이전에 시작되어(1939. 10월과 12월), 1940년 4월과 5월까지 총 4회 『인문평론』에, 그리고 「아메리칸 리얼리즘의 교훈」은 1940년 7월 『조선일보』에 총 4회 연재되었다.

서구 문학의 문학사 정립에 있어서 일반적으로 국가 단위의, 더 크게는 문화권 단위의 시대구분 또는 사조구분을 하게 되는데, 이때 어떤 '흐름'을 상정하고 각각의 흐름에 따라 작가 또는 작품의 특징들을 규정하며 분류하게 된다. 이러한 분류작업에 있어서 그 어디에도 귀속시키기 어려운 작가로 정평이 나 있는 작가가 바로 헨리 제임스이다. 미국에서 태어나 유럽에서 활동한 제임스 관련 문학사적 비평적 준거를 정립하기가 어려워지자 소위 '망명 작가'라는 이름표가 붙게 되었고, 이런 흐름 속에서 그의 후세대의 비평은 오히려 그를 어딘가 특정 국가에 귀속시키려는 담론들을 전개하였다.

한편, 그의 작품 세계는 그의 생전에도 그리고 사후 오랜 세월 동안 다양한 영역에서 창작과 비평의 영역을 넘나들며 논의되고 있고, 심지어 20세기 말에서부터 2000년대에 이르기까지 약 20여 년에 걸쳐 서구에서 그가 주목받는 방식이 특이하다. 다양한 지역의 영어권 작가들의 '창작'을 통해 다양한 모습의 소설 속 주인공으로 또는 특정 인물로 제임스가 소설 형식 속에 등장하고 있다는 사실이다. 마치 어떤 새로운 '장르'처럼 등장한 '제임스에 관한 소설'이 창작과 비평이론 영역에 새로운 시각과 해석들을 초대하며 그 독특한 소설 양식이 생산되어오고 있는 것이다. 물론 전기 작가들은 그러한 작업에 대한 허구성 비판과 함께 창작의 지나친 자유로움에 경계심을 보여왔다. 2004년 한 해만 해도 네 작품[4]이 나왔다. 어떻게, 왜 이런 현상이 생기게 되었을까? 테리

---

4   Tóibín, Colm. *The Master*. Toronto: McClelland & Stewart, 2004; Lodge,

이글턴(Terry Eagleton) 역시 그의 서평에서 2004년의 이 "문학적 우연성"에 대해 궁금해하면서 헨리 제임스에 대한 이 작가들의 관심의 연유와 특성에 대해 추론한다.[5] 한편 1940년에 헨리 제임스를 주제로 한 소설을 집필한 한국의 김남천은 서구 비평이 말하는, 특히 2004년의 동시다발적인 "시대정신의 분출"(some spasm of the Zeitgeist)과는 어떻게 연결될 수 있을까? 1940년대 한국의 문학적 상황과 21세기 초 서구의 문화적 시대성을 연속성 또는 연계성 관점에서 해석 가능한 것일까. 우리의 목적은 '헨리 제임스에 관한 한국 근대 소설'이라는 주제를 통해 한국 작가가 제임스와 관계 맺는 방식을 문학사적으로 규명하는 것이기 때문에 여기서 이글턴의 규정하기 어려운 "문학적 우연성" 또는 서구의 '시대정신' 차원의 논의는 동시다발적 '현상' 자체에 대한 인식 내지는 공감 차원에서만 언급하기로 한다.

제임스라는 작가의 삶의 사실적·전기적 측면들을 소설 형식 속에서 다루는 일종의 '하이브리드 소설'이 꾸준하게 등장하는 것은 왜일까? 이들 작가군 중 한 사람인 데이비드 롯지(D. Lodge)는 작가 제임스

David. *Author, Author.* London: Secker & Warburg, 2004; Hollinghurst, Alan. *The Line of Beauty.* New York: Bloomsbury USA, 2004; Tennant, Emma. *Felony: The Private History of The Aspern Papers: A Novel.* London: Jonathan Cape, 2002(reissued 2004).

5 "Was it an astrological conjunction, or some spasm of the Zeitgeist, which lay behind this remarkable literary coincidence?"라고 자문한다. Eagleton, Terry. "The asperity papers"(Book Review on David Lodge's *The Year of Henry James: The Story of a Novel*).*The Guardian.* 24 Jun 2006, https://www.theguardian.com/books/2006/jun/24/featuresreviews.guardianreview27.

에 대해, 작가로서 비평가로서의 그의 무한한 역량에서 그 이유를 찾는다.[6] 그 역량이란, 필자의 생각엔, 그의 작품 관련 미학적 논의들이 끊임없이 생성해내는, 그리고 철학에서부터 예술, 문화/문학이론 영역에 창작과 비평의 경계 유무와 상관없이 항상 개입할 준비가 되어 있는 존재로서의 제임스이며, 그런 상황은 작가/인간 제임스가 해석에의 도전을 불러일으키는 맥락들이라고 볼 수 있다. 언제나 특정 시대의 작가로서, 항상 모든 것의 어떤 '과정'에 있는, 그래서 논의의 결말을 내기도 어려운 존재라고 그를 규정하는 것이 적절한 표현이 아닐까 생각된다.

'미국 작가 헨리 제임스에 관한 한국 근대 소설'이라는 주제에 대한 논의를 위해 먼저 제임스라는 작가가 한국 문학계(학위 논문 집필자와는 별개로[7])에서 어떤 해석적 맥락 속에 위치할까 라는 질문에서부터 출발해보기로 한다. 1995년 『한국 현대문학 선집: 1908~1965』(*Modern Korean Literature: An Anthology, 1908~1965*)[8]이 해외에서 영문으로 출판되었다. 이 선집의 연대 설정을 보면 1908~1965년이다. 역사적 상황으로서의 의미를 부여한다면 한국 식민지 시대(1910~1945)와 그 후 약 20

---

6 Lodge, David. "Part One: The year of Henry James: Or, Timing is All: the Story of a Novel", *The Year of Henry James: The Story of a Novel.* UK: Random House, 2006, p. 5.

7 한국 학자들의 제임스 연구 관련 논의에 대한 필자의 논문 참조. Kim, Choon-Hee. "On the Status of Scholarly Study of Henry James in Korea", *The Henry James Review.* vol. 24 no. 3, 2003. The Johns Hopkins University Press, pp. 258~268.

8 Chung, Chong-Wha. *Modern Korean Literature: An Anthology, 1908-65.* London and New York: Kegan Paul International, 1995.

여년 간의 포스트 콜로니얼리즘 시기로 구성된다. 특히 1940년대 한국의 국내 상황, 특히 문학비평과 이론 영역에서의 이데올로기적 갈등은 당시 일본 제국주의에 대한 반발과 함께 더욱 복잡한 성격을 띠는 불운한 시기였다. 식민지하에서 삶의 조건은 정신적 자유를 온전히 보존하기엔 한계가 있었고, 따라서 어떤 돌파구가 필요한 상황이었다. 당시 한국은 일본을 통해 유입된 유럽과 미국의 사상을 온전한 주체로서 받아들일 수 없는 상황에서 한국인으로서 받아들이는 방법을 찾아야만 했다. 이것은 마치 신생국 미국이 유럽과 대립했지만, 그 대립의 성격이 적극적 돌파구로서의 기능을 하며 자국의 정체성을 찾고자 했던 역사적/문화적 맥락과 유사한 측면이 있으나 근본적 차이는 제임스 활동 당시의 미국은 '탈식민 국가'라는 점이다.

앞서 언급한 『한국 현대 문학 선집: 1908~1965』의 서문(序文) 첫 단락에서 '헨리 제임스'가 언급된다. 제임스 전공자로서 필자는 의외의 발견에 반갑고도 놀랍다. 서문의 필자 정종화는 문학의 '시기 구분'과 관련하여 문화적 현상, 예술적 경향, 새로운 문학의 시대는 "인위적으로 설정되고 종결할 수 있는 것이 아님"을 피력하면서, 서구문학에서의 그러한 "어려움의 대표적 예"를 작가 헨리 제임스에서 찾고 있는 맥락에서[9] 제시된다. 일반적으로 한국문학 연구(사)에서 다루어지는 동

---

9 Chung, Chong-Wha. "Introduction", *Modern Korean Literature: An Anthology,
   1908~65*. London and New York: Kegan Paul International, 1995, pp.
   xxv~xli.

양·서양 '영향관계' 논의에 친숙하게 소환되는 세계 여러 작가들 중에서 결코 찾아보기 어려운 제임스가 『한국 현대문학 선집』 「서문」의 첫 단락에서 문학사의 시기구분의 어려움을 보여주는 대표 작가로서 제시된 것을 볼 때 한국 문학사 속 해외 문학 관련 논의에서도 제임스라는 작가의 위치는 역시 특정 사조나 시대적 흐름의 일부로 규정하기엔 어려운 작가로 간주되고 있었다는 사실을 간파할 수 있으며, 동시에 이것은 서구와 아시아 양대륙이 의식적으로나 무의식적으로 공유하는 어떤 기준으로서 공감할 수 있는 대목이다.

그런데 필자는 이것이 단순히 우연한 인식의 '공유'가 아닐 것이라는 직감적 판단에서 위 「서문」의 제임스 관련 언급의 근거를 한국적 상황 속에서 어떤 있을 법한 가설적 문학적 맥락을 상정하고서 제임스의 흔적을 찾아보기 시작했다. 이 과정에서 중요한 '발견'이 있었는데 그것이 바로 '제임스의 문학 세계'를 소설 작품 속 주인공의 학위 논문 주제로 설정한, 1940년~1941에 걸쳐 월간지 『인문평론』에 연재[10]되었지만 결코 출판된 적이 없는 김남천의 소설 『낭비(浪費)』의 존재다. 더욱 놀라운 것은 1940년 연재된 이 한국 소설의 장르적 특징이 이 글의 서두에서 논의한 2000년대 전후하여 서구에서 유행한 '제임스에 관한 소설' 장르와 맞닿아 있다는 사실이다.

서구 영어권 작가들보다 반세기 이상 앞선, 그것도 일제 식민지하

---

10   소설 『낭비(浪費)』는 1940년 2월부터 1941년 2월에 걸쳐 총 11회 『인문평론』에 연재되었다.

한국 작가의 시대를 앞선 '실험적' 행보는 어떻게 논의될 수 있을까? 제임스라는 작가가 한국 작가에게 불어넣어 준 창작적 동기는 무엇이었을까? 이러한 질문들은 한국 작가가 처한 시대적 상황, 그리고 그가 자신의 주제와 관련해서 제임스와 관계 맺는 방식 및 그 특징들을 통해 한국 근대 소설의 방향성에 대한 논의를 가능하게 해줄 것으로 기대한다.

제임스 문학의 본질이라고 할 수 있는 국제 상황 속 '부재의식'(不在意識)을 한국 근대 식민지하 한국 작가가 소설 창작을 통해 제임스의 세계에 접근하고자 했다는 사실은 일종의 충격이다. 이 글은, 온갖 규제를 받아야만 하는 식민지하 상황에 처해 있는 작가들이 결코 선호할 수 없는, 자신의 고국마저 '대상화'하는 냉철함으로 일관하는 제임스의 '부재의식'이 어떻게 한국의 한 작가에 의해, 비평이 아닌 창작 속에서 자신의 상황을 분석하며 극복하는 방편이 되며, 그것은 어떤 '방향성'을 암시하고자 한 것인지, 역사적 상황, 사회적 조건, 그리고 개인적 기질 및 성향이 다른 두 작가의 '의외의 연결성'에 대한 충격과 호기심에서 시작한 글이다. 그들의 '연결성' 관련해서는 이미 오래전부터 필자가 수행한 작가론과 역사적 차원의 여정이 있지만, 이 글을 통해 필자는 이 '의외의 연결성'을 '필연적 연결'로 전환시킬 수 있는지에 대해 탐색하고자 한다.

먼저, 1940년대 일제 강점기 한국 작가가 자신의 소설 속 주인공으로 하여금 학위 논문 주제로 설정한 '모더니즘의 선구자' 헨리 제임스의 문학 세계를 탐색하는 과정을 살펴보고, 개인적 내면에 철저하게 천착한 제임스라는 작가를 넘어 주인공이 어떻게 '세계'로 나아가는 출구를 찾고자 하는지 살펴본다. 그리고, 이 소설 창작과 거의 동시에 집필된 그의 「아메리칸 리얼리즘의 교훈」은 당시 미국 장편 소설들의 탄탄한 국제적 입지에 대한 탐색과 분석을 통해 그 국제적 위상의 연유를 추론해가는 과정을 보여주는데, 여기서 한국 작가가 '미국적 상상력'의 본질을 어떻게 파악하고, 당대 작가들에게 '아메리칸 리얼리즘'에 대해 어떤 인식을 촉구하는지 살펴본다.

3. 한국 근대 소설 속의 헨리 제임스

헨리 제임스 사후 수십년이 지난 1940년대, 제임스 연구자들, 특히 미국의(미국적) 헨리 제임스 문학의 재발굴/재해석 작업은 영국 작가로서의 제임스가 아닌 미국 작가로서의 그의 위상을 재규정하고자 했다. 이 시점은 한국의 김남천이 창작과 비평 영역에서 활동하던 시기와 비슷하다. 제임스가 활동하던 당시 미국인들은 유럽에서의 제임스의 문학 방식—창작에서든 비평에서든—에 대해 상당히 불만이었다. 제임스는 '고국'으로서의 미국을 바라보는 것이 아니라 유럽과의 비교관점으로부터 냉정한 객관자로서 미국과 미국인을 그리고 있었기 때문이다. 애초 유럽행을 결심했을 때 제임스는 문학 활동을 위해서는 프랑스에 정착하려 했지만, 실제 그곳에서 살면서 내린 결론은 그의 문학 활동과 사회적 활동을 위해서는 익숙한 모국어를 사용하는 영국으로 옮기는 것이 좋을 것이라는 판단에서 런던으로 옮겨간다. 영국을 항상 '대상'으로 두었고, 미국은 항상 '마음 속에 품고' 있었던 제임스였지만 미국 본토에서는 그가 문화적 열등감을 조성하는 구도를 만들어 낸다고 생각하여 그를 '미국 작가'로 간주하지 않으려는 독자들과 비평가들이 있었다.

유럽과 미국 그 어디도 자신의 정신적 고향으로 삼을 수 없는 제임스의 고독하고도 치열한 작가 정신을 '부재의식'으로 규정하고 그것을 소설 창작 속에서 구현해보려고 한 한국 작가의 제임스에 대한 탐색 방법은 2000년대 서구에서 하나의 트렌드가 된 제임스 관련 전기 소설들을 고려해 볼 때 시기적으로나 형식적으로나, 유럽과 미국 그 어디에서보다도 소설 형식의 '실험성'에 있어서 선구자로서의 입지를 지닌다고 볼 수 있다.

여기서 몇 가지 가설적 질문들을 상정해 볼 수 있다. 제임스의 문학 세계가 소설 속 주인공의 학위 논문 주제로 다루어진 소설이 한국이 아닌 1940년대 헨리 제임스 문학의 재발굴 작업이 한창이던 미국에서 출판되었다고 가정해보자. 제임스에 대한 국가 차원의 재해석에 돌입하면서 그런 기준에 상응하는 비평적 틀을 규정하고 정립해야 하는 당시 상황에서, '소설 속 제임스'의 '부재의식'은 미국의 의식을 고취시키려는 그런 작업의 방향성에 어떤 의미를 조성하게 될 수 있었을까? 당시로서는 이 작품의 주제와 형식이 '미국적' 위상을 갖추게 하는 데 긍정적인 맥락을 제공하진 않았을 것이며, 따라서 제임스라는 작가 자신과 관련된 정당한 비평적 위상을 기대하기는 어려웠을 것이다. 그리고 만약, 1940년대 영미문화권에서 김남천의 소설 『낭비』의 존재를 알았다면(영어로 번역되어 알려진 것을 전제할 때), 그 후 60여 년이 지난 2000년대 이후 지금처럼 이 독특한 소설 형식이 서구에서 새로운 장르로 부각되어 그들의 제임스 관련 창작 소설 유행이 전개되었을 때, 김남천은 그들의 선구자로 인식될 수 있었을까?

물론 한국에서도 당시 소설 『낭비』의 '주제로서 그리고 소재로서의 헨리 제임스'를 제대로 알아채거나 눈여겨본 작가가 없었다. 하나의 평범한 소설 작품으로 간주되어 논평이 있다면 '세태 풍자소설'로 규정하는 정도다. 당시 번역을 통해 헨리 제임스라는 작가가 한국에 소개된 적도 없었다. 간혹 김남천이 "일본 유학시 번역서를 읽었을" 가능성을 쉽사리 점치는 사람들이 있으나 그가 유학한 시기에 제임스 관련 논평이나 번역된 몇 가지 글들은 이 작품 속에 펼쳐지는 제임스의 문학 세계나 작가 정신 관련 논의와는 수준의 차이가 크다. 서구 문명을 흡수한 아시아 작가 중 일본 작가 나쓰메 소세키(夏目漱石)는 그의 『나는 고양이로소이다』[11]에서 헨리 제임스의 이름 외 많은 서구의 작가들 이름을 자주 언급하지만, 그 '언급'이 주제나 소재 차원에서의 어떤 확장성을 지니며 논의되는 것은 아니다. 이렇게 볼 때 소설 『낭비』는 당시 일본에서 번역된 몇몇 종류의 작품들을 접하고서 구상하고 구성할 수는

---

11 『나는 고양이로소이다』(『吾輩は猫である』 1905~1906 연재)는 도쿄대학교 영문과 출신인 일본의 국민작가 나쓰메 소세키(夏目漱石 1867~1916)의 장편 소설로(『호토토기스』『ホトトギス』 1905.01~1906.08 연재) 고양이의 눈으로 주인과 지식인 친구들의 모습을 유머와 냉소적인 풍자로 묘사한다.

없는, 작가의 독특한 비평이론적 감수성이 영문학 전공자로서의 영역에서 제임스를 적극적으로 해후한 결과물이라고 봐야 한다.

한국 근대·현대 문학사에서도 바로 이 측면, 즉 작가의 주제를 소설 형식을 빌어 작품 속 주인공으로 하여금 학위 논문 주제로 설정해서 미국 작가의 '국제 상황 속 부재의식'과 그의 작품 세계를 탐색하는 '소설 형식'은 간과되어 그냥 그대로 묻혀 있었다고 해도 과언이 아닐 것이다. 최재서가 창간인이자 주간인 『인문평론』[12]지에 11회에 걸쳐 연재된 이 작품은 주제적 측면에서나 형식적 측면에서, 그리고 특히 문학사적 측면에서 제대로 주목받지 못해 그의 3부작 중 첫 작품인 『낭비』는 오늘날까지도 단행본으로 출판된 적이 없다.

〈표 1〉 삼부작: 『낭비』 연재 및 「경영」과 「맥」 발표

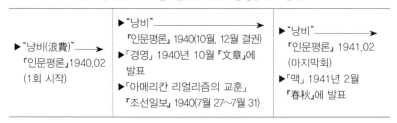

▶ "낭비(浪費)" ──▶ 『인문평론』 1940.02 (1회 시작)	▶ "낭비" ──────▶ 『인문평론』 1940(10월, 12월 결권) ▶ 「경영」 1940년 10월 『文章』에 발표 ▶ 「아메리칸 리얼리즘의 교훈」 『조선일보』 1940(7월 27~7월 31)	▶ "낭비" ──────▶ 『인문평론』 1941.02 (마지막회) ▶ 「맥」 1941년 2월 『春秋』에 발표

이 글에서는 연작 관계에 있는 『낭비』, 「경영」, 그리고 「맥」 '삼부작' 으로서의 논의는 우리의 주제와 밀접한 관련성이 없어 관련 논의는 배제한다. 그리고 『낭비』에 대한 현대 비평에서 자주 언급되어 '부각'되는 작품 속 에피소드들—특히 남녀 애정문제나 애정행각에 대한 묘사

---

12 『인문평론』은 1939년 최재서가 발행한 문예지로서 1941년 4월호로 폐간된다. 그해 11월 역시 최재서에 의해 『국민문학(國民文學)』이 발간된다.

들[13]−은 마치 어떤 특정 시대 거리 풍경처럼 스치고 지나가듯 가볍게 묘사된 부분들로서 주인공이 치열한 주제의식으로 점철되어가는 그 과정에서 삽화적으로 다루어진 측면이 강하다. 이 측면은 본고의 주제로 흡수하기엔 그 삽화적 배경적 성격으로 인해 우리의 주제를 희석시킬 우려가 있어서 배제한다.

20세기 초반, 제임스라는 작가가 영국 문학사에 편입되어 자리잡고 있었다면 미국 문학사에서 그의 자리를 찾기는 힘들었다. 그만큼 '문학사'에 포함시킬 작가 선정 작업에는 특히 영국과 미국 경우엔, 작품 외적인 차원의 예민한 요소들−국제적 명성뿐 아니라 국가 차원의 평가−이 상당히 관계한다는 의미가 된다. 제임스의 문학 세계가 "프루스트나 조이스에 비견될 회삽성을 가지고 있으나, 주지하는바 그는 미국 문학보다도 영국 문학에 속하는 사람이고, 그 영향에 있어서도 아메리카 소설의 영향은 거의 받은 것이 없다는 것이 사가(史家)의 정설"[14]이라는 당시의 '일반적' 견해는 아시아의 한 외국(한국인) 문인으로서는 자연스럽게 받아들일 수 있는 당연한 입장이었을 것이다. 따라서 제임스로서는 "아메리카 소설 전통으로부터 영향받은 것이 거의 없다"라는 판단은 그의 뒤를 잇는 후대의 '미국 출신 작가들'과 '유럽 작가들'에 끼친 제임스의 '영향'을 생각해 볼 때, 그를 어떻게 재평가해야 하는가에 대

---

13 이 측면에 대한 현대 비평에서의 논의를 신희교의 『일제말기소설연구』(국학자료원, 1996)에서 다루고 있다.

14 김남천. 「아메리칸 리얼리즘의 교훈 3: 존재하는 모순의 제시」, 『조선일보』. 1940년 7월 29일.

해 다시 점검해봐야 할 사안이었을 것이다.

한국의 김남천의 한창 활동 시기인 1940년대 미국에서는 제임스라는 작가의 재해석 작업이 한창이었고, 그 작업이 20세기 문학사, 특히 미국 문학사에서 '미국 작가'로서의 제임스의 위치를 확고하게 정립하게 될 것이라는 사실을 김남천은 양 대륙(미국과 유럽)의 문인들만큼 당시 예견할 수 없었을 것이다. 만약 이러한 미국의 국민 문학적 고취 차원의 상황을 구체적으로 인식했다면 제임스의 '부재의식'이라는 『낭비』의 주제는 어떤 변형이 가능할까라는 생각은 또 다른 흥미로운 논의를 일으킬 수 있는 소지가 다분하다. 한편으로 그가 제임스의 '부재의식'이라는 주제에 천착한 내적 동기 역시 미국과 유럽 양 대륙 문인들만큼 절실하면서 동시에 그들보다도 더 객관적 입장에서 '존재하는 모순의 일체'를 흔들림 없이 파고들 수 있었을 것이다.

4. 비평 대상으로서의 헨리 제임스

1) 왜 헨리 제임스인가?

『낭비』에서 주인공이 현대 심리주의 문학의 대가로 인정받는 제임스 조이스(James Joyce)에 관한 연구를 애초 염두에 두었다가 심리주의 문학의 원조가 헨리 제임스라는 사실을 알게 되면서 연구 주제를 헨리 제임스로 바꾸는 과정을 설명하는 부분이 있다. 그런데 이 두 작가를 관통하는 '심리'의 특성이 간파된다. 특히 그가 "새로운 예술 방법의 원조"[15]라고 생각하는 제임스 관련 연구 주제는 "'문학에 있어서의 不在意識(부재의식): 헨리ㆍ쩸스에 있어서의 心理主義(심리주의)와 인터내슈넬ㆍ시튜에-이슌(國際的舞臺)'"[16]이다. 제임스의 국제적 상황과 '부재의식'의 관계를 구축하면서 제임스의 "사회적 시대성"[17]을 논증하고자 하는 것이 그의 목표다. 주제적 접근에 있어서는 별 문제가 없는데 제임스의 '부재의식'의 천명 관련해서 주인공은 고독과 문화에 대한 향수로 점철된 제임스의 암담한 정신세계로 자신이 향해 가는 '불안'을 느낀다. 자신의 발 아래에 딛고 있는 흙을 느낄 수도 없고, 주변에 부재하는 "문화의 냄새"[18]를 느낄 수 없음을 감지하곤 공포에 휩싸인다. 여기서 주인공의 의식은 불안과 공포로 그를 누르며 다가오는 제임스의 환영과 싸우며 그의 세계를 극복하지 않으면 안 되는, 운명적으로 대적해야 할 대상으로 설정하고 그를 넘어서서 이겨야 함을 다짐한다.

한국 작가인 그가 심리주의 소설에 관심을 갖게 된 이유는 개인의 내면에 천착한 작가의 창작적 여건으로서의 외적 상황과 조건에 대한 상호 관계성을 입증하기 위해서였고, 이것을 위해 자신의 냉철한 분석을 다짐한다. 그런데 왜 헨리 제임스인가? 단순히 그가 현대 심리주의 문학의 원조라서뿐만이 아니라 거기엔, 그와 헨리 제임스 사이엔 어떤

---

15 김남천. 『낭비』. 『인문평론』 1회차, 1940, p. 219.
16 김남천. 위의 책, p. 217.
17 김남천. 위의 책, p. 220.
18 김남천. 위의 책, p. 187.

운명적 공통성을 발견할 수 있다. 이것은 아마도 창작 토양으로서의 국가의 운명과 관련이 있을 것이다.

2) 창작적 토양으로서의 국가의 운명 : 흙과 '문화의 냄새'

한국 근대 식민지 제국주의 체제하에서 문학활동을 상정해 볼 때 자명한 것은 사회적 정치적 억압 관계가 작동한다는 것이다. 일제 치하 역사 속 한국 근대 작가들 사이의 공유 지점은 조선이 근대 개념으로서의 '국가'(nation)로 바뀌기 이전에 침략당한 나라의 피식민지인으로서의 삶의 조건이다. 근대의 물결을 찾아내지 못한 젊은이들의 회한이 컸을 것이다. 국가주의는 명분이 사라졌고 민족정신, 민족주의가 강하게 태동하게 되는 이유는 민족적 '차별'이 근저에 깔려 있다는 사실 때문이다. 한편 서구 유럽 문화와의 관계는 일본과의 관계와는 달리 상대적으로 편안한 관계가 성립된다. 식민지의 부조리한 상황에서 벗어나려는 힘은 '자유'를 희구하게 되고, 일본 제국주의의 자장(磁場) 외곽으로부터 유입된 서구 문화는 피식민지인에겐 억압적 틀을 벗어나기 위한 좋은 방편이 된다. 거기에 자유로운 비판과 선택의 영역이 제공되기 때문이다.

이런 관점에서 볼 때, 애초 다른 성격의 자장으로 규정한 일본 제국주의 체제와 서구 유럽문화는 그 두 가지를 동시에 직면하고 맞이하는 한국에겐 어떤 관련성을 맺으며 존재한다. 『낭비』에서 이 두 자장은 각각 주인공의 실제 삶의 상황, 그리고 연구주제로서 결합된 특징을 지닌다. 작가는 헨리 제임스의 문학 세계를 다루면서 '부재의식'에 대한 분석적 작업을 한다. 이것은 단순한 추상적 작업이 아닌, 작가와 작품 속 주인공의 구체적 경험과 실천을 헨리 제임스의 '부재의식'을 통해 구상화한다. 이것은 서구 문화에 대한 단순한 모방이나 차용의 수준이 아니라 창작적 주제로 접목하여 위의 두 다른 자장(磁場)을 플롯 속에 규정하고 규명한다. 여기서 드러나는 요소들이 관계 맺는 방식들—영향과 모방, 차용, 이식, 적용, 접목 등—은 한국의 근대성을 조성하는 키워드들이라고 볼 수 있다.

3) 헨리 제임스의 '부재의식'

미국이라는 신생국이 희구한 문화적 독립의 열망은, 입장은 다르지만, 한국의 문화 정체성 형성 의지와 공통점이 있다. 그리고 일반적으로 민족주의 또는 탈식민주의 관점이 제기될 때마다 두각을 나타내는 '정체성' 문제는 당연한 것으로서, 한국과 유럽과의 관계와 한국과 신생국 미국의 관계 역시 다를 수밖에 없다. 이 '차이'와 공통점 관련 논의는 나중으로 미루어 두기로 한다.

19세기 자유민주주의를 구현하기 위한 시대적 필요성을 충족하기 위해 발행한 미국의 주간지 『네이션』(*The Nation*)에 제임스 부자(父子: 신학자 Henry James, Senior와 작가 Henry James, Junior)의 글이 함께 실리기도 한다. 이것은 제임스 가(家)의 "미국 문화 정체성 형성의지"[19]를 상

---

19 미국 지성사에서 문화 정체성 논의의 틀을 제공해주는 제임스 가(家)에 대한

징하는 기고행위라고 볼 수 있다. 이처럼 제임스 가(家)의 구성원은 신학, 종교, 미학, 심리학, 과학, 철학, 문학 등 많은 영역을 새롭게 분석하면서 유럽 문화로부터의 문화적 독립에 대한 절대적 열망으로 서로의 견해를 비판하며 연결성을 구축해갔는데 이것은 "각자 미국인으로서의 정체성을 규정하기 위한 필생의 작업"[20]이었다. 신생국 미국에서의 과거의 부재는 "존재로서의 가치보다 생성과정으로서의 가치에 역점을 둘 수밖에 없으며, 바로 이러한 문화적 조건에서 나온 낙관적 실용주의적 상대주의는 지극히 미국적인 것"[21]으로서, 이러한 인식은 제임스가 유아기 때부터 유럽에서의 교육, 그리고 가족 여행을 통해 간파한 고국 미국에 대한 뼈저린 경험으로부터 형성된 것이다. 김남천의 소설 『낭비』에서 주인공의 논문주제로 설정된 '부재의식'은 이러한 제임스 가족사와 문화사적 맥락을 관통하는 주제라고 볼 수 있다.

제임스 가의 의식 속에는 "유럽과 미국이 공존하며, 그들의 정체성 형성의지는 두 대륙의 비교에 의해 작동"[22]한다. 유럽의 문화적 풍요와 실용주의적 결핍은 구대륙과 신대륙 대비를 통해, "부친 제임스는 신학적·사회적 차원에서, 윌리엄은 철학, 심리학적, 과학적 차원에서, 소설가 제임스는 문학과 예술 차원에서, 각자 '미국'이라는 신생국의 지

논문. 김춘희. 「제임스 가(家)의 문화 정체성 형성의지」, 『영어영문학』 58(4), 2012, pp. 753~782 참조.

20 김춘희. 위의 책, p. 760.
21 김춘희. 위의 책, p. 765.
22 김춘희. 위의 책, p. 768.

적 · 정신적 기반을 위해 [……] 미국적 특성을 규정짓는 '정체성 형성'의 과정"[23]을 면면히 보여준다. 제임스 가(家)가 미국 지성사를 대표하는 가족으로 평가되는 이유가 바로 거기에 있다. 작가 제임스는 "창작과 비평계에 문화정체성 관련 논의의 장(場)을 열어 놓은 장본인"[24]이라고 볼 수 있다. 항상 미국의 문화를 유럽과 비교하는 차원의 대립적 갈등을 전제하는 제임스의 방식을 당시 미국 본토에서 정서적으로 수용하기 어려웠다. 한국 소설 속 헨리 제임스의 '부재의식'이라는 주제의 문화적 배경으로서의 역사적 시점은 바로 미국의 지적 전통이 형성되어 가면서 국가 차원의 문화적 성장을 이루며 양 대전을 거치는 과정에서 세계사 속의 미국의 역할이 점점 뚜렷하게 각인되는 시점으로서, 아직은 제임스가 '미국 작가'로서 미국의 '역사적 · 문화적 유산'으로 평가되기엔 이른 시점이라고 보면 좋을 것이다. 신생국으로서 미국의 지적 전통이 어느 정도 형성되고, 세계 속에서의 미국의 역할이 선명해짐에 따라 '문학비평'에 의해 제임스를 '미국 사실주의 문학'의 선구자로, 동시에 '포스트 모더니즘', '포스트-포스트 모더니즘' 논의에 있어서도 그의 문학(사)적 입지는 다양한 해석을 위한 중요한 보루로서 인정되고 있다.[25] 제임스의 존재는 국가 차원의 문화적 성장, 그리고 세계 속에서의 국가적 역할이 동반하여 만들어낸 역사적 · 문화적 유산이 된 셈이다.

---

23 김춘희. 앞의 책, p. 760.
24 김춘희. 위의 책, p. 768.
25 김춘희. 위의 책, p. 777.

4) 온전한 '부재의식'과 부조리한 '부재의식'

그런데 김남천이 처한 상황은 어떠했는가? 미국과 유럽의 관계와 한국과 일본의 관계의 성격은 다르다. 이 '다름'에 작가는 정확하게 집중하고 있다. 유럽에 뿌리를 가진 미국 작가 헨리 제임스와 같이 자신의 방식을 선택한다고 해도 실천할 수 없는, 그리고 그 어느 곳에서도 '온전한 부재의식'을 가질 수 없는 자신의 상황은 무력하기만 하다. 왜냐하면 논문 심의과정에서 일본인 교수가 '부재의식'이라는 주제의 분석에 있어서 사회적 측면을 완전히 배제해야만 하는 조건을 내세웠기 때문이다. 부재의식이라는 '의식' 자체에 대한 제국주의자의 의심을 받고 있는 한 그는 한치 앞을 나아갈 수 없기 때문이다. 결국 그런 지적에 굴복하지 않고 주인공은 '부재의식' 자체가 문제되지 않을 다음 연구주제로 영국비평사를 염두에 두고 준비한다.

이 소설과 거의 동시에 집필되어 연재된 4부로 구성된 「아메리칸 리얼리즘의 교훈」에서 김남천은 다시 미국 작가들의 작품에 주목한다. 세계적 '베스트 셀러즈'의 본질적 의미를 '공감' 차원의 독서심리로 규정하는 방식에서 그의 '세계주의' '국제주의'에 대한 생각의 일면을 간파할 수 있다. 제임스의 국제 상황에서의 부재의식을 사회적 환경과 연결시키고자 했던 『낭비』의 주인공은 그의 취지가 '공감'의 세계로 나아가기도 전에 이미 차단되었다. 헨리 제임스의 '부재의식'은, 흔히들 말하는, 그의 미국과 유럽 사이 그 어느 곳에서도 안주하지 못하는 '정체성' 차원의 문제가 아니라 제임스 스스로 구성해서 만들어낸 '심리적 구조물'이라고 볼 수 있다. 제임스의 부재의식은 어쩌면 그의 내면에 완전한 부재의식을 희구하는 온전한 '세계시민' 의식을 실천하기 위한 심리적 장치가 아닐까? 바로 이 온전성이야 말로 '포스트 콜로니즘' 속성에서 비롯된 것이라고 볼 수 있는데, 제국주의 치하 한국 작가인 김남천은 부재의식의 온전성을 가질 수조차 없다는 점이 두 작가의 큰 차이다. 만약 그 '온전성'을 가지고자 한다면 콜로니즘-포스트 콜로니즘의 대립적 체제 하에서가 아닌, 이미 그 체제를 거쳐온 서구의 역사와 문화 속에서 철저한 객관자가 될 수 있을 때 가능할는지 모른다.

제임스는 포스트 콜로니즘 시기에 두 대륙에 대한 완전한 정복을 꿈꾸며 의도적으로 스스로 '부재의식'을 창작의 근저에 깔고 그것에 입각한 미학적 탐색을 위해 신대륙에서부터 구대륙으로 뛰어든 도전자이다. 한국의 김남천은 식민지 시기에, 부조리한 대립 구도 속에서 주어진 '부조리로서의 부재의식'의 무의미함과 허망함을 천명하고, 부조리한 부재의식이 필요없는 온전한 객관자가 되어 가질 수 있는, 이방인으로서의 객관자적 의식을 갖추고자 하는 것이 『낭비』에서 잘 드러난다. 주인공이 '부재의식' 자체가 문제되지 않을 다음 연구주제로 영국비평사를 염두에 두는 장면에서이다. 영국비평사에 그 스스로 들어설 자리는 없지만 그가 취할 수 있는 관점은 있다. 아시아인으로서의 한국인이 보는 영국 문학비평이 될 수 있기 때문이다. 하지만 어떤 객관자적 객관성이 보편성을 획득할 수 있는가는 별개의 문제가 된다. 최재서로부터의 원고 청탁으로 소설 『낭비』 연재 당시 거의 동시에 집필 연재된

「아메리칸 리얼리즘의 교훈」은 바로 이 문제에 대한 답이 될 수 있을 것이다.

5) 헨리 제임스의 교훈

『낭비』라는 소설 창작을 통해 일제치하 한국 작가가 제임스로부터 배운 것은 무엇일까? 그는 제임스가 던진 '온전한 부재의식의 쟁취'를 위한 도전장을 낼 수도 없었다. 미국인으로서 유럽 문화에 도전장을 낸 제임스의 어떤 특징이 그의 '부재의식'의 온전성을 지켜낸 힘이 될 수 있었을까? 이것은 그의 국가 경계를 넘어선, '의식' 차원의 철저한 자유정신과 독립정신, 그리고 반제국주의 사상적 토양 위에 구축한 코스모폴리탄 정신에 기반한 인류애적 실천으로서의 총체적 과정이자 결과물이라고 볼 수 있다. 궁극적으로 『낭비』에서 주인공이 향하고자 하는 '세계'에 대한 불확신은 '제국주의하에서 코스모폴리탄 정신에 기반한 부재의식을 갖는다는 것이 가능할까' 라는 형태의 질문으로 바뀌어도 좋을 것이다.

식민지 체제하에서 '부재의식'이 어떻게 코스모폴리타니즘('국제주의')과 연계될 수 있을까? 부재의식의 성격은 달라도 이 과정에 대한 욕망은 당시 한국 작가들의 목적의식과 그 방향성에서 찾아볼 수 있다. 특히 「아메리칸 리얼리즘의 교훈」은 관념적인 것이 아닌, 현실 속 구체적 현상에 관한 김남천의 논의에서 문학의 '국제주의'의 실마리를 찾을 수 있다. 이것이 바로 1940년대 제국주의 체제하의 한국 작가들이 벗어나서 향하고자 한 지향점이 아닐까?

5. 근대성의 방향과 국제주의

1) 헨리 제임스의 '부재의식' 對 독자의 보편적 '공감'

이 글의 서두에서 제시된 『한국 현대 문학 선집』의 「서론」 첫 단락
에 등장한 헨리 제임스의 '불편한' 문학사적 위치는, 그 시점 훨씬 이
전인 1940년대 소설 『낭비』에서는 제임스의 '부재의식'과 관련한 내용
적 차원의 문제라기보다 그 주제에 대한 사회적 딜렘머로서의 문제라
고 볼 수 있다. 국제적 상황 속 '부재의식'에 대한 해석의 고통보다는 역
사적 상황으로 인한 '부재의식' 관련 논의가 정당하게 학문적으로 실행
될 수 없는 시대적 문제로서 대두된 것이다. 이것을 바꾸어 말하면, 국
내에서도 방황해야만 하는 한국 근대 작가들의 '국제주의'에의 열망과
그것의 시급한 과제로서의 필요성은 헨리 제임스의 운명적인 열망과도
같았던 '코스모폴리탄' 정신의 실천과 맞닿아 있다. 이렇게 제임스는 한
국 근대 작가들이 공유하고자 하는 방향성을 제시하고 있다. 식민지하
피식민의 정체성 문제를 단순한 국가주의나 민족주의 차원의 사고를
넘어 '국제주의'라는 틀 속에서 해법을 찾는 것이 온전한 포괄적 정신
을 견지하는 방법이자 관문이었을 것이다. 개인과 사회의 문제 자체를
넘어서야 하는, 어쩌면 당시 막연한 '세계'와의 관련성을 모색하고자 한
'국제주의'적 입장은 이미 그런 단계들을 거쳐온 서구의 역사와 문화 속

에서 찾을 수 있었을 것이고 찾으려 했던 것이다.

여기서 유럽의 철학사상, 역사 서술 방법, 문학이론 등 서구 지식의 체계화 방법 관련 지식의 축적은 '한국인으로서의 실천'에 대한 방법론적 고민에 실질적 도움을 주진 못한 측면이 있다. 이 지점에서는 '탈식민적' 실천방법이 필요하다. 여기에 세계 속 미국의 문학적 입지에 대한 조망을 하게 되는데, 이것은 그의 「아메리칸 리얼리즘의 교훈」 집필을 통해서다. 그는 전세계적 평가를 받게 된 미국 작품의 위상과 인류애적 보편적 공감의 원천에 대한 현실적 점검을 시도한 것이다.

창작에서부터 비평, 그리고 작품의 인류애적 공감에 대한 탐색에 이르기까지 그 중심에 미국 작가 헨리 제임스(맥락에 따라 그의 입지가 달라지지만), 그리고 전 세계적 공감의 원천인 '아메리칸 리얼리즘'의 본질에 대한 탐색은 사실상 한국 지식인/지성인으로서 실천해야 하는 '탈식민적 행동'과도 같은 성격의 것이라고 해도 좋을 것이다. 왜냐하면 작가 제임스의 '부재의식'과 전 세계 독자의 '보편적 공감'에 대한 이 일련의 탐색이 일제하 한국 근대문학 속에 끊임없이 유령처럼 등장하는 억압과 해방의 논리나, 강자와 약자 사이의 기계적 관계설정, 개인과 사회, 국가정체성 관련 이데올로기적 갈등들을 해소하는 하나의 건강한 방법론적 체계를 보여주는 것이 될 수 있기 때문이다. '아메리칸 리얼리즘'의 실체는 전인류애적 '공감'을 끌어낼 수 있는 강력한 힘을 가진 '소재'이며, 동시에 그 소재를 정당하게 다룰 수 있는 작가의 역량임을 그는 피력한다. 세계적 공감을 전 세계 독자들을 통해 얻고 있던 미국 문학의 본질을 탈식민주의적 실천의 표본으로서의 "아메리칸 리얼리즘"이라고 김남천은 명명한 것이다. 이것은 사조 차원의 것이 아닌 더욱 원초적 개념으로 논의된 '미국 사실주의'라고 볼 수 있다.

2) 제임스의 코스모폴리타니즘과 김남천의 국제주의

그렇다면 궁극적으로, 근본적으로 다른 두 차원의 논의: 김남천의 미국적 상상력을 규정하는 방식과 헨리 제임스의 '온전한 부재의식'은 어떻게 결합될 수 있을까? 미국적 상상력의 '세계적 공감' 차원에서의 헨리 제임스의 자리는 찾기 어려울 것이다. 그러나 헨리 제임스의 코스모폴리탄 정신의 실천이 필요한 상황들 속에서 제임스는 작품 속 인물들을 통해 그러한 정신의 정수를 보여주는 특정 장면들이 있다. 여기서 제임스의 작품 속 주인공을 소개하면서 제임스의 코스모폴리탄 정신을 구현하는 논의의 중요한 사례로서 활용하고자 한다.

1895년에서부터 1907년에 이르기까지 제임스는 동일한 주제의 작품으로 장르적 변형을 시도하는 작업을 했는데, 1895년 희곡 형식의 『썸머소프트』(*Summersoft*), 1895년 중편 「카브링 엔드」("Covering End"), 그리고 1907년 다시 희곡으로 각색 발표한 『엄청난 거래』(*The High Bid*) 세 작품이다. 동일한 주제와 등장 인물들로 형식의 변화를 꾀한 제임스의 이 독특한 여정은 그의 작가적 삶에서 어떤 의미를 지니는 것인가 하는 질문으로 접근해도 좋을 것이다. 그의 삶의 마지막 단계까지 이 작품을 안고 간 작가의 의도는 무엇이었을까? 이 작품들의 형식적 변형과 관련해서는 비평가들의 주목을 받지 못했을 뿐 아니라 작품 자체도 주목받지 못했다.[26] 장르 구분에 의거한 일반 문학사에서 '소설가 제임스'로 규정되어온 서구의 전통이 그의 평생의 작업이기도 한 희곡과 연극에 대한 평가를 시도하기엔 상당한 도전 정신이 필요했다. 더구나 세 작품의 제목이 각각 다르기 때문에 전혀 다른 작품으로 인식하는 학자들도 있었고, 1990년대까지도 그의 작품 세계에서 '장르변형' 관련 연구는 거의 전무했다고 볼 수 있다. 읽기 위한 형태의 글로서뿐 아니라 무대 위 관객 앞에서 대사 형식으로 직접 전해야 할 그토록 절실한 생각이 있었던 것으로 보인다. 왜냐하면 이 말(내용)은 제임스의 '코스모폴리탄 정신'의 핵심을 보여주는 것이기 때문이다.

제임스는 그의 『작가 일지』(The Notebooks)에 이 작품을 구상할 때부터 중요하게 생각한 것을 적어 두었는데 그것은 여주인공은 반드시 '미국인 여주인공'이어야 한다는 것이었으며, 실제 그는 이 역할을 맡을 미국 출신 배우까지 머릿속에 정해두고 있었다. 더욱 중요한 것은 캐릭터로서의 이 여성의 기질과 천성에 관한 부분인데, 그녀는 "기질적으론 강렬한 미국인이면서도 [……] 그녀 고유의 보수적 천성과 [……] 아름다운 덕행과 열정을 가지고서 극적 상황에 개입"[27]해야 함을 제시해 보

---

26 일반 문학사에서 '소설가 제임스'로 규정되어온 서구의 전통이 그의 평생의 작업이기도 한 희곡과 연극에 대한 평가를 시도하기엔 상당한 도전 정신이 필요했다. 이것은 한국에서의 경우도 마찬가지였다.

27 Matthiessen, F. O., and Murdock, Kenneth B. eds. *The Notebooks of Henry James.* New York: A Galaxy Book, Oxford University Press, 1967, p. 128.

여준다. 가장 중요한 이슈가 '보존해야 할 과거'이다. 작가가 구상한 필요한 조건으로서의 상황에 제임스는 '어떻게 보존할 것인가'의 문제를 이 여인을 통해 문제제기하고 풀어가는 것이 이 작품의 핵심이다. '미국인 여주인공' 그레이스듀 부인(Mrs Gracedew)은 '과거 보전'의 문제가 제기되는 상황에 우연히 개입하게 된다. 급진적 성향의 영국 귀족 율(Captain Yule)이 유산으로 물려받은 유서 깊은 대저택인 썸머소프트/카브링 엔드는 현재 저당잡혀 있는 상태이고, 여기에 이 저택과는 무관한 미국인 그레이스듀 부인의 방문은 율의 딜레머에 마치 희랍극의 대단원처럼 해결사로서의 역할(Deus ex machina)을 하게 된다.

제임스의 '과거'에 대한 이러한 주제적 착상은 구대륙의 문화유산에 대한 신생국인 미국인으로서의 동경과 열망에서 나온 것이라고 볼 수 있다. 제임스의 문화유산 관련 철학은 오늘날 세계의 역사적 기념물 및 문화유적의 보존/보전을 위한 국제적인 비정부 조직이자 유네스코의 기념물 및 유적 보호에 관한 자문 기관인 국제 기념물 유적 협의회(1965년 설립된 ICOMOS)의 취지, 그리고 '위험에 처한 세계유산'을 지정하여 매년 세계유산의 상태를 점검하고 유네스코에 보고하여 인류의 '보편적 가치'를 보존하고자 하는 유네스코 세계유산위원회(World Heritage Committee)의 취지로서 구현된다고 볼 수 있다. 이것은 바로 19세기 미국인 제임스가 유럽에서 살며 도달한 인류의 보편적 가치의 보존에 대한 코스모폴리탄 정신의 실천적 아젠다와 동일한 것이다. 그레이스듀 부인의 생각과 논리와 행동[28]은 인류의 보편적 가치 보존에 대한 미국으로서의 실천성에 입각한 미국인으로서의 인식을 상징적으로 의미한다고 볼 수 있다.

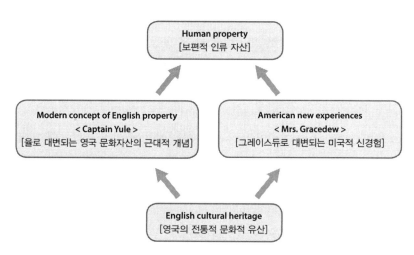

[그림 1] 문화적 의식의 변증법적 변형_『엄청난 거래』(*The High Bid*)[29]

[그림 1]에서 볼 때, 위기에 처한 구대륙의 아름다운 유산이 신생국 미국의 구원 가치에 의거한 그레이스듀 부인의 '미국/미국인으로서의 실천성'에 입각한 행동은 당시 "유럽의 개념적·관념적 차원의 이상주의 철학자들의 진리 개념과는 적극적으로 대치되는 것"으로서, 윌리엄 제임스(William James)가 주장한 "'작용하는 진리'로서의 상황적 진리 개

---

28 Kim, Choon-Hee. "Aesthetic Consciousness and Literary Logic in the Jamesian Transatlantic Perspective: Towards a Dialectic of 'a big Anglo Saxon total'", *English Language and Literature* 57(3), 2011, pp. 367~389 참조.

29 Kim, Choon-Hee. 위의 책, p. 383 Figure 1. 인용 및 번역.

념"[30]의 실천인 셈이다. 제임스 가(家) 구성원들의 "미국 문화형성에 대한 의지와 접근방식은 그들 각자의 철학에 의거한 자발적 개성에 의해 인간 개체의 문제로 접근"[31]했듯이 그레이스듀 부인의 미국인으로서의 실천성 역시 인본주의적 특성에 기반한 그녀 자신의 '개인적 방식'의 실천이라고 볼 수 있다. 이런 방식은 국제 기념물 유적 협의회(ICOMOS)나 유네스코 세계유산위원회의 접근방식과는 다른, 국가·사회 차원이 아닌 "자발적 개성에 의해 인간 개체의 문제"로 간주하여 개인적 방식이 인본주의를 실천하는 코스모폴리탄 정신의 근거와 정수를 보여준다.

3) 아메리칸 리얼리즘과 '소설의 운명'

『낭비』의 작가는 주인공으로 하여금 제임스를 작품의 소재이자 연구주제로 설정하는가 하면, 작가 자신의 평론 「아메리칸 리얼리즘의 교훈」에서는 제임스를 비평의 대상으로 위치시킨다. 실험과 같은 이 두 작업─창작과 비평─을 통해 한국 작가는 미국 문학, 특히 미국 소설이 당시 세계적 위상을 갖는 근거를 찾으려고 하며, 궁극적으로는 "미국 리얼리즘"의 본질에 다가가고자 한다. "아메리칸 리얼리즘의 최초의 거인인" 하웰즈(W. D. Howells 1837~1920)의 말(1884)을 인용하면서 관련

---

30   김춘희. 「제임스 가(家)의 문화 정체성 형성의지」, 『영어영문학』 58(4), 2012, p. 778.
31   김춘희. 위의 책, p. 779.

논의를 시작해본다.

　　"금일 문학 운동으로서 활력을 가지고 있는 유일의 운동은 리얼리즘이다. 그것은 단지 각 개인을 표현할 뿐만 아니라 사물의 질서 전체를 사실(寫實)하는 것이다. 이 작품(E.W. 호의 「시골 이야기」)[32]의 장점은 여기에 있다. 작자는 표면적으로 의식치 못하는 대담성을 가지고 선악을 가리지 않고 일체의 물상을 인식하고 있다."[33]

　　소설 『낭비』의 주인공이 논문 작성을 완료한 후 이제는 제임스를 벗어나 앞으로의 연구 주제 및 그 방향을 전환하고자 한 계기와 그 시점은, 현실 속에서의 그의 비평작업이 「아메리칸 리얼리즘의 교훈」 제 3장에서 논의된 '아메리카 리얼리즘'의 특징과 밀접한 관계를 지닌다는 것을 간파할 수 있다. 김남천의 '아메리카 리얼리즘' 논의와 분석은 자신의 소설 『낭비』 속 주인공의 '방법론적' 갈등—개인과 사회의 '관련성' 측면에서 작가의 내면 세계를 투시해야만 한다는 자신의 주장을 왜곡하고 의심하는 전형위원의 태도로 인한—이 생성하는 학문적 성취의

32　E. W. Howe의 소설 *The Story of a Country Town*(1883)이다. Howe는 W. D. Howells와 M. Twain에게 자신의 소설을 보냈고, 그들로부터 각각 비평을 얻게 되는 일종의 행운을 얻었다. 바로 이 점이 '사실주의' 작가로서의 Howe를 사회적으로 각인시킨 중요한 계기가 된 것이다. Stronks, James B. "William Dean Howells, Ed Howe, and The Story of a Country Town", *American Literature* 29(4), 1958, pp. 473~475.

33　김남천. 「아메리칸 리얼리즘의 교훈 3: 존재하는 모순의 제시」, 「조선일보」. 1940년 7월 29일. 재인용.

한계를 경험하며, 그것은 논문 작성 시초에 가졌던 그의 마음가짐과 현재 부조리한 상황에 대한 심리와 상관성을 맺고 있음을 발견할 수 있다.

결국 주인공 관형은 일제하 제국주의의 정치적 · 사회적 프레임에 갇히게 되어 그가 바라는 "존재하는 모순의 제시"를 실천할 수 없는 현실이다. 바로 이 점이 유럽과 미국 양 대륙의 관계 속에 운명처럼 자신을 던지며 '존재하는 모순의 실체'를 심리적으로 투사하며 세상 속에서 문명비판을 통해 코스모폴리타니즘 정신을 '실천'한 미국 작가 제임스와의 입장과는 큰 차이가 있다.

그러나 김남천이 『낭비』 연재 기간 중 동일한 지면 『인문평론』에 게재한 「소설의 운명」[34]은 당시 작가와 비평가의 지엽적이고도 안이한 "개인의 취미를 무제한으로 개방"하는 당대의 문학현실에 대해 장편소설의 '운명'과도 같은 미래로서의 객관적 리얼리즘에 대한 자각을 촉구하는 맥락과 밀접하게 연결된다.

---

34 김남천, 「소설의 운명」, 『인문평론』, 1940 11월호. pp. 7~15. 그는 이미 1939년 10월부터 1940년 5월에 이르기까지 4차례의 발자크적 리얼리즘의 필요성을 논의해왔다.

[그림 2] 『인문평론』 1940. 11월호 표지[35]

연대기적으로 그의 발자크(Balzac)론과 「소설의 운명」 집필 사이에 「아메리칸 리얼리즘의 교훈」(1회~4회)이 자리잡고 있다는 점 역시 김남천의 비평 이론가로서의 발전 단계로서의 중요한 특징으로 간파된다. 이것은 '아메리칸 리얼리즘'의 중요성이 '객관적 리얼리즘'의 본질로 논의될 수 있는 중요한 연대기적 맥락이기 때문이다.

---

35 [그림 2]: 『인문평론』 1940년 11월호 표지 우측에 「소설의 운명」이 별 표시와 함께 배치되어 있다. 이것은 단순히 편집부의 디자인 작업 차원이 아닌, 독자의 보편적 인식을 촉구하는 중요도를 보여준다. 국립중앙도서관 소장.

4) '부재의식'과 코스모폴리타니즘 실천의 한계

『낭비』의 주인공은 학위 논문 주제로 설정한 '제임스의 부재의식'의 사회적 관련성을 배제한 심리학적 측면에만 국한시키라고 한 논문심사 전형위원과 지도교수의 지적에 대해 『낭비』의 주인공은 비평적 의구심을 떨칠 수가 없다. 여의도 공항을 향해 달리는 자동차 속에서 그 주제의 방법론적 문제의식에 대한 생각을 정리하는 관형의 심리가 『낭비』 제9화에서 전개되고, 주인공의 심리를 통해 작가 자신의 창작과 비평 두 영역의 연결성이 더욱 명료하게 드러난다.

> 부재의식! 그것은 한 마디로 말하면 기성관습에 대한 어떤 개인의 심정상의 부조화로부터 일어나는 의식상태라고 말할 수밖에 없다. 그러니까 가령 헨리·쩸스에 있어서의 「국제적 무대」라는 것은, 아메리카적인 관습에나 구라파적인 관습에나 조화될 수 없는 헨리·쩸스의 심정상의 괴리에서 유래된 것이라고 보지 않을 수 없다. 그의 작품이 점점 고독한 심리속으로 난삽하고 해삽스럽게 파고 들어간 것은, 그 자신의 심정과 조화되는 관습을 밖의 사회와 인간생활에서 찾어 볼수 없게 된데긔인하는 것이다. 그의 심정과, 모순을 이르키지 않는 사회적인 관습을 구라파나 아메리카에서 발견할수 있었다면, 그 자신도 행복해질 수 있었을 것이고, 그의 문학도 결코 난삽한 심리세계로 끌려 들어가진 않았을는지 모르는 일이 아닌가. 그렇다고 보면, 이러한 부재의식이 어째서 단순히 심리학의 형식상문제임에 끄칠수 있을것인가.[36]

---

36 김남천, 『낭비』, 『인문평론』 9회차, 1940, p. 145. 본문 중 소설 내용 인용시 한

논문심사를 기다리며 주인공은 자신의 제임스 관련 논문의 '성과'에 대해 생각하면서, 난해한 제임스 연구를 시작할 때 스스로 견지하기로 다짐했던 "냉혹한 과학적 태도"가 어느 정도 이루어졌는지 스스로 의문을 제기하며 "학문 속에 자기가 섞이고 자기가 끌려 들어가" 버린 지점들을 회상한다. 개인적 내면에 천착하며 시작한 분석이 점차 개인을 포함하는 사회적 문제와 밀접한 관련성을 지님을 부정할 수 없었던 주인공 관형은 끝내 그 관점을 관철시키지 못하게 되자(식민지하에서 사실상 불가능한 작업으로) 그는 개인의 내면으로부터 탈출을 시도한다. 식민지하 제국주의적 피지배 상황에서 "일개 후진한 문화전통 속에 자라난 청년의 정신이 '너'와 '나'를 구별하기 힘든 가운데" 헨리 제임스라는 "현대인의 사상으로 통하는 길"이 '세계사상'으로 통하는 통로가 될지 "동방의 하나의 청년의 마음"이 알 수 없었다.[37] 여기서 그는 제임스와의 '거리두기'를 작정한다. 마치 헨리 제임스의 창작 방식처럼 자신의 냉정한 거리두기를 실천하기 위해 '의도적 무관심'을 견지하는 연구자로서의 태도를 규정하는 것이다. 이런 상황 속에서 주인공 관형은 제임스 관련 논문 작성 후 다음 연구주제를 '영국비평사'로 결정하며 연구의 방향을 바꾸고자 한다. 이것은 제임스의 경우처럼 자신의 개인적 심리와 그것과 관련 맺을 수밖에 없는 사회적 관계를 주제적으로나 형식적으로 접근하는 것이 불필요한, 다른 나라의 역사이자 그곳의 비평

글 철자, 부호, 띄어쓰기 등은 작품에 사용된 철자법과 형식 그대로 가져온다.
37 김남천. 앞의 책, 1940, p. 141.

형성과정에 대한 연구는 자신과의 거리두기에도 적절한 주제일 것이라는 판단에서다.

사회적 관련성으로부터 생성되는 개인의 '부재의식' 관련 논의는 일제 군국주의 체제하에서는 용납될 수 없으며, 따라서 그가 희망하는 '세계'로의 연결 통로는 당시 한국 작가들의 목적의식과 그 방향성에서 찾아볼 수 있다.

5) '아메리칸 리얼리즘' 소설의 근간: 이념적 틀이 아닌 '사실성'

『낭비』가 연재되고 있던 기간 중 같은 해 7월 김남천은 "아메리카 소설"이 당시 미국뿐 아니라 "세계 각지에서 베스트셀러의 정상을 점하고 있는 상태"에 대한 분석 차원의 글을 최재서로부터 원고청탁을 받아 『조선일보』에 기고하게 된다.[38] 그는 "이 땅의 리얼리즘 연구의 긴급한 필요에 응하려", 우선 그들의 '리얼리즘'의 시사성, 사실, 전기성에 주목한다. 그 접근방식에 있어서 아메리카 소설의 "최고 매행 현상"을 "소설의 문학적 본질"과 분리시키지 않는 이유는 그 현상이 "독자층의 사회 심리"와 직결되는 사안으로서 '공감'의 원인을 간파할 수 있는 중요한 자료가 되기 때문이다. 아메리카 소설의 "최고 매행(賣行) 현상"을 설명하기 위해 펄 벅(Pearl S. Buck)의 『대지』(*The Good Earth*, 1931), 아

---

38 4부로 구성된 「아메리칸 리얼리즘의 교훈」 역시 『낭비』의 경우와 마찬가지로 각각 평론선집 또는 작품 선집에 포함되어 출판되지 않아 세상에 알려지긴 어려웠다.

치볼드 크로닌(Archibald Joseph Cronin)의 『성채』(*The Citadel*, 1937), 루이스 브롬필드(Louis Bromfield)의 『우계래(雨季來)』(*The Rains Came*, 1937), 마가레트 미첼(Margaret Mitchell)의 『바람과 같이 가다』(*Gone with the Wind*, 1937), 네 작품을 예로 든다. 네 작품 모두 어떤 지역성을 강하게 띠고 있음을 간파할 수 있는데, 이 중 미국이 배경이 되는 유일한 작품은 "남북 전쟁의 사실(史實)에 취재한" 『바람과 같이 가다』 하나뿐이다. 『대지』와 『우계래(雨季來)』가 각각 중국, 인도를 '배경'으로 한다면, 자전적 소설인 크로닌의 『성채』는 지방색보다는 "주인공의 열렬한 휴머니즘"이 부각되는 작품이다. 결국, 아메리카 소설의 "최고 매행 현상"을 통해 "문학적 본질"을 찾아가는 과정에서 도달하게 되는 것은 "단순한 지방색만이 아니라 하나의 정치성과 역사성까지를 합쳐서 생각하면서 다시 『성채』가 의사가 쓴 의사 주인공의 열렬한 휴머니즘의 작품인 것을 아울러 생각한다면 세계를 뒤집는 동서의 대전을 전후하여 일반 대중의 독서 심리가 어떤 방면으로 향하여 있는가"[39]에 대해 추론할 수 있다는 것이 김남천의 생각이다.

1931년 퓰리처 상을 받은 펄 벅의 『대지』는 삼부작 중 첫번째 작품이다. 한국에서는 이 작품이 심훈에 의해 번역되어 1936년 4월부터 연재[40]되었는데, 이것은 『대지』 삼부작이 1938년 미국 여류 작가로서는

---

39 김남천, 「아메리칸 리얼리즘의 교훈 1: 최고 매행(賣行)과 소재」, 『조선일보』, 1940년 7월 27일.

40 심훈의 『대지』 번역은 1936년 4월(1회)부터 9월호까지 총 6회에 걸쳐 『사해공론(四海公論)』에 연재되다가 그가 1936년 9월 장티푸스로 사망하자 연재 중단

최초의 노벨문학상을 수여하기 이전의 일이다. 그리고 특기할 만한 점은, 스코틀랜드의 소설가이자 의사인 크로닌의 작품 『성채』는 아메리칸 북셀러 협회(American Booksellers Association)의 투표를 통해 1937년 전미 도서상(the National Book Award)를 수상한 작품으로서 "아메리카 소설"이 아닌데도 '미국 소설 베스트셀러즈'에 포함되었다는 사실이다. '아메리카 소설'의 소재의 특성을 시사성, 정치성, 전기성, 사실성(史實性)에서 발견하고, 특히 그 이면의 "소박한 휴머니즘"[41]을 간파하게 된다는 것이 '공감'의 준거에 의해 선정된 미국내 '베스트셀러즈'의 문학적 본질이라고 본다면, 그것은 1937년 '전미 도서상'의 취지와 의미는 국적 불문하고 국외로 확장시켜 영국 작가 크로닌의 『성채』 속 "주인공의 열렬한 휴머니즘" 자체에서 찾았을 것이라고 본다.

「아메리칸 리얼리즘의 교훈」 제1부에서 분석한 "미국 소설 베스트셀러즈"의 '소재성'보다도 더욱 본질적인 것을 김남천은 추적해가는데, 그것을 그는 "아메리카 소설의 전혀 특이한 생장(生長)과 아메리카 리얼리즘의 발전 과정"[42]에서 찾고 있다. 미국 소설이 독자층을 확보하며 국제 무대 전면에 등장하게 된 것이 20세기 전후라고 본다면, 그런 등장 이면에 변화를 가져오게 한 미국의 "경제적 사회적 조건"은 최초 '로맨

되었다.

41 김남천. 「아메리칸 리얼리즘의 교훈 1: 최고 매행(賣行)과 소재」, 『조선일보』. 1940년 7월 27일.

42 김남천. 「아메리칸 리얼리즘의 교훈 2: 서구 소설의 회삽성(晦澁性)」, 『조선일보』. 1940년 7월 28일.

틱 시대'를 지나 '리얼리즘'으로 방향을 바꾸게 된 '문학적 환경'의 발생 조건이 되었던 것이다. 여기서 동시대 영국이나 프랑스 소설가들의 '신심리주의'와 같은, 고전적 소설과는 연결성이라곤 없는 문학적 '실험'과는 어떤 차이가 있길래 차후 유럽과 미국 문학의 특질을 구분하게[43] 되는 계기가 되었을까에 대한 문제에 그는 집중한다. 여기서 어떤 중요한 단서를 발견하게 되는데 이것은 실험주의 작가들이 "거대한 독자층과 격리되고 있다는 현상"이다. 여기엔 "무의식의 세계를 새로이 개척한 신심리주의 소설" 실험 작가들인 마르셀 프루스트(Marcel Proust), 제임스 조이스(James Joyce), 헉슬리(T. Huxley)가 언급되고, "신심리주의의 시조" 격인 헨리 제임스와 다른 미국 작가들-프루스트에게서 직접 영향을 받은 어네스트 헤밍웨이(E. Hemingway)나 윌리엄 포크너(W. Faulkner) [······] 셔우드 앤더슨(S. Anderson) 등-그들 역시 "독자 대중과는 태반 담을 쌓고 있는 현상"임을 지적하고 있다.[44]

여기서 그는 "장편소설을 통하여 관철된 고전적 리얼리즘의 정신을 인간 사회의 전체성의 묘사에다 두었고, 역사의 행진을 내적 모순째로 노정시키는 데 그 방법으로서의 위력"을 강조하며, 이것은 "무의식 세계를 내부적으로 묘사하는 신심리주의적 리얼리즘과는 전혀 반대되는

---

43   그는 이 구분을 위한 단서를 Milton Waldman의 논의로부터 가져온다. Waldman, Milton. "America", Hugh Walpole. *Tendencies of the Modern Novel*. New York: Books for Libraries Press, INC., 1967[1934], pp. 47~64.

44   김남천. 「아메리칸 리얼리즘의 교훈 2: 서구 소설의 회삽성(晦澁性)」, 『조선일보』, 1940년 7월 28일.

방향에서 그 본질을 설정"⁴⁵하는 것으로 규정한다. 제3장 "존재하는 모순의 제시"를 통해 일차적으로 제시된, "각 개인을 표현할 뿐만 아니라 사물의 질서 전체를 사실(寫實)하는 것", 즉 "일체의 물상을 인식"하고자 하는 '아메리카 리얼리즘'의 특질은 김남천에 의해 재인식되고, 그것은 '창작의 조건'과 밀접한 관계를 지니는 것임을 논한다.

그의 '아메리카 리얼리즘' 논의와 분석은 자신의 소설 『낭비』 속 주인공의 논문 주제인 '헨리 제임스의 부재의식'을 해석하는 '방법론적' 갈등—개인과 사회의 관련성 측면에서 작가의 내면 세계를 투시해야 한다는 자신의 주장이 왜곡된 결과—이 생성하는 학문적 성취의 한계는 작가의 창작적 노정에 빗장을 걸어버리는 것과 동일함을 암시한다. '개인'을 표현한다는 것은 "개인을 표현할 뿐만 아니라 사물의 질서 전체를 사실(寫實)하고자 하는 것이며, 이것은 주인공 관형이 제임스 개인의 '부재의식'을 그(제임스)를 둘러싼 사회적 환경과 결부시켜 보고자 했던 입장과 상관성을 맺고 있음을 발견할 수 있다.

한국 작가의 창작 속에 헨리 제임스를 주제로 그리고 소재로 선택한 것은 한국 문학사 관점에서 볼 때 참으로 의외이고 놀랍다. 1940년대 당시 식민지하에서 이데올로기적 양극화 대립의 동력을 찾아 정당화시키고자 하는 담론들이 범람하고 있을 때, 이데올로기적 요소를 철저히 배제한 헨리 제임스라는 서구의 작가를 그의 창작 속으로 들여와

45　김남천. 「아메리칸 리얼리즘의 교훈 3: 존재하는 모순의 제시」, 『조선일보』.
　　1940년 7월 29일.

자신의 정신 상태와 자신의 문학관과 악전고투하며 대결하는 작품을 만들어 낸 것이다. 『낭비』 삼부작 마지막 작품인 「맥(麥)」에서 주인공이, '동양'이라는 말은 '서양'이라는 말이 지닌 어떤 '통일성'이 없음을 지적하며 '아시아 사관'에 비판적이다.[46] 관형은 구라파 문화의 위기니 몰락이라는 논의가 서구인이 이미 만들어 놓은 학문적 방법까지 뒤흔드는 것이 아님을 동양인은 명심해야 함을 피력한다.[47] 이렇게 볼 때, 서구 문학사에서도 규정하기 힘든, 1차 대전 중 생의 마지막에 영국으로 귀화한 미국 작가 헨리 제임스를 한국 근대 문학(사)의 중심으로 가져오면서, 어쩌면 작가는 한국 문학 역시 서구 문명사의 일원이 될 수 있는 세계관을 보여주고자 한 것이 아닐까.

소설 『낭비』는 세계로 나아가는 '출구'로서의 제임스를 규정하며 마무리된다. 그리고 그의 「아메리칸 리얼리즘의 교훈」 집필을 계기로, 이 논평에서도 "신심리주의" 작가로서의 제임스 관련 언급은, 다른 맥락에 서이지만, 그의 소설 속 논문 주제였던 제임스의 '부재의식'과 연결되고 있다. 이렇게 창작 소설 『낭비』에서든, 「아메리칸 리얼리즘의 교훈」에서든, 김남천의 제임스와의 '거리두기'는 시대적 상황을 벗어나 코스모폴리탄 세계로 나아가는 '출구'로서의 제임스를 규정하기 위한 방법으로서의 '거리두기'라고 볼 수 있다.

---

46 김남천. 「麥」, pp. 340~341. 이 작품은 『春秋』(1941년 2월호)에 발표된 김남천의 단편소설로서 『인문평론』에 「낭비」 마지막호가 실린 동일 시점에 발표되었다.

47 김남천. 「麥」, 『春秋』 2월호, 1941, p. 340.

6. 나가며: 유대 관계로서의 '부재의식'

일제 식민지 통치하에서 한국의 한 작가가 서구 영어권 작가들보다 반세기 이상 앞서 지구 반대편의 미국 출신 작가 헨리 제임스의 문학과 사상을 어떤 방식으로 자신의 소설 주제와 소재로 활용했는가 라는 문제제기를 통해 소설 『낭비』와 그의 비평 「아메리칸 리얼리즘의 교훈」을 분석한 결과 아래와 같이 두 작가의 유대관계를 규정할 수 있는 몇 가지 근거들을 제시할 수 있게 되었다.

첫째는 두 작가의 동일한 '부재의식'이다. 김남천은 조국을 잃어 자신의 존재 근거를 상실하자 새로운 선진적인 학문과 사상을 학습하고자 억압과 폭력의 근원지인 식민지 종주국 일본으로 유학을 갔다. 하나의 '부재(不在)'를 피해 다른 곳으로 갔는데 거기에서도 다시 '부재'를 겪는다. 그러자 학문 세계에서의 '부재'를 피해 '소설'이라는 세계로 들어간다. 소설 『낭비』의 시대적 상황, 주인공 관형의 문학관, 학문적 접근 방법, 그리고 논문주제 설정 등, 주제와 소재, 전개방식 등은 김남천의 인간으로서의 작가로서의 경험과 관찰로부터 나온 것이라고 해도 과언이 아니다. 애초 주인공 관형/작가 김남천은 제임스 조이스의 "전혀 새로운 예술 방법"[48]에 남다른 관심을 가졌지만, 그 새로운 "신심리주의적 창작법"[49]의 원조가 헨리 제임스라는 사실을 알고 난 후에는 헨리

---

48 김남천. 『낭비』. 『인문평론』 1회차, 1940, p. 217.
49 김남천. 위의 책, p. 219.

제임스를 연구하게 되었다. 특히 헨리 제임스의 국제 상황 속 '부재의식'을 분석해서 그의 '사회적 시대성'을 규명하고자 한 것이다. 한편, '부재의식' 관점에선 헨리 제임스 또한 마찬가지라고 볼 수 있다. 유럽에 비해 문화적으로 미천하다고 생각해 미국을 떠나 유럽에 갔지만 유럽에서도 여전히 안주하지 못했으나 오히려 이 불안을 '온전한 부재의식'의 동력으로 삼아 창작과 비평의 중요한 조건으로 만들어 인간 내면을 파고 들었다. 김남천처럼 눈에 보이는 억압과 폭력을 느낀 것은 아니지만 자기 스스로 만들어낸 부재의식의 암흑 속에서 심리적으로는 동일한 경험을 하였을 것이다. 소설 『낭비』 중 주인공 역시 이와 유사한 상황을 '공포'로 경험하는 대목이 있다.

둘째로 김남천은 타자의 억압에 대항하는 방식으로 헨리 제임스의 '세계 사상'(코스모폴리타니즘)을 선택한다는 사실이다. 그때 당시 일본이 내걸었던 일본 주도의 억압적이고 폭력적인 대동아 사상을 부정하는 피식민지 사람들은 어쩔 수 없이 폭력적 방식을 선택할 수밖에 없었지만 김남천은 모두가 공존할 수 있는 사상을 찾았는데 그것이 바로 헨리 제임스의 '세계 사상'(코스모폴리타니즘)이었다. '부재'가 문제되지 않고 두렵지 않은 탈식민적 자유를 향유할 채비를 하게 된 것이다. 헨리 제임스는 유구한 전통을 자랑하는, 그래서 자기도 흠모하여 찾아간 유럽에서 인류의 문화적 가치가 소멸될 수 있는 위기를 경험하게 된다. 예를 들면 제임스가 자신의 작품에서 그레이스듀 부인을 통해 보여주는 해법은 결코 일방적이지 않다. 그는 훌륭한 문화를 만들어 낸 유럽인들의 위대함을 인정하지만, 그들은 문화유산의 소멸을 방치할 수밖에 없는 한계를 보여주고, 대신 유럽을 방문한 미국인에 의해 고귀한 문화유산이 보존될 수 있도록 한다. 인간 세계의 평화는 소위 위대한 누군가의 주도에 의해서 이루어지지 않고 각자의 역할이 인정되는 '모두가 참여'하여야 함을 의미한다고 볼 수 있다.

셋째로 김남천의 주인공의 최초 열망은 문학 창작이 아니라 '세계 사상'을 기반으로 한 문학에 대한 학문적 연구라는 사실이다. 그의 학위 논문 심사위원인 일본인 교수와 그의 지도교수가 헨리 제임스의 사상을 배제하고 심리 분석에만 집중하도록 강요한다. 그는 자신에게 솔직한 사람으로서 자신이 열망하는 것을 포기하고 학위 취득을 위해 비겁하게 회유에 순응하지 않았다. 억압적 상황이 아니었다면 김남천과 그의 주인공은 위대한 학자이거나 헨리 제임스처럼 위대한 작가이면서 동시에 위대한 사상가가 되었을지도 모른다.

넷째로 김남천이 학문적 연구의 좌절을 문학적 창작으로 전환하였던 사실이다. 학업을 포기할 수밖에 없었지만, 자신의 열망을 포기하지 않고 문학 창작의 방식으로 전환하였다. 그래서 필자의 지식체계 내에서 볼 때 '세계에서 최초로'(그가 의도하거나 의식한 것은 전혀 아니지만 결과론적으로) 헨리 제임스를 소재로 소설을 쓰게 된다. 물론 여기에 자신을 주인공으로 등장시키고 자신이 겪었던 '복합적' 경험을 소설 속에 재현하였다. 그는 억압의 상황에서 '헨리 제임스의 부재의식'이라는 주제를 통해 스스로 개인의 내면에 더 이상 천착하지 않고 그 다음 단계로서 찾은 출구는 '세상'을 향해 나아간 제임스처럼 '부재'가 문제되지 않고 두렵지 않은 탈식민적 자유를 향유할 채비를 하게 된 것이다.

다섯째 김남천은 '아메리칸 리얼리즘' 작가들처럼 '사실'에 기반한 문학을 추구하였다. 김남천이 '리얼리즘'의 중요성을 강조했으나 그를 리얼리즘 작가로 소개하지 않겠다. 왜냐하면 그 개념이 너무 많은 오해를 줄 수도 있기 때문이다. 그는 차라리 세상사에, 그리고 그것을 경험하는 자신에게 너무나 솔직하기 때문이다. 일제강점기 억압과 폭력에 시달린 한국의 많은 지식인들은 당연히 자유와 평등사상을 받아들일 수밖에 없었는데 김남천도 그러하였다. 그렇지만 매사에 솔직한 그는 사회주의라는 이데올로기적 틀에 맞추어 비사실적으로 작품을 쓰는 사람들을 혹평하였다. 임화가 대표적이다. 이러한 성향을 가진 그는 헨리 제임스를 어떻게 받아들였을까? 유럽의 역사와 전통을 마주할 때 분출하는 제임스 가(家)의 에너지가 남달랐듯이, 피식민지 지식인으로서 서구의 문학을 대할 때 김남천의 에너지 역시 남다르다. 흔히 사람들은 제임스를 '심리 소설의 대가'라고 하면서 심리는 마치 사실이 아닌 것처럼 취급한다. 사회주의 이데올로기를 도식적으로 적용하는 임화는, 아마도 '심리'는 물적 기반의 단순한 현상이라고 주장했을 것이고, 상상컨대, 헨리 제임스는 부르쥬아 이데올로기에 빠져서 인간의 처절한 삶의 고통을 폭로하지 않고 부르쥬아의 심리만 재현한 작가로 간주했을 것이다. 그렇지만 김남천에게는, 만약 작가가 솔직하다면 심리도 그러하기 때문에 마땅히 그 심리는 사실일 수밖에 없다고 생각했을 것이다.

헨리 제임스와 김남천의 유대관계는 두 작가가 처한 역사적 상황의 차이는 있으나 그 '차이'는 의식 차원에서 생성된 '부재의식'을 통해 맺어져 있음을 발견할 수 있었다. 하나의 특별한 소설을 통해 헨리 제임스의 코스모폴리타니즘과 김남천의 수용 방식을 살펴보면서 어떻게 한국 근대 문학 정신의 핵심을 들여다볼 수 있는 근거가 될 수 있는지, 그리고 이 작업이 '아메리칸 리얼리즘'과 한국 근대 소설의 방향성'을 규명하는데 어떻게 활용될 수 있는지에 대해서 살펴보았다. 결과적으로 한 작품의 '실험적' 특성이 근대 문학 속 미국적 상상력과 코스모폴리타니즘이란 주제로 확장될 수 있는 하나의 좋은 예시가 될 수 있다는 결론에 이르렀다고 할 수 있는 작업이었다.

참고 문헌 ⁵⁰

김남천. 『낭비(浪費)』. 『인문평론』, 인문사, 1940년 2월~1941년 2월 연재.

김남천. 「경영」, 『文章』, 문장사, 1940년 10월.

김남천. 「麥」, 『春秋』, 朝鮮春秋社, 1941년 2월.

김남천. 「발자크 연구 노트 1」, 『인문평론』, 인문사, 1939년 10월.

김남천. 「발자크 연구 노트 2」, 『인문평론』, 인문사, 1939년 12월.

김남천. 「발자크 연구 노트 3」, 『인문평론』, 인문사, 1940년 4월.

김남천. 「발자크 연구 노트 4」, 『인문평론』, 인문사, 1940년 5월.

김남천. 「아메리칸 리얼리즘의 교훈 1: 최고 매행(賣行)과 소재」, 『조선일
  보』, 1940년 7월 27일.

김남천. 「아메리칸 리얼리즘의 교훈 2: 서구 소설의 회삽성(晦澁性)」, 『조선
  일보』, 1940년 7월 28일.

김남천. 「아메리칸 리얼리즘의 교훈 3: 존재하는 모순의 제시」, 『조선일보』.
  1940년 7월 29일.

김남천. 「아메리칸 리얼리즘의 교훈 4: 발전상과 그 한계」, 『조선일보』, 1940
  년 7월 31일.

김남천. 「소설의 운명」, 『인문평론』, 인문사, 1940년 11월.

김남천. 남승원 엮음. 『김남천 평론선집』. 서울: 지식을만드는지식, 2015.

김남천. 정호웅 · 손정수 엮음. 『김남천 전집』(I, II). 서울: 박이정, 2000.

김춘희. 「제임스 가(家)의 문화 정체성 형성의지」, 『영어영문학』 58(4), 2012,
  pp. 753~782.

나쓰메 소세키(夏目漱石). 송태욱 역. 『나는 고양이로소이다』(『吾輩は猫であ
  る』). 현암사, 2013.

---

50 꺾쇠괄호 속 연대는 원래 발표된 시점이다.

신희교. 『일제말기소설연구』. 국학자료원, 1996.

Bromfield, Louis. *The Rains Came. A Novel of Modern India.* Harper & brothers, 1937.

Buck, Pearl S. *The Good Earth.* Washington Square Press, 2004[1931].

Chung, Chong-Wha. "Introduction", *Modern Korean Literature: An Anthology, 1908-65.* London and New York: Kegan Paul International, 1995, pp. xxv-xli.

Chung, Chong-Wha. *Modern Korean Literature: An Anthology, 1908-65.* London and New York: Kegan Paul International, 1995.

Cronin, Archibald Joseph. *The Citadel.* Longman, 1993[1937].

Eagleton, Terry. "(Review) The asperity papers", *The Guardian.* 24 Jun 2006, https://www.theguardian.com/books/2006/jun/24/featuresreviews. guardianreview27.

Hollinghurst, Alan. *The Line of Beauty.* New York: Bloomsbury USA, 2004.

Howe, E. W. *The Story of a Country Town.* ed. Sylvia E. Bowman. Rowman & Littlefield, 1962[1883].

James, Henry. "Covering End", ed. Leon Edel. *The Complete Tales of Henry James,* Vol. 10. Philadelphia and New York: J. P. Lippincott Company, 1964[1895].

James, Henry. "Occasional Paris", *Portraits of Places.* London: Macmillan & Co., 1883, pp. 75-95.

James, Henry. "The Art of Fiction", *Partial Portraits.* London and New York: Macmillan and Co., 1894[1884], pp. 375-408.

James, Henry. "THE HIGH BID 1907 Editors Foreword page" ed. Leon Edel. *The Complete Plays of Henry James.* London: Rupert Hart-Davis, 1949.

James, Henry. Summersoft [1895]. ed. Leon Edel. *The Complete Plays of Henry James.* London: Rupert Hart-Davis, 1949.

James, Henry. *The Complete Notebooks of Henry James.* ed. Leon Edel and Lyall Harris Powers. Oxford University Press, 1987.

Kim, Choon-Hee. "Aesthetic Consciousness and Literary Logic in the Jamesian Transatlantic Perspective: Towards a Dialectic of 'a big Anglo Saxon total'", *English Language and Literature* 57(3), 2011, pp. 367-389.

Kim, Choon-Hee. "On the Status of Scholarly Study of Henry James in Korea", *The Henry James Review.* The Johns Hopkins University Press, 2003, pp. 258-268.

Kim, Choon-Hee. "The Evolution of Jamesian Realistic Anxiety: A Korean Novel about Henry James", ed. Choon-Hee Kim. *Jamesian Cultural Anxiety in the East and West: The Co-Constitutive Nature of the Cosmopolite Spirit.* Cambridge Scholars Publishing (UK), 2020, pp. 116-141.

Kim, Chul. "The Literary Works of Kim Nam-ch'on: "Overcoming the Modern," Waste, and Venice", *Seoul Journal of Korean Studies* 19(1), 2006, pp. 127-160.

Lodge, David. "Part One: The year of Henry James: Or, Timing is All: the Story of a Novel", *The Year of Henry James: The Story of a Novel.* UK: Random House, 2006.

Lodge, David. *Author, Author.* London: Secker & Warburg, 2004.

Matthiessen, F. O., and Murdock, Kenneth B. eds. *The Notebooks of Henry James.* New York: A Galaxy Book, Oxford University Press, 1967.

Mitchell, Margaret. *Gone with the Wind.* Macmillan, 1936.

Stronks, James B. "William Dean Howells, Ed Howe, and The Story of a Country Town", *American Literature* 29(4), 1958, pp. 473-478.

Tennant, Emma. *Felony: The Private History of The Aspern Papers: A Novel.* London: Jonathan Cape, 2002.

Tóibín, Colm. *The Master.* Toronto: McClelland & Stewart, 2004.

Waldman, Milton. "America", Hugh Walpole. *Tendencies of the Modern Novel.* New York: Books for Libraries Press, INC., 1967[1934], pp. 47-64.

9장

한국영화의 성장 과정상 미국의 의미와 영향:
미군정기를 중심으로

한국영화의 성장 과정상 미국의 의미와 영향: 미군정기를 중심으로

송낙원(건국대학교)

1. 서론

한국은 1945년 일제에서 해방 후, 미군정 시기를 거쳐 대한민국으로 건국하면서 영화 산업 또한 미국의 지원과 영향으로 그 정체성을 확립하고 성장시켰다. 1945년부터 1948년까지 미군정 3년간 미국 영화의 배급과 상영으로 영화 미학적인 큰 영향력이 있었고 더불어 미군정 공보국의 지원으로 영화 산업의 기초가 되는 영화 기자재와 촬영, 녹음, 현상 시설을 갖춘 영화 스튜디오의 설립이 가능하게 되었다. 1948년 대한민국 정부 수립 이후에도 미국의 원조와 지원으로 일제시절 조선영화는 한국영화로 새롭게 탈피하여 영화 미학적으로, 기술적으로, 산업적으로 정체성을 갖추고 자생력을 이루어나가는데 큰 영향을 받게 된다.

한국영화의 시작은 일제로부터 해방된 1945년 광복일로부터 그 기원을 잡을 수 있다. 물론 그 이전 일제시대의 조선에도 영화는 있었다. 조선에 영화가 전래된 기원은 대략 1897년 무렵으로 일본인이 일본 거류민을 위해 진고개(충무로)에서 활동사진을 틀었다는 기록과 미국 철도 부설 회사에서 노동자들을 대상으로 활동사진을 보여줬다는 기록이 있다. 본격적으로 대중에 소개된 것은 1903년으로 『황성신문』에 활동사진 관람 광고가 실리기 시작했다. 당시 흥행했던 영화는 10분 정도 러닝타임의 프랑스 파테나 고몽의 단편 다큐멘타리 영화들과 프랑스의 조르주 멜리아스나 미국의 데이비드 그리피스 감독의 초기 단편 극영화들이었다. 영화 카메라를 발명하고, 영화를 자국에서 제작했던 프랑스, 미국, 영국, 독일 등의 서구 국가들과는 달리 인도, 중국, 일본, 조선 같은 아시아 국가들은 서구 영화들을 수입하여 상영하는 방식으로 영화 문화를 받아들였다.

일제 식민지 당시 조선은 영화를 일본을 통해 받아들여야만 했다. 당시 조선 영화인들이 사용하던 카메라나 영사기, 현상기 등의 영화 기자재는 일본 수입업자가 들여온 프랑스제가 대부분이었고, 영화 만드는 기술도 조선에 들어온 일본 영화인들로부터 배우거나 직접 일본에 건너가 배워오는 방식이었다. 나운규 감독의 영화 〈아리랑〉(1926)이나 이규환 감독의 영화 〈임자없는 나룻배〉(1932) 같은 일부 민족주의 경향의 영화들 외에 많은 영화들이 친일 영화에 속해 있었고, 일제 총독부 검열의 철저한 통제 속에서 영화가 제작되고 상영되었다. 1940년대부터는 일본이 제2차 세계대전에 깊숙이 들어가면서, 식민지 조선에서 영화는 군국주의 일본의 프로파간다로만 살아 남았다.

1945년 해방과 미군정의 시작은 조선영화에서 한국영화로 넘어가는 분수령이었다. 해방된 조선에 진주한 미군은 태평양사령부 사령관인 하지 중장이 38도선 이남 한반도의 점령군 사령관이 되었고, '메카서 포고 1호'를 발표하여 38도선 이남 지역 일체의 행정권을 실시하면서 1948년 대한민국 정부 수립 전까지 근대 한국 사회 형성에 큰 영향을 끼쳤다. 당시 미군정의 가장 큰 목표는 소련이 점령한 북한지역에 대항하여 더이상 공산주의가 확산되지 않는 방파제로서의 남한을 현상유지를 하는 것이었다. 그렇기 때문에 1945년 9월에 발족한 미군정은 정부와 공공기관에 친일파 직원을 유임시키고, 영어를 공용어로 공포하고, 미군에 대한 명령 복종과 적대행위에 대한 엄벌, 미국적 자본주의 시장경제 시스템을 정착시키는 것을 주안점으로 두었다.[1]

이 시기 한국영화도 마찬가지로 미국과 미국영화에 큰 영향을 받았고 상업영화 산업으로서 발전의 기초를 닦게 되었다. 1940년부터 45년 사이 일본이 제2차 세계대전에 뛰어들면서 일제 강점기 조선에서는 더 이상 상업영화는 제작되기 어려웠다. 식민지 조선의 모든 정치와 경제가 전쟁에 동원되었고, 영화 또한 자유로운 제작 환경을 잃고 오직 일제의 침략 전쟁을 미화하는 프로파간다 영화가 일제 정부 주도로 간혹 만들어졌을 뿐이다. 그래서 해방된 후 한국에서 영화제작을 할 수

---

1   강만길. 『20세기 우리 역사』. 창작과 비평사, 1999, p. 220.

있는 여건은 거의 남아 있지 못했다. 영화를 촬영할 수 있는 생필름부터 구하기 힘들었고, 제대로 작동되는 카메라도 없었고, 녹음시설이나 현상시설도 아예 없었다. 일제 말기에 일제는 당시 조선의 영화 제작 역량을 '조선영화사'라는 한 회사로 통폐합했는데, 화재 사고로 대부분의 영화 제작 기자재가 소실되었다. 영화감독 서광제는 "촬영소다운 촬영소 하나 갖지 못하고 낡은 바르보 촬영기 몇 대로서 40년 동안 형극의 길을 걸어온 조선영화의 유산은 거의 무라고 해도 과언이 아니다."라고 했고, 영화평론가이자 영화감독 안석영은 "영화를 제작하려 해도 생필름이 없으며 현상약품이 고가이고 자재가 비싸 도저히 영화를 만들 수 없는 환경"이라고 글을 쓴 바 있다.[2] 해방된 한국영화계는 아무것도 없는 바닥에서 다시 시작해야 했다.

미군정부터 한국정부 수립, 한국전쟁 시기를 거쳐 1950년대 말까지 한국영화의 정체성 형성과 산업화의 역량 축적에는 미군정기 영화 정책과 막대한 미국 할리우드 영화 상영, 미군정청의 일본 적산 재산 불하, 미국에 의한 원조경제체제가 큰 영향을 끼쳤다. 이 연구는 특히 미군정기를 중심으로 미국과 미국영화가 어떻게 한국영화의 성장에 영향력을 행사했는가에 대한 이해를 얻고자 한다.

2　조혜정, 「미군정기 극장산업 현황연구」, 『영화연구』 14호, 1998, p. 507.

2. 미군정의 영화 정책과 한국영화의 새로운 시작

미군정의 영화 분야와 관련한 적산 불하 정책은 일제 강점기부터 조선영화를 만들어 왔던 기존 영화인들의 저항을 불러 왔다. 미군정기에 대표적인 영화인 단체는 1945년 12월에 결성된 조선영화동맹(영맹)이 있었다. 영맹은 설립 시 좌익 영화인들이 중심이 되었지만 단체의 대표성을 띠기 위해 정치적 입장을 넘어서 일제 강점기에 활동했던 대부분의 영화인들을 포함시켰다. 영맹의 설립 당시 위원장은 안종화, 부위원장은 안석주와 이규환, 서기장은 추민이 맡았고, 전국에 맹원수 700명이 넘는 조직으로 출발했다. 그러나 1946년 모스크바 삼상회의 결과 신탁통치설이 전해지자 우익이 반탁, 좌익이 찬탁을 주장하며 해방기 좌우익 정치 세력이 충돌했고, 영맹도 최인규, 전창근, 윤봉춘, 이규환 등의 우익 영화인들은 빠져 나가고 독은기, 문예봉 등의 좌익 영화인들만 남으면서 좌익 영화인들이 주도하게 되었다.[3]

좌익이 주도했던 영맹은 미군정의 적산 민간 불하 정책에 반대하면서 영화산업의 국영화를 주장했다. 그리고 미군정이 지원하던 미국영화 전문 배급사 중배의 미국영화 배급을 반대했고 미군정의 영화법도 반대했다. 당시 조선영화동맹의 서기장으로 실질적으로 영맹을 주도했던 추민은 '영화 국영화론'을 주장하며 다섯 가지 영화정책을 제기했다. 첫째 영화 산업에 필요한 모든 기자재와 설비를 국가가 소유하고 운영

---

3   한상언, 『해방 공간의 영화·영화인』, 이론과실천, 2013, pp. 39~40.

할 것. 둘째 국립 영화 배급사와 국립 상설영화관을 운영할 것. 셋째 영화과학연구소를 설립하여 영화인을 재교육할 것. 넷째 민간영화 기업에 대한 기술적 지원 정책을 펼 것. 다섯째 국립영화학교를 설립하고 농어촌 지역이나 공장, 직장에도 영화시설을 보급할 것이었다. 추민의 급진적인 주장에 반해 조맹의 집행위원 서광제는 현실적인 정책을 제안했다. 그는 외국영화에 대해 수입 쿼터를 두고, 수입 관세를 매겨 한국영화 제작을 지원하고, 국가 주도의 영화촬영소를 건설하고, 영화관 증설에 국가가 지원하자는 주장을 폈다.[4]

'영화 국영화론'이나 영화 산업에 대한 국가의 지원 정책 제안은 미군정기 동안은 실행되지 못했다. 그러나 이후 이승만 정부에서는 외국영화 쿼터제와 한국영화에 대한 조세 혜택이 어루어졌고, 국가에 의한 영화 제작 시설 지원이 이루어졌다. 박정희 정부에서는 1973년 정부 주도의 영화진흥공사가 설립되어 한국영화 제작 지원과 한국영화를 촬영할 수 있는 촬영 스튜디오, 촬영 장비 대여실, 현상소, 녹음실이 설립되어 국가가 운영했다. 1974년에는 한국필름보관소가 설립되어 국가 주도로 한국영화를 아카이빙하고 농어촌에 순회 영화관을 운영하게 되었다. 전두환 정부에서는 1984년 국립영화학교인 한국영화아카데미가 영화진흥공사 부설로 설치되어 영화교육 기관 운영이 이루어졌다. 영화 국영화론은 그 기본 이론이 소비에트 시절 러시아의 사회주의 영화진흥 정책이었는데, 이 정책 중 많은 부분이 서유럽 국가인 프랑스,

---

4   조혜정. 「미군정기 조선영화동맹 연구」, 『영화연구』 13호, 1997, p. 137.

영국, 독일, 이탈리아 같은 국가에서 주요 영화정책으로 실시되었고, 한국도 1970년대부터 현재까지 많은 영화 정책을 국가 주도로 실시하게 되었다.

미군정은 1940년 일제가 만들었던 조선영화령을 대체하는 새로운 영화법을 1946년 공포하는데 미군정 법령 68호는 영화의 제작, 배급, 상영에 관해 미군정 공보부의 허가를 받도록 하는 '검열과 허가제'를 기본 정책으로 했다. 미군정 법령 68호와 115호는 그 목적이 사전 검열제를 통해 좌익의 영화 제작을 사전에 제한하고, 중앙영화배급사(중배)를 통해 미국영화사의 수익을 보장하는 정책이었다.[5]

당시 영화산업의 자본 흐름은 극장을 중심으로 돌아갔는데, 극장에서 발생한 수익금이 배급사로 들어가고, 배급사에서 영화 제작사로 투자가 되어 한국영화가 제작되는 시스템이었다. 그런데 영화와 관계된 미군정 법령 115호는 한국에서 상업영화 배급이 중배를 중심으로 이루어지게 하고, 중배는 미국영화만을 수입, 배급, 상영하고, 이렇게 상영을 통해 얻게 된 수익은 미국으로 송금되는 구조를 새로 짜서 한국영화의 수익과 생산 시스템이 마비되게 했다. 중배의 활동은 이승만 정부가 새롭게 들어서면서 중단된다.

그러나 미군정 영화법령 68호에 근거한 '영화 사전 검열'은 이승만 정권 이후에도 박정희, 전두환, 노태우 군사 정권까지 거의 40년이 넘

---

5   이우석, 「광복에서 1960년대까지의 영화정책」, 『한국영화 정책사』, 나남출판, 2005, p. 116.

는 기간 동안 정부에 의한 강력한 사전 검열로 이어지게 되었다. 그런데 정작 미국에서는 할리우드 영화에 대해 미 연방정부의 사전 검열의 법적 근거도 없었고, 단 한 번도 정부에 의한 사전 검열이 이루어진 적이 없었다. 미국 할리우드 스튜디오는 자체적인 등급제 심의만 실시해 왔다. 이 부분은 미군정이 자유 민주주의라는 정치적 아젠다를 해방기 한국 사회에 이식하려 했기보다는 일제 군국주의가 만들었던 사회 통제 장치를 손쉽게 재사용했다는 것을 알 수 있다.[6]

미군정기 영화 정책이 한국영화 제작에 그리 녹록한 환경은 아니었음에도 당시 실제로 영화를 만들 수 있던 영화인들은 미군정과 긴밀한 유대 관계를 통해 원조 물자로 들어온 영화 기자재와 필름을 최대한 이용했다. 해방 후 최초의 한국영화로 꼽히는 최인규 감독의 〈자유만세〉(1946)는 일제 강점기 독립운동을 하던 독립운동가를 소재로 한 영화였고 당시 큰 흥행을 했다. 이 영화는 최인규 감독의 형 최완규가 설립했던 고려영화사에서 제작했는데, 당시 사용했던 미첼 카메라와 코닥 필름은 미공보원(USIS)에서 뉴스제작을 목적으로 보유했던 장비와 필름을 불하 받아 제작했었다. 한국전쟁이 끝난 후 1955년에 제작된 김기영 감독의 데뷔작 〈주검의 상자〉도 미공보원(USIS)이 소유한 필름과 카메라, 동시녹음기로 제작된 경우였고, 1950년대 후반 충무로 영화계에서 많이 이용했던 '정릉 스튜디오'는 한국영화문화협회라는 곳에

---

6   송낙원. 「해방 후 남북한 영화 형성기 (1945~1953)」, 『남북한 영화사 비교연구』. 국학자료원, 2007, p. 25.

서 운영을 했는데 이 단체는 1956년 미국의 아시아 원조 재단인 아세아재단을 통해 당시 6만 달러 상당의 미첼 카메라와 휴스턴 자동현상기를 무상 기증 받아 이를 한국 영화제작사에 대여해 운영되었다.[7]

이미 1940년부터 1945년 사이 제2차 세계대전을 치르면서 일제의 조선 총독부는 민간의 영화제작 역량을 말살하고 군국주의 프로파간다 영화만 간헐적으로 제작해 영화를 제작할 수 있는 기술적 물리적 기반은 1945년 해방 후 한국에서 이미 붕괴되었다고 판단하는 게 옳을 것이다. 그렇기 때문에 1949년 한국에서 제작된 20여 편의 장편 상업영화들은 미공보원(USIS)을 통해 지원 받은 기자재를 사용했고, 한국전쟁이 끝나고 1950년대 말부터 본격적으로 제작에 들어간 초기 충무로 영화산업의 영화들은 미공보원이 한국전쟁 기간 제작 기자재를 이양했던 한국군 국방부 정훈국의 장비와 필름, 그리고 그곳에서 미국식 영화 기술을 전수 받고 민간으로 나와 활약했던 영화 촬영 기사, 현상 기사, 녹음 기사 등의 영화 기술 인력의 토대로 제작이 가능했다고 본다. 당시 국방부 정훈국 장교 출신으로 군에서 영화 일을 배워 후에 한국의 대표적인 영화감독이 된 김수용 감독은 1950년대 후반 초기 충무로 영화계를 회고하면서 한국전쟁으로 인해 그 이전 일제 강점기 영화인에서 해방 이후 영화인으로 세대 교체가 이루어졌고, 일제 강점기에 사용되던 프랑스제와 일제 카메라와 녹음기 등의 영화 기자재가 미

---

7   조혜정, 「해방과 한국전쟁」, 김미현 편, 『한국 영화사』, 커뮤니케이션북스, 2006, pp. 111~112.

군과 한국군 정훈국에서 사용하던 새로운 미제 영화 카메라와 녹음기, 현상기, 코닥 필름으로 전면적인 전환이 이루어졌다고 증언했다. 1950년부터 1953년까지 한국전쟁 시기 군 주도로 시행되었던 뉴스 필름과 다큐멘터리 제작, 이를 기반으로 이루어진 영화인 세대 교체는 1950년대 말부터 형성되던 이른바 '충무로 영화계'로 불리던 초기 한국영화 산업에 큰 물적 토대가 되었다.

3. 미군정의 적산 불하를 통한 한국영화의 초기 산업화

미군정기에 경제 정책에서는 미국식 자본주의가 도입되었다. 일제 강점기 총독부의 경제 정책이 자본주의보다는 수탈 식민지 경제 정책과 군국주의 전쟁 동원 경제였다면, 미군정청은 일제 총독부와 일본인이 소유했던 자본과 경제 기반 시설을 남한의 한국인들에게 소유권을 이전시키면서 자본주의 경제 시스템이 돌아가게 유도했다. 이때 대표적인 이행 정책이 적산 불하다. '적산'은 말 그대로 적의 재산, 즉 일본 제국주의가 조선에서 수탈해 집적한 자본과 부동산, 회사와 공장 시설을 의미했으며 '적산 불하'는 일제 총독부의 국공유 재산외에도 일본회사, 일본인 지주, 일본인 사업가의 사유재산까지 포함해 적산을 미군정 기간 3년간 한국 민간인에게 넘기는 정책이었다. 그런데 그 불하 과정은 불투명했고, 주로 일본인 사업가 밑에 중간 관리 직원으로 일했던 한국인 직원들이 적산 관리인으로 인수인계되면서 나중에는 자신들이 집중적으로 적산 불하를 받는 특혜를 누렸다. 이런 자본의 이동으로 미군정기 동안 한국에는 공업이나 상업 분야의 초기 자본가 계급이 생성되었다.[8]

당시 한국 사회는 좌익이 이끌던 인민위원회를 중심으로 경제 체제를 사회주의로 운영하고자 하는 시도와 중도 우파인 한국독립당의 경우는 상해 임시정부가 적산을 국유화해 처리해야 한다는 적산의 공공성에 대한 주장들이 있었다. 그러나 미군정은 적산의 국유화를 사회주의 경제로 민간 불하를 자본주의 경제 정책으로 판단했다. 또 다른 미군정기 중요 경제 정책으로는 미국에 의한 원조경제체계였다. 미국은 당시 해방된 한국 경제에 시급했던 식민지 수탈 경제의 탈피나 장기적인 경제 발전을 위한 중공업 기반 시설 투자와 건립에는 부정적 인식이 있었다. 사회가 적절히 현상 유지되는 정책만을 사용했는데 그래서 경공업 위주의 산업화와 이를 뒷받침할 원조경제를 들여왔다. 미국의 원조경제는 당시 한국 사회가 필요로 한 재화를 거의 무상으로 지원해 줬다.

한국영화의 시작점에서 당시 영화 산업의 가장 중요한 기반 시설인 극장은 일제시대에는 대부분 일본인 소유였다. 적산은 일본인이 조선에 남기고 떠난 재산이었는데, 귀속재산이라고도 불렸다. 강제 합병이

---

8   이종훈. 「미군정 경제의 역사적 성격」, 『해방전후사의 인식 1』 개정 3판. 한길사, 2004, p. 575.

후 해방기까지 일본인이 조선에서 축적한 재산의 규모는 당시 총 가치가 3,053억원으로 추정했는데, 1945년을 기준으로 당시 세출의 9배 정도 규모였다고 한다. 미군정은 군정법령 제33호를 공포하여 조선에 남겨진 일본인의 국공유 재산은 물론 사유재산까지 모두 미군정에 귀속시켰다. 1947년에 조사된 기록에 의하면 미군정은 남한에 남겨진 1,812개의 주요 적산 업체를 귀속했는데, 여기에는 19개의 극장이 포함되었고, 현재의 가치로 환산하면 약 4백 5십만 달러 정도였고, 전체 영화산업의 규모는 현재 가치로 환산하면 약 10억 달러로 추산했다.[9]

미군정은 이렇게 압류한 일본인 적산을 한국인에게 불하를 하게 된다. 1946년부터 미군 감독관은 주요 사업장에 대해 한국인에게 관리 업무를 이양시키는데, 이 한국인 관리들은 과거 일제에 협조적이어서 중간 관리 간부역할을 하던 사람들이거나, 미군정에 선을 대어 적산을 불하 받을 수 있는 사회적 영향력과 자본을 소유한 유산 계급 출신이었다. 미군정의 적산 불하 정책의 최우선 목표는 당시 세력을 확대하던 인민위원회 등의 좌파가 일본인 재산을 장악하는 것을 막고, 민간 불하를 통해 미국적 자본주의를 한국 사회에 새롭게 이식시키려는 의도가 있었다.

이런 적산 불하를 통해 미군정기 한국경제는 다음과 같은 방향으

---

9   Statement of vested properties, Office of Property Custody, Civil Affairs Section, USAFIK(1948/10/12), *Japanese External Assets Estimate*, 한국학중앙연구원 편, 『해방 직후 한국 소재 일본인 자산 관련 자료』, 도서출판 선인, 2005. CD 부록 재구성.

로 변화하고 발전하게 되었다. 첫째는 해방 이후 일본인 자본가와 경영주가 일거에 빠져나가 위기에 직면했던 자본주의 시스템이 한국인 자본가와 경영주가 탄생하면서 정상화되었다. 둘째는 최초의 한국사회 자본가층이 미군정과 가까운 관계를 유지했던 한국인 적산 관리인들에 의해 탄생했다. 이들은 우파가 되어 해방기 동안 적산의 국유화를 주장하고 노동자의 자주 관리를 하고자 했던 좌파를 누르고 정치 권력과 경제 권력을 모두 획득하여 한국사회의 기득권층이 되었다. 셋째는 적산 불하는 명백한 특혜 조치였다. 당시 격심한 인플레이션을 고려하면 시세보다 훨씬 낮게 불하 가격이 책정되고, 15년간 분할 상환을 시행하고, 잦은 체납 허용을 통해 적산 대금 납부를 최장 20년 넘는 기간 동안 하면서, 적산을 불하 받은 적산 관리인들은 1960년대 이후 자본가로 급성장할 수 있었다. 이승만 정부 시절 시행했던 농지개혁이 전근대적 지주계급을 해체하고 근대적 부르주아 시민계급을 형성하게 하는 기본 토대였다면, 적산 불하는 부르주아 계급 속에서도 소수의 자본가를 형성하게 하는 정책이 되었다.[10]

한국영화에 대해서 미군정은 「소규모 적산사업체 불하에 관한 추천수속 요령」(1947)을 통해서 1,300건의 민간 불하를 실시했다. 극장에 대해서는 1949년을 기준으로 서울의 시공관(명동, 관리인 현시영), 성남극장(남영동, 관리인 안병수), 광무극장(상왕십리, 관리인 김복산), 신부좌(신당동, 관리인 김상철), 대륙극장(조동, 관리인 김인한), 조일좌(충무로, 관

---

10 강만길, 『20세기 우리 역사』, 창작과 비평사, 1999, p. 244.

리인 최예득), 제일극장(종로, 관리인 이창용), 중앙극장(정동, 관리인 김상진), 우미관(종로, 관리인 엄상운), 영보극장(영등포동, 관리인 박반성), 신부좌극장(신당동), 서울극장(충무로, 관리인 신한철), 명동극장(명동), 도화극장(도화동, 관리인 정익문), 단성사(종로), 약초극장(충무로, 관리인 홍찬)을 적산불하했고, 충남의 대전극장(대전시, 관리인 대전부윤), 부여극장(부여시), 전북의 전주극장(전주시), 전남의 순천극장(순천시, 관리인 김태수), 여수극장(여수시, 관리인 유영대), 승주극장(순천시, 관리인 김태수), 경남의 통영극장(통영시, 관리인 김미생), 마산극장(마산시, 관리인 강로금)을 불하했다. 당시 극장을 불하 받았던 한국 관리인들은 소유권을 주장할 근거는 미미했고 주로 일제 시기 해당 극장에서 지배인이나 종업원으로 일했던 경력이 있던 사람들이었다.[11]

당시 언론 『자유신문』 기사를 보면, "주요 극장의 운영은 해방 후 현재까지 귀추가 주목되는데 거액의 가격으로 불하되어 혹이나 모리대상으로 추락되느냐 민족문화발전에 이바지하느냐하는 일단의 주목꺼리가 되어잇다. 수도극장을 필두로 서울극장 등이 지난번 불하되엿는데 수도극장은 4천만원, 성남극장은 3천만원, 조선극장은 1천5십만원, 서울극장은 4천만원이라는 가격에 불하되어 각 개인 소유가 되엇다고 한다. 이 불하가격 지불방법은 10년 년부인데 제1회에 총액의 2활을 불입하고 나머지는 차액은 년년 상황하게 되어잇다고 한다."[12]

---

11   조선은행. 「귀속사업체일람」, 『조선연감』. 조선은행조사부, 1949.
12   『자유신문』. 1948년 9월 4일.

또 다른 신문기사인 『대동신문』에서는, "군정장관 러-취 소장은 해방 이후 서울시내 적산극장의 수입금에 대해 다음과 같이 발표했다. 전 일본인 극장의 수익금은 작년 12월 31일 현재 8천8백6십3만1천3십6월4십2전이나 되는데 그중 경비로서 8천4백9십8만2천6백3십1원8십2전이 계산되었다 한다. 그리고 극장 운용비를 빼놓고는 전부 은행에 저금되어 있는데 특히 관계처의 승낙을 얻어 극장설비개선 또는 유지비로 일부를 사용하게 될 수도 있다 한다."[13]

미군정기에 극장을 불하받은 적산극장의 관리인은 20%만 계약금을 내면, 극장을 운영한 수입금으로 나머지 잔금 80%를 무려 10년에 걸쳐서 분할 납부하여 국가 소유의 극장을 개인 소유로 할 수 있는 특혜를 받았음을 알 수 있다. 카메라 같은 영화 기자재나 영화 스튜디오의 경우는 일제 말기에 대부분의 영화 제작 기자재가 조선영화주식회사(조영)와 고려영화주식회사(고영)으로 통합되었는데 해당 회사의 자산은 당시 238,000달러와 197,000달러로 추정되었고 이 또한 민간 불하가 되었다.[14]

서울 지역 극장의 불하가 많은 경우 일제 시대 그 극장의 조선인 지배인 출신들이 많았던 데 비해 지방의 경우에는 일본인 소유주가 급하게 조선을 탈출하면서 극장과 관련이 전혀 없는 지방 유지 손에 불하

---

13 『대동신문』. 1947년 2월 15일.

14 GHQSCAP, *Japanese External Assets as of August 1945*, 1948.9.30., 『조선연감』, 1949, 조선은행조사부, 한국학중앙연구원.

되는 경우가 많아 해당 지역 영화인과 연극인들의 반발을 샀다. 1946
년 12월 부산과 경남 지역에 적산 극장 불하와 관련해 떠도는 소문을
담은 한성일보 기사에 의하면, "부산 조선극장은 동래온천에서 요정
송해관을 경영하던 자가 관료를 이용해 불하 받았고, 대생좌를 불하받
은 한모씨는 경상도지사의 형이고, 대화관을 불하받은 모리배는 경남
도 농림국장의 동서이며, 삼일극장을 불하받은 홍모씨는 경남도 공보
국장의 할아버지뻘 되는 친척으로 부산 상업은행 적산관리 과장출신
이다."[15]

당시 극장 적산 불하를 통해 새로운 영화계 중심 인물로 부상한
홍찬의 경우를 예로 들어보면 이러한 상황을 보다 잘 이해할 수 있다.
홍찬은 일제 강점기 때 경성의 대표적인 일본계 극장이었던 약초극장
(지금의 서울 명보극장 자리)의 선전부 사환으로 들어가 지배인이 되었고,
친일 프로파간다 영화였던 서광제 감독의 〈군용열차〉(1938)를 성봉영화
원이라는 제작사를 통해 제작했던 경력이 있는 친일 영화인이었다. 홍
찬은 미군정기때 약초극장을 4,000만 원에 적산 불하를 받았는데 그
조건은 10년 할부로 매년 발생하는 극장 수익금의 일부로 상환금을 납
부하는 조건이어서 자기 자본금이 거의 들어가지 않아도 극장을 소유
할 수 있었다.[16]

---

15 『한성일보』. 1946년 12월 12일.
16 송낙원. 「해방 후 남북한 영화 형성기 (1945~1953)」, 『남북한 영화사 비교연구』.
    국학자료원, 2007, p. 54.

홍찬은 이 약초극장을 수도극장으로 개명하고, 미국영화 전용관으로 주로 미국영화를 상영해 많은 자본을 축적했다. 그는 1948년 정부수립 후 이승만 정부와도 돈독한 관계를 유지하면서, 국도극장도 추가로 불하 받고, 평화신문사도 불하 받아 소유주가 되었다. 홍찬은 극장을 통해 축적한 자본을 영화 제작과 배급 사업으로 확대하여, 수도극장 안에 수도영화주식회사를 설립하고, 미국의 원조 자금을 융자 받아 당시 동양 최대 규모라 자랑했던 안양촬영소를 세우게 된다. 안양촬영소는 2개의 대형 스튜디오와 미국에서 원조 물자로 들여온 미첼 카메라, 촬영 크레인 장비, 웨스트렉스 녹음시설, 휴스턴 자동현상기, 수중촬영용 장비와 풀, 대규모 오픈 세트장 등을 갖추게 되었다.[17]

홍찬이 소유한 수도극장과 국도극장, 수도영화사, 안양촬영소의 제작과 배급, 상영이 수직계열화된 할리우드 스튜디오식 영화 제작 시스템은 미군정기를 거치면서 막 성장했던 당시 '충무로 영화계'라 불리던 한국영화의 초기 산업화 과정을 상징적으로 보여준다. 홍찬 같은 영화인은 일본인 극장 지배인에서 단숨에 미군정기 적산불하 과정을 거쳐 이승만 정부 시절 미공보국(USIS), 미군 502부대, 한국군 국방부 정훈국을 통해 새롭게 원조 물자로 공급된 미제 영화 기자재와 미제 코닥 필름을 인수 받으면서 한국 초기 영화산업의 중심 세력으로 성장하는

---

17   안재석, 「수도영화사와 안양촬영소」, 김미현 편, 『한국 영화사』, 커뮤니케이션
      북스, 2006, p. 149.

발판이 되었다.[18]

4. 미군정기 미국 문화 확산 정책과
할리우드 영화의 대규모 상영

미군정기에 한국의 극장을 장악한 것은 일제 강점기 말기에 수입이 금지되었던 미국 할리우드 영화였다. 미국은 패전 4개국인 독일과 오스트리아, 일본, 한국에서 미군으로 점령지를 통치하면서, 제2차 세계대전 중에 할리우드 영화를 통한 심리전을 수행했던 전시정보국을 중심으로 미국은 미국 문화 확산 정책을 시행했다. 한국은 엄밀히 말하면 패전국은 아니었지만, 당시 미군은 한반도의 38도선 이남 지역을 점령하면서 패전국 일본과 같은 취급을 했다. 미군정은 한국 사회에서 일본 제국주의 문화 색채를 지우고 미국의 민주주의와 자유주의 문화를 전파하고 미국영화사의 수익도 보장해주기 위해, 중앙영화배급사(CMPE: Central Motion Picture Exchange)를 세웠다. 중배는 미육군성, 국무성, 미국영화협회(MPAA: Motion Picture Association of Ameria)가 상호 협력하여 일본 도쿄에 세운 미국영화 전문 배급사로 실무는 미국의 8대 메이저 스튜디오의 수출 에이전시 역할을 하던 미국영화수출협회(MPEA: Motion Picture Exports Association of America) 도쿄 지사가 주도

---

18 송낙원, 「해방 후 남북한 영화 형성기 (1945~1953)」, 『남북한 영화사 비교연구』, 국학자료원, 2007, p. 56.

했고, 한국에 미국영화를 배급하는 회사도 이 중배 도쿄 지사에서 맡아 했다. 당시 책임자는 요한슨이라는 MGM 스튜디오 소속 영화 배급업자였다. 미군정 초기의 중배 설립과 운영의 가장 큰 목적은 전후 패전국에서 독일의 나치즘이나 일본의 군국주의 정치 성향을 미국 문화를 통해 지우고, 미국식 자유 민주주의 정신과 문화를 주입 시키는 것이었다. 그렇기 때문에 미군정의 정치적 목적의 영화 정책은 영화 수익이 중요한 미국영화협회와 중배를 통한 영화 상영 목록을 작성하는 데있어 종종 갈등하기도 충돌하기도 했다.[19]

미군정기의 가장 핵심적인 1946년에는 총 259 편의 극장에서 상영된 영화 중 149편이 미국 영화였고 1947년에는 313 편의 극장 상영작중 134편의 영화가 미국영화였다. 두 해의 상영 영화를 합친 572편의개봉 영화들 중에서 미국 영화는 283편으로 전체의 49%를 차지했고, 실제 흥행 수익의 상당수를 점유했기 때문에 막대한 배급 상영이었다고 평가할 수 있다. 당시 한국영화는 1946년에 10편, 1947년에 30편으로 상당히 미미한 수준이었으며, 독일영화나 프랑스영화, 중국영화 등비미국영화 또한 총 200편이 상영되어 꽤 다양한 수입 영화들이 상영되었으나 제작된 지 너무 오래되었거나 예술 영화여서 흥행 성적에서는저조했다.[20]

19 　조준형. 「불안한 동맹: 전후 미국의 피점령지 영화정책과 미군정기 한국영화계」, 『한국학연구』 48, 2018, pp. 15~18.

20 　조혜정. 「미군정기 극장산업 현황연구」, 『영화연구』 14호, 1998, p. 500.

당시 상영된 할리우드 9대 메이저 스튜디오 영화들의 목록 중 눈여겨 볼 만한 중요 작품들은 다음과 같다. 당시 가장 큰 스튜디오 라이브러리를 갖고 있던 MGM은 클라크 게이블이 주연한 〈샌프란시스코〉(San Fransisco, 1937), 〈창공을 달리는 사랑〉(Love on the Run, 1936), 〈백의의 기사〉(Man in White, 1934), 그레타 가르보가 주연한 〈크리스티나 여왕〉(Queen Christina, 1933), 조지 쿠거 감독의 〈로미오와 줄리엣〉(Romeo & Juliet, 1936), 마빈 르로이 감독의 〈큐리 부인〉(Madame Curie, 1943), 주디 갈랜드 주연의 〈브로드웨이〉(Babes on Broadway, 1941)를 상영했다. 파라마운트는 게리 쿠퍼와 마를렌느 디트리히 주연의 〈진주목걸이〉(Desire, 1936), 세실 드 밀 감독의 〈해적〉(The Buccaner, 1938), 헨리 폰다 주연의 〈북해의 남아〉(Spawn of the North, 1938), 게리 쿠퍼와 캐리 그랜트 주연의 〈악마의 심해〉(Souls at Sea, 1947), 빙 그로스비 주연의 〈나의 길을 가련다〉(Going My Way, 1944)를 상영했다. 워너 브라더스에서는 버스터 키튼 주연의 〈폭풍의 항구〉(The Navigator, 1924), 마이클 커티즈 감독의 〈씨 혹〉(The Sea Hawk, 1940), 험프리 보가트와 잉글릿드 버그만 주연의 〈카사블랑카〉(Casablanca, 1942), 베티 데이비스 주연의 〈라인강의 감시〉(Watch on the Rhine, 1943)을 상영했다. RKO는 존 웨인 주연의 〈쾌남 락클린〉(Tell in the Saddle, 1944), 세실 드 밀 감독의 〈왕중왕〉(King of Kings, 1927), 캐리 그랜트 주연과 알프레드 히치콕 감독의 〈의혹의 애정〉(Suspicion, 1941)을 상영했다. 유니버설에서는 디아나 더빈 주연의 〈첫사랑〉(First Love, 1939)을, 콜롬비아에서는 게리 쿠퍼와 진 아서 주연에 프랭크 카프라 감독의 〈오페라 햇〉(Opera Hat, 1935), 진 아서와 제임스 스튜어트 주연에 프랭크 카프라 감독의 〈우리집의 낙원〉(You can't take it with you, 1938), 로버트 몽고메리 주연의 〈천국에서 온 사나이〉(Here comes Mr. jordan, 1941)을 상영했다. 리퍼블릭에서는 마이클 커티즈 감독의 〈바다의 야수〉(The Sea Wolf, 1942)를 UA에서는 그리피스 감독의 〈아브라함 링컨〉(Abraham Lincoln, 1930), 하워드 혹스 감독의 〈바바리 코스트〉(Barbary Cost, 1935), 윌리엄 와일러 감독의 〈공작부인〉(Dodsworth, 1936)을 대표작으로 상영했다.[21]

미군정기에 상영되었던 미국영화는 1945년부터 48년 당시 미국에서 상영 중인 영화가 아니라 1930년부터 1942년까지 이른바 할리우드 스튜디오 전성기 시대의 클래식 영화들을 어떤 의도를 가지고 선정했음을 알 수 있다. 우선 대부분이 유명한 스타 배우가 출연하거나 거장 감독이 연출한 영화가 많고, 그렇다고 꼭 상업적으로 성공한 영화로만 이루어지지도 않았다. 예를 들면, 장르 영화들 중에서 더글라스 서크의 멜로드라마, 존 포드의 서부극, 알프레드 히치콕의 스릴러, 하워드 혹스의 스크루볼 코미디, 빌리 와일더의 필름 느와르, 프리츠 랑의 범죄영화의 주요 작품들은 상영되지 않았다. 그리고, 데이비드 셀즈닉 제작, 빅터 플레밍 감독의 영화 〈바람과 함께 사라지다〉(1939)나 머빈 르로이 제작, 빅터 플레밍 감독의 뮤지컬 영화 〈오즈의 마법사〉(1939)처럼 할리우드 고전영화의 대표작도 빠져 있었다. 그렇기 때문에 미군정

---

21 조혜정. 「미군정기 극장산업 현황연구」, 『영화연구』 14호, 1998, pp. 501~505.

기에 한국에서 상영되었던 미국영화는 미군정의 정치적이며 사회적 목적에 부합하는 영화들이 선택되어 상영되었다고 볼 수 있다. 예를 들어, 당시 상영되어 큰 인기를 끌었던 마이클 커티즈 감독의 〈카사블랑카〉(1942)는 주인공인 미국인이 제2차 세계대전에 방관자적인 태도를 취하다가 옛연인인 프랑스 여자를 도우며 나치 독일군에 저항하고 전쟁에 참전하는 이야기로, 왜 미국이 유럽지역의 제2차 세계대전에 참전하게 되었는지에 대한 동기와 원인에 대해 미군정 하의 한국인 관객들에게 설명하고 교육하기 좋은 작품이었다.

또한, 흥미로운 영화 상영 목록은 뉴스 영화와 다큐멘터리 영화를 들 수 있다. 당시 한국에서 TV 방송이 없었기 때문에 극장에서 보는 뉴스 영화와 다큐멘터리 영화는 극영화와는 달리 직접적인 정보를 전달하고 뉴스 프로그램의 역할을 했고, 전체 상영 영화 중 10%를 차지하며 일반 관객의 관심도 많이 받았고 몇몇 작품은 흥행에도 성공했다. 그중 당시 중배의 미국 영화 상영 목적에 정치적으로 부합했던 영화 목록은 다음과 같다. 미국에 관한 소개를 주제로 한 〈미국의 표정〉, 〈미식축구〉, 〈LA 올림픽〉, 〈민주주의 선거 알아두자〉, 〈대통령 선거는 어떻게 하는가〉가 있었고, 제2차 세계대전에 관한 뉴스영화와 다큐멘터리 영화로는 〈미조리함상 일본의 무조건 항복〉, 〈패전일본의 상황〉, 〈자살미수한 도조〉, 〈제2차세계대전〉, 〈유황도 결전기〉, 〈미군 조선 최초 진군〉, 〈극동전범재판〉, 〈태평양의 해공전〉, 〈원자폭탄의 위력〉, 〈광도에 덮인

원자폭탄〉 등이 주목할 만한 작품들이었다.[22] 중배에서 선정한 다큐멘터리 영화들은 미국 문화와 정치, 사회를 한국 대중들에게 교육하고, 어떻게 흉폭한 일본제국주의 군대를 강력한 미국 군대가 제압했는지 소문이 아닌 실제 영상으로 보여주어 미군정의 정당성을 선전하고 홍보하는데 효과적이었다.

미군정은 중배가 미국영화를 보다 쉽게 배급, 상영하게 하기 위해, 미군정이 민간에 불하했던 적산 극장을 중심으로 이중 가격제를 실시했다. 1946년 당시 개봉관 입장료가 미국영화는 120원을 받게 하고 한국영화는 200원이나 300원을 받게 하여, 중배를 통해 미국영화가 전국의 극장가를 장악하게 했다. 1947년을 기준으로 하면 당시 한국에 상영된 영화는 296편이었고, 총 관객수는 약 66만 명이었다. 중배가 직배한 미국영화 중 할리우드 스튜디오 영화는 전체의 80% 수준이었다. 그렇기 때문에 미군정기 영화 산업에서 스크린 수에서나 관객수에서 미국영화의 점유율은 압도적이었다. 1947년에만 약 100편의 할리우드 스튜디오 영화가 중배를 통해 거둔 수익은 한 편당 약 450만 원 정도였고, 일년 간 중배가 거둔 총 수익은 약 4억 5천만 원에 달했다. 당시 한국영화 한 편의 제작비가 약 250만 원이던 시절이었으니 미군정이 자국 영화사의 이익을 위해 모든 특혜를 몰아주는 바람에 한국의 영화산업은 재투자나 재생산 구조가 거의 없어서 제작과 상영 모두 어

---

22   조혜정, 「미군정기 극장산업 현황연구」, 『영화연구』 14호, 1998, p. 506.

려운 상황이었다.[23]

이렇게 영화를 미국영화가 독점하는 배급 상영 구조다 보니 한국 관객들은 말도 통하고 이해하기도 쉬운 연극과 가극을 주로 보게 되었다. 그래서 1947년 기준으로 극장에서 공연된 연극은 155편, 가극은 111편에 달했다. 당시 연극은 '민중전', '기미년 독립만세', '임진왜란', '율곡과 신사임당' 같은 한국적, 민족적 소재가 많아서 당시 한국 관객들이 보고 싶어 하는 이야기가 무엇임을 짐작케 했다. 이런 어려운 상황에서도 제작된 한국영화는 이른바 '광복 영화'가 주류를 이루었다. 최인규의 〈자유만세〉(1946), 이구영의 〈안중근 사기〉(1946), 윤봉춘의 〈윤봉길 의사〉(1947), 전창근의 〈해방된 내고향〉(1947), 이규환의 〈민족의 새벽〉(1947) 등이 미군정기에 제작 상영된 주요 영화들이었다.[24]

그럼 이러한 미군정기에 거대한 폭풍처럼 밀어닥쳐 모든 한국 극장가를 점령했던 미국영화는 한국영화의 정체성과 이야기, 인물 창작에 어떤 영향을 끼쳤을까? 위에서 살펴 본 바와 같이 영화를 제작하는 카메라나 녹음기, 편집기, 현상기 등의 영화 기자재는 미군정기에 유럽제나 일본제에서 미제로 전면적으로 바뀌게 되었고, 필름도 일제 후지 필름이 아닌 미제 코닥 필름을 사용해 촬영하게 되었다. 그러나 영화 제작 현장에서의 관행이나 영화 시나리오의 구성, 연출 스타일, 연기 스

---

23   이효인, 「해방 직후의 민족영화운동」, 『해방전후사의 인식 4』, 한길사, 1989, p. 473.

24   이영일, 『한국영화전사』 개정증보판, 도서출판 소도, 2004, p. 215.

타일에서는 일본 영화의 흔적들이 여전히 남아 있었다. 가장 큰 이유 중 하나는 일제 강점기 때는 일본 영화인들이 당시 식민지 조선에 들어와 직접 영화를 제작하면서 조선 영화인이나 배우들과 함께 작업하거나, 일부 영화를 배우고자 하는 조선인이 일본으로 건너가 현지 영화계에서 영화 작업에 참여하면서 영화 제작을 배우곤 했는데, 미군정에서는 그러한 인적 교류나 교육이 거의 이루어지지 않았기 때문이다.

5. 충무로 영화에서 일본 신파성의 잔재와 미국식 장르영화 도입의 어려움

처음 영화라는 장르를 받아들였던 일제 강점기 조선에서 상업적으로 성공적인 주된 장르는 일본식 신파영화였다. 신파(新派)란 구파(舊派)인 가부키 극에 반대되는 새로운 연극 공연 양식으로 1900년대 초 서구 멜로 드라마를 일본에서 받아들인 드라마 장르였다. 유럽과 미국에서 들어온 근대 모더니즘 시대의 자유 연애가 가부장적 봉건주의와 충돌하며 발생하는 비극을 당시 공연의 주 관객층이었던 여성 관객의 입장에서 이야기를 구성한 장르였다. 신파극의 뿌리를 올라가면 미국식 멜로드라마(Melo-Drama)를 들 수 있다. 멜로드라마는 음악극(Music Drama)이었으며 서구의 전통적인 비극에 비해 좀 더 감정이 과장된 측면이 있었다. 멜로드라마라는 명칭 또한 연극 공연 도중에 감정적으로 슬픈 장면에서 음악이 연주되면서 비극적 감정을 더 강조했기 때문에 붙인 장르였고 전통적 비극보다 더 우연성을 남발하고 극단적인 결과로 치닫게 되었지만 대중들에게는 더 인기가 많았다.[25]

유럽의 전통적 비극에서 중요한 갈등은 신이 정한 운명이나 봉건제 사회 속의 가족 갈등이 중요한 플롯이었으나 미국식 근대 멜로드라마는 자본주의 속에서 겪는 부르주와 계급의 갈등이 중요한 플롯으로 등장했다. 일본에서 발생한 신파극과 신파영화는 미국의 근대 멜로드라마 대중극과 상업영화에서 다루던 플롯이 아시아적 상황으로 변환되어 발생된 장르라고 볼 수 있다. 미국의 근대 대중극이나 1910년대 초기 할리우드 멜로드라마 영화 장르에서는 돈 많은 신흥 부자와 가난한 집안 출신 사이의 경제적 격차가 자유 연애를 파괴한다. 일본식 신파영화는 여기에 가족이라는 봉건적 요소가 끼어들게 된다. 대표적인 일본 신파극 〈장한몽〉을 분석해 보면, 서로 사랑하는 두 남녀 사이를 갈라놓고 여주인공을 죽음으로 몰아가는 것은 '돈'과 '가족'이다. 미국식 멜로드라마가 자본가 계급의 남자와 사랑에 빠진 노동자 계급의 여자가 결국 사회적 '처벌'을 받게 되는 비극으로 끝을 맺는 데 비해 일본식 신파영화는 자본가 계급 남자의 가족들이 개입해 여자를 괴롭히고 결국 노동자 계급의 여자는 '실패'하는 장르적 차이점이 있다.[26]

1910년대 제국주의 시절 일본의 신파극은 1920년대부터 1930년대

---

25 Wilson, Edwin 저, 채윤미 역, 『연극의 이해』, 예니출판사, 1998, p. 321.

26 류경호, 「신파극의 구조와 현실 인식 – 〈사랑에 속고 돈에 울고〉와 〈장한몽〉을 중심으로–」, 『공연문화연구』 18, 2009, p. 327.

까지 제작된 식민지 조선영화에도 깊은 영향을 끼쳤다. 이경손 감독의 〈장한몽〉(1926)과 이규설 감독의 〈농중조〉(1926)의 상업적으로 큰 성공을 거둔 후 신파영화는 식민지 조선영화의 주류가 되었다. 이영일은 신파영화의 특징으로 '눈물'을 든다. 신파성은 여성의 희생과 실패를 통해 퇴영적이며 패배적인 과잉된 심리을 표현하고, 이런 신파적 감정은 대중들이 자신의 삶의 고단함과 내재된 감정을 사회의 타인들과 공감하고 교류하는 중요한 매개가 되었다고 평가한다.[27]

이 신파성의 뿌리는 아주 깊고 오래 지속 되었다. 1945년 해방 후 미군정기에 매년 수백 편의 엄청난 양의 미국영화 상영의 홍수 속에서도 할리우드 스타일의 멜로드라마는 한국영화에 영향력이 크게 없었다. 한국전쟁이 끝나고 충무로를 중심으로 한국영화 산업이 성장 발전한 이후에도 신파영화는 한국영화의 주된 장르였다. 1950년대의 대표작인 한형모 감독의 〈자유부인〉(1956)에서부터 1960년대 대표작인 정소영 감독의 〈미워도 다시 한번〉(1968), 1970년대 대표작인 김호선 감독의 〈영자의 전성시대〉(1975)에 이르기까지 한국영화에서 가장 큰 흥행을 했던 장르는 신파 멜로드라마였고, 당시 충무로 용어로는 '나미다' 영화(일본어로 눈물 영화)였다. 한국영화에서 비교적 B급 장르였던 호러영화에서도 이런 '신파성'은 이야기의 핵심 요소로 작동했다. 미국 호러영화에서 주로 등장했던 드라큘라나 괴물, 좀비 대신 한국 호러영화에는 주로 한을 품은 여자 귀신이 등장해 봉건적 가부장 사회에서 희생

---

27 이영일, 『한국영화전사』 개정증보판, 도서출판 소도, 2004, pp. 70~72.

된 여성의 복수를 플롯의 주된 갈등 구조로 내세웠다. 가장 미국적일 것 같은 액션 영화에서도 한국영화에는 신파성의 흔적들이 깊게 뿌리 내리고 있다. 미국 영화에서 갱스터 장르는 돈 때문에 살인을 저지르는 갱스터들의 모습을 통해 미국 자본주의의 어두운 측면을 드러낸다. 그러나 한국 충무로에서 제작된 액션영화는 〈팔도 사나이〉(1969)에서 〈장군의 아들〉(1990)까지 주로 깡패 영화들이 주류였고, 영화 속 깡패들에게 제일 중요한 덕목은 돈이 아니라 '의리'이며, 아버지를 대신하는 '형님'이라는 봉건적 질서였다. 한국 신파 멜로드라마 장르에서 여성 관객들에게 여자의 억울한 운명을 통해 눈물을 팔았다면, 한국 액션 영화는 시각적 스펙타클이나 자본주의의 비정함 보다 의리와 주먹에 감춰진 남성의 눈물을 팔았다.[28]

식민지 조선의 신파성은 해방 후에도 미군정기와 대한민국의 수립, 한국전쟁과 군사독재 시절을 겪으며 한국적 비극 정서의 중요한 기저 요소가 되었다. 1950년대부터 70년대까지 신파성이 가장 두드러진 대중예술 장르를 꼽자면 영화와 음악인데, 영화에서 신파 멜로드라마 장르가 가장 큰 대중적 관심을 받고 상업적 성공을 거둔 주류였다면, 음악에서는 트로트 음악이 식민지 일본식 신파성을 대중음악으로 표현한 음악 장르라고 볼 수 있다. 이영미는 신파성을 일본 식민지 문화의 퇴행적 흔적이라는 그간의 평가를 넘어서는 주장을 한다. 근대적 도시

---

28 정성일. 「눈물, 비명, 폭력, 웃음, 한국 장르영화의 네 가지 변주」, 김미현 편. 『한국 영화사』. 커뮤니케이션북스, 2006, pp. 3~9.

화가 진행됨에 따라 인륜과 천륜에 묶여 있던 개인의 욕망이 자신과 대립하는 자본주의 세계에 굴복하는 고통의 감정이자 자학의 세계관이라고 평가한다. 또 이런 패배한 욕망의 주체로서 대중의 감정을 올바르게 해석해야 한다면서, 1970년대 이후 청년세대에 의해 거부되고 평가절하된 신파성을 당시 대중의 정서로 받아들일 것을 제안했다.[29]

신파성은 일제 강점기 조선에서는 당연한 주류 문화로 인식되었었고, 미군정기에 정책적인 지원에 힘입어 엄청나게 많은 미국 할리우드 영화들이 쏟아져 들어왔고 실제 당시 많은 한국 관객들이 할리우드 영화를 관람했음에도 불구하고 막상 한국영화에는 그 영향이 크다고 볼 수는 없었다. 그 이유로 몇 가지를 들 수 있는데, 첫째는 할리우드 장르 영화는 대부분 막대한 제작비가 들어가는 이야기와 사건을 다루기 때문에 그와 유사한 이야기와 사건을 저예산의 한국영화로 구현하기에는 비현실적이었다. 한국영화의 주류 장르가 미군정기부터 1970년대까지 신파 멜로드라마였던 가장 큰 이유는 적은 제작비로 가장 상업적이며 관객의 흥미를 끌 수 있는 장르였기 때문이다.

둘째는 당시 영화 관객의 상당수가 중년 여성이 많았고, 이들이 1980년대 TV드라마로 선호 매체를 바꾸면서 한국영화는 청년 관객에 더 집중하여 신파성을 벗어날 수 있었다.

셋째는 한국의 충무로 영화인들의 출신 배경이다. 미군정기에 촬영

---

29 이영미, 「1950년대 대중적 극예술에서의 신파성의 재생산과 해체」, 『한국문학연구』 34, 2008, p. 90.

이나 현상, 편집, 녹음 기술은 일제 강점기 시절과 단절되어 새롭게 미국 공보국(USIS)과 육군 정훈국에서 훈련 받은 전문 기술 스텝들이 나왔으나, 영화의 이야기를 창작하는 감독과 시나리오 작가는 일제 강점기 때 일본에서 영화를 배워왔거나 식민지 조선에서 활동했던 일본 감독 밑에서 조수로 일하며 영화 제작 방식을 도제식으로 훈련받은 사람들이었다. 미군정기에 미국은 카메라와 조명기, 필름은 원조경제로 지원했지만 그렇다고 영화인들을 미국으로 보내 훈련 시키지는 않았다. 결국 한국 충무로 영화 감독들은 식민지 조선에서 영화를 일본식으로 만들던 선배 영화인들에게 도제식으로 배울 수밖에 없었고, 이런 도제식 교육은 1980년대 국립영화학교인 한국영화아카데미가 설립되고, 대학 영화학과에서 영화인 교육 이루어지고, 1990년대 해외 유학파들이 귀국해 영화 현장에 들어가면서 사라지게 되었다.

넷째는 우리 사회의 반일감정이 오히려 일본식 신파영화를 더 오래 만들게 한 원인 되었다는 증언도 있었다. 1998년 김대중 정부의 '일본 대중문화 전면 개방'이 있기 전까지 해방 후부터 일본영화는 한 편도 수입될 수 없었다. 그렇기 때문에 1960년대부터 70년대에 많은 신파 멜로드라마가 저작권 위반 시비에 걸리지도 않고 유사한 이야기와 캐릭터가 등장하는 한국식 신파영화로 제작되었다. 당시에도 언론을 통해서 당대 유행하던 일본영화의 표절이라는 의혹이 제기되었지만, 저작권법 위반에 따른 법적인 책임이나 표절이라는 도덕적 흠결과 지탄을 대중들에게 받는 경우는 드물어서 흥행에 성공했던 여러 작품들에서 노골적으로 스토리와 캐릭터를 표절한 흔적이 있었다.

다섯째는 미국식 장르영화를 만들려면 많은 제작비가 투여되어야만 제작 가능한 이야기 소재와 극적 장면들이 많아서, 당시 한국영화산업의 예산으로는 그와 비슷한 소재의 장르 영화를 제작하기는 어려웠다는 점도 지적할 수 있다. 이것은 한국영화뿐만 아니라, 미국을 제외한 다른 그 어느 나라 영화산업도 할리우드 영화 장르를 그대로 제작해낼 수 있는 국가는 없었다.

6. 결론

이 연구는 미군정기를 중심으로 미국과 미국영화가 어떻게 한국영화 성장 과정상 의미와 영향을 끼쳤는지를 살펴보고 있다. 미군정기에 한국영화계는 분명 미국으로부터 영화를 제작할 수 있는 영화 기자재와 필름, 기술적 노하우를 지원 받았다. 한국영화를 제작할 자본이 극장 수입에서 나오기 때문에 일본인이 남기고 간 적산 극장 불하가 보다 투명하게 처리되었으면 좋았겠지만 그렇지 못했고, 미군정이 일제의 영화법을 폐지하지 않고 그대로 전용해 사전 검열의 악영향을 군사 정권 시절 잔존하게 했던 것도 무척 아쉬운 부분으로 평가한다.

미군정이 미국영화를 통해 한국영화에 큰 영향을 주었는가에 대한 판단은 그 후 만들어진 한국영화에서 미국영화의 장르 스타일보다는 일본 신파영화의 관습이 보다 많이 남아 있었기 때문에 그리 큰 영향은 주지 못했다고 판단된다. 미국 할리우드의 장르 영화의 거장들이 세운 장르의 플롯과 캐릭터는 1970년대까지의 한국영화에서는 거의 보기 어려웠다. 더글라스 서크의 멜로드라마, 존 포드의 서부극, 알프레드 히치콕의 스릴러, 하워드 혹스의 스크루볼 코미디, 빌리 와일더의 필름 느와르는 한국영화에 큰 영향을 주지는 못했다. 오히려 위에서 살펴본 바와 같이 일제 시대의 영향이 상당히 오랜 시간 지속되었다.

미군정은 정치적인 목표와 행정 정책, 경제 정책, 문화 정책 사이에 서로 상이한 방식과 차이로 인해 일관된 정책 집행이 아니라 균열된 형태를 노출했다. 그 근원적 이유는 미국이 당시 해방된 남한을 미국식 자유민주주의 국가로 재탄생시키겠다는 적극적 의지로 군정을 실시한 게 아니라 단지 소련이라는 공산주의 국가가 동아시아에서 일본의 패망 이후 힘의 공백이 생기면서 남쪽으로 힘을 밀고 내려와 북한을 점령했기 때문에 이데올로기 경쟁에서 현 상태로 힘을 유지할 정치적 단기 목표를 수행하기 위해서였다. 그렇기 때문에 미군정은 해방공간의 남한을 일제 강점기와 같은 행정 기구로 현상유지 하려 했다. 일본 제국주의 총독부의 행정 기구를 그대로 본떠서 미군정 관료 기구로 개편했고, 구 총독부 시절 관료를 재고용해 행정 시스템을 유지했다. 새롭게 출범한 경찰에는 친일 경찰 관료를 군대에는 일제 시절 군인을 재고용했고, 법원에는 일제 시절 법관이 일제가 만든 법률을 미군정 법으로 표지만 바꿔서 법을 집행했다. 그건 학교도 마찬가지였다. 학교 시스템이나 교사도 일제 시절에 비해 크게 바뀐 것이 없었다. 단지 영어

를 구사할 수 있는 친미 인사들이 친일 인사들 위의 핵심 공직으로 올라선 정도였다.[30]

문화 정책에서는 미국 문화가 마치 홍수처럼 쏟아져 들어왔다. 미군정청은 당시 해방된 남한에서뿐만 아니라 유럽에서는 독일, 이탈리아, 아시아에서는 일본에서 점령군으로 들어가 미국 영화와 팝 음악 같은 대중문화를 통해 미국적 가치를 확산시켰다. 이를 위해 미국은 남한의 미군정청 공보국과 미국 본토의 국무성, 할리우드 8대 스튜디오로 구성된 미국영화협회가 미국영화를 특별히 배급, 상영하는 중앙영화배급사를 설립하고 주로 일본 영화를 상영했던 한국의 주요 상영관에서 미국영화만 상영했다.[31]

해방된 남한에서 일제 강점기의 일본 문화는 빠르게 지워졌다. 언어에서도 일본어가 사라지고 영어가 가장 중요한 언어가 되었고, 영어를 잘 사용하고 미국 문화를 이해하는 사람들의 문화가 사회 지배 계급의 문화가 되었다. 그렇지만 당시 한국 사회가 미국 할리우드 영화가 그려내는 이데올로기 가치를 지향하지는 못했다는데 그 균열의 지점이 있었다. 영화관에서는 영화 〈카사블랑카〉(1942)와 〈마음의 행로〉(1942)가 줄기차게 상영되었고, 술집에서는 팝과 재즈 음악이 흘러 넘쳤지만 대다수 남한 국민들에게는 이질적이었고 동화되지 못했다. 그리고 할

30 김호기. 「미군정기 지배구조와 시민사회」, 『미군정기 한국의 사회 변동과 사회사 II』. 한림대학교 출판부, 1999, pp. 5~7.
31 한국영상자료원. 『한국영화의 풍경 1945~1959』. 문학사상사, 2003, p. 11.

리우드 영화가 반영하는 미국 사회의 자유로움은 당시 남한 사회의 정치적 혼란과 일제 강점기의 깊은 상처와 흔적과 괴리되어 있었다. 그 균열의 지점에서 한국영화는 시작되었다.

미국이 군정기에 미국영화를 통해 미국 문화를 확대 전파하고, 그 사회의 이데올로기를 바꾸고 정체성에 영향을 끼치려는 시도는 서유럽의 점령지인 독일이나 이탈리아, 2차 대전 후 원조국이었던 프랑스와 스페인에서 널리 이루어졌다. 그러나 동아시아 지역인 한국과 일본, 대만에서는 그리 성공적인 미국화가 단기간에 이루어지지는 못했다. 그 이유에 대해서는 문화라는 영역이 미군정의 정책으로 단기간 바뀌지는 않는다는 것이고 보다 긴 시간이 필요하다는 점이다. 어떻게 보면 한국에서 일제 강점기의 일본 문화의 영향은 일제 강점기 기간인 36년간 길고 지속적이며 폭력적으로 시행되었다. 그래서 한국 문화가 일제 식민지 문화를 벗어나는 데에는 또 다른 36년이 필요했을 것이다.

참고 문헌

『대동신문』. 1947년 2월 15일.

『자유신문』. 1948년. 9월. 4일.

『한성일보』. 1946년. 12월. 12일.

강만길. 『20세기 우리 역사』. 창작과 비평사, 1999.

김호기. 「미군정기 지배구조와 시민사회」, 『미군정기 한국의 사회 변동과 사
　　　회사 II』. 한림대학교 출판부, 1999.

류경호. 「신파극의 구조와 현실 인식 - 〈사랑에 속고 돈에 울고〉와 〈장한몽〉
　　　을 중심으로-」, 『공연문화연구』 18, 2009, pp. 315~346.

송낙원. 「해방 후 남북한 영화 형성기 (1945~1953)」, 『남북한 영화사 비교연
　　　구』. 국학자료원, 2007.

안재석. 「수도영화사와 안양촬영소」, 김미현 편. 『한국 영화사』. 커뮤니케이
　　　션북스, 2006.

이영미. 「1950년대 대중적 극예술에서의 신파성의 재생산과 해체」, 『한국문
　　　학연구』 34, 2008, pp. 83~117.

이영일. 『한국영화전사』 개정증보판, 도서출판 소도, 2004.

이우석. 「광복에서 1960년대까지의 영화정책」, 『한국영화 정책사』. 나남출
　　　판, 2005.

이종훈. 「미군정 경제의 역사적 성격」, 『해방전후사의 인식 1』 개정 3판. 한
　　　길사, 2004.

이효인. 「해방 직후의 민족영화운동」, 『해방전후사의 인식 4』. 한길사, 1989.

정성일. 「눈물, 비명, 폭력, 웃음, 한국 장르영화의 네 가지 변주」, 김미현
　　　편. 『한국 영화사』. 커뮤니케이션북스, 2006.

조선은행. 「귀속사업체일람」, 『조선연감』. 조선은행조사부, 1949.

조준형. 「불안한 동맹: 전후 미국의 피점령지 영화정책과 미군정기 한국영

화계」, 『한국학연구』 48, 2018, pp. 11~48.

조혜정. 「미군정기 극장산업 현황연구」, 『영화연구』 14호, 1998, pp. 487~524.

조혜정. 「미군정기 조선영화동맹 연구」, 『영화연구』 13호, 1997, pp. 126~157.

조혜정. 「해방과 한국전쟁」, 김미현 편. 『한국 영화사』. 커뮤니케이션북스, 2006.

한국영상자료원. 『한국영화의 풍경 1945~1959』. 문학사상사, 2003.

한상언. 『해방 공간의 영화·영화인』. 이론과실천, 2013.

GHQSCAP. Japanese External Assets as of August 1945, 1948.9.30., 『조선연 감』, 1949, 조선은행조사부, 한국학중앙연구원 편, 2005.

Statement of vested properties, Office of Property Custody, Civil Affairs Section, USAFIK(1948/10/12), Japanese External Assets Estimate, 한국학중앙연구원 편, 『해방 직후 한국 소재 일본인 자산 관련 자료』, 도서출판 선인, 2005.

Wilson, Edwin 저, 채윤미 역. 『연극의 이해』. 예니출판사, 1998.

10장

1950년대 한국 멜로드라마의 미국화와 코즈모폴리턴 스타일

* 이미지 출처 : 한국영상자료원. 〈비 오는 날의 오후 세 시〉 VOD 화면 캡처.
www. kmdb. or. kr/vod/player2?movieId=K&movieSeq=00
525&mulId=4934&fileId=91353&levelClss=Z&userId=.

10장

1950년대 한국 멜로드라마의 미국화와 코즈모폴리턴 스타일[*]

김수연(한국외국어대학교)

1. 들어가는 글

한국전쟁 후 1950년대 중반부터 1961년 군사정권이 들어서 경직된 개발주의에 한국 사회가 침잠되기 전 오 년의 시기는 한국영화 제작 편수가 기하급수적으로 증가한 국산 영화의 부흥기였다. 당시 제작된 영화 중 절대다수를 차지한 장르가 멜로드라마, 특히 여성의 욕망과 희생을 다룬 멜로 영화였다. 이러한 영화는 스타일 면에서 당대 관객을 사로잡던 고전 할리우드 시네마를 모방하되, 내용 면에서는 미국화에 물든 젊은 한국 여성을 다양한 방식으로 처단하며 분열과 모순의 독특한 미학을 창조했다. 이 글은 50년대 중후반 한국 멜로드라마의

[*] 이 글은 『비평과 이론』(2022)에 실렸던 필자의 논문 일부를 다듬은 것임.

이 같은 경향을 '코즈모폴리턴 스타일'이라고 총칭하며, 미국적 자유에 대한 한국 사회의 양가적 태도를 양장을 입고 댄스를 즐기지만 동시에 민족적 순결도 지켜야 했던 여성 인물을 통해 드러낸 영화들을 살펴보려 한다. 코즈모폴리턴 스타일은 크리스티나 클라인(Klein)의 『냉전 시대 코즈모폴리터니즘』에 이미 나온 용어지만, 클라인이 냉전이라는 지정학적 배경을 강조하며 이 용어를 사용하고 있다면, 이 글에서는 전후 한국 관객의 근대화에 대한 열망을 반영하는 미학적 스타일의 의미로 사용된다는 점에서 차별성을 갖는다. 나아가 50년대 한국영화에 관한 기존 연구가 서구의 흉내 내기나 고전 할리우드 시네마의 도용이란 부정적 틀에 머물고 있다면, 이 글은 당대 멜로드라마의 이국적 스타일이 단순한 모방을 넘어 한국 사회의 맥락에서 할리우드 플롯을 현지화한 창조적 각색임을 주장할 것이다.

1955년 〈춘향전〉과 이듬해 〈자유부인〉의 큰 흥행 후 한국영화 제작 편수는 폭발적으로 증가하였다. 1956년 30편에 머물던 영화제작 수는 1959년에 111편으로 늘었는데, 변재란의 조사에 따르면 이 사 년간 제작된 252편의 영화 중 멜로드라마가 186편으로 사 분의 삼을 차지한다.[2] 이렇게 멜로드라마가 성행한 이유는 박유희의 지적대로 멜로드라마가 "기술과 자본이 부족한 발전도상국의 상황에서 [……] 비교

---

2   변재란. 「한국 영화사에서 여성 관객의 영화 관람 경험 연구: 1950년대 중반에 서 1969년대 초반을 중심으로」, 중앙대학교 박사학위논문, 2000, p. 56.

적 쉽게 제작될 수 있는 장르"[3]였기 때문일 것이다. 한편 재키 바이어스 (Byars)가 주장하듯, 50년대 할리우드에서 멜로드라마가 양산된 이유는 2차대전 후 무너진 성 역할과 가족 이데올로기를 재건해야 했던 국가 적 필요성과 무관하지 않다. 이와 비슷하게 50년대 후반 멜로드라마가 한국영화의 다수를 차지한 점은, 이 장르가 전후 한국 사회가 당면한 여러 이념적 갈등을 가족에 관한 신파극이나 이뤄질 수 없는 로맨스라 는 멜로드라마 형식으로 녹여내기 가장 적절했음을 방증한다. 당시 수 입 영화 편 수가 매해 100~150편에 이르고 이 중 삼 분의 이가 할리우 드 영화였던 점을 고려할 때, 50년대 후반 한국의 대중문화는 미국적 인 것에 지배되었다 해도 과언이 아니다. 그리고 이러한 미국화는 미제 맥주, 댄스, 팝송, 패션, 영어를 스타일 요소로 적극 활용한 한국 멜로 드라마에 고스란히 녹아있다. 이 글에서는 미국화와 서구화, 근대화를 유사한 의미로 사용하되, 할리우드를 미국 영화산업이나 효율적 영화 제작 시스템의 총칭이 아닌, 50년대 한국을 사로잡은 서구 대중문화의 가장 뚜렷한 지표로써 폭넓게 사용하고자 한다.

본론은 세 부분으로 나뉘어 있으며, 첫 부분에서는 1950년대 중후 반 쏟아져나온 한국 멜로드라마의 특징을 개관하려 한다. 이어 이 분 야에 관한 기존 비평을 간략히 살펴봄으로써 영화 내용 중심, 사료 중 심의 해설을 넘어 영화미학(스타일)으로 연구방법론을 확장할 필요성이

---

3   박유희, 「한국 멜로드라마 성립과정에서의 혼성과 전유: 1950년대 후반 한국영 화 장르 성립 과정을 중심으로」, 「현대문학이론연구」 40, 2010, p. 377.

있음을 강조할 것이다. 두 번째 부분에서는 멜로드라마 장르와 스타일에 관한 영어권 비평을 소개한다. '멜로드라마 연구는 곧 스타일 연구'라고 할 정도로 스타일이 핵심적인 장르임에도 국내에서는 거의 연구가 되지 않아 학술적 관심이 시급하다. 민족주의적 내러티브와 충돌하는 코즈모폴리턴 스타일에 주목함으로써 한국영화에 끼친 할리우드의 영향을 효과적으로 분석하고, 나아가 할리우드 모방에서 벗어난 한국 고전 영화의 국제적 의의를 밝힐 수 있다. 마지막 부분에서는 이러한 국제적 스타일의 탁월한 예로 〈비 오는 날의 오후 세 시〉(1959)를 분석한다. 이 영화는 미국 종군 기자 헨리 장(이민)과 불구가 된 참전용사 인규(최무룡) 사이에서 갈등하던 수미(김지미)가 결국 심장병으로 죽는다는 전형적 멜로드라마로, 미국이 대변하는 개인의 행복과, 한국이 수미에게 종용하는 도의적 책임 사이 갈등을 〈카사블랑카〉(1942)의 삼각관계 플롯으로 치환하고 있다. 그러나 이렇게 따분한 도덕적 구도와 반대로, 이 영화는 수미의 눈부신 드레스와 나비넥타이 맨 멋쟁이 남성들과 끊임없이 흐르는 바이올린 선율과 위스키 향으로 가득 차 있다. 고루한 이념적 내러티브와 단절된 이 영화의 코즈모폴리턴 스타일이 근대국가로 나아가고자 하는 당대 관객의 열망을 투사하고 있으며, 따라서 이 영화는 할리우드의 단순한 도용이 아닌 한국적 맥락에서 탄생한 창조적 각색이라는 것이 글의 결론이다.

2. 1950년대 멜로드라마와 미국화

'한국영상자료원'을 통해 볼 수 있는 1950년대 한국영화가 51편이고, 이 중 필자 판단에 멜로드라마 요소를 일부 가진 것이 아닌, 오롯이 멜로드라마로 볼 수 있는 작품이 24편이다. 이 중 본 글이 주목하고자 하는 영화는 13편으로 이들은 다음의 특징을 공유한다. 1) 여주인공의 욕망이나 희생이 작품의 핵심을 이루고, 2) 이 욕망과 희생이 여성이 체화하는 미국 중심의 근대화, 그리고 이에 대한 한국 사회의 모순적 태도와 관련 있으며, 3) 이 모순이 내러티브와 스타일의 부조화, 즉 내용과 표현의 어긋남을 통해 일종의 균열된 미학으로 이어지는 영화다. 즉, 홀터넥 드레스에 하이힐을 신고 〈로마의 휴일〉 속 헵번스타일 머리를 하고 댄스홀을 누비는 여성을 보여주면서도 내용은 결국 처벌받거나 가정으로 돌아옴으로써 가부장 서사를 강화하는 식이다. 13편의 영화를 표로 정리하면 다음과 같다.

	영화 제목	감독	연도
1	운명의 손	한형모	1954
2	자유부인	한형모	1956
3	진리의 밤	김한일	1957
4	그 여자의 일생	김한일	1957
5	촌색씨	박영환	1958
6	지옥화	신상옥	1958
7	모정	양주남	1958
8	어느 여대생의 고백	신상옥	1958
9	그 여자의 죄가 아니다	신상옥	1959
10	남성대 여성	한형모	1959

11	동심초	신상옥	1959
12	비 오는 날의 오후 세 시	박종호	1959
13	자매의 화원	신상옥	1959

위의 영화 외에도 〈서울의 휴일〉(이용민, 1956)이나 〈순애보〉(한형모, 1957), 〈자유결혼〉(이병일, 1958), 〈그대와 영원히〉(유현목, 1958)처럼 위 세 가지 조건을 충족하지는 않지만 멜로드라마 요소를 포함한 영화는 매우 많다. 〈서울의 휴일〉은 〈로마의 휴일〉(윌리엄 와일러, 1953)을 떠올리게 하는 제목에서부터 와일러 영화의 주인공인 '앤 공주'에 대한 언급, 여의사와 기자 부부의 서구식 생활, 햄릿과 오필리아 흉내, 영화와 오케스트라 관람, 미니 골프 등 서구적 삶의 지표로 가득 차 있으나 혼전 임신한 앞집 처녀의 딱한 처지나 난산한 범죄자의 아내 플롯도 있어 신파 느낌을 준다. 〈순애보〉는 첫 장면부터 해변을 거니는 수영복 차림의 여성들을 보여주고 '에어 걸'(항공 승무원)을 등장시키며 이국적 스펙터클을 자랑하지만, 주인공이 눈이 멀고 살인 누명을 쓰며 사랑하던 여인과 결국 이루어지지 못한다는 점에서 신파에 가깝다. 〈그대와 영원히〉는 광필(이룡)과 애란(도금봉)의 이뤄지지 못한 첫사랑, 조직 보스와의 결혼, 애란의 딸이 알고 보니 광필의 딸이고 애란은 병으로 죽는다는 전형적인 멜로드라마 줄거리를 가졌으나 서구적 스타일과는 거리가 멀다.

정리하자면 이 글에서 주목하는 멜로드라마는 전후 한국 사회가 처한 모순, 민족주의로 대표되는 전통적 가치와 물밀듯 밀려오는 미국 중심의 근대화 물결을 '전통을 수호하는 가부장' 대 '미국문화에 경도된 젊은 여성'의 대립으로 치환한다. 미국화된 여성이란 도식은 영화에 다양한 방식으로 등장하는데, 우선 할리우드 여배우를 따라 한 머리 모양과 화장, 화려한 옷차림을 통해 쉽게 식별된다. 예를 들어 세련된 치마 정장을 입고 모자를 쓰고 애완견을 들고 등장하는 〈여사장〉(한형모 감독, 1959)의 요한나(조미령)는 파리에서 환골탈태하고 귀환한 사브리나 역의 오드리 헵번(〈사브리나〉, 빌리 와일더, 1954)을 연상하게 한다. 이와 비슷하게 〈자유부인〉에서 색색의 드레스를 입고 블루스를 추며 미군 부대에서 공수된 맥주를 즐기는 영화 속 부녀자들 모습은 전쟁의 상흔을 벗어나 세계시민에 편입되고픈 당대 관객의 근대화 열망을 드러낸다. 또 다른 예로 〈촌색씨〉에서 부잣집 딸 여대생 정옥(도금봉)은 자신이 흠모하는 경호(이민)의 외무고시 합격 축하 파티에서 노출이 심한 드레스를 입고 국적 불명의 뇌쇄적인 춤을 춘다. 이렇게 때로는 뜬금없고 때로는 과하다 싶은 이국적 장면은 멜로드라마의 전통적 내러티브를 오염시키며 당대 한국 사회의 복잡한 이념적 충돌을 엿보게 한다.

위 예가 미국화된 여성이란 영화적 재현의 낙관적 예라면, 이 재현의 스펙트럼의 부정적 극단에는 미군에 대한 경계와 두려움을 상징하는 '양갈보'가 있다. 개봉 당시 흥행에 실패했으나 오늘날 가장 중요한 작품 중 하나로 꼽히는 〈지옥화〉는 여주인공 소냐(최은희)의 성적, 자본주의적 욕망을 무참히 단죄한다. 미군에 기생해 살며 돈이 최고라는 소냐의 모습은 성적 방종뿐 아니라 민족적 배신이란 두 겹의 죄를 상징한다. 소녀의 이 같은 서구화된 욕망은 〈지상에서 영원으로〉(프레드 진네만, 1953)의 데보라 커를 생각나게 하는 강렬한 흰 수영복 차림을 통해 가시화된다. 이 매혹적인 욕망은 결국 민족주의 가부장의 거세 불안을 표출하는 것이며, 두 한국 형제를 차례로 유혹한 끝에 잔인하게 살해당하는 소녀의 최후를 통해 제거된다. 동정의 대상이자 경멸의 대상인 '양갈보'는 외국 남성에게 유린당한 한국 여성의 강력한 기표로 한국영화 안에서 다양한 방식으로 작동한다. 미국화된 한국 여성이 제공하는 다양한 시청각적 재미에도 불구하고, 이러한 이국적 스타일은 결국 남성 인물이 대변하는 민족주의 내러티브에 포섭된다. 〈자유부인〉에서 개인의 자유와 경제적 독립을 꿈꾸던 오선영(김정림)이 마지막에 국문과 교수인 남편에게 눈물로 사죄하고, 〈모정〉에서 서구식 삶을 살던 혜옥(조미령)이 남편의 숨겨진 자식을 거두어들이고, 〈동심초〉에서 전쟁미망인 숙희(최은희)가 상규(김진규)를 사랑함에도 서울 집을 팔아 홀로 시골로 내려가는 결말은 따라서 모두 예측 가능하다. 이러한 민족주의 내러티브와 서구적 스타일 사이의 부조화, 가부장적 내러티브와 미국화된 여성이 체현하는 스타일 사이의 틈새가 바로 50년대 한국 멜로드라마의 핵심이다.

위 열세 편 영화에 관한 기존 연구를 살펴보면 개별 작품에 관한 연구는 〈자유부인〉과 〈지옥화〉에 집중되어 있으며 그 외 작품에 관한 연구는 매우 부족하다. 〈자유부인〉에 관한 연구로는 주유신과 주창규의 분석이 특히 흥미롭다. 주유신은 「〈자유부인〉과 〈지옥화〉: 1950년대 근대성과 매혹의 기표로서의 여성 섹슈얼리티」에서 당대 영화 속의 성애화된 여성들을 "근대성과 자본주의라는 두 가지 지형을 접합하는 역동적 인간형이자, 전쟁이 낳은 보편적인 남성 무력화의 가장 가시적인 상징"[4]이라고 분석한다. 주창규는 「"노란 피부, 하얀 '가면' 무도회" 의 〈자유부인〉」에서 오선영이 서양 문물의 향유를 통해 성적 주체이자 대상이 되어가는 과정을 가야트리 스피박의 표현을 빌어 "백인 남자가 유색인 남자에게서 유색인 여자를 구해주고 있"는 것으로 해석한다. 특히 예리한 분석은, 이 영화가 "토착 여성"인 자유부인의 기호를 채우는 "술, 뇌물, 사치, 불륜" 같은 대체물을 주체적 민족국가를 위해 도려 내야 할 "거세된 민족의 '썩은 남근'"으로 보고 있다는 부분이다.[5] 이 외에도 주창윤은 50년대 중반 한국을 휩쓴 댄스 열풍과 관련해, 김려실은 한형모 영화 속에 드러난 미국에 대한 양가적 태도와 관련해, 권보드래는 '아프레 걸'과 비교하며, 끝으로 허윤은 원작 소설 속 남성 젠더 수행성과 관련해 〈자유부인〉을 언급하고 있다. 〈지옥화〉에 관한 분석은 강성률, 주유신, 박유희의 글에서 찾아볼 수 있으나, 세 글 다 이 영화만을 독점적으로 다루고 있지는 않다.

50년대 한국 멜로드라마 연구의 또 다른 방향은 비교연구로, 몇몇 논문에 따르면 위 13편의 영화 중 〈어느 여대생의 고백〉, 〈자매의 화

---

4 주유신 외. 『시네페미니즘: 여성의 시각으로 영화를 읽는 13가지 방법』. 부산: 호밀밭, 2017, p. 167.

5 주창규. 『식민적 근대성과 한국영화』. 서울: 소명출판, 2013, pp. 193~194.

원〉, 〈그 여자의 죄가 아니다〉, 〈촌색씨〉, 〈그대와 영원히〉, 〈순애보〉 등이 프랑스, 일본, 할리우드 영화의 요소를 피상적으로 차용하고 있다. 예를 들어 〈자매의 화원〉은 아버지를 잃은 자매의 고난이라는 점에서 〈작은 아씨들〉(머빈 르로이, 1949)을 환기하고, 〈촌색씨〉는 남편을 위해 희생하는 아내라는 점에서 그레이스 켈리가 아카데미 여우주연상을 탄 〈컨트리 걸〉(조지 시튼, 1954)을 조금 닮았다는 분석이다. 〈비 오는 날의 오후 세 시〉는 "한 종군 기자(이민)와 전란 속에 방황하는 여인(김지미)의 사랑을 감성적인 무드로 그려낸 작품"[6]이라는 평이한 평가를 받았음에도 조영정과 노지승·육상효의 논문에서 자세히 다루어졌다. 두 논문의 주요 관심사는 〈애수〉(머빈 르로이, 1940), 〈카사블랑카〉(마이클 커티즈, 1942), 〈모정〉(헨리 킹, 1955) 등 몇몇 할리우드 영화를 노골적으로 연상시키는 이 영화 속 한국 대 미국의 대결이다. 흥행을 위해 고전 할리우드 영화를 흉내 내거나 혼합해야 했던 당대 한국 감독의 처지나 한계를 이해하는 것은 매우 중요하다. 그러나 이 글에서 강조하고 싶은 점은 첫째, 2000년 이후 각색 연구가 활발해지며 해체된 오랜 편견, 즉 원전이 각색 작품보다 항상 우월하다는 믿음을 버려야 한다는 것이며 둘째, 50년대 한국영화가 단순히 할리우드 영화를 베끼는 데 그쳤다는 평가를 넘어서는 것이다. 모든 영화가 그렇지는 않아도 일부 영화는 1920~50년대를 지배한 고전 할리우드 시네마의 '토착 언어'(버내큘라)를 유의미하게 활용해 일종의 글로컬 영화로 각색되었으며, 이

---

6   이영일, 『한국영화전사』, 서울: 소도, 2004, pp. 272~273.

과정에서 한국 멜로드라마 고유의 코즈모폴리턴 스타일을 탄생시켰다.

클라인의 『냉전 시대 코즈모폴리터니즘: 1950년대 한국영화의 시대 스타일』은 관련 주제를 다룬 최초의 영문서일뿐더러 영화의 내러티브보다 스타일을, 한국영화의 민족주의적 메시지보다 국제주의 감성을 더 중시한다는 점에서 매우 중요한 연구이다. 클라인의 분석에 따르면, 냉전 시대 미국에서는 아시아를 자유 민주주의 진영에 아우르려는 문화적 흐름의 하나로 (비록 오리엔탈리즘에 젖어있지만) 아시아를 배경으로 하거나 아시아인을 등장시키는 대중 서사가 유행했다. 즉 아시아를 자유주의 세계에 통합하기 위한 정치적 목적 아래 "여행, 입양, 의료 및 선교, 댄스[……]를 통해 미국인이 아시아인과 유대관계를 맺는"[7] 대중문화물이 성행했다는 것이다. 〈남태평양〉(조슈아 로건, 1958) 같은 할리우드 뮤지컬로 대표되는 이런 경향을 미국의 '냉전 시대 오리엔탈리즘'이라 부른다면, '냉전 시대 코즈모폴리터니즘'은 이 경향의 아시아 버전이란 게 클라인의 주장이다. 그리고 이 버전의 빼어난 대중문화적 표현이 "미국적 페티시"[8]를 통해 서구 중심의 근대화를 지향하는 한형모의 영화들이다. 클라인의 연구는 스타일의 역사적 맥락을 강조한다는 점에서 중요하다. 그러나 클라인의 연구가 한형모의 영화만을 독점적으로 다루고 있기에, 클라인의 논의에서 출발하되 이 책에서 다루지

---

7   Klein, Christina. *Cold War Cosmopolitanism: Period Style in 1950s Korean Cinema.* Oakland, U of California P, 2020. p. 7.

8   Klein, Christina. *Cold War Cosmopolitanism: Period Style in 1950s Korean Cinema.* Oakland, U of California P, 2020. p. 5.

않는 다른 동시대 영화로 논의를 확장해야 한다.

3. 멜로드라마와 스타일 비평

클라인의 분석이 역사적 사료에 기반해 영화의 사회적 의미를 천착하고 있다면, 이 같은 분석을 넘어 한국 고전 영화의 국제적 의의를 밝힐 이론적 틀 또한 필요하다. 이 글에서 자세히 다룰 공간은 없지만, 필자의 궁극적 목표는 한국영화의 코즈모폴리턴 '스타일'에서 시작해 할리우드와의 상호작용 속에 새로운 것을 만드는 코즈모폴리턴 '미학'으로 나아가는 것이다. 여기서 말하는 '미학'은 흔히 스타일을 지칭하는 영화미학보다 넓은 개념으로, 현대 프랑스 사상가인 자끄 랑시에르(Rancière)의 '미학 체제'로부터 빌려온 것이다. 정치철학, 교육학, 예술론을 아우르는 랑시에르 사상의 핵심 용어 중 하나가 '예술의 미학(aesthetics) 체제'인데, 이 체제에 속하는 예술품은 새로운 감각, 즉 '아이스테시스'(aisthesis)을 만들어내기에 그렇게 분류된다. '아이스테시스'는 감각을 뜻하는 고대 그리스어로, 쉽게 말해 오감을 통해 보고 듣고 느끼는 것이자 오늘날 미학이란 단어의 어원이다. 랑시에르에게 영화로 대표되는 근대 예술은 이전의 '윤리 체제'나 '재현 체제'와 구분되는 '미학 체제'에 속한다. '미학' 체제라 부르는 이유는 이 체제에 속하는 예술품이 인과관계로 매끄럽게 이어진 기존의 생각이나 이미지를 단절하며 새로운 '감각'을 창조하기 때문이다. 랑시에르는 영화가 미학 체제에 속하는 이유가 영화의 본질인 단절과 틈새와 불순함, 그리고 이러한 것들로 인해 가능해지는 새로운 감각적 경험 때문이라고 한다. 스타일에서 출발해 미학을 강조함으로써 필자는 한국 고전 멜로드라마의 혼종적 스타일이 전후 사회 관객에게 새로운 '감각'을 창조해주었음을 주장하고자 한다.

한국 멜로드라마의 코즈모폴리턴 미학을 연구하기 위해서는 할리우드 멜로드라마에 관한 비평 역시 고려해야 한다. '여성영화'로도 불리는 멜로드라마는 고전 할리우드 시네마의 가장 인기 있는 장르 중 하나였다. 여성 관객을 위해 모정, 순결 등 여성의 특정 경험을 여성 관점에서 그리는 멜로드라마는 1930년대 말부터 50년대까지 특히 성행하였다. 이 중 다수가 1950년대 한국에서 개봉되고 재개봉되며 국내 영화 제작에 큰 영향을 주었다. 영미권의 멜로드라마 연구는 50년대 더글러스 서크(Sirk)가 감독한 다섯 편의 유니버설 영화사 멜로드라마의 재발견으로 70년대 들어 불붙었다. 이후 80년대 여성주의 비평을 거쳐, 90년대 스티브 닐(Neale)과 린다 윌리엄스(Williams)의 수정주의 멜로드라마 개념으로 확장되며 일단락되었다. 2005년 출판된 존 머서(Mercer)와 마틴 싱글러(Shingler)의 『멜로드라마: 장르, 스타일, 감수성』에 따르면, 오늘날 멜로드라마는 영화 장르이자 '멜로드라마 스타일'로 통칭되는 미학이자 〈다이 하드〉 시리즈나 '캠프'까지 아우르는 감성을 폭넓게 뜻하게 되었다. 19세기 유럽 연극에서 출발하여 주로 여성화된 대중문화의 영역으로 평가절하되던 멜로드라마가 서크식 멜로드라마의 재발견으로 사회비판의 힘을 가진 현대적 장르로 칭송받게 되었다는 점은 중요하다. 그러나 너무 지나친 멜로드라마의 확장은 경계해야 하며, 이 글에서는 스타일의 중요성을 강조하는 방향으로 멜로드라마 비평을 정리해보려 한다.

1970년대 초반 멜로드라마 연구를 촉발한 서크에 관한 글로는 『스크린』에 실린 폴 윌먼(Willemen)의 「소격 효과와 더글러스 서크」, 「서크식 시스템 분석을 향하여」, 존 할리데이(Holliday)와 로라 멀비(Mulvey)의 편저 『더글러스 서크』, 토마스 앨새서(Elsaesser)의 「음향과 분노의 이야기: 가족 멜로드라마 논평」 등이 있다. 윌먼의 글은 할리우드 멜로드라마라는 상업적이고 정형화된 장르에 어떻게 서크가 1920~30년대 브레히트와 궤를 같이하는 좌파 지식인 연극연출가로서 활용했던 인상주의 예술 요소를 불어넣으며 고유의 미학을 창조했는지 주목한다. 이어 1980년대 출판된 주요 연구로는 단연 크리스틴 글레드힐의 편저 『마음이 머무는 집: 멜로드라마와 여성영화 연구』를 꼽을 수 있다. 글레드힐은 서론의 첫머리부터 멜로드라마가 할리우드 영화 장르에 그치는 것이 아닌, 이백 년의 역사를 가진 복합적이고 국제적인 문화의 한 형식임을 강조한다. "서크의 발견으로 이 장르가 시야에 들어왔다"[9]는 유명한 문장을 통해 글레드힐은 60년대 작가주의 열풍으로 과도한 미장센이 감독 개인의 것으로 치부되었다면, 서크의 재발견 이후 스타일 과잉

9　Gledhill, Christine. ed. *Home Is Where the Heart Is: Studies in Melodrama and the Woman's Film*. London: BFI Publishing, 1987, p. 7.

이 멜로드라마의 공통된 특성으로 긍정적 의미를 부여받게 되었다고 한다. 몇 년 후 출판된 바이어스의 (서크 영화 제목을 빌린)『할리우드가 허락한 것들: 1950년대 멜로드라마 다시 읽기』역시 글레드힐의 논의를 토대로 주장을 이어간다. 바이어스는 왜 마침 50년대 미국에서 멜로드라마가 성행할 수밖에 없었는지를 여성주의 관점에서 탐구한다. 바이어스에 따르면 세계대전 후 미국은 인류의 안위에 대한 고민부터 여성의 사회진출과 가족제도에 대한 회의로 흔들리고 있었고, 따라서 "도덕적 정체성을 만드는 근대적 방식인 멜로드라마가 미국적 이데올로기 [회복]에 필요했다."[10]

멜로드라마를 여성적 장르로 규정하고, 여성주의 및 마르크스주의 관점에서 멜로드라마의 당위성을 세우려던 80년대 연구와 대조적으로, 90년대 연구의 특징은 멜로드라마의 지속적 확장이다. 일례로 닐은 당대 신문잡지 속 영화설명에서 멜로드라마가 여성영화뿐 아니라 "전통적으로 '남성적'이라 여겨진 장르인 전쟁영화, 모험영화, 공포영화, 스릴러"[11]에 광범위하고 빈번히 쓰였다고 한다. 윌리엄스는 여기서 한 걸음 더 나아가 멜로드라마가 여성이나 과잉 감정, 스타일에 국한되지 않은, 19세기 이후 모든 미국 대중문화의 핵심을 이루는 이야기 방식이라고 역설한다. 즉 멜로드라마가 『톰 아저씨의 오두막』,『허클베리 핀의 모

---

10 Byars, Jackie. *All That Hollywood Allows: Re-reading Gender in 1950s Melodrama*. London: Routledge, 1991, p. 7.

11 Neale, Steve. "Melo Talk: On the Meaning and Use of the Term 'Melodrama' in the American Trade Press", *The Velvet Light Trap* 32, 1993, p. 69.

험』 같은 고전 대중소설부터 〈람보〉, 〈E.T.〉, 〈필라델피아〉, 〈쉰들러 리스트〉 같은 영화를 관통하는 미국적 정서의 "가장 강력한 표현법"[12]이라는 것이다. 그러나 윌리엄스의 야심 찬 주장에도 불구하고 이 글 이후 멜로드라마에 관한 연구가 현저히 드물어졌다는 점이 시사적이다. 아마도 이 글이 멜로드라마를 확장하는 과정에서 이 용어를 어디에도 조밀히 적용되기 힘든 헐거운 것으로 만들어버렸기 때문일 것이다. 이에 더해 멜로드라마를 미국적인 것으로 전유하며 연구의 다양성을 막아버렸다는 점 역시 암시하는 것이 아닐까 싶다.

요약하자면, 멜로드라마 연구는 서크의 재평가에서 비롯되었고, 서크의 과장되고 아름다운 멜로드라마 영화의 의의는 사회 순응적이고 도식적인 할리우드 장르 영화의 '내용'을 바꾸지 않으면서 스타일과 미장센, 즉 '형식'을 통해 당대 사회의 불안함과 균열을 드러낸 것이다. 그리스어 '멜로스'(음악)와 '드라마'의 결합이라는 어원에서도 알 수 있듯, 멜로드라마의 핵심은 내용보다 내용을 강조하고 보완하고 때로는 낯설게 하는 배경음악과도 같은 스타일에 있다. 스타일과 미장센은 종종 유사어로 쓰이는데, 영화연구의 대부분 용어가 항상 정확히 규정되는 것은 아니지만, 보다 명확한 영화 분석을 위해서는 위 개념을 구별해야 한다는 게 이 글의 입장이다. 데이비드 보드웰(Bordwell)은 스타일을 "[영화] 매체 기법의 조직적이고 의미 있는 사용"으로 정의하며, 이

---

12 Williams, Linda. "Melodrama Revised", Ed. Nick Browne. *Refiguring American Film Genres: History and Theory.* Berkeley: U of California P, 1998, p. 82.

러한 영화 기법이 "미장센(무대 설치, 조명, 연기, 배경); 프레임, 포커스, 색도 제어 등의 촬영술; 편집; 음향"의 영역으로 나뉜다고 설명한다.[13] 존 깁스(Gibbs)의 정의에 따르면 미장센은 결국 "시각적 스타일"이다. '무대 위 놓인 모든 것'이란 뜻의 프랑스어인 미장센은 영화연구에서 "프레임 속 모든 것이자 그것이 조직되는 방식"을 의미한다. 이 정의에서 유념할 점은 '조직되는 방식'이다. 미장센은 표현의 도구를 가리킬 뿐 아니라 도구들이 어떻게 결합해 표현하는지를 포괄하기 때문이다. 따라서 깁스는 "관객이 볼 수 있는 것"만이 아닌, "보라고 관객을 초대하는 것"까지 미장센에 포함되는 것임을 강조한다.[14]

머서와 싱글러의 『멜로드라마』는 이 분야의 가장 훌륭한 입문서인데, 스타일을 다루는 이 책의 2장에서 특히 서크 영화의 스타일을 분석하며 멜로드라마 스타일의 역할을 강조한다. 서크의 멜로드라마 스타일이 중요한 이유는, 영화 검열 코드로 인해 묘사와 발화의 제한을 받다 보니 역설적으로 스타일을 통해 "코드의 제한을 우회하는 정교한 영화 언어의 출현"[15]을 낳았기 때문이다. 다양한 거울의 사용, 프레임 속 프레임, 크리스마스트리나 사슴처럼 인위성을 의도적으로 강조하는 상투적 이미지, 극도로 인공적인 조명이 그러한 영화 언어의 예이다. 저

---

13 Bordwell, David. *On the History of Film Style.* Cambridge: Harvard UP, 1997, p. 4.

14 Gibbs, John. *Mise-en-scene: Film Style and Interpretation.* NY: Wallflowers P, 2002, p. 5.

15 Mercer, John, and Shingler, Martin. *Melodrama: Genre, Style and Sensibility.* NY: Wallflower P, 2005, p. 43.

자들은 서크가 이렇게 반어적인 미장센을 통해 "등장인물은 이 말을 하는데 미장센은 다른 말을 하는"[16] 영화미학을 창조해냈다고 극찬한다. 윌먼 역시 이와 비슷하게, 서크가 독일 연극연출가로서의 경험을 활용해 할리우드 멜로드라마 장르의 관습을 깨는 대신 오히려 강화하고 과장함으로써 관객을 끌어들이는 동시에 거리를 두게 하는 모순적 스타일을 창조해냈다고 한다. 거의 롱 샷으로만 이루어져 공간의 널찍함과 갑갑함을 동시에 강조한다거나(《슬픔은 그대 가슴에》) 아름답지만 왠지 어울리지 않는 바로크풍의 배색을 쓰는 것(《바람에 쓴 편지》) 등이 그러한 스타일의 예이다.[17] 감상적이고 상투적인 내용의 영화에서 모순과 단절과 아이러니를 빚어내는 멜로드라마 스타일에 관한 이 같은 분석은 동시대 한국 멜로드라마 분석에도 적용될 수 있는 부분이 많다.

정리하자면 스타일은 (주로 감독에 따른) 영화 기법의 전반적이고 고유한 사용을 뜻하는 넓은 개념, 미장센은 화면 프레임 안의 모든 것과 그 짜임새를 일컫는 시각적 스타일이다. 이 절에서 마지막으로 언급하려는 멀비의 「지연의 영화」는 앨새서의 '멜로드라마는 곧 스타일'이라는 삼십여 년 전 주장과 공명하며 다시금 멜로드라마 미장센의 중요성을 강조한다. 멀비는 멜로드라마의 미장센을 단순히 이야기 진행을 돕

---

16 Mercer, John, and Shingler, Martin. *Melodrama: Genre, Style and Sensibility*. NY: Wallflower P, 2005, p. 56.

17 Willemen, Paul. "Distanciation and Douglas Sirk", *Screen* 12(2), 1971, p. 65.

는 역할 이상의 것, "이야기하기의 수단"이자 "영화 스타일을 통해 의미를 발견할 준비가 된 관객에게 다가서는 추가적 말 걸기 방식"으로 본다.[18] 멜로드라마를 "쫓겨난 의미의 장르"로 보는 멀비에게 장르의 본질상 "말하지 않은 것과 말할 수 없는 것은 미장센에서 그 영화적 표현을 찾는다."[19] 디지털 기술의 발달로 얼마든지 멈추기와 반복적 보기가 가능해진 시대에 너무 빨라 식별할 수 없었던 과거 영화의 1/24초 프레임을 분석해 의미를 재창조하자는 멀비의 주장은 매우 중요하다. 멀비가 '지연의 영화'라 부르는 이러한 작업은 내용만으로는 진부한 50년대 한국 멜로드라마 스타일 분석이 의미 있는 작업임을 상기한다. 멀비와 비슷하게 조너선 골드버그(Goldberg) 역시 멜로드라마가 말할 수 없는 것을 말하는 "불가능성의 미학"을 구현한다고 한다. 이어 분석할 〈비 오는 날의 오후 세 시〉 또한 한국적 전통과 미국 중심의 근대화란 타협 불가능한 상황 속에 서로 다른 것을 동시에 말하는 '불가능성의 미학'을 보여준다.

---

18 Mulvey, Laura. *Death 24x a Second: Stillness and the Moving Image.* London: Reaktionbooks, 2006, p. 147.

19 Mulvey, Laura. *Death 24x a Second: Stillness and the Moving Image.* London: Reaktionbooks, 2006, p. 146.

4. 〈비 오는 날의 오후 세 시〉: 코즈모폴리턴 스타일과 윤리적 각색

앞서 상술했듯 이 글이 주목하는 멜로드라마는 여주인공의 욕망과 단죄를 그리되, 그것이 전후 한국 여성이 체화한 미국화에 대한 한국 사회의 모순적 입장과 관련 있고, 그 모순이 고루한 내러티브와 이국적 스타일의 충돌을 통해 드러나는 영화이다. 〈비 오는 날의 오후 세 시〉는 표면상 분명한 도덕적 메시지를 지닌 듯 보인다. 그러나 감독의 능동적 내러티브 연출과 별개로 순백의 웨딩드레스와 구슬픈 바이올린 선율과 '휘가로 다방'의 모던한 포스터와 인숙(최지희)의 생일상에 놓인 큰 바나나 송이까지, 말 없는 수동적 사물이 미장센을 통해 유창하게 말하며 음울한 전후 사회의 분위기와 상충하는 새로운 감각을 엿보게 하고 있다. 이러한 의미에서 이 영화의 코즈모폴리턴 스타일은 랑시에르식 미학 체제와 조우하며, 동시에 할리우드 영화의 플롯을 한국적으로 수정한 창조적 각색이라는 것이 이 절의 주장이다.

줄거리를 소개하면 〈비 오는 날의 오후 세 시〉는 전형적인 3막 8장 구성으로 나누어진다. 1막은 UP(연합통신) 기자 헨리 장이 비 오는 오후 파고다 공원 벤치에 홀로 앉아있는 안수미를 만나고, 불행한 과거를 가진 수미를 설득해 사귀게 되고 결혼에 이르기까지의 과정을 그린다. 2막은 결혼식 직후 웨딩드레스를 입은 채 원래 살던 집에 들렀다 전사한 줄 알았던 약혼자 인규가 상이용사가 되어 돌아왔음을 알게 되는 것으로 시작한다. 어쩔 수 없이 인규 집에 들어가게 된 수미와 영문도 모른 채 버림받고 최전선으로 떠나는 헨리의 이후 나날이 몽타주로 등장한다. 한편 인규의 동생 인숙은 헨리의 조수인 대식과 대학 동기이며, 참전 후 돌아온 헨리를 만나 연정을 품고 자신의 생일파티에도 초대한다. 이렇게 생일파티에서 수미와 헨리가 재회하며 갈등이 심화한 채 2막이 끝난다. 3막의 첫 장에서 인규와 헨리가 정면으로 충돌하고, 인규가 수미를 때리고 좌절하는 등 갈등이 최고조에 이른다. 마지막 장에서 수미가 갑자기 심장병으로 쓰러지며 "용서하세요 인규씨"라는 말을 남기고 사망함으로써 영화는 처음의 회상 장면으로 돌아가 파고다 공원의 빈 벤치를 비추며 끝난다.

영화를 내용에 따라 3막으로 구분한 이유는 두 가지이다. 우선 미국에 대한 동경과(1막) 그러한 동경에 대한 경계(2막), 그리고 최후의 처벌이(3막) 영화에 얼마나 도식적으로 배치되어 있는지 강조하기 위함이다. 조영정이 지적하듯, 해방과 한국전쟁을 거치며 미국은 혈맹인 동시에 일본 못지않은 약탈자로서의 양면성을 가진 곳으로 인식되었고, 따라서 "동경의 대상"이자 "경계의 대상"이었다.[20] 영화에서 이러한 양가적 태도는 1막에서 나비넥타이와 재즈와 자유연애로 표상되는 흥미진진한 미국적 삶, 2막에서 성적 불구가 되어 좌절에 빠진 한국 상이용사의 현실로 각각 구체화 된다. 미국을 향한 동경과 경계, 서구화와 전통의 대립이 한국 여성을 둘러싼 (한국계) 미국 남성과 한국 남성의 대

---

20 조영정 외, 『매혹과 혼돈의 시대: 50년대의 한국영화』, 서울: 소도, 2003, p. 102.

결로 치환된다는 점이 문제적이다. 노지승·육상효가 주장하듯, 인규가 등장하기 전 수미는 헨리와 현란한 댄스 솜씨를 선보이며 미국인들의 감탄을 자아내는 등 "프란쯔 파농이 말하는 백인의 정체성을 가장한 일종의 '하얀 가면' 놀이"[21]를 수행 중이었다. 이렇게 "미국을 중심으로 한 서구 문명을 한국인도 능히 소화해낼 수 있다는 낙관적 판타지"가 영화 전반부를 지배한다면, 후반부는 인규가 등장하며 "미국에 대한 열등감을 표현"한다는 것이 두 저자의 지적이다.[22] 개인을 넘어 국가적이라고 할 이 열등감은 수미가 헨리와 미국 가는 것을 포기하고 인규에게 용서를 빌며 죽음으로써 어느 정도 상쇄된다. 한국과 미국은 대등하기 어렵지만, 한 여자를 사이에 둔 두 남성은 영화 속에서 대등하게 그려질 수 있기 때문이다.

앞서 언급했듯 미국 사회에서 멜로드라마는 '도덕적 정체성을 만드는 근대적 방식'으로, 세계대전 후 흔들리게 된 성 역할 및 가족제도라는 이데올로기 재건에 유용한 장르였다. 이와 비슷하게 〈비 오는 날의 오후 세 시〉역시 전후 미국에 대한 열등감과 인정욕구를 '거세당한 한국 남성성과 그 회복'으로 전유한 멜로드라마이다. 미국화된 한국 여성을 희생해 가부장 주체를 소생하는 이데올로기적 임무를 수행하는

---

21   노지승·육상효. 「1950년대 한국영화의 할리우드 영화 모방 양상 연구: 〈서울의 휴일〉과 〈비 오는 날의 오후 세시〉를 중심으로」, 『한국학연구』 38, 2015, p. 425.

22   노지승·육상효. 「1950년대 한국영화의 할리우드 영화 모방 양상 연구: 〈서울의 휴일〉과 〈비 오는 날의 오후 세시〉를 중심으로」, 『한국학연구』 38, 2015, p. 426.

것이다. 그러나 이렇게 영화의 내용에만 치중해 분석하는 것은 반쪽짜리 해석에 머물 위험이 있다. 영화의 결말을 민족주의의 승리로 말끔히 결론지어 버리는 것은 다양한 스타일 요소에 오염된 영화의 틈들을 닫아버린다. 따라서 기존 비평의 통찰력을 인정하되, 기존 비평에서 간과되었던 영화의 서구적 스타일 역시 분석해야 한다. 이 영화 속 서구적 공간과 생활 방식은 '하얀 가면 놀이'에 머물지 않으며, 영화를 압도하는 서구 음악, 발레 공연, 그리고 수없이 등장하는 파편적 영어 단어와 국제적 요소의 혼종 역시 지엽적 페티시에 머물지 않고 새로운 감각— 즉, 미학—을 만들어낸다. 다시 말해 말 없는 소품과 공간이 대신 말해주는 이 영화의 부르짖음은 '열등한' 국가가 감히 동등해지고자 하는 한국적 코즈모폴리턴 열망이다.

'전쟁의 비극과 국가적 삼각관계 속에 정절을 지키고 죽은 한국 여성'이란 민족주의적 내용에도 불구하고 관객의 시청각을 지배하는 것은 시시때때로 튀어나오는 영어 단어와 곳곳에 흐르는 서양 음악, 서구적 공간이다. '예썰', '프레젠트', '스위트홈', '퍼스트 임프레션', '햄릿', '엔조이', '폰 콜 포 유', '콩그래춰레이션', '베리 파인', '땡큐', '유(you)' 등 일일이 열거하기 힘들 정도로 많은 영어 단어가 등장한다. 흥미로운 점은 이 단어 대부분을 외국인이 아닌 한국인 등장인물이 한국어 대화 속에 자연스레 섞어 쓰고 있다는 점이다. 이외에도 주인공이 재미교포라는 점을 활용해 헨리와 수미의 결혼식에 미국인 목사의 영어 설교가 배경에 깔리고, 스카이라운지에서는 대식의 바이올린 연주가 흐르고, 바에는 재즈 밴드가 신나게 연주하는 등 서구적 사운드가 영화를 채우고 있다. 영어 단어는 사운드에 그치지 않고 대문자 이미지로도 등장한다. 서울 곳곳을 누비는 헨리의 지프차에 크게 쓰인 'WAR CORRESPONDENT'나[그림 1] 영화의 처음과 마지막 공항 장면에 선명히 새겨진 'NORTHWEST'는 국제도시를 꿈꾸는 서울의 코즈모폴리턴 기표로 기능한다[그림 2].

[그림 1] 서울과 영어

[그림 2] 김포국제공항

한국인 등장인물이 영어 단어를 일상적으로 사용하듯, 영화의 서구적 공간 역시 서구화된 한국의 공간이다. 헨리가 사는 '내자아파트'는 해방 직후 지어져 1970년에 문을 닫은 미군과 종군 기자 숙소로, 영화에 가장 많이 등장하는 내자아파트 1층 바와 스카이라운지 역시 외국인을 위한 장소이다. 헨리가 일하는 연합통신 기자 사무소 역시 외국인이 모여있는 곳이다. 특히 미국인 상사(남궁원)의 사무실은 생뚱맞게나마 방콕 홍보 포스터와 링컨의 초상화란 미장센을 통해 이국성을 자아낸다[그림 3]. 한국인을 위한 공간 역시 서구화되어 있다. 대식과 인숙이 앉아있는 대학 강의실에서는 슈베르트와 카롤리네의 사랑을 다룬 영화와 '미완성교향곡'에 대한 강의가 한창이다. 수업이 끝난 후 저마다 악기를 들고 내려오는 학생들의 모습을 담은 롱 샷은 그리스 신전 같은 대학 건물을 뽐낸다[그림 4]. 인숙은 대식이 파리 듀프로의 실존주의자 같은 표정을 하고 있어 '구토'할 것 같다며 놀리고, 명동에 차차차 스텝을 밟으러 가자고 한다. 인숙과 헨리는 이화여대 강당에서 발레 공연을 관람하기도 한다. 불구가 되어버린 한국을 은유하는 인규 역시 휘가로 다방에서 샹송을 듣던 금수저 청년이며, 피아노, 침대, 식탁, 응접실을 갖춘 이층 양옥집에 산다. 헨리와 수미가 데이트를 즐기는 놀이공원과 수영장, 수미를 기쁘게 하는 냉장고를 갖춘 신혼집 역시 예외가 아니다. 마지막으로 헨리의 부모님이 호놀룰루에서 호텔을 경영하고 헨리가 영화 처음 동경에서 마닐라를 가던 길에 서울에 들른 것이라는 설정까지, 〈비 오는 날의 오후 세 시〉는 국제적인 지명과 이미지로 가득 차 있다.

[그림 3] 방콕 포스터와 링컨 사진   [그림 4] 한국 대학 교정

이렇게 얼핏 피상적으로 서구화된 스타일은 당시 빈곤한 한국 사회의 현실을 고려했을 때 판타지에 불과한 것, 미국을 향한 동경과 열

등감을 오롯이 드러내는 것으로 폄하될 수 있다. 그러나 랑시에르에 따르면, 미학 체제에 속한 영화는 재현에 관한 기존 규칙이나 평가로부터 해방되어 새로운 근대적 '감각'을 표출해야 한다. 〈비 오는 날의 오후 세 시〉 역시 계속해서 출몰하는 영어, 미국 대중문화 지표, 서구적 소품 및 이미지를 통해 한국 남성성의 상실과 재건이라는 인과관계의 재현 체계를 교란하고 대신 한국적 코즈모폴리터니즘이라는 근대적 감각을 탄생시킨다. 강성률에 따르면, "1957년 5월에 서울 시내 초등학생의 90%가 점심을 못 먹는 결식아동일 정도였음에도 불구하고 댄스홀이나 바가 성행하고 유흥지가 흥청대는 향락과 풍요가 동시에 존재하였던 것이 근대의 이중적 모습"[23]이었다. 급속한 근대화 앞에 혼란을 겪은 시기는 나라마다 차이가 있겠으나, 전통과 새것의 충돌은 기회와 환멸의 가능성을 고루 제공한다. 50년대 한국 사회에서 근대화에 대한 열망이 서구의 흉내 내기로 시작한 점은 부정할 수 없다. 하지만 실력 있는 음대생 대식이나[그림 5] 미국인과 어울리는데 전혀 어색함이 없는 수미를[그림 6] '하얀 가면 놀이'의 수행자로만 보는 것 역시 아시아인은 백인과 동등해질 수 없다는 전제를 깔고 있다. 따라서 수미의 할리우드 여배우 같은 외양이나 영화 스타일을 불완전한 서구의 모방으로 보기보다 새로운 한국적 코즈모폴리턴 스타일로 보아야 한다.

---

23 강성률. 「1950년대 후반 한국영화 속 도시의 문화적 풍경과 젠더」, 『도시연구』 7, 2012, p. 160.

[그림 5] 바이올리니스트 대식   [그림 6] '미국인'과의 결혼

이 멜로드라마가 영화의 보수적 메시지와 상충하는 이국적 스타일을 통해 경험하게 하는 새로운 감각이란 무엇일까. 클라인은 한형모 영화의 서구적 스타일을 "미국의 '페티시화'"라는 부정적 표현 대신 "코즈모폴리터니즘"이라고 부를 것을 제안한다[24](5). 미군 부대와의 직접적 접촉, 미제 상품, 할리우드 영화나 미국 대중음악의 영향을 일방적집착이 아닌 상호작용적인 것으로, 다시 말해 서양의 무비판적 수용이아닌 한국적 변용으로 이해하자는 주장이다. 클라인이 사용하는 '도용'이나 '부대찌개 영화'라는 용어에는 사실 의구심이 남는다. 그러나 코즈모폴리터니즘은 미국을 향한 무조건적 동경보다 세계시민주의에 대한한국적 열망을 강조한다는 점에서 기존의 일방향적 해석을 지양하는보다 윤리적인 개념이다. 〈비 오는 날의 오후 세 시〉에서 이러한 열망은 다양한 코즈모폴리턴 이미지에 고스란히 묻어난다. 일례로 영화의오프닝은 중후한 남성 가수의 목소리와 여성 코러스가 어우러지는 합창곡 '비 오는 날의 오후 세 시'를 배경으로, 배우들의 이름과 발레리나

---

24   Klein, Christina. *Cold War Cosmopolitanism: Period Style in 1950s Korean Cinema.*
      Oakland, U of California P, 2020. p. 5.

476

그림과 현대회화 풍의 추상 패턴이 한 프레임에 제시된다. 알랭 바디우 (Badiou)가 "모든 예술의 대중화"[25]라고 명명하는 영화의 민주주의적 성취, 문학과 회화와 무용과 음악을 아우르는 영화의 초국적이자 초장르적 횡단이 집약된 이미지이다[그림 7].

그러나 영화 속 코즈모폴리턴 스타일의 백미로 꼽을 수 있는 장면이라면 단연 헨리와 수미의 댄스이다[그림 8]. 재즈 밴드의 연주를 배경으로 이뤄지는 매우 빠른 댄스는 바에 있던 서양인들의 감탄사를 자아내며 "미국의 시선과 응시에 매우 목말라 하는 한국인들의 모습"[26]을 반증하는 부정적 장면으로 여겨져 왔다. 그러나 서양인 연주자들과 재미교포 헨리와 한국의 고아 여성 수미가 국적과 문화를 초월해 리듬에 맞춰 몸을 움직이는 모습은 낡은 이념적 내러티브를 단절하고 무력하게 만든다. 대신 관객이 온몸으로 체험하게 되는 것은 미리엄 한센 (Hansen)의 주장대로 "시각과 감각 지각을 조직하는 새로운 방식"[27]으로서의 근대성이다. 다시 말해 내용상 인규가 헨리에게 "같이 멸공 전선에서 싸웠던 동지" 아니냐며 구차하게 수미를 돌려달라고 하고 있다면, 이 댄스 장면은 이념이나 국가적 대립을 넘어 새로운 역동성의 시

---

25 Badiou, Alain. *Cinema*. translated by Susan Spitzer. Cambridge: Polity, 2010, p. 238.

26 노지승·육상효. 「1950년대 한국영화의 할리우드 영화 모방 양상 연구: 〈서울의 휴일〉과 〈비 오는 날의 오후 세시〉를 중심으로」, 『한국학연구』 38, 2015, p. 397.

27 Hansen, Miriam. "The Mass Production of the Senses: Classical Cinema as Vernacular Modernism", eds. *Christine Gledhill and Linda Williams. Reinventing Film Studies*. London: Arnold, 2000, p. 333.

간이 한국에 도래했음을 알리고 있다. 앞서 머서와 싱글러가 설명했 듯, 멜로드라마는 '줄거리나 인물은 이 말을 하는데 미장센은 다른 말 을 하는' 장르이다. 〈비 오는 날의 오후 세 시〉 역시 전통과 미래 사이 에 끼어 괴로워하는 인물이나 빤한 결말보다, 미학 체제로서의 영화가 새로이 경험하게 하는 세계시민으로서의 신체적 활력을 투사하는데 더 탁월하다.

[그림 7] 영화의 오프닝 크레딧

[그림 8] 현란한 댄스 장면

마지막으로 살펴보려는 점은 할리우드 영화와의 관계, 혹은 할리 우드 관습의 '도용'이다. 주지하다시피 〈비 오는 날의 오후 세 시〉는 로 버트 테일러, 비비언 리 주연의 〈애수〉와 험프리 보가트, 잉그리드 버그 만 주연의 〈카사블랑카〉를 강하게 환기한다. 〈애수〉와 관련해서는 영 화가 남주인공과 여주인공이 처음 만난 장소에서 남주인공의 회상으로 시작하고 끝난다는 점, 여주인공의 비극이 전사한 줄 알았던 약혼자가 살아 돌아온다는 데서 비롯된다는 점이 비슷하다. 〈카사블랑카〉와 관 련해서는 대의를 위해 싸우다 죽은 줄 알았던 남편과, 개인적 행복 추 구를 우선시하는 국제주의자 연인이 여주인공을 두고 갈등하는 삼각관계 구도가 닮았다. 물론 〈애수〉의 마이라(비비언 리)가 매춘에 빠질 수밖에 없었던 것과 달리 수미는 끝까지 정절을 지키고, 〈카사블랑카〉의 결말이 일종의 해피엔딩이라는 큰 차이도 있다. 그러나 또 다른 할리우드 영화 〈모정〉의 여주인공 제니퍼 존스를 따라 했다는 수미의 의상이나 머리 모양, 〈카사블랑카〉의 결말을 닮은 공항 장면, 발레리나였던 〈애수〉의 주인공을 연상시키는 발레 모티프까지, 박종호 감독의 영화가 오마주와 표절의 경계에 놓여 있음 역시 부인하기 어렵다.

이 같은 차용은 앞서 논의한 클라인의 표현을 빌려 할리우드 관습을 '도용'하고 '현지화'한 것이라 일차적으로 이해할 수 있다. 그러나 여기에서 더 나아가 강조하고 싶은 점은 한센이 '글로벌 버내큘라'라 명명한 고전 할리우드 시네마의 관용구가 〈비 오는 날의 오후 세 시〉 속에 번역되고 재배치되며 의도치 않게 드러내는 "원전 텍스트 내부의 불편한 틈, 부재한 것과 침묵"[28]이다. 한센은 고전 할리우드 시네마가 "최초의 글로벌 버내큘라"라 불릴 만큼 국제적 인기를 누리게 된 이유가 "보편적 내러티브" 때문이 아닌, "미국 안팎의 다양한 사람과 대중에게 다양한 것을 의미"했기 때문이라고 한다.[29] 즉, 고정된 요소가 아니라 수용되는 지역의 맥락에 따라 변신할 수 있는 고전 할리우드 관용구의

---

28 Stam, Robert. "Revisionist Adaptation: Transtextuality, Cross-Cultural Dialogism, and Performative Infidelities", ed. Thomas Leitch. *The Oxford Handbook of Adaptation Studies.* Oxford: Oxford UP, 2017, p. 247.

29 Hansen, Miriam. "The Mass Production of the Senses: Classical Cinema as Vernacular Modernism", eds. *Christine Gledhill and Linda Williams.* Reinventing Film Studies. London: Arnold, 2000, p. 341.

활용도를 강조한 것이다. 이어 한센은 슬랩스틱 코미디가 청중을 온몸으로 웃게 만들며 산업화 시대 대중에게 새로운 "신체성"을 경험하게 해주었듯, 20세기 전반부에 영화가 열어준 새로운 "미학적 시야"의 중요성을 강조한다.[30]

한센의 주장이 할리우드 영화의 권위에서 국제 관객의 수용으로, 영화의 내러티브에서 영화가 체험하게 해주는 감각으로 초점을 전환하고 있다면, 〈비 오는 날의 오후 세 시〉는 이러한 전환의 빼어난 예인 동시에 윤리적 '수정주의 각색'의 예이다. 로버트 스탬(Stam)에 따르면 수정주의 각색은 "새롭거나 수정된 정치적·문화적 입장을 가지고 원작을 대하고 다시 씀으로써 원작 속 불편한 틈, 부재한 것과 침묵을 조명"[31]하는 윤리적인 각색이다. 〈비 오는 날의 오후 세 시〉는 〈애수〉와 〈카사블랑카〉의 지극히 할리우드적인 플롯을 국제 관객의 관점에서 새로이 번역하였다. 마이라의 매춘과 자살을 수미의 신의와 병에 의한 사망으로, 〈카사블랑카〉의 남성들만의 해피엔딩을 어느 남자도 여자를 차지하지 못하는 파국적 결말로 바꾼 것이다. 그리고 이러한 수정은 고전 할리우드 시네마의 불편한 틈들, 예를 들어 여성 숭배를 가장한 여성 혐오 경향을 재고하게 함으로써 의외의 윤리적 성취를 거두고 있다.

---

30   Hansen, Miriam. "The Mass Production of the Senses: Classical Cinema as Vernacular Modernism", eds. *Christine Gledhill and Linda Williams. Reinventing Film Studies.* London: Arnold, 2000, pp. 342~343.

31   Stam, Robert. "Revisionist Adaptation: Transtextuality, Cross−Cultural Dialogism, and Performative Infidelities", ed. *Thomas Leitch. The Oxford Handbook of Adaptation Studies.* Oxford: Oxford UP, 2017, p. 247.

다시 말해 수미가 누구의 차지도 되지 않고 갑작스럽게 죽는 결말이, 아무 죄도 없는데 차를 향해 뛰어드는 마이라를 클로즈업하는 〈애수〉의 섬뜩한 엔딩, 릭(험프리 보가트)의 갑작스러운 결정에 일사(잉그리드 버그만)를 본인 의사와 상관없이 남편과 비행기에 태우는 〈카사블랑카〉의 엔딩보다 훨씬 윤리적으로 흥미롭다. 결국 〈비 오는 날의 오후 세 시〉는 이념적 내용보다 코즈모폴리턴 스타일, 이 스타일이 표출하는 새로운 역동성, 그리고 할리우드 모방을 넘어 할리우드 버내큘라를 수정하는 각색의 측면에서 분석되었을 때 그 의의가 훨씬 큰 영화이다.

5. 나오는 글

지금까지 1950년대 성행한 한국 멜로드라마 영화를 미국화된 여성 인물 중심으로 개괄하고, 멜로드라마 장르와 스타일에 대한 영어권 비평을 소개하고, 〈비 오는 날의 오후 세 시〉를 코즈모폴리턴 스타일과 수정주의 각색의 측면에서 분석해보았다. 이 글이 보다 깊은 연구의 기초작업이었다면, 후속 작업으로 반드시 따라야 할 것이 〈비 오는 날의 오후 세 시〉가 대표적으로 보여준 고전 할리우드 시네마와 한국영화의 상관관계 연구이다. 한국 고전 영화 속 할리우드 버내큘라의 다양한 흔적을 추적하는 작업은 단순히 표절인가 오마주인가를 결정하기 위함이 아니다. 50년대 한국영화 속에서 당시 세계를 지배한 할리우드 영화문법의 한국적이고도 창조적인 변주를 식별해야 하는 이유는 오늘날 글로벌 대중문화의 큰 축을 담당하고 있는 한국영화, 소위 '케이 컬처'의 계보를 세우기 위해서이다. 물론 여기서 말하는 계보란 뿌리를 찾고 직선적 역사를 세우려는 것이 아닌, 서구 중심의 영화연구를 해체하고 오늘날 글로벌 문화의 생산과 흐름과 의미 생성이 동서양을 가로지르는 망에 의한 것임을 강조하려는 푸코식 계보이다. 그동안 50년대 한국 영화연구가 할리우드의 흉내 내기라는 틀에 머물러 있었다면, 이제는 모방이나 도용 같은 부정적 틀을 넘어 주체적 상호작용과 창조적 각색이란 코즈모폴리턴 관점으로 한국 고전 영화를 분석해야 한다. 이 글의 궁극적 목적 또한 이러한 관점의 전환에 이바지하는 것이다.

참고 문헌

강성률. 「1950년대 후반 한국영화 속 도시의 문화적 풍경과 젠더」, 『도시연구』 7, 2012, pp. 145~170.

권보드래 외. 『아프레걸 사상계를 읽다: 1950년대 문화의 자유와 통제』. 서울: 동국대학교 출판부, 2009.

노지승·육상효. 「1950년대 한국영화의 할리우드 영화 모방 양상 연구: 〈서울의 휴일〉과 〈비 오는 날의 오후 세시〉를 중심으로」, 『한국학연구』 38, 2015, pp. 389~431.

박유희. 「한국 멜로드라마 성립과정에서의 혼성과 전유: 1950년대 후반 한국영화 장르 성립 과정을 중심으로」, 『현대문학이론연구』 40, 2010, pp. 359~384.

변재란. 「한국 영화사에서 여성 관객의 영화 관람 경험 연구: 1950년대 중반에서 1969년대 초반을 중심으로」, 중앙대학교 박사학위논문, 2000.

이영일. 『한국영화전사』. 서울: 소도, 2004.

조영정 외. 『매혹과 혼돈의 시대: 50년대의 한국영화』. 서울: 소도, 2003.

주유신 외. 『시네페미니즘: 여성의 시각으로 영화를 읽는 13가지 방법』. 부산: 호밀밭, 2017.

주창규. 『식민적 근대성과 한국영화』. 서울: 소명출판, 2013.

주창윤. 「1950년대 중반 댄스 열풍: 젠더와 전통의 재구성」, 『한국언론학보』 53(2), 2009, pp. 277~298.

허윤. 『1950년대 한국소설의 남성 젠더 수행성 연구』. 서울: 역락, 2017.

Badiou, Alain. *Cinema. translated by Susan Spitzer.* Cambridge: Polity, 2010.

Bordwell, David. *On the History of Film Style.* Cambridge: Harvard UP, 1997.

Byars, Jackie. *All That Hollywood Allows: Re-reading Gender in 1950s Melodrama.* London: Routledge, 1991.

Elsaesser, Thomas. "Tales of Sound and Fury: Observations on the Family Melodrama", ed. Marcia Landy. *Imitations of Life: A Reader on Film and Television Melodrama*. Detroit, Wayne State UP, 1991, pp. 68~91.

Gibbs, John. *Mise-en-scene: Film Style and Interpretation*. NY: Wallflowers P, 2002.

Gledhill, Christine. ed. *Home Is Where the Heart Is: Studies in Melodrama and the Woman's Film*. London: BFI Publishing, 1987.

Goldberg, Jonathan. *Melodrama: An Aesthetics of Impossibility*. Durham: Duke UP, 2016.

Hansen, Miriam. "The Mass Production of the Senses: Classical Cinema as Vernacular Modernism", eds. *Christine Gledhill and Linda Williams. Reinventing Film Studies*. London: Arnold, 2000, pp. 332~350.

Klein, Christina. *Cold War Cosmopolitanism: Period Style in 1950s Korean Cinema*. Oakland, U of California P, 2020.

Mercer, John, and Shingler, Martin. *Melodrama: Genre, Style and Sensibility*. NY: Wallflower P, 2005.

Mulvey, Laura. *Death 24x a Second: Stillness and the Moving Image*. London: Reaktionbooks, 2006.

Neale, Steve. "Melo Talk: On the Meaning and Use of the Term 'Melodrama' in the American Trade Press", *The Velvet Light Trap* 32, 1993, pp. 66-89.

Rancière, Jacques. *The Politics of Aesthetics: The Distribution of the Sensible. translated by Gabriel Rockhill*. London: Bloomsbury, 2004.

Stam, Robert. "Revisionist Adaptation: Transtextuality, Cross-Cultural Dialogism, and Performative Infidelities", ed. Thomas Leitch. *The Oxford Handbook of Adaptation Studies*. Oxford: Oxford UP, 2017, pp. 239~250.

Willemen, Paul. "Distanciation and Douglas Sirk", *Screen* 12(2), 1971, pp. 63~67.

Willemen, Paul. "Towards an Analysis of Sirkian System", *Screen* 13(4), 1972, pp. 128~134.

Williams, Linda. "Melodrama Revised", ed. Nick Browne. *Refiguring American Film Genres: History and Theory*. Berkeley: U of California P, 1998, pp. 42~88.

찾아보기

인명